外国现代作家研究丛书

主编　汪义群

上海市哲学社会科学基金项目资助

杰克·伦敦研究

虞建华　著

上海外语教育出版社
外教社 SHANGHAI FOREIGN LANGUAGE EDUCATION PRESS

图书在版编目（CIP）数据

杰克·伦敦研究/虞建华著.—上海：上海外语教育出版社，2009
（外国现代作家研究丛书）
ISBN 978-7-5446-0878-7

Ⅰ.杰… Ⅱ.虞… Ⅲ.①杰克·伦敦（1876～1916）—文学研究②杰克·伦敦（1876～1916）—生平事迹
Ⅳ.I712.065 K837.125.6

中国版本图书馆CIP数据核字（2008）第082585号

出版发行：上海外语教育出版社
（上海外国语大学内） 邮编：200083
电　　话：021-65425300（总机）
电子邮箱：bookinfo@sflep.com.cn
网　　址：http://www.sflep.com.cn http://www.sflep.com
责任编辑：张亚东

印　　刷：上海敬民实业有限公司长阳印刷厂
经　　销：新华书店上海发行所
开　　本：850×1168 1/32 印张 12.5 字数 308 千字
版　　次：2009 年 2 月第 1 版 2009 年 2 月第 1 次印刷
印　　数：3 100 册

书　　号：ISBN 978-7-5446-0878-7 / I·0045
定　　价：34.00 元

外国现代作家研究丛书

1916年，杰克·伦敦和夏弥安带他们的狗在自家牧场散步，途中小憩。

图片选自 *Jack London*

杰克·伦敦小时侯是个认真、规矩的孩子，喜欢书、船，不喜欢玩。

图片选自 *American Dreamers*

芙萝拉为养活杰克·伦敦什么都愿意做，但是不善于表达自己对孩子的爱。

图片选自 *American Dreamers*

杰克20岁时才知道约翰·伦敦不是他的生父。

图片选自 *American Dreamers*

1904年，杰克·伦敦在加利福尼亚。

图片选自 *Rereading Jack London*

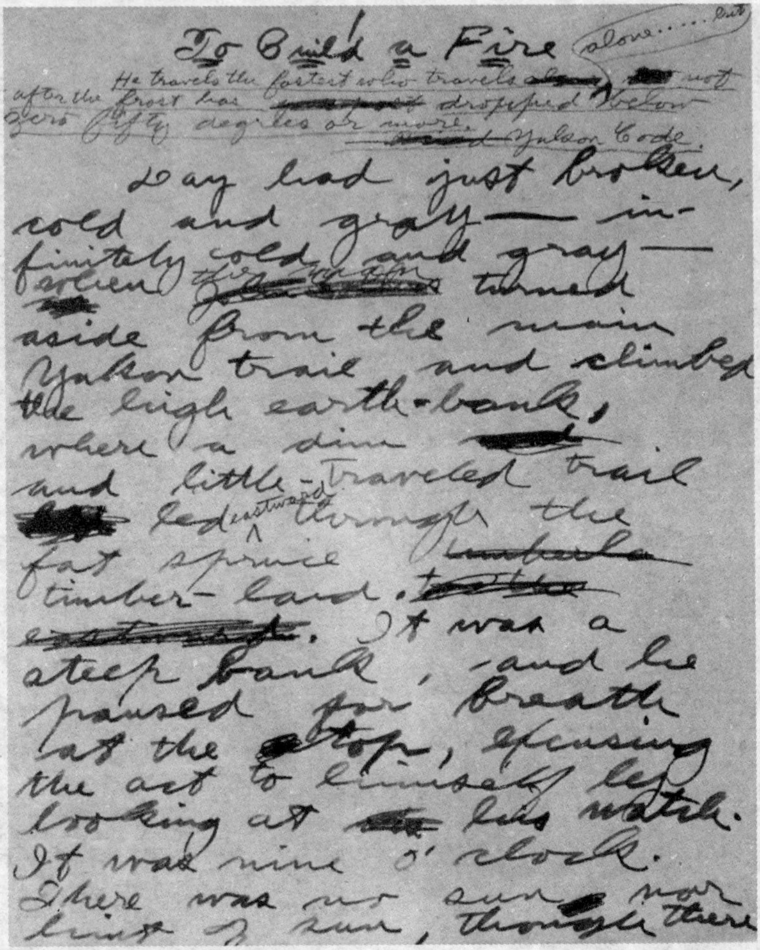
To Build a Fire (alone.....out)

He travels the fastest who travels alone, not after the frost has dropped below zero fifty degrees or more. — Yukon Code.

Day had just broken, cold and gray — infinitely cold and gray — when the man turned aside from the main Yukon trail and climbed the high earth-bank, where a dim and little-traveled trail led eastward through the fat spruce timber-land. It was a steep bank, and he paused for breath at the top, excusing the act to himself by looking at his watch. It was nine o'clock. There was no sun nor hint of sun, though there

短篇小说《生火》的原始手稿第一页。

图片选自 *Jack London & the Klondike*

总序

汪义群

编纂一套现代外国作家研究丛书，作为新时期以来我国外国文学研究的一个总结，是我多年的愿望。

自五四运动以来，我国的外国文学研究已经走过80多个年头了。在相当长的时间里，外国文学的译介和研究深刻地影响着我国的文学创作。鲁迅先生甚至将外国文学的译介者比作"盗火的普罗米修斯"，由此可见，它对于我国新文学运动的发生和发展，起到了何等巨大的作用。

然而，自20世纪中叶起，由于苏联文艺思想的影响以及极"左"思潮的干扰，外国文学，尤其是现当代外国文学的研究，处于低谷状态。一方面表现在译介的内容明显狭窄，人们关注的仅仅是高尔基、萧伯纳、杰克·伦敦、马克·吐温、德莱塞等所谓揭露社会弊端的"进步作家"。即使对这些进步作家，也仅仅着眼于他们社会批判的一面，对于他们张扬人道主义、提倡个性解放的一面，或则避而不谈，或则作为其"阶级局限性"或"时代局限性"加以剔除。而伍尔夫、乔伊斯、福克纳、卡夫卡等现代派作家，则一直背着"颓废没落"、"腐朽反动"的骂名。除非作为批判用的内部资料，一般读者对他们无从了解。至于那位直到弥留之际还念念不忘回到她所深爱的中国的赛珍珠,则始终是批判的对象。

外国文学译介和研究的真正繁荣,应该从20世纪70年代末算起。经历过漫长而充满苦难的"文化大革命"的人们,在欢庆共和国新生的同时,渴望着精神的食粮。很快,《安娜·卡列尼娜》、《傲慢与偏见》、《简·爱》、《双城记》等经典名著重新回到了读者的书架。与此同时,人们又把眼光投向一些更加晚近的作家。

20世纪七、八十年代之交,是一个文学创作、研究和翻译百废俱兴的时代。人们阅读外国文学作品、了解和借鉴现当代文学的需求与日俱增。为了满足人们的这一迫切需要,老一代翻译家纷纷拿起生疏已久的译笔重返译坛,译界的新秀也不断涌现。与此同时,国内各重点大学纷纷开设英美文学或外国文学研究生课程,招收了文革以后第一批研究生。这些研究生课程的设置,为我国现当代外国文学研究培养了一支生力军。目前我国活跃在外国文学研究领域内的诸多卓有成就的专家学者,便是其中的佼佼者。80年代以来,每年都有数以百计的爱好外国文学的学生加入到这一行列中来。由于与外界长期隔绝,新时期学者的关注目光,更多地投在现当代作家身上。福克纳、菲茨杰拉德、伍尔夫、贝克特、萨特……这些以前还鲜为人知的外国作家,逐渐进入了我国读者的阅读领域和专业人员的研究视野。

令人高兴的是,自20世纪70年代末以来,这方面的工作已经有了相当的积累,现在应该是收获的季节了。经过20多年的积累,我国已经拥有我们自己的福克纳专家、海明威专家、奥尼尔专家、赛珍珠专家……正是在这样的基础上,编纂一套外国现代作家研究丛书具备了可能性。

1998年夏,笔者与来沪开会的陶洁、陆建德、刘海平等教授谈起编纂这样一套学术丛书的想法,得到了他们的热情支持。他们还慨然同意为本丛书撰稿。

丛书之所以取名为“外国现代作家研究”，主要有三个方面的考虑。一方面当然出于划定时间界限的考虑，顾名思义，古典作家当然不会包含在本丛书之内。这并不是说对于荷马史诗、莎士比亚、塞万提斯、歌德我们已经研究得很透了，不再需要做进一步的研究。我们只是希望在过去未曾涉猎或涉猎不多的领域内多作一些耕耘。另一方面的考虑也在于“现代”一词的宽泛性。从最宽泛的意义上讲，“现代”一词与“传统”、“古典”相对。凡不属传统和古典的均可以称作现代。而我们的划分要相对严格一些，将“现代”界定在19世纪初期以后。也就是说，凡活跃在19世纪初至20世纪中叶甚至更晚近的具有世界影响的外国作家，都可包括在内。因此尽管这套丛书的第一辑只选了福克纳、海明威、赛珍珠、艾略特、惠特曼、伍尔夫、奥尼尔、普鲁斯特、菲茨杰拉德等18位作家，但这个系列是开放的，作家的名单还可以继续延伸下去。第三，自19世纪中期以来，西方的文艺思潮和文学流派层出不穷。在诗歌、小说和戏剧领域内，自然主义、象征主义、表现主义、未来主义、超现实主义、达达主义、意识流、荒诞派等流派此起彼伏。这些思潮和流派反映了西方知识分子对于文学艺术的本质的思考。这种思考在每个作家身上都会有所体现。我们希望这套外国现代作家研究丛书，也能从某个侧面真实地反映出将近200年来西方文艺思潮的流变。

另外，关于丛书作者的遴选，也想在此作一说明。笔者最初的想法是约请国内对某一作家的研究最具权威性的学者。他或她应该翻译过该作家的作品，应该发表过相关的学术论文，最好出版过有关该作家的评传或专著。为此，我们请陶洁写福克纳，杨仁敬写海明威，李野光写惠特曼，刘海平写赛珍珠，陆建德写艾略特，郑克鲁写普鲁斯特，朱静写纪德，瞿世镜写伍尔夫，郭继德写阿瑟·密勒，文楚安写金斯伯格，都是绝好的人选。嗣后，在听取不少学界同人的意见后，笔者对作者的遴选标准作了一些调整。除了上面提到的资深学者外，我们也将目光放在更年轻的作者身上。尤其是那些曾经以该作家作为博士学位论文题目的青年学者。

最后，想谈谈对于这套丛书的整体构思。作为一套丛书，每本书的正文应该由以下四个部分组成：一、作家小传，二、代表作品的分析，三、该作家在欧美的研究历史与现状，四、该作家在我国的译介情况。笔者相信，如果每本书都能较好地完成以上四个方面的任务，它将为读者提供有关这位作家比较全面的研究成果，就有可能满足不同层次的读者的要求，既满足一般文学爱好者希望了解某一作家的需求，又满足外国文学研究者希望追踪国内外最新研究成果的愿望。试以赛珍珠为例。我们可以设想一下，一位外国文学的爱好者如果想了解赛珍珠这位作家，只需阅读本丛书内《赛珍珠研究》一书的第一、二部分，便可以将这位作家的生平和代表作品尽收眼底。如果是一位打算以赛珍珠为研究课题的外国文学专业的研究生，那么，他还得读一读该书的第三、第四部分，即该作家在欧美的研究历史与现状，以及该作家在我国的译介情况。这样，他不但可以了解到国外对于赛珍珠在不同的时期曾经出现过哪些不同的评价，对于她的研究目前走到了哪一步，取得了哪些成就，而且可以知道赛珍珠的作品最早是由谁翻译介绍到中国，以及在我国国内引起过哪些反响，国内的学者在这方面做过哪些工作，等等。这样，前人做过的工作，我们不必再去重复。过去未被人们重视的课题，正需我们去关注和发掘。而前人研究中未有穷尽之处，或值得商榷之处，甚或疏漏失误之处，也是我们进一步研究的新课题。诚如此，学术的研究就有可能薪火相传，就有可能在不断继承前人成果的基础上有所发展，有所传承。当前学术界各写各的、互相重复、互不通气的弊端也有望得到改观。这正是本人所期待的。

2002 年 8 月于上海外国语大学

杰克·伦敦研究

目　录

第三章　从北疆传奇到南海故事

第四章　《野性的呼唤》与《白牙》

第五章　《海狼》与《雪的女儿》

第六章　《深渊里的人们》与《铁蹄》

第七章 《马丁·伊登》

第八章 田园三部曲

第九章 杰克·伦敦现象：时代的悖论

第十章　杰克·伦敦研究：历史与现状

前言

你称之为世界的东西,只有你自己才能创造:你的形象,你的逻辑,你的意愿,你的情爱,只有在这个世界中才能得以实现。

——尼采:《查拉图斯特拉如是说》

杰克·伦敦是19世纪末最后一个自我造就的著名作家,是20世纪初狂热年代中最引人注目的文学代表。在世纪之交、新旧更替的时期,他的名字是奋斗成名和浪漫历险的代名词。他的小说具有难以抗拒的魅力。在第一次世界大战前,他不仅统治着美国的文学市场,而且引导着大众的想象力。他也是中国读者最熟悉的美国作家之一,他的作品早在20世纪初期就走进了中国,后来又进入中学的语文课本。他的一些代表作几乎都有中文译本,拥有众多的读者。记叙他生平的著名传记《马背上的水手》也很早就有了中译本①,给这位作家平添了许多传奇和神秘色彩,也给后来的解读带来了很多误导。同时,他也是在欧洲和世界上翻译最多、读者最多的美国作家之一。他的生活和他的创作一样不同寻常。在所有美国作家中,也许没有任何人的一生像他那样历经

① 原作 Irving Stone, *Sailor on Horseback: The Biography of Jack London* (London: Collins, 1938),董秋斯译(上海:海燕书店,1948)。新中国成立后在国内多次重印再版,也另有重译版本。

坎坷而不同寻常,没有任何人的成功像他那样引起轰动,也没有任何作家像他那样饱受争议和非议。

杰克·伦敦是个多产作家,短短一生中写下了50本书。他同时又以其他身份出现在公众面前——他是个冒险家、记者、革命者、庄园主、现代农业的实践者,也是一个拳击、航海、打猎、垂钓的好手。他什么都写,小说、诗歌、文学批评、政论文章、新闻报道、剧本、散文、自传、科幻故事、幽默小品等,应有尽有。他的作品内容涉猎广泛:历险、淘金、航海、流浪、爱情、拳击、战争、农业、星象、生态、新女性、社会主义、监狱改革等,无所不包。在美国批评界他历来是一个引起争议的人物,对他赞赏有加的,对他不屑一顾的,都大有人在。他被看做是一个为美元写作的商业作家,或是以猎奇历险故事取胜的通俗作家,或是盲从各种时髦哲学思潮的激进作家,或是美国文学史上重要的自然主义和现实主义作家。人们很难用统一的标尺对他的作品进行丈量,评说优劣。他我行我素,以自己的方法依照自己的想象创作自己的小说。他写得最多的是小说,他作家的声誉也主要建立在小说创作之上。他的短篇小说十分出色,部分长篇小说作品如《野性的呼唤》、《海狼》、《马丁·伊登》和《铁蹄》等也已成为美国文学中的经典。将近一个世纪,他被学界和批评界推推搡搡,拥到中心,挤到边缘,但始终在美国文学界引人注目。

作为个人,杰克·伦敦自己的故事也为人们津津乐道。他是一个私生子,从小在贫困的深渊里挣扎,9岁开始当童工,以后干过各种体力劳动,没有接受过系统的正规教育。他15岁借钱买小船当"蚝贼",17岁当水手随捕海豹船到日本海和白令海峡;18岁只身流浪从美国西部走到东部并进入加拿大;19岁在街头演讲宣传社会主义;21岁去北极圈内的克朗代克淘金;23岁崭露头角打进美国文坛。他曾穿越朝鲜半岛最危险的区域采访俄日战争;曾深入充满暴力的伦敦东区贫民窟实地考察;曾亲自驾船闯荡南太平洋危险的海域；也曾试图在自己的庄园建立现代农业的样板。他的时代是冒险家成就事业的时代。人们相信，只要敢于尝试，什么都有可能。在"美国梦"的撩拨下，每一个不甘就范于现状的人蠢蠢欲动。他的时代又是各种思潮百家争鸣的时代。每个人都在调整对社会、对人生的认识。不甘寂寞的杰克·伦敦用行为，也用文字，把自己的人生演绎成了一个富有时代特征的故事。

他是个幸运儿，受到"美国梦"的惠顾，从一个不名一文的穷小子变成为20世纪初美国读者最多、稿酬最高、知名度最大的作家。他传奇式地从社会底层升起，取得巨大的成功，他通过写作，尤其是那些与自己生平类似的故事，故意模糊真实和虚构的界限，创造了新版的美国"灰姑娘"神话，把自己变成了美国大众文化中的一个传奇人物，变成了"美国梦"的化身和民众心目中的英雄。他确实靠奋斗起家，也确实很有才华，但他用那些自传体的小说和小说式的自传去迎合当时读者对"美国式英雄"的企盼，帮着扇起了一阵杰克·伦敦旋风。到头来，他又成为"美国梦"的牺牲品，最后伴随他的是酗酒、衰弱、潦倒和幻灭。他的小说中永远晃动着一个熟悉的影子：他通过想象把自己奋斗成名而又遭受幻灭的故事写进了《马丁·伊登》；把在北疆历险中获得的震撼和悟识加工成了《野性的呼唤》、《白牙》和《雪的女儿》等很多长、短篇小说；把当水手的经历和哲学新见解捏合成了《海狼》。他曾作为美国社会主义工党的候选人，参加奥克兰市市长竞选，并把自己的社会主义信仰寄托在《铁蹄》中；他发迹后建造豪华游艇，驾舟远航，把在欧洲殖民主义统治下的南太平洋诸岛的见闻以及很多反思，写进了《南海故事集》；他创办公社型的"美的农场"，试图在美国掀起农业革命，他从希望到失望的感情起落，转变成了《月谷》等"田园三部曲"中乐观和悲观的小说基调。杰克·伦敦在自己的真实生平和小说之间搭起了一座彩虹桥，但我们需要强调的是这座桥梁本质上的虚幻性。

大众杂志时代需要模糊作家与作品人物、真实与虚构的界限,以赢得最大的读者群。杰克·伦敦本人深谙此道。汉克·戈特曼似乎认为,杰克·伦敦的魅力,来自作家和故事两者合成的意象:"第一手的见证、生平故事、一张漂亮且永远年轻的脸,一个世纪前杰克·伦敦就开始这样出现在出版物中,而今天几乎以同样的模式继续出现。这样的例子说明杰克·伦敦对大众具有持久的魅力。"①这段评述是褒扬的话,但其中也可以听到一丝不满的弦外之音。当然,他的作品在美国、在世界上受到广泛欢迎,有多种原因。他关于历险、动物的故事,同时得到了青少年和成人两个不同读者群的喜爱;他的小说具有雅俗共赏的特性,既被一部分人当作严肃文学解读,又被另一部分人当作消遣读物;他的作品常常表现矛盾的多方面,比如在不同的小说中既为"强者"喝彩,又对弱者表现出真心的同情,既强调个人奋斗成名,又提倡社会主义革命,因此在不同阶层,以及后来的资本主义和社会主义两个阵营中都能找到市场。但使他的作品经久不衰流传至今的,主要是作品本身的艺术价值和其中包含的认识人生的启示。

杰克·伦敦善于从异常丰富的个人经历中发现素材,表达一种人道主义的人生观;他善于捕捉细节,创造气氛,熟练运用象征语言,因此他的作品能够跨越文化、阶级和民族的疆界而为全世界所欣赏;他善于将人与自然、人与社会的斗争进行戏剧化演绎,对人的孤独、焦虑和恐惧进行外化表现;他善于生动地描写逆境中发展起来的人间友情以及在同严酷的自然的搏斗中闪现的人的品质;他善于渲染文明社会中枯萎的原始性和自由的力量——体魄、胆略、毅力等这些生存斗争所必备的品质。他想象力丰富,具有讲故事的非凡才能,能够有声有色地描绘惊心动魄的事件;他在人物

① Hank Gutman, ed., *How Others Read Us: International Perspective on American Literature* (Anhorst: University of Massachusetts Press, 1991), p. 6.

塑造方面独具功力,寥寥数笔就能勾勒出一个有血有肉的鲜明形象;他的文风粗犷,笔力雄健,叙事别有韵味,开创了美国现代小说的新文体。他从本国的前辈如华盛顿·欧文和麦尔维尔,以及如斯蒂文森、吉卜林、康拉德等众多昔日欧洲文学大师那里汲取创作精华,他的成功又对后来的文学大师如海明威、斯坦贝克和诺曼·梅勒等产生了影响。他的小说一扫浪漫温情、萎靡庸俗之风,给美国文坛吹进了一股清新的空气。著名杰克·伦敦研究学者厄尔·雷伯认为,"如果把经久不衰的读者市场、严肃的文学价值和作家个人的辉煌形象三方面综合起来,美国文学中只有另外一人可与杰克·伦敦相提并论——马克·吐温。……伦敦对美国梦这一复杂主题的不同表达,将他的大多数作品纳入了我们文化史的主流之中。马丁·伊登开了路,后来才有了西奥多·德莱塞、辛克莱·刘易斯和司各特·费茨杰拉德的幻灭小说。"①因此他认为,"伦敦是这个国家文化转型期最为关键性的代表人物。"②

杰克·伦敦40岁英年早逝,但他给人们留下了丰富的文学遗产,包括17部长篇小说、3部中篇小说、17部短篇小说集和许多非小说著作。由于过分多产,客观地说,他的作品良莠不齐,其中优秀小说经受了时间的考验,已成为世界文学的经典。成名之后他也为稿酬写下过不少让自己难堪的作品,但即使这些作品,其实也是瑕瑜互见。他知道如何控制节奏,如何抓住读者。"他最优秀的作品也带有风格上的缺陷,但他最糟糕的小说也具有可读性。可以说他有时有些笨拙,但他从来不会枯燥。他具有创造出激情喷射的伟大时刻的能力。"③事实上,一些原来为批评界不屑、已被

---

① Earle Labor and Jeanne Campbell Reesman, *Jack London, Revised Edition* (New York: Twayne Publishers, 1994), p.135.

② Earle Labor, *Jack London* (New York: Twayne Publishers, 1974), p.19.

③ Idem, p.136.

"定性"的"滥作",近来又重新受到重视,从心理和象征层面读出了新意。去世后几十年中,他曾一度被批评界打入冷宫,但由于他的"时代性"和代表性,在文学纳入文化研究范畴的今天,他又成了批评界的新宠。虽经周折,他作为美国文学史上主要作家的地位已经难以动摇。

根据乔纳森·奥尔巴赫的统计,美国出版的伦敦传记比评论和研究著作至少多出一倍。[①] 这在美国主要作家中是绝无仅有的现象。尽管他的人生故事常常被他自己和传记作家夸大,浓墨重彩地添加了不少戏剧性,但这些经历基本有案可稽。他敢作敢为,对自己的能力坚信不疑,把生活当作人生实验,并在实验过程中不断探索人生哲学。他丰富的阅历为小说创作提供了第一手素材。他从中淘选加工,进行想象创造,并有意识地把自己写进小说,创作代表自己某一性格特征或感情倾向的人物,再现自己的经历和感受,包括真实的和想象的。他作品中的人物常常做他本人做过、正在做或想做的事情,背后游动着作家自己的影子。他在小说中惹眼地写进自己的生平片断后,又在自己的传记中添加许多小说的虚构成分,让作家和人物令人不安地纠缠在一起。这样,他常常误导了带着猎奇心理、一心希望创造故事的许多传记作家。但是不管是虚构的还是真实的,小说人物和他们的创造者一样,身上都打着清晰的历史烙印。不管他的小说故事中有多大成分基于真实生活,也不管他的生平记载中有多少被戏剧化加工,他努力表达的是故事背后的观念与认识。这是经创造后混合了多种话语的作者自己的声音,是作者的情感结构感触了的东西。不是故事本身,而是故事背后的"潜台词",才是我们了解杰克·伦敦和他的时代的基本文本。

---

① Jonathan Auerbach, *Male Call: Becoming Jack London* (Durham: Duke University Press, 1996), p. 5.

任何一个人既是独立自足的个体，又是群体中的一个，被环境定义，受文化熏染。也就是说，人的行为不完全由他天生的个性和能力决定，而被把他卷入其中的文化范式所左右。因此我们可以透过了解人与社会以及主流意识形态的互相关系，在当时当地的具体环境提供的文化因素中，找到解读杰克·伦敦的钥匙。他是一个充分记录了自己、也被别人充分记录的个案。我们能通过研究美国文化对杰克·伦敦的“塑型”作用，在他身上获得洞察，了解流变的现实和新兴的思潮对个人的渗透和浸润等多重复杂的影响关系。正因为这样，这个特殊时代造就的特殊作家，就可以成为一座内涵极其丰富的文化“信息库”，从中可以挖掘出许多可供放大观察、解码分析的东西。而通过仔细解读他的个人行为和作品，我们不仅可以加深理解19—20世纪之交的美国文学，而且可以发现并认识构成美国文化特色的许多基本要素。著名评论家弗雷德·帕蒂在《美国短篇小说史》中指出，“他（伦敦）不仅仅代表了个人，而且代表了那个时代，是当时美国现实环境的产物；要理解美国新世纪开始的那段岁月，我们就必须研究伦敦主义。”①“伦敦主义”是一个新生成的名词，指的应该是杰克·伦敦所代表的一种文化现象。

杰克·伦敦思想形成的年代，即19世纪后半叶，是一个哲学思潮百家争鸣的时期。达尔文提出了进化论，说明地球上的生物在几百万年的漫长演化过程中，物竞天择，优存劣汰，逐步形成了包括人类在内的各个现存物种。这个理论从根本上否定了上帝创造生灵万物的信念。随着进化论的出现，各种对传统认识带有颠覆性的新理论、新观点纷至沓来，突然间打开了人们的眼界和心界，也突然间动摇了人们的信仰根基。斯宾塞提出了社会达尔文

① Fred Lewis Pattee, *The Development of the American Short Story* (New York: Harper, 1923), p. 273.

主义，认为人类社会同样依照适者生存的规律发展进化。根据他的理论，民族竞争、工业竞争都是合理的，都是淘汰弱者、优选强者的过程。与之相近的是尼采的"超人"理论。所谓"超人"是指在智力、体力、韬略、胆魄方面超越芸芸众生的，最终可以领导、教育全体的超凡出众的伟人，世界最终将归于他们的统治之下。与他们的哲学观点相反，马克思提出了共产主义理论，号召社会下层被压迫的弱者——无产阶级——联合起来，变成强者，推翻压迫者，做世界的主人。而弗洛伊德则强调人的潜意识动机，为人的行为提供了道德之外的解释。这是一个理论爆炸、思想沸腾、激情喷涌的年代，来自贫民阶层的杰克·伦敦面对欧洲大师的思想，只有敬畏，没有选择。

他坚持大量阅读，从他们的思想中广采博纳。在人生的不同阶段，他也试图将自己的生活纳入某一种或某几种理想模式。但他主要受达尔文的进化论、马克思的社会主义、斯宾塞的社会达尔文主义和尼采的"超人"哲学的影响，把他们的理论当作认识人生的指南，自称横跨在"四匹骏马"之上，并不在意这"四匹骏马"跑的是否同一个方向。在他生命后期他又被弗洛伊德和卡尔·荣格的心理学深深吸引。影响他政治思考和文化观念的还有其它理论与哲学，如海克尔的一元论、马尔萨斯的人口论和当时在美国一度流行的机械论——认为人是一种伟大的宇宙力支配下无法自控的物体。这些理论是复杂的，观点又有互相冲突之处，但就像当时大多数美国知识分子一样，伦敦对它们未做深入研究，而是兼收并蓄，采取一种实用主义的态度。他的思想是开放的，同时也必然是矛盾的。

这种矛盾在他的生活和作品中表现得淋漓尽致。他渴望高雅的文明社会，却鼓吹"回归野性"；他努力挣脱劳动阶级的枷锁，使自己成为有产阶级，但念念不忘无产阶级的事业；他有大男子汉的胆略和气魄，但从未摆脱童年的稚气；他是当时美国稿酬最高的作家，但一直深陷于债务堆中难以自拔；他创造了令人羡慕的成就，但忍受着旁人难以理解的失落的痛苦；他一生不懈地追求真理，但又肆无忌惮地无视现实；他不懈努力，实现了“美国理想”，他的个人悲剧又是“美国梦”破产的例证。与其说他毕生奉献于对某一信仰的追求，不如说他一生都在尝试和求索，都在进行人生实验。他的妻子夏弥安说，伦敦的一生“是从未松懈过的最长的探索，因为探索本身就是目的。”[①]杰克·伦敦是个矛盾的综合体，体现在他身上的不和谐，正是变迁中的美国文化中固有的矛盾的写照。了解他，我们就能更好地了解他的作品的深刻内涵，更好地了解他所处的社会。

他处在政治、社会、文化、心理迅速变迁的现代社会的边缘。美国人告别了与荒原亲密接触的开拓时代，对城市化的文明尚在适应过程中。工业化开始后，经济快速增长，社会财富迅速积聚，社会分化成了受过良好教育的城市精英阶层和普通的工资奴隶阶层，早期的杰弗逊式的农业理想破灭。两种情感倾向——一种是怀旧式的对简朴生活和对勤劳、勇敢、毅力等人的基本素质的眷恋，另一种是前瞻性的对现代生活的期望——在这一时期拧在了一起，互相牵扯，又与社会哲学、道德观念、人生信仰等各方面的新旧思想错综复杂地纠缠在一起，令人无所适从。因此，杰克·伦敦作品中的思想、观点和感情倾向方面表现出的矛盾并不奇怪。矛盾的才是真实的。他那些基调不和谐的、多声道的作品，反映了急速转变中的美国社会复杂的多侧面，具有鲜明的时代特征和丰富的阐释价值。杰克·伦敦和他的同代人都正在对美国人和美国理想进行重新定义。在他身上和他的作品中我们能看到美国在一个重要历史转折时期的生动的剖面。他的作品与他的时代密切相

① 参看 Clarice Stasz，*American Dreamers: Charmian and Jack London*（New York：St. Martin's Press，1988），p. 326。

连,不是某一方面,而几乎是全方位的对接。

他的小说和自传都不是严格意义上的史料,但如果从文化视角出发,在相对宏观的层面上对他进行讨论,我们可以发现这些作品的代表意义。杰克·伦敦反映的其实是当时美利坚民族深藏于内心的几种渴望,即“开拓冒险”的梦想(《野性的呼唤》、《白牙》、《海狼》等)、“自我造就”的梦想(《马丁·伊登》)、“社会革命”的梦想(《铁蹄》、《深渊里的人们》)、“田园生活”的梦想(《天大亮》、《月谷》等)。令人惊叹的是,好几个神话都集中到了他一个人身上,也在他的作品中得到表现。在资本主义勃然兴起的年代,杰克·伦敦是一个社会现象,一个文化现象,因为他总是希望亲自去实践流行于美国的各种思潮、愿望与梦想,并活脱脱地把“美国特性”展示在读者的面前。刘易斯·加奈特在1960年版《海狼》的序言中说:“他如此真实地代表了他生活在其中的美国,想起来真让人惊诧。”①只有把他的作品放入历史和文化的语境中,我们才能读出文本背后的内容。杰克·伦敦为我们提供了一个难得的研究个案,一个抽象而又具体、飘忽而又真实、特殊而又典型的“美国理想”的化身,通过他留下的丰富的文字资料,我们可以更深刻地了解美国文学、美国文化和美国民族。

杰克·伦敦是个万花筒,不断翻转,就能在镜像中看到社会形态构建的美丽而又虚幻的各种图案——当时美国社会的风俗图。他的一生都在追逐彩虹,他的行为和他的作品正是这种梦求的详细图解。他非常典型、非常集中地代表了19—20世纪之交,资本主义兴起时期特有的一种“美国心态”。正是由于这一点,他在近几十年里重新得到了批评界的青睐。各种当代批评理论,包括心理分析、女权批评、文化唯物主义和新历史主义等,都被用来对他

① Lewis Gannett, Introduction to *The Sea-Wolf* (New York: Bantam Books, 1960), p. xvii.

进行重新解读。20 世纪 90 年代以来,当代批评倾向于从文化视角入手对文学进行研究,杰克·伦敦为文学的文化研究提供了一个难得的范例。法国当代文学批评家皮埃尔·马什雷说:"小说产品之所以成为'作品",只是由于它在对它所依赖的'精神'进行一种虚构的范围内做出了自己的一份贡献。"①杰克·伦敦用虚构的故事,对他所依赖的时代精神进行了充分的表达。他的文化阐述是通过主观的、想象的、个人感受的途径加以表达的,虽然没有历史学家或社会学家的客观性、一致性和逻辑上的严密性,但他充分利用第一手的原始素材,把各个层面互相矛盾的众多人物和事件编进了自己的故事,虽显复杂凌乱,却栩栩如生。作家参与其中,从个人经验角度出发,赋予事件和行为以意义。

本书将从文化研究和历史研究入手,主要通过对杰克·伦敦的小说的分析、解读,着重讨论作品的社会和历史内涵,以及产生、造就杰克·伦敦的文化气候,以期在深层次上达到对这位著名作家的认识和理解,并从这一个案所凸显的文化特征出发,对资本主义迅速发展时期的美国社会的方方面面进行近距离观察。我们把杰克·伦敦放入一个大的框架之内,一个特殊的文化语境之下,力图"透过文本",读出历史和文化编码于其中的内涵。换言之,我们把杰克·伦敦作为一个切入口和观察点,通过他来讨论特殊背景中美国"大文化"的作用力。社会借助文学语言表达文化,文化通过文学语言重建现实。作家在对现实的主题提出自己的看法时,总是自觉不自觉地依附于某种或某几种文化传统、哲学理论、道德观念,而这些方面又在他对主题的观察和判断中得到反映。我们会惊讶地发现,像杰克·伦敦这样一个个性鲜明、与众不同的作家,其实完全受到了当时美国意识形态的左右。本课题把杰

① 皮埃尔·马什雷,"小说的功能",收编于乔·艾略特等著《小说的艺术》,张玲等译(北京:社会科学文献出版社,1999),第 26 页。

克·伦敦作为"美国特性"的"个案"进行研究,解剖麻雀,以点见面,揭示现代社会即将到达、新旧交替时期的美国社会和文化的一些值得关注的方面。

杰克·伦敦已经影响了几代读者,他是美国和中国读者熟悉的作家,但又是陌生的,因为他留下的文字中间和背后,还有许多有待于探索的方面。而且,对他误读误解的不占少数:把他当作无产阶级作家进行政治解读的、把他当作历险故事作家消遣度时的、把他当作奋斗成名的范例来激励青年的,都大有人在。他的小说确实有这些成分,但还有对这些成分进行限定的其它要素。脱离特定的历史和文化语境,容易以偏概全。我们应该有一部对作家其人、作品和文化环境进行三位一体式讨论的著作,以便真正认识这位作家所代表的美国价值观。国内有些零星论述散见于报纸和学刊,但少有学者做过专门研究。国内外学者至今尚没有从文化视角对杰克·伦敦进行考察的专论。而且,在看待美国作家及其代表的文化价值观方面,中国学者更具有"旁观者"的客观性和距离感。本研究将以我为主,主要从历史和文化视角入手,从个别到相对宏观,从作品到人文环境,进行由点及面的讨论,试图揭示一个真实的杰克·伦敦,并探讨造就杰克·伦敦的人文环境。

我们希望这本书能够加深对这位我国读者十分喜爱的作家的认识和理解,也希望通过这一个案——即通过对杰克·伦敦现象的描述与解剖,更加具体深刻地认识和理解美国历史上重要转型期社会、思想、文化和文学的多个侧面。本书得到了上海市哲学社会科学研究规划基金的立项资助,是上海外语教育出版社"外国现代作家研究丛书"中的一本。本书前两章是作家生平简介,提供一些生平史实,以便我们了解他个人的经历是如何通过文学建构,变成了呼应民众心理渴望和主流意识形态的"美国故事"——一种编码丰富的文化文本。第三章至第八章分别对伦敦的短篇小说和主要长篇小说代表作进行解析。第九章归总,是论著的主要部分,从社会的、文化的、心理的层面解读"杰克·伦敦现象"。最后一章是美国的伦敦研究资料和伦敦在中国的译介情况。除了前言和结语,书后还有两个附录。附录一是杰克·伦敦简明生平创作年谱;附录二是已出版的英语伦敦研究书籍,包括传记和批评著作。本书在撰写过程中得到了丛书主编、上海外语教育出版社原总编辑汪义群教授的热情支持,在此表示感谢。我也要感谢美国的富布莱特基金会的资助,使我能以高级访问学者的身份在美国杜克大学研修一年,收集资料并构思本书的基本思路和框架。书稿成文还是比较仓促,错误和不当之处请同仁们批评指正。

第一章

从逆境走向成功

> 如果简要地回顾一下伦敦在美国贫富极度分化、机会与绝望并存的社会中奋斗的轨迹，我们就会理解他是怎样在自己的个人生活及作品中进行斗争的，是怎样在社会达尔文主义与社会正义之间进行艰难选择的，是怎样在个人主义和社会主义之间进行最终取舍的。
>
> ——查尔斯·沃尔卡特：《杰克·伦敦》

著名学者阿尔弗雷德·卡辛有一句常常被引用的关于杰克·伦敦的话，他说：在回顾他的生平事迹时人们深深地感到，“杰克·伦敦最伟大的作品是他亲身经历的故事。”①这句话首先强调伦敦一生的经历非同寻常，具有故事性；同时也强调，他的生平经历也是一种“创作”，具有文学性和阐释价值。值得注意的是，人们对他的生平甚至比对他的小说更加津津乐道。根据乔纳森·奥尔巴赫的统计，到目前为止出版的杰克·伦敦的传记，至少比对他作品的评论和研究著作多出一倍：“我无法找到另一个美国作家，

① Alfred Kazin, *On Native Grounds: An Interpretation of Modern American Prose Literature* (New York: Reynal & Hitchcock, 1942), p. 111.

不管是主流的还是非主流的,出现过同样的情况。”[1]我们发现,早期对杰克·伦敦的研究几乎都是生平研究,迄今为止最好的研究,也都结合了作家的生平。近几十年的文学界,新的批评手段层出不穷,人们从女性主义、结构和后结构主义、新历史主义、心理分析、神话原型等不同视角,分析、解读作品,而坚持“传统”批评途径,即结合作家生平历史研究作品的,已经为数不多。但是,杰克·伦敦显然是个例外。真正有深度的杰克·伦敦研究是近30年中展开的,但是批评界一如既往地对他的生平以及生平对作品的影响,抱有浓厚的兴趣。产生这种现象是因为,在伦敦的小说中,“作家的身影赫然耸现,如此巨大,如此强悍,甚至淹没了文化框架和文学文本。”[2]

杰克·伦敦的一生是与社会环境和自然环境博弈的一生;他的一生又是内心激烈斗争的一生。他在许多无法调和的矛盾的重压下周旋——艺术与金钱、文明与野性、道德与生存法则、追求与幻灭、入世与遁世等这些对立冲突的方面一直困扰着他。尽管他坚持认为自己是个现实主义的追随者,但他的个性中具有明显的浪漫主义倾向。他坚信自己的能力,相信人具有战胜逆境的品质,能够创造生活,改造环境;相信理智能够战胜欲望冲动。他把自己的信仰建立在科学思辨,而不是超自然的力量之上,把生活当作“一种绝对的个人的实验,”[3]把人生当作小说进行书写。在这场人生实验中,他借助各种理论,对各种假说、各种可能性进行了探索,因此也表现出个人矛盾的多侧面。他的一生是有所作为的一生,成为著名作家不是他生活的全部。他在想象中按照自己的面貌,塑造了一个新世纪美国人的形象:既执著可敬,又单纯疯狂。

---

① Jonathan Auerbach, *Male Call: Becoming Jack London*, p. 5.

② Idem.

③ Earle Labor and Jeanne Campbell Reesman, *Jack London, Revised Edition*, p. 32.

伦敦研究专家厄尔·雷伯指出："如果这个杰克·伦敦的形象使我们迷惑，那么我们应该记住，这些显而易见的不和谐是一个充满活力的个性和多方面的才智的表现。他的人生是个人主义神话的象征，甚至惠特曼（倾其一生的天才创造这样一个原型）也没能如此彻底地在他个人的身份中体现美国民间英雄的特征。"①

也许没有另一个美国作家的生平与他的创作之间有如此难以割断的联系。这不仅因为伦敦的很多小说素材直接或间接地取材于自己的经历，而且他的经历本身也确实富有传奇色彩；也不仅因为早期传记作家的误导，把他的小说当作个人经历的记载，而且因为他敞开了自己的人生，用生命去拥抱各种经历，将自己的感受和理解化成了一篇篇的故事。应该说，小说中那个爱冒险、靠奋斗成名的相貌英俊、体格强健的白种男子不是杰克·伦敦，小说背后的才是。但是即使矫正了早期传记作家和批评家将他的生平刻意"故事化"的倾向，我们仍然不得不对他充满动感、敢作敢为的一生感到惊叹。他和他的小说人物一样，追求各种梦想，寻找各种哲学理论指导自己的人生。他的个性和他的一生富有美国文化的特征。他本人是特殊文化、特殊经历和特殊历史背景造就的特殊人物。他把自己的经历和感受以小说的形式加以表达，他写下的故事又生动地反映了他那个时代的社会环境、人文气息和精神风貌。因此，了解杰克·伦敦的一生，就能更加深刻地理解他的小说和小说所反映的那一段不同寻常的历史。

一、苦涩的童年

杰克·伦敦是个私生子。他的母亲芙萝拉从来不愿意谈及自

① Earle Labor and Jeanne Campbell Reesman, *Jack London, Revised Edition*, p. 3.

己的身世,但人们隐隐约约知道她出生于俄亥俄州一个叫麦西隆的镇子。家庭属于中产阶级,父亲马歇尔·威尔曼是个小麦商人,收入不菲。她16岁那年与家庭决裂后出走,其后的10余年如何生活,人们一概不知。芙萝拉在1874年,也就是她31岁那年,在旧金山与一个叫威廉·钱尼的占星家同居,次年怀孕。钱尼让她去流产,芙萝拉拒绝,他一怒之下离开了旧金山,从此再也没有回来过。1876年1月12日,芙萝拉生下一男孩,取名约翰·钱尼。芙萝拉和钱尼都是唯灵论的信徒,认为人死后灵魂仍然存在,能通过某种中介同世人进行沟通和对话,而他们认为自己具有这种特殊的本领,常常替人招魂降神,提供中介的服务。钱尼离开后,芙萝拉仍然做一些召唤亡灵、预测天命之类的营生,没有生意时,也兼教一些钢琴课。杰克·伦敦对母亲的招魂术不以为然,但在后期的一部长篇小说《星游人》(*The Star Rover*, 1915)中,对再生和魂游做了详细的描述。

他的继父约翰·伦敦是英格兰人的后裔,不善言谈,勤劳节俭,是个安分守己的老实人,与脾气浮躁、个性古怪的芙萝拉形成鲜明的反差。他原在铁路上工作,南北战争爆发后参军,服役期间因病损坏一侧肺部,战后政府分配给这位退伍老兵一小块土地,他靠务农营生。妻子去世后,为了悼念亡妻,他参加了一次"招魂"仪式,经人介绍认识了芙萝拉,不久向她求婚。两人年龄相差悬殊,但婚姻解决了双方的实际问题。自从被钱尼抛弃后,芙萝拉一直十分孤独,她和她的儿子都需要一个家庭;而约翰·伦敦需要一个女人操持家务,他年幼的子女需要一个母亲。结婚后,他们搬进了市场街南面工人区的一所小公寓房。8个月的小约翰改随继父姓,也叫约翰·伦敦。后来为了避免父子同名的混乱,再次改名,用"约翰"的另一个变体称谓"杰克"。于是美国文学中有了一个现在已为大家熟识的名字——杰克·伦敦。

19世纪70年代的旧金山,已经是一个25万人口的新兴城市。凌乱无序的建筑坐落在高低起伏的坡道两侧,贫民窟和大宅院不协调地掺杂其间,绅士和流浪汉摩肩接踵,穿行在狭小的街道中间。这是一个众多临时人口杂居的城市。在破旧不堪的唐人街,来自不同地区的东方人讲着互相听不懂的语言;在到处是简陋酒吧的商业区,油头粉面的妓女招摇过市;城外鳞次栉比的棚屋矮房旁,蓬头垢面的孩子在泥道上追逐嬉戏。1873 年的经济危机席卷全国,旧金山正在大萧条的凄风苦雨中挣扎。到处是贫困和混乱,到处是欲望与疯狂。愤世嫉俗的新派艺术家、自命不凡的革命党、疯狂的宗教复兴派、梦想破灭的淘金人、口若悬河的无政府主义者,带着五花八门的哲学与信仰在这里安营扎寨。这是一个群氓乌合之城,也是个藏龙卧虎之地。

在这里,约翰·伦敦和芙萝拉辛劳谋生,勉强维持着一家 5 口的基本生活。他当木匠、泥瓦工、菜农,但经常找不到擅长的木工活和园艺活,家境异常贫困,常常缺衣少食。他不得不干起务农的老本行,在阿拉梅达租了 20 英亩土地,种上蔬菜和玉米,同时办了个小小的养鸡场。但他时运不佳,连租金都付不起,土地被收回。他又去贩菜,当门警和编外警察。他也曾与人合伙做生意,与一个叫斯托维尔的人合资开了一间杂货铺,老伦敦负责办货,斯托维尔经营店铺,生意渐渐做大。但一天老伦敦办货回来,发现店铺里空空如也。斯托维尔卖掉了所有货物和装置,卷着所有钱款失踪了。老伦敦喜欢户外生活,也喜欢杰克,常带他外出打猎、钓鱼、爬山。他们偶尔也去看马戏,这在穷人家算是一种奢侈了。他也常常给杰克讲一些关于印第安人的故事。杰克从小在继父那里学到了吃苦耐劳的精神和真诚待人的品质。

芙萝拉是个神经质的女人,喜怒无常,自以为是,不好相处。但她忍受着家境的贫困,同丈夫一起奔波奋斗,尽管每每力不从心。她仍然做招魂驱鬼的生意,也干任何力所能及的杂活贴补家用。她把能省下来的钱一分分地积攒起来,进行一次次不成功的小投资尝试。一些原可以丰富餐桌、添加衣衫的钱，被她买了从未中过奖的彩票。她无法挣脱挣钱的欲望，但致富计划接二连三地受挫，反而加剧了家庭的经济危机。芙萝拉行为乖癖，容易激动，但杰克·伦敦一直对她很好，把当童工挣来的每一分钱都交给她，成名后在出版物的扉页上，常常满怀深情地题词：献给亲爱的母亲芙萝拉。

杰克·伦敦4岁时，旧金山流行白喉病。当时，白喉仍是令人胆寒的瘟疫。他和姐姐伊丽莎平时睡一张床，都遭受感染。这一场病几乎夺走了两个孩子的性命。孩子们奄奄一息，芙萝拉束手无策。她认为天命难抗，开始准备后事，向人打听两个孩子合葬一口棺材是否违反宗教或习俗上的规矩，因为这样可以省些钱。约翰此时打听到一个能治白喉的医生，星夜赶到奥克兰，第二天一早带着医生渡过旧金山湾。医生先把孩子喉咙里的白喉斑烧去，再灌硫黄。这是一种野蛮残酷的原始治疗方法，但真的把死神吓跑了。

为了生计，伦敦一家常常搬迁。1883年杰克7岁生日那年，一家人租了一辆马拉大车，又一次搬迁，移居到城南圣麦托的一个土豆农场。圣麦托地区土地肥沃，凉爽多雾的气候十分有利于土豆的生长，生活有所好转。继父在田里劳动，常常由杰克送去一小桶啤酒供他解渴。杰克出于好奇偷偷品尝，有时回来已是醉步踉跄。最初与酒精打交道的经历，是一个不幸的开端，对他的一生产生了不良影响。杰克8岁时，芙萝拉对种植土豆已经感到厌倦，相信干别的营生可能会有更好的机会。种土豆挣到了一些钱，全家再次搬迁，到奥克兰附近一个叫利物墨尔的农业小镇，用分期付款的方式买下一个小农场，种上庄稼，养了鸡鸭和蜜蜂。杰克已经开始上小学，在农场从事一些诸如看管蜜蜂之类力所能及的劳动，同时生吞活剥地阅读能借到的各种冒险故事。那年风调雨顺，庄稼长势良好，鸡鸭活蹦乱跳，芙萝拉甚至有钱为杰克买了一套成衣。

但是好景不长，后来天灾毁坏了庄稼，瘟疫杀死了所有鸡鸭，约翰无力偿还贷款，只得变卖房子。他们将家具装上土豆车，搬回奥克兰，约翰再去当门警。创家立业的梦想被粉碎，一家人又滑入了贫困的深坑。伦敦一家每走一步，遇到的都是挫折。

9 岁的杰克转入奥克兰公立科尔小学就读，同时开始了挣钱养家的童工生涯。每天凌晨 3 点钟，芙萝拉将他摇醒。睡眼蒙眬的杰克赶到邮局领晨报，挨家发送，然后直接赶去上学。在学校他有时饿得只能偷吃别人的饭食。放学后他再去送晚报。每到周末，他到冷冻车上帮工，或者去保龄球馆为喝醉酒的荷兰人放球柱。他把挣来的钱如数交给母亲。送晚报的途中，他要经过几条常有小流氓寻衅滋事的街道，常常遭到大孩子的欺负。但生活的逼迫培养了他富有毅力和勇敢顽强的个性。在科尔小学毕业时，大家推选他代表全班在毕业典礼上做演讲，但他拿不出一件体面的外衣，连预演都没有参加。没有人想到让他继续上中学，杰克·伦敦本人和家人都不敢有这样的奢望。继父已经年迈体衰，找不到稳定的工作；母亲芙萝拉从来干不成正经的事，于是，养家糊口的担子落到了家中另一个“男人”的身上——13 岁的杰克·伦敦用他稚嫩的肩膀勇敢地挑起了这付沉甸甸的生活担子。

除了早晚两次送报纸外，他也上街卖报；在余下的时间里，他就做任何可以找到的额外工作，如打扫酒吧等。他对自己的未来没有任何打算。像周围其他穷人家的孩子一样，这个年龄应该是走上社会、自食其力的时候了。如果他不愿意一辈子出卖体力，那么他就应该开始当学徒，学一门手艺。他当时学会了速记，但似乎没打算应用这一技能，他也没有像继父那样当木匠和园艺工的念头。而相反，一种焦躁不安的情绪占据着他，把他推入彷徨迷茫的人生阶段。接下来的 4 年中，他干过各种零工，有时甚至对抗常规的生活模式，走上犯罪的道路。1881 年，15 岁的杰克·伦敦进入奥克兰的西莫克罐头厂当童工，每小时 10 美分，有时不得不一口

气工作18到20个小时。阿伦·斯克鲁达在传记《杰克·伦敦》中,对当时的罐头厂做过如下的描述:

> 工作十分单调,一小时又一小时站在机器前,用手抓酱菜装进瓶子,像奴隶一样。工场的场面令人不寒而栗,老人、孩子、男人、女人一个挨一个地并排站着,被日复一日、年复一年的劳累弄得眼神呆滞、精神不振。19、20岁的大姑娘已经失去了青春的光泽,驼起了背,脸上起了皱纹。罐头厂早晨7点上班的汽笛响起,晚上6点工人下班。此外,常有加班加点,每天工作15至18个小时是司空见惯的现象。①

杰克·伦敦后来写了一篇题为《叛逆》("Apostate")的著名短篇小说,通过一个"心灵扭曲、发育不良"的罐头厂童工乔尼,讲述了与自己的经历相似的一段故事。就这样,杰克·伦敦在城市贫民的深坑里度过了他的童年,目睹了父母挣扎求生的艰难,看到他们同很多下层美国人一样,不断做发迹的美梦,不断在严酷的现实面前碰壁。他出生在美国正处于经济低潮的年代,生活的艰辛在他幼小的心灵中留下了深深的刻痕。艰苦的生活磨炼了少年的意志,也锻造了他一身矫健的体魄。15岁的杰克已长得肩宽腰圆,粗壮敦实。不知不觉,人们称之为男性美的那些特征,悄悄在他身上出现。但在成年人的外壳里,他毕竟仍是个涉世未深的孩子,不了解人情世故,不懂得法度规矩,不知道天高地厚。他处在社会的最底层,一无所有,也无所顾忌。工场需要的只是简单劳动——无休无止地做同一个或几个动作。低工资、高强度的劳动把很多青年赶上了歧路。杰克·伦敦这颗充满活力的少年的心,终于无法忍受这种长时间奴役般的苦活。他决定闯荡世界,另谋

① Alan Schroeder, *Jack London* (New York: Chelsea House, 1992), p. 30.

生路。

旧金山巴巴拉海岸一带，总有几百名“街头少年”终日游荡，无所事事。杰克·伦敦离弃了罐头厂的工作，成了他们中间的一员。他结识了一些“蚝贼”——夜间闯入禁捕区或私人养殖场偷挖牡蛎的非法之徒。他们成帮结伙，在夜幕的掩护下偷袭蚝床，天明拿到奥克兰水产市场上出售，然后瓜分赃款。当杰克·伦敦听说他们一次袭击人均可分得25美元时，不禁怦然心动。那几乎是他一个月起早贪黑将自己卖给罐头厂当奴隶的收入！一名老海贼正好有一艘小船要出售，索价300美元。杰克·伦敦找到从前帮佣的珍妮大妈借钱，他知道这位黑人妇女把他当作亲儿子看待，对他百依百顺。得到了珍妮大妈的积蓄后，他成了一艘单桅小帆船的主人，有了工具，参加了“蚝贼”帮。他知道挖蚝是非法的，但铤而走险。除了为挣钱养家外，他也出于对冒险生活的追求。他从小读过许多历险小说，深受影响，内心渴望摆脱机械劳动，能过上一种完全不同的生活。他和“蚝贼”们天黑集中，像饿狼一样朝一块养殖场扑去。场主伏击的枪声，渔警追捕的马达声，更加增添了夜袭的刺激。对于少年伦敦来说，以前的生活从来没有令他如此亢奋。这种冒险具有浪漫色彩，就像小说故事一样精彩。他年轻无畏，在袭击蚝床和帮伙械斗中冲锋陷阵，渐渐在旧金山湾一带出了名，被人称为“蚝贼王子”。

每次夜袭都有所收获，他渐渐还清了借款，把剩余的钱交给母亲，供一家开支。“蚝贼”夜间出动，白天钻进酒吧。后来伦敦很快学会了他们的生活方式，在狂饮中把钱花光。在酒店里，他可以忘掉家庭责任和道德规范，忘掉自己，忘掉过去的艰难岁月。在这里，他不必理智行事，可以干任何疯狂的事情。这是他踏入社会后最早发现的男人世界。他一度走得比谁都远，饮酒毫无节制，常常酩酊大醉。有时嫌开酒瓶费事，往水泥墩上砸掉威士忌瓶口，然后直接往嘴里灌。老“蚝贼”们看了连连咂舌，断言他最多能活一年,贪杯无度,必定毙命于酒精。预言差点得到印证:一次偷袭得手,收获颇丰,杰克·伦敦在酒吧连饮3周,天天烂醉如泥。一夜,他神情恍惚地回到船上,一脚踩空,跌入水中,差点淹死。

杰克·伦敦的"蚝贼"经历没有延续太长的时间,但他成了沿岸一带小有名气的人物,把自己变成了只有小说中才出现的乱世英雄。直到成为作家之后,他还一直对青少年时期的犯罪生涯津津乐道,有时在作品中加以浪漫化;他把自己的经历加以想象加工,写进了《"狂欢号"航行记》(*The Cruise of the Dazzler*, 1902)和《约翰·巴雷康》(*John Barleycorn*, 1913)两本书和好几篇短篇小说中。从某种意义上讲,当"蚝贼"是他挣脱"工资奴隶"地位的反叛行为,也是他追求精神自由的一种表达。正因如此,他在谈及这段生平历史时,总难免流露出洋洋自得的语气,而从不带一丝悔意。又一次成功偷袭牡蛎养殖场后,一名水上巡警找到了他。尽管杰克·伦敦在这一带臭名昭著,但警官并没有对这个大孩子进行警告威胁,而是好言相劝,让他放弃犯罪生活,参加渔巡队当水上警察。旧金山湾的水上警察采用"以毒攻毒"的对策,对渔贼进行"策反",将他们编入渔巡队,捕捉违反渔法的不法分子。这些人没有工资,罚款的百分之五十归缉捕手。杰克·伦敦爽快地答应了这项交易,于是摇身一变,成了法律的卫士。他从小喜欢阅读各类小说,小说中的警察与小偷、好人与坏人的角色是可以互换的,因此他并不觉得受到现实生活的戏弄。

当时旧金山湾有一批来自希腊、中国和日本的船民。他们没有固定职业,以船为家,生活贫困。他们有时上岸打些零工,有时捕鱼捞虾,但也常干杰克·伦敦熟悉的那一类勾当。杰克·伦敦的任务是对付那一批人。他以前常到中国人的船上去。读小学的时候,别的学生收集来的旧衣衫、玻璃瓶和煤油罐等东西,都由他拿到中国船民那儿,卖给他们,然后大家分成。这些船民脑后拖着长长的辫子,一句英语也不会说,平时待人和蔼,一旦被逼急就会拿出刀子拼命。他接到的第一个任务，就是去捉拿正用密网非法捕虾的中国船民。十几个捕虾人个个腰里插着大刀，而渔警只有3人。这是比当“海贼”更危险的行当，更需要勇气和胆魄。对于杰克·伦敦来说，冒险是他童年未曾享受到的游戏，他一辈子都嗜爱这种游戏。缉捕行动成功后，他分得了罚款中的一百美元。

二、水手与流浪汉

旧金山海湾毕竟天地不大，闯荡世界一直是青年伦敦的梦想。机会终于来了。他刚过完17岁生日的时候，有一条捕海豹的船驶进了旧金山湾，补充食品，招募人员，准备下一次穿越太平洋的远航。伦敦前来应募。他体格强健，当“蚝贼”和渔警期间又学得了驾船航海的本领，很快被录用当了一等水手，登上“索非亚·萨瑟兰号”纵帆船。这位从此一辈子自称水手的青年，离开金门，驶出旧金山湾，穿越太平洋，到达日本海和白令海，在近北极一带无人居住的荒岛上捕杀海豹，剥取毛皮。日本海附近风急浪高，十分危险。他们登上附近的小岛，残酷地杀死对人毫无戒备的海豹，然后拖上甲板，当场剥皮加工，用盐腌制。船上到处都是血污、油脂和浓烈的腥臭味。剥皮后的海豹尸体，被重新扔回海中，引来成群的鲨鱼围着捕猎船争夺美食。

他已经读过麦尔维尔的长篇小说《白鲸》。捕鲸船“佩阔德号”与象征着自然力量的白鲸之间震撼人心的搏斗，以及最后船毁人亡的故事，令他久久难以平静。穿越太平洋用了51天时间，伦敦最愉快的时光是听老水手们讲千奇百怪的故事，或是躲在舱房里读书。离港之前，他在行李包中塞进了几十本书。在漫长的航行途中，他读完了福楼拜的《包法利夫人》和托尔斯泰的《安娜·卡列尼娜》。10 年以后，杰克·伦敦根据“索非亚·萨瑟兰号”的经历和听来的故事，写下了著名的长篇小说《海狼》（*The Sea-Wolf*, 1904），讲述一条叫“魔鬼号”的捕海豹船在太平洋上的历险故事。其中，原始的野性和文明进行了惊心动魄的较量。“索非亚·萨瑟兰号”为故事中的“魔鬼号”提供了原型。虽然船上没有凶神恶煞的拉森船长式的人物，但整个航行紧张激烈，激发了伦敦的想象力。

7 个月后，“索非亚·萨瑟兰号”重新驶进旧金山湾，杰克·伦敦正好赶上 1893 年美国有史以来最糟糕的萧条和金融经济恐慌。不少银行倒闭，到处是失业工人，寻找工作极其困难，贫困像瘟疫一样在城市里蔓延。继父的身体每况愈下，一家人在困境中苦撑苦度。为了维持全家生活，杰克·伦敦到处打零工：割草坪、剪树篱、洗地毯、擦窗子、陪伴老年人、挨户推销缝衣机，只要能挣到钱，他什么都干。他一直思念捕海豹船上的生活，等待第二年捕海豹人经过旧金山时再次登船出海。他与他们约定了时间，可是不知什么原因错过了时机。杰克·伦敦懊丧万分。由于生计所迫，他不得不在一家黄麻厂找了一份苦差事，按时计酬，一个钟头一角钱。当时的一角钱可以买两包廉价烟丝，或在一家小饭店吃一客便饭。为了养活一家人，他每天必须绷紧神经和肌肉，干十几个小时。几个月后，他辞退了工作。他不怕吃苦，但这样的工作毫无前途。他希望能学到一技之长，结束不稳定的生活状态。

他认为电力工业发展潜力巨大，决定在这一行业谋求发展。他读过霍雷西·阿尔杰关于卡菲尔德的传记，相信书中所言，一个平凡的少年可以通过自己的努力改变命运。1893 年冬天，杰克·伦敦来到奥克兰发电厂，求见经理，毕恭毕敬地向他表示，他有强健的身体，有决心和毅力，一定可以学好一门技艺，干出成绩来。他在自传体小说《约翰·巴雷康》中详细描述了当时的经过：

经理听着我的话,一直微笑着。他说我是块可以造就的材料,他十分赞赏积极向上的美国青年。他说,其实老板们总是四处寻找像我这样的年轻人,但遗憾的是,人才难得。他说我的志愿是高尚的,是值得敬重的,他保证使我得到我所企望的机会。我听得心花怒放,心想也许他还打算把女儿许配给我。①

经理告诉伦敦,如果一个青年要学得一门比较复杂深奥的专业技术,他必须从最基本的技能学起。他必须先到锅炉房当司炉。但要了解司炉工作,他必须先铲煤,这是精通专业的第一步。于是杰克·伦敦当上了铲煤工,每天干 13 个小时。他每天挥汗苦干,好好表现。后来一个老工人告诉他,老板利用他好强肯干,正在榨取他的血汗,辞退了两名工资都比他高的铲煤工人,让他包下所有工作。伦敦终于明白自己被人愚弄,扔下铁铲,愤然离去。回到家中,他一口气睡了 24 个小时,发誓这一辈子再也不让人把他当牲口使唤。后来,在一篇关于童工血泪的小说《叛逆》中,杰克·伦敦强烈控诉了血汗工厂对工人心灵的摧残。小说主人公乔尼最终无法忍受这种敲骨吸髓的奴隶劳动,不顾一切地走上了流浪的道路。流浪也是杰克·伦敦自己的选择。他要摆脱工资奴隶的地位,也不愿再承担家庭责任。他抛下所有烦恼,一走了之。

1893 年是美国历史上被称为“大恐慌”的年代,是南北战争以来最黑暗的时期。美国的经济好像突然进入了一个恶性循环的圈子。1894 年初,一个叫雅各布·考克赛的俄亥俄州的犹太富商,出于拯救美国经济的理想,向全国发出号召,计划组成两万人的失业工人大军,从全国各地进军华盛顿,最后在国会大厦前集中,抗议政府的经济政策。奥克兰一个叫凯莱的人响应他的号召,组织

① Jack London, *John Barleycorn* (New York: Century, 1913), pp. 188 – 9.

了请愿分队,参加联合行动。消息传到旧金山,杰克·伦敦马上决定参加请愿大军。罐头厂、黄麻厂、发电厂的经历已经使他从感情上产生对这一经济体系的强烈不满。但更重要的理由也许是,他当时正在寻找一个出走的机会和借口。

队伍4月6日出发。当杰克·伦敦下午到达车站集中地时,请愿队伍已经离开。但这关系不大,17岁的伦敦当时的主要兴趣是流浪和历险,而不是社会抗议和经济改革。他几乎没带什么钱,沿着铁路开始了流浪生活。方向还是华府,但能否赶上请愿大队,能否参加首都的万人聚会,对他都无关紧要。他与其他流浪汉为伍,沿路乞讨,有时偷偷搭乘一段火车。他饱一顿,饿一顿,想睡了就溜进闷罐子货运车,蜷在车厢角落过上一夜。这是他向往已久的无拘无束、自由自在的生活,这就是令人陶醉的精神解放。在他当"蚝贼"的时候,他曾遇见一群衣衫褴褛的少年,正躺在沙滩上晒太阳。他上前搭讪,发现他们是流浪汉。在同他们的交谈中,伦敦好像看到了一个五彩缤纷的新世界。他们的经历日日翻新,与他们相比,他当"蚝贼"简直味同嚼蜡。他被这批人深深吸引,跟随他们出走了3个星期,了解了他们如何乞讨,如何偷窃,如何骗过警察,如何搭乘闷罐子货车到处免费旅行。最后,他依依不舍地爬上西行的火车,回到奥克兰。

这回他终于又上了路,与另外一批流浪汉结伴而行,分享钱和烟叶,一起行乞、饮酒、争论、斗殴,也互相交换各自从前的经历,想象编造各种奇闻轶事以赢得同伴的尊重。后来他赶上了请愿大军的一个分队,加入他们的队伍,同其他80余人结队进军华盛顿。晚上,请愿大军支起帐篷,坐在篝火边抽烟、喝酒,谈论政治。也许在这里,在中西部的星空下,他最初了解了关于社会主义的一些概念。最后,主要由于饥饿,他在5月中旬离开大部队,独自行走,与请愿队伍在差不多的时间到达了华盛顿。大部分人沿途已经散去,队伍稀稀落落,丝毫没有考克赛预想的那种浩大声势。请愿队提出的请求遭到了联邦政府的拒绝,考克赛本人也被逮捕入狱,罪名是破坏国会大厦门前的草坪。树倒猢狲散,轰轰烈烈的请愿运动就这样虎头蛇尾地结束了。但杰克·伦敦余兴未尽。他经过杰克逊镇、堪萨斯城、梅森,最后到达芝加哥。他在预先约定的地方收到了家里的来信,信中附有姐姐伊丽莎给他的4块钱。他马上去旧货店买了急需的鞋子和衣服,到饭店吃了一顿饭,花5分钱买了一个铺位,离家后头一次在床上美美地睡了一觉。

像杰克·伦敦这样的流浪生活,在当时不是个别现象。据估计,当时美国无家可归或有家不归的流浪汉约有三百万人,他们把流浪当作一种生活方式。他们中有些是受过不错的教育的人,自我标榜为理论家或哲学家,因发现与传统生活格格不入而解放了自己。伦敦喜欢同他们交谈,第一次听到了诸如马克思、尼采、斯宾塞等思想家的名字。这些人对这位未来作家的思想产生了很大的影响。听这些有知识的流浪汉谈经济、政治、哲学和社会主义,这位18岁的青年了解了很多他原来不知道的东西。

在纽约火车站,他爬上一辆货车,来到美国和加拿大边境的尼亚加拉大瀑布。无比壮观的大瀑布令他流连忘返。他在一个农场的草堆上睡了一夜后,天蒙蒙亮又一次来到瀑布前,被警察以流浪罪逮捕,送进拘留所,后被判处30天监禁,戴上手铐,送往艾利县教养所。整个过程没有陪审团,不准上诉。这样的法律使杰克·伦敦感到震惊。第二天他被剃了光头,理去了小胡子,换上蓝白条的囚服,押往码头干苦役。排队走在杀人犯、强奸犯中间,他的自尊心受到了严重的伤害。他对美国的司法体系和政治制度的信仰动摇了。在监狱里,他体验了以前从未体验过的经历,领教了看守的凶残,了解了刑讯室的恐怖,品尝了极度饥饿的滋味,学会了忍气吞声地屈从。社会的不公,权力的滥用,使伦敦更体会到小人物受人摆布的无助处境。他后来写了一系列文章,呼吁监狱制度改革,并在长篇小说《星游人》(*The Star Rover*, 1915)和传记《流浪》(*The Road*, 1907)中,重现或者详细记录了当时狱中的非人生活和残酷的体罚。

30 天后,他出狱继续流浪,朝南经过纽约和宾夕法尼亚,再到巴尔的摩。在那儿的德鲁伊德公园,他聚精会神地聆听人们站在肥皂箱上做政治演讲。然后,他返身北上,重回华盛顿和纽约,又去波士顿,在那里同一个流浪汉讨论经济和哲学,争论了整整两天。再后,他进入加拿大,到蒙特利尔,再去加拿大首都渥太华,在那里搭上一辆运煤的列车,西行三千英里,到温哥华,逗留了几周后登上"乌马提拉号"货船返回旧金山,一路上当铲煤工抵船票。他没想到的是,两年后他将搭乘同一条船,进行一次更大的冒险。

8 个月的流浪生活是杰克·伦敦走向成熟的一段重要路程。他开阔了眼界,丰富了阅历,对社会和生活更加了解。流浪经历在他身上产生了三方面的直接影响。第一,他掌握了编故事、讲故事的能力。流浪途中,想要讨到钱和食物,他必须编造各种各样的故事,让人深信不疑,博得好感和同情。第二,他不再像过去那样幼稚,开始质疑美国现行的经济制度,开始接受当时在美国渐渐盛行的社会主义思想。他在回忆录《流浪》中说:"而且,我也相信是流浪的学徒生涯,使我变成了现实主义者。"[①]流浪归来后,他开始读马克思的《共产党宣言》,并在 1896 年加入奥克兰社会主义劳动党地方支部。第三,他更加坚定了不再以出卖体力营生的决心,立志改变命运。当时摆在穷人孩子面前有三条路:一是拼命干活,省吃俭用,以体力谋生;二是巧取豪夺,铤而走险,干犯罪勾当;三是逃避责任,解放自己,过流浪生活。这三条路他都走过了,都不想继续走下去。他决定以脑力谋生,凭自己的聪明才智吃饭,爬出社会底层,出人头地。

有了这样的决心,他一回奥克兰,就走进了公立图书馆。出于

---

① Jack London, *The Road* (New York: Macmillan, 1907), p. 10.

同样的动力,他这样一个身材魁梧的19岁大汉,终于又走进了中学的教室,同比他矮一头的孩子们坐在一起听课,而且马上为校刊写稿。他似乎已经看到了自己的人生方向。批评家琼·赫德里克在谈到杰克·伦敦时说,他像"撒在石砾堆上的种子。"①的确,这颗种子落在一个十分不利的环境中,但它发了芽,顽强地生长。虽然养分不足,但它伸开了根系,长出了枝叶,在石缝里勃发出生命的活力。

三、北疆:白色的诱惑

流浪归来以后,杰克·伦敦有了新的认识,看到了遥远的希望的曙光。他不顾一切地追逐心中的目标。那边的世界他仍然不甚了解,但他知道一定是一个更高雅、浪漫、充满文化和智慧的世界,是一个摆脱奴役、贫困和野蛮的地方。在那里,最值钱的商品是知识而不是体力。但除了决心外,他几乎一无所有。他的脑子就像他的钱包一样空空荡荡,但他从来不怕挑战。凭着青年人的狂热和蛮汉的冲动,凭着无知者的自信,他捋起衣袖,准备向着文学、艺术、哲学、政治多个领域发起全线冲击。1895年和1896两年,他一边挣钱养家,一边拼命苦读,一步步朝着他看准的目标迈进。

正在这时,一个更大的诱惑将他一下子吸引了过去,到了与他向往的温文儒雅的文化世界截然不同的世界的另一端。但这个诱惑更加直接,更加容易理解,更加看得见摸得着,令他身不由己。

① Joan D. Hedrick, *Solitary Comrade: Jack London and His Work* (Chapel Hill: The University of North Carolina Press, 1982), p. 28.

这个诱惑是:北方的克朗代克地区发现了黄金!美国历史上第二次淘金狂潮开始了。一夜之间,整个美国骚动了。全国所有报纸都在头版刊登发现大金矿的消息,报道淘金者个人的经历和访谈纪要。每颗心都被遥远的北方牵动着,每个人的头脑中都跳荡着一个金灿灿的梦想。这是世界上最后一次,也是最狂热的一次淘金潮。克朗代克采金区完全在加拿大境内,加拿大称其为西北区。但美国人仍用"阿拉斯加"来称呼这一区域。因此,很多记载这次淘金的文学,包括很多杰克·伦敦的小说,用的都是"阿拉斯加"。专门研究1897年淘金热的史学家皮尔·伯顿写道:"像克朗代克那样的淘金狂热以前未曾有过,从那时起至今未再出现过,将来也不可能发生。"①淘金热浪滚滚不断地流进了天寒地冻的北极圈,一直到第二年春天美国—西班牙战争开始才戛然而止,停得就像启动时那样突然。

从1897年之前的约20年开始,克朗代克地区一直有零星的淘金采矿人。后来原淘金地下游一百英里的一个叫四十里站的地方发现了新金矿。这两处淘金点都在加拿大境内,但主要是美国人在那边活动。再后来更西北部美国境内阿拉斯加一个叫环城的地方也发现金矿。但这些发现不足以吸引成批的人,前来淘金的寥寥无几。接着,在1896年8月17日,一个叫乔治·卡麦克的美国淘金人同他的两个印第安合伙人,在克朗代克河与育空河汇合处不远的一条支流上发现富金矿。这片曾被称作"麋鹿滩"和"野鬼溪"的荒地,后来被人改名为"黄金滩"。四十里站和环城的淘金者一下子涌到这个地方。就像卓别林的电影《淘金狂》所描述的那样,很多人被克朗代克不可抗拒的吸引力拉了过去。人口稀少、地处偏僻的道森很快发展成为淘金中心城。"突然间,广袤神秘的北疆成了最后一个辉煌的机会,在刚从九十年代的经济萧条、

① 参看 Earle Labor, *Jack London*, p.35。

颓废和烦躁的绝望中走出的美国人中间，激起了回归天国般的荒野的渴望。"[①]但不幸的事实是，虽然克朗代克确实发现了富矿，但其面积被大大高估，而且大多数富矿在淘金潮到达之前早已经被开采过了。

1897年7月25日，杰克·伦敦加入了淘金者的队伍。去克朗代克淘金是一次十分危险的赌博，而且环境极为艰苦。但重金之下，多有勇夫。挤进知识文化圈的理想，目前仍像林中飞鸟，而淘金如同停落在他眼前的一头肥鸟，似乎可以伸手擒来。杰克·伦敦没有经过太多的考虑，决定暂缓奋斗计划，北上采金。继父约翰·伦敦年迈体弱，已无力养家。他与姐夫同行，让姐姐伊丽莎好好照顾父母，叫芙萝拉挺过这段艰苦的日子，等他背着一袋金子回来，全家从此不必再为柴米发愁。杰克·伦敦后来在《约翰·巴雷康》中写道："让（当作家的）计划见鬼去吧，我又踏上了历险之路，去寻找发财的机会。"[②]但他并没有真正让理想"见鬼去"，在沉重的行李包中，他塞进了达尔文的《物种起源》、斯宾塞的《文体论》和弥尔顿的史诗《失乐园》。

"乌马提拉号"载着杰克·伦敦一直驶到斯凯戈维。那里水道狭窄，必须改乘小船才能继续前行，一直到德牙海滩。下船后，他们看到成百间淘金人的木屋和帐篷。这里是文明和荒原的交接站，出了这个地方，前面除了少数爱斯基摩人的小村落，就不再有人烟。去克朗代克的旅途令人望而生畏，他们面对的是难以想象的困难。他们常常要驮着沉重的行李——淘金工具和生活所需的一切——在没膝的泥潭里行走，常常要砍树搭桥，越过湍急的山溪，攀登冰雪覆盖的山坡，越过令人目眩的冰川。到接近北极的地区，他们必须顶着刺骨的严寒，驾狗拉雪橇继续北上。他们要在帐

---

① Earle Labor and Jeanne Campbell Reesman, *Jack London, Revised Edition*, p. 15.

② Jack London, *John Barleycorn*, p. 231.

篷里度过寒夜,心里时时惦记着是否富矿区早已被瓜分完毕。但是,人们还是成百成千地朝北方涌去。他们必须先行走四百英里,翻过陡峭的契尔库特山,蹚过危险的白马溪,然后沿河而下一直到达斯图厄特河口。

伦敦一行从8月12日到8月21日用了整整10天时间,才把所有东西运到一个叫"绵羊营"的地方,进行休息调整,养精蓄锐,为最后4英里的山路做准备。关于杰克·伦敦的淘金历险,欧文·斯通的著名传记中讲得最详细的,是他以勇气和水手的经验渡过白马溪的故事。其他淘金人纷纷出价请他掌舵,把船渡过这段急流。据说,他每船收费25美元,在那儿呆了好几天,挣了3 000美元,还有3 000可挣,但唯恐时间太迟,只得放弃。其实,根据伦敦一行4人中负责做历险记录的汤普森的笔记,伦敦出于好意帮助一条船渡过了白马溪,但没有收费。然后,他们几个很快离开,继续北上。斯通的资料来自伦敦的小说。在两岸的喝彩声中勇闯白马溪的传奇,主要出自想象,而不是事实。当时已是9月中旬,冬寒逼临。他们不能久留,必须在冬天的暴风到达之前赶到道森。克朗代克地区冰封季节一般开始于10月中旬。伦敦他们必须同时间赛跑。

走到一处叫"五指涧"的地方,已是10月初。北极的秋天短暂而又变幻无穷。突然一阵狂风刮起,卷起的冰碴像子弹一样散射在人们的脸上。一时间,无遮无挡的旷野上,寒风肆虐,天昏地暗。翩翩白衣少女一下子变成了白头魔王,张开大口,似乎要吞噬大地上的每一个生命。在低谷地,如果天气暖和,人们可能会遇到令人生畏的北极蚊群。它们比饿狼更加凶恶,黑压压的一片,铺天盖地地朝人畜袭来,让人无处藏身,把人逼疯。杰克·伦敦和他的三个朋友在与大自然进行的殊死搏斗中,艰难跋涉,北上西行。早晨,他们从毯子里拖出疲倦的身子,穿上在火堆上烤过的鞋袜。傍晚,他们支起帐篷,生起篝火,吃上一顿盼望已久的"热饭"。淘金人的饭食与众不同。他们在野外行路或作业前,要煮上好几加仑的豆子和咸肉,其中大量是咸肉油膘,然后放在外面冻起来,做成大小合适的“砖块”,便于携带。这样,一天赶路或劳累以后,可以用斧子剁下一块,放在锅里融化煮热后吃。每天的饮食是一成不变的。要是煮饭人在食物中加进一点辣椒或胡椒面,那么在克朗代克这就成了引人馋涎的珍肴美味了。他们风餐露宿,怀着征服者的胆魄,在这场生存斗争中寄托着未来的梦想,也希望证明自己的能力和价值。

在离道森100英里处,一场突如其来的大风暴宣布了冬天的开始,气温骤降,淘金者们措手不及。湖面开始冻结,山路被封堵,白昼变得越来越短,黑夜漫漫。谣言传来,克朗代克大部分地区已经被淘金者分割完毕,因此速度就是一切。接下来的三个早晨,伦敦一行三次企图渡过拉伯戈湖,但小船三次被强劲的北风吹回。雪越下越大,一场更大的暴风雪眼看着就要到达,但他们冒着风险第四次下湖,在湖面冰封之前进行强渡。天蒙蒙亮时终于到达“30里河”河口。此时,他们又听到一个令人担忧的消息:道森人口暴涨,已达5 000,小镇根本没有足够的粮食维持这些人的生存。饥荒即将到达,再朝前是愚蠢不堪的举动。于是,在10月9日,伦敦和他的伙伴们在一个叫分离岛的地方安营扎寨。加拿大北部的河流大部分都已经冰封,他们别无选择,只得在寥无人烟的地方度过接下来的几个月时间。在那里,他们一直要等到来年开春。

分离岛离道森80英里。前来探险的人们往往在此地分手,各奔东西,因而得名。伦敦一行决定在这里住下。从德牙海滩到林达曼湖,他们用了2个月零2天,从林达曼湖到扎营地走了3周不到。行程极其艰苦,但他们战胜了一切艰难险阻,器具完好,粮食未损。现在,道森只有一箭之遥。他们在两条河流交汇处山道旁的一片松林里找到一间被遗弃的小木屋。这是以前阿拉斯加贸易公司白令海皮毛商们建造居住的。邻近还有其它小木屋。于是，来自不同地方的不同职业、不同背景、不同经历、不同个性的探险家们，在偏远的育空河岸，组成了一个临时村庄。这里有闯荡北极的老手，也有刚走出办公室的青年；有因想家而愁眉不展的人，也有永远不想回家的人；有无知的莽汉，也有知识渊博的读书人。这是一个男人社会，接受着严酷环境下的生存考验。特殊的环境，将每一个人的勇气、智慧和毅力都充分展现出来，也揭去了每个人的伪装，最彻底地暴露了各自的丑恶和本性。杰克·伦敦在“淘金者”中是最年轻的一个。他没学过做家务，什么也不会干，但每个人都喜欢他，他也喜欢每一个人。他们砍下树木，生旺火堆，在这里打牌、辩论。他们海阔天空地讲述各人的历史和千奇百怪的经历。对伦敦这样一个记忆力极强的未来作家来说，这里有许许多多生动的故事。

把分离岛夹在中间的斯图亚特河和汉德森溪还没有结冰。刚刚住下的头几天，伦敦和伙伴们到周围勘查找矿，发现了一些闪闪发光看似金沙的东西，决定等到河流冰冻行路方便时去道森注册他们的发现。发财后四个合伙人之间如何分配，他们从未讲得十分明白，他们依靠的是义气和朋友间的互相信赖。一星期后，伦敦和另一名淘金人去道森注册开采权。伦敦注册的是距分离岛不远汉德森溪左侧一块标号为第五十四号的矿地，划定区是沿溪床五百英尺，共二十六万平方英尺的砂石地段。他在道森黄金特派专员面前宣誓：“我庄严宣誓，我发现了一个金矿。”他接着交十美元开采执照费和十五美元登记注册费，于是成了五十四号金矿矿主。伦敦其实从来没有在那里找到金沙，后来老淘金人告诉他，那河里闪光的东西是石英沙。

在契尔库特山道他们就听到了道森闹粮荒的谣言。饥饿的威胁确实存在。那年8月，加拿大骑警监察查尔斯·康斯坦丁向渥太华报告：“形势不容乐观，道森难以维持四千名从美国沿海城市涌来的疯狂的莽汉。"[①] 300 人已决定离开道森,不愿在这里饿死。但更多的人已经翻过契尔库特山,正在筹买狗和雪橇,准备一旦河面冰冻,马上向道森进发。

发现大金矿的消息常常使道森全体人口倾巢而出,疯狂地朝某一条小溪或河床跑去。大部分消息纯属谣传,但十分令人振奋。道森附近河道交错,尚有不少未被注册的地域,这些正是淘金人的希望所在。但"黄金梦"也导致悲剧。消息传来,一个叫斯果溪的地方发现黄金。道森的人蜂拥而去,抢占地盘。那是冬季最寒冷的一天。到达后他们失望地发现又是一次谣传。七个疲倦的淘金人坐下后再也无法站起来,很快被冻成冰块。回来的很多人在道森医院里做了截趾或截指手术。淘金区在北极圈之内,冬天气温常常在零下 60 度。如果防范不慎,可以立刻置人于死命。人和动物能在这里生存,超乎伦敦的想象。极度险恶的环境中人的生存斗争后来成了他小说永恒的主题。"克朗代克把杰克·伦敦真正变成了'男人中的男人'。在那里,赤裸裸的生存斗争剥除了一切社会的虚饰。"[②]

几周后,杰克·伦敦回到了分离岛的小木屋。在这个漫长的冬季里,他仔细阅读了带来的《物种起源》、《文体论》和《失乐园》三本书,也阅读营地里能借到的每一本书。书很难找到,这是可以预料的。背着沉重的书籍翻越契尔库特山显然是愚蠢的行动,除非你付得起昂贵的搬运费。他借到一本吉卜林的《大洋大海》,十分喜欢。他特别喜欢参加辩论,听别人谈宗教、政治、经济。这批人最爱谈论的话题是社会主义。杰克·伦敦在流浪期间就已经做出了信仰社会主义的决定,并宣布自己是社会主义者。在克朗代

① 参看 Franklin Walker, *Jack London and the Klondike: The Genesis of an American Writer* (San Marino: The Huntington Library, 1994), p. 107。

② Clarice Stasz, *American Dreamers*, p. 62.

克，他决不孤立。这批为了发财前来寻找黄金，为了私有财产前来冒险的人中间，不乏社会主义的信徒。他们一边做发财梦，一边赞美公有制。在当时的美国，社会主义思潮是一种时尚，连很多资本家也标榜自己是社会主义者。与杰克·伦敦同在分离岛小木屋中度过严冬的马歇尔·邦德描述了当时小木屋中关于社会主义的讨论：

> 伦敦坐在灯光照不到的暗角的一个木箱上，静静地听别人的观点，然后摆出自己的看法。他追溯到事情的最初起源，头头是道，他的发言总是结论性的。……从理智角度上讲，他是全屋子中无与伦比的、思维最敏锐的人，我们都能感觉到这一点。我们中间的有些人头脑笨得就像塞满了油灰，另一些人受过教育，但只会僵直地沿着陈规旧俗行走。而此人的生活和思想不落俗套，使大家耳目一新。这是我第一次遇见杰克·伦敦的印象。①

很多个晚上，他就这样坐在小木屋的一角，听老资格的探险家讲述关于他们与风暴、饥饿搏斗出生入死的故事，关于忠实的雪橇狗的故事，关于得而复失的财宝的故事。这些故事使他入迷，使他陶醉。杰克·伦敦也在火堆旁用自己的故事款待别人。他从来不向任何人透露自己的私生子身份，但添枝加叶地描述了当童工、当蚝贼、当水手和当流浪汉的各种奇妙经历。他对各种各样的人的身世和遭遇怀有莫大的兴趣，细心观察每一个人的性格和语言特点。多年后，他把听来的故事和观察到的人物，用生动的笔触写进了许多流传广泛的故事，诸如《野性的呼唤》(*The Call of the Wild*,

---

① 参看 James Lundquist, *Jack London: Adventures, Ideas and Fiction* (New York: The Continuum Publishing Company, 1990), p. 7。

1903)、《白牙》(*White Fang*, 1906)、《雪的女儿》(*A Daughter of the Snows*, 1902)和很多短篇小说之中 。“育空河流域的历险把杰克·伦敦引入了一个更大的世界。在24岁的年纪,一般人刚刚跨出大学校门,他已一脚踏上了通向名声的梯子。是克朗代克让这一切变得可能。”①

从某种意义上来说,这个在等待中度过的无所事事的冬天,是杰克·伦敦收获的季节。他在各种各样的交谈和讨论中开阔了眼界,学会了思考分析。他常常用被烟熏得焦黄的手指做着比划,同正在做饭或干其它事情的伙伴争辩。有人回忆,一次他静静地躺在板床上听一个法官和一个医生讨论进化论,突然坐起身来,恰到好处地引述了达尔文的一段话,解决了两人间的争端。他有时睁大眼睛,兴致勃勃地向大家解释斯宾塞的理论。他对讨论社会主义兴趣特别浓厚,也喜欢谈“真理是什么”、“世界上有没有正义”之类的抽象论题,或提出诸如“没有科学证据可以证明上帝的存在”之类的颠覆传统的见解。他总是先静听别人各抒己见,然后亮出自己的观点。在他的木屋子里出现过的豪爽的、怪僻的、文静的、暴躁的、侠义的、自私的各种人物,都在他后来的小说中留下了不朽的身影。

在等待春天冰消雪融的日子里,伦敦思考着自己的未来。看来他们发现大金矿的可能性几乎没有。他现在已是一个要维持一家人生计的大男人,他必须选择一个职业。他22岁,虽有一身肌肉,但没有一技之长。他有一个念头,想写作,成为专业作家。在分离岛那间小屋的木板墙上,至今仍留着他用粗铅笔写下的文字:“矿工、作家杰克·伦敦在此小住,1898年1月27日。”虽然在去克朗代克前一个春天,杰克·伦敦已开始十分执著地读书、写作,希望进入作家圈子,但在小木屋里度过的那个漫长的冬季,他思考

① Franklin Walker, p. 191.

了很多,动笔不多。当时关于克朗代克的文章很受各家报刊的欢迎,但他没有写过有关的文章和故事,也没有详细记录他的经历。杰克·伦敦最常被人引用的话之一就是:"在克朗代克我发现了我自己。在那儿,没有人说话,但每个人都在思考。大家都得出了真正的悟识。"[①]伦敦后来写的无数作品肯定证实了这一点。去克朗代克的路程和北极的生活本身就是一个巨大的挑战,迫使每个人面对埋在最深处的自我。

春天姗姗来迟,直到5月的第一个周末才突然间来到了育空河流域。冰雪融化,整个僵硬的白色世界活动了起来。伦敦和他的伙伴们拆了一间木屋,改建成木筏,沿河漂到道森。连续半年缺少绿色食物,缺少运动,终于带来恶果。伦敦同许多在克朗代克的淘金人一样,得了可怕的坏血症。他两脚难以着地行走,关节疼痛,脸上浮肿。如果病情发展,会导致死亡。淘金人对坏血症十分恐惧,称其为"北极麻风病"。其实,坏血症不是致死的疾病,新鲜肉、生土豆都可以减轻病情,但在北极要得到这些东西十分困难。当然,生菜色拉、柠檬更好,不过这在克朗代克简直是异想天开的奢侈。

到春天冰雪消融的时候,伦敦的坏血症已成了大问题。他皮肤上一按就出现凹陷,毫无弹性,牙床肿起,身体蜷缩无法行走。他原先已坏了几颗牙,来北极的船上打架又掉了两颗。现在,坏血症威胁着嘴里剩下的不多的几颗好牙。到了道森他马上住进贾奇圣父医院,医院马上给他补充维生素C:洋葱、番茄和柠檬汁。医生劝他回美国做进一步治疗。这是个痛苦的决定,因为他经历了千辛万苦,不得不无功而返。伦敦听从了医生的劝告,因为他矛盾的心理的另一方面又催促他尽早离开这个满是泥浆的地方。他正需要一个借口。在这个鬼地方,最差的威士忌也给掺上了三倍水,

---

① 参看 Franklin Walker, p.5。

一顿填不饱肚子的饭要5美元。这里没有下水道,没有自来水,有的是令人讨厌的跳蚤和妓女。他可以很便宜地买到别人不再需要的小船,驾船沿育空河顺流而下,直到白令海峡入海口。对伦敦这样有经验的水手来说,这段近两千英里的航程易如反掌。

6月8日,当育空河河水涨满的时候,伦敦同另外两个淘金人驾驶了一条敞篷小船沿育空河漂流而下。他的航海经验使他们在19天里顺利漂过了阿拉斯加1 900英里的水路,到达阿拉斯加西岸的圣迈克尔,然后再从那儿搭船回家。他意识到又不得不面对生活的选择,也许又要重拾半途而废的努力。回家的路程中,伦敦开始回忆北疆的经历,并把记忆中各种轶事、感受和创作设想写在笔记本上。此时,他已下决心要当一个作家。他志向宏远,决心创作出伟大的、经得起时间考验的作品来。他也愿意写任何可以卖钱的东西,但他绝不再当工资奴隶。他换了两次船到达西雅图,仍然身无分文,用流浪时学来的老方法,偷偷爬上铁路货车,一路南下,于1898年初夏回到奥克兰。一场伟大的历险就这样虎头蛇尾地结束了。他带来的金沙只卖了4.5美元,但克朗代克的经历,无疑是"伦敦生平中最最重要的时段"。[①] 在他一生创作的众多的小说作品中,北疆小说具有特殊的地位。那些关于淘金人、印第安人和雪橇狗的惊心动魄的历险故事,将在全世界几代读者的想象中不断展开。

在19世纪末的北美大地,神秘的北疆突然间敞开了胸怀。远方的冰川雪原为美国人提供了一个获得财富的机会,更为他们提供了想象中回归自然、重温边疆精神的去处。一个伟大的梦想像彩虹般地出现了,彩虹的那一端落在北极圈内克朗代克的寒冷区域。遥远的北疆在大众的想象中被浪漫化,渐渐从具体变得虚幻,变为概念,变成某种感情依附的对象,变成了媒体热衷于开发的理

① Earle Labor, *Jack London*, p.126.

想王国。对于与杰克·伦敦同代的美国人来说,这片荒蛮之地具有不可抗拒的吸引力,因为它是多种诱惑的综合体。克朗代克代表了一种追求,一种“美国梦”的召唤,一种发财致富的可能性。这个新旧世纪交替、资本主义勃然兴起的时代,怂恿着人们追求梦想、寻找机会,划定自己的经济地盘,改变命运。克朗代克又代表了一种对已成为过去的传统以及这种传统所代表的价值的眷恋。以工业为主导的城市文明刚刚开始成为美国生活的主体,美国人遭受着“现代焦虑”的折磨,担心原有的稳定生活模式被颠覆,个人自由被机器生产束缚,向往想象中自由自在的农耕生活和浪漫冒险。这是一种深藏于内心的反叛和逃避现实生活的渴望。传记作者厄尔·雷伯说:“杰克·伦敦一生的各种努力,可以被看做是一次次从文明的堕落中叛逃,继而投入纯朴的大自然母亲怀抱的尝试。”①

毫无疑问,在克朗代克的不到一年的时间为杰克·伦敦的文学生涯提供了最重要的经历和第一手的素材。在那里,他观察、倾听、思考,把一切储存在记忆中,进行掂量、筛选、加工。他感到了跃跃欲试的创作冲动。就像大海对于麦尔维尔、非洲丛林对于约瑟夫·康拉德一样,克朗代克成了杰克·伦敦的文学宝地。他在这块专门园地里不断耕作,不断收获。他对人生的认识、他的写作风格、他作为作家的地位,都是在创作前期的五年时间里得到发展和确立的,而这五年里他写的主要小说,几乎都是以克朗代克为背景,取材于那一年的经历。归来后的两年内,他的小说开始在一些享有盛誉的杂志上出现,并签下了第一部短篇小说集的合同。又过了三年,他的代表作《野性的呼唤》赢得了国际上的认可。

从 1898 年到 1903 年,他集中开发这一块宝地,以后又常常回头再写北疆主题。1899 年,他发表了 9 篇关于北疆的短篇小说,

① Earle Labor, *Jack London*, p. 126.

主要刊登在当地的《大陆月刊》上,这些小说组成了他第一部短篇小说集《狼之子》(*The Son of the Wolf*, 1900)的主体。次年,又有10篇问世,而且都发表在发行量更大的东部主流杂志上。其后三年中他共发表短篇小说20篇:1901年7篇,1902年9篇,1903年4篇。此外,他还在《青年友伴》上发表了4篇以克朗代克为背景的少儿读物,还写了7篇关于北疆的文章。1903年以后,他共发表过15篇有关的短篇小说,除1908年一下子发表6篇以外,其它的在一个较长阶段中零星发表。这些短篇小说大部分被收进了他的6部短篇小说集中。他部分或全部以北方历险为背景写下了4部长篇小说:《雪的女儿》、《野性的呼唤》、《白牙》、《天大亮》(*Burning Daylight*, 1910),加上北疆短篇小说集共有10本书。而在1903年立稳脚跟之前,他只有一本青少年读物是以少年时期在旧金山湾的航海经历为背景的,其余均与克朗代克相关。

在美国,关于克朗代克淘金的小说和其它书籍共出版了不下几百本,但只有杰克·伦敦的作品流传至今。克朗代克淘金潮过去一个多世纪后的今天,伦敦的10部小说仍然魅力不减,销售长盛不衰,令人难以置信。这批被人们统称为"北疆传奇"的小说,以作者亲身体验的第一手资料写成,读来真切感人。伦敦笔调粗犷朴实,不拘一格,塑造了与先前文学作品中全然不同的人物。他的作品中处处闪现着对生活真谛的洞见。他以全新的"野性现实主义",冲击了当时盛行于美国文坛的维多利亚时代的温情。

四、工资奴隶与"脑力商人"

北疆的那些日子,其实是伦敦文学创作学徒阶段的继续。当作家是他真正心仪的职业。他看了很多,想了很多,在归来的路上也写下了很多各种各样的片段：阿拉斯加山水景色的描写、人物速写等。但这些半成品还有待于加工。作为专业作家，当时的杰克·伦敦毕竟还太稚嫩。但是他旧梦难忘。于是在中断一年之后，新一轮的奋斗又重新开始了。

杰克·伦敦从克朗代克回到家中，得知继父约翰·伦敦已经去世，他陷入了深深的悲痛之中。这位宽厚慈祥、任劳任怨的老人从小给了他许多温暖和关爱，他却把养家的重任留给了年迈多病的老伦敦，因此感到愧对家人。杰克离家时，约翰虽已力不从心，但他从不逃避男人的责任，不辞辛劳地去挣每一块钱。周围的杂货店都已经拒绝赊账给芙萝拉，而杰克·伦敦现在是家中唯一的成年男子，挑起这付生活重担他责无旁贷。他曾信誓旦旦，宣布不再当出卖体力的劳工，但现实根本不给他其他的选择。他到5个不同的职业介绍所登记了自己的名字，从朋友那儿借钱在三家地方报纸上刊登广告，寻找工作。与此同时，他到处打短工——割草坪、剪树篱、洗地毯。职业介绍所和报纸广告都未能向他提供一个稳定的工作。在绝望中，他看到《旧金山报》周日增刊的一则征稿启事：本杂志欢迎读者赐稿，小说、诗歌、轶事、报道、评述、政论均可，每千字10美元。

这一则启事重新煽起了他以脑力谋生的愿望。但在当时，他想的不是成为专业作家，而只想当个“脑力小商人”，卖掉一两篇文字，使芙萝拉能在每个人的盘子里放上面包和菜汤。他说，是贫困挥舞着大棒把他赶进了文坛。他几乎没有在克朗代克采到金沙，但他当时并没有意识到，他在北疆的经历其实是比金子更加贵重的东西。广袤的北疆为他的小说提供了取之不尽的丰富资料，是足够他开采一辈子的文学富金矿。他在北疆的所见所闻，所想所思，以及他在归途中根据记忆在笔记本上写下的人物特写、事件记录、故事梗概和思想随笔，后来都转化成了财富。但在当时，杰克·伦敦面临困境：他根本没有成为“脑力商人”的资本。不过他有的是不畏艰难的胆魄和不屈从命运的意志力量。顽强求生的欲望、敢作敢为的个性和带着浪漫色彩的宏大志向，促使这位年轻人走进北极荒原，挑战人生；也驱策他向文学这块卑贱者难以涉足的领地发起冲击。

杰克·伦敦从小喜欢读书，总是想方设法向周围的人借一角钱一本的通俗小说和登载故事的旧报纸。在奥克兰市政大厅旁边第四街一座陈旧的木结构建筑中，他发现了一个无比广阔、无比美妙的神奇的世界。这是免费的奥克兰公共图书馆。他在那里借阅关于冒险、航海、动物的小说，成了图书馆的常客，躲在一角贪婪地阅读，直到最后一刻，突然放下书，匆匆离去。一年又一年，他如饥似渴地阅读能借到的每一本书，一发而不可收。随着年龄的增长，他阅读面越来越宽，阅读量越来越大。他以家里每个人的名义共办了6张借书证，每次带着这6张借书证借出大量书籍，在课余工后，或在晚上将它们一本本地吞噬。读书成了伦敦青少年时期生活的重要组成部分。书本使他忘却了贫困，将他带入新天地。

杰克·伦敦17岁那年才做出最终决定，选择了"脑力营生"——当作家。起因是偶然的。一天，他母亲从旧金山《晨号》报上看到一则青年征文比赛的启事，参加者必须年龄在22岁以下，要求是一篇描述性的文章，奖金25美元。她一直相信儿子有特别的才能。那天晚上，杰克·伦敦从黄麻厂下班回家，芙萝拉拿着报纸在门口等待，告诉他，必须参加，马上动手写，因为截止日期已经不远。儿子又累又没好心情，耸耸肩上床睡觉了。芙萝拉不甘心，盯着他唠叨，说他肯定能写出吸引人的文章，提醒他可以写"索菲亚·萨瑟兰号"航海的事。最后，为了不使母亲灰心，他答应一试。接下来的三个晚上，他在油灯下写作，写暴风中北方海域的航行。他白天五点半就要起床去黄麻厂干活，连续开了两个夜车，写了四千字；第三天晚上又做了部分删除和修改。当时他刚随捕海豹船回来不久，曾遇到的狂风仍常在他耳边呼啸，巨浪仍在他眼前翻腾。他把海的险恶、人的心情全部写在纸上。写完后他把稿子交给母亲,第二天一早芙萝拉亲自将稿子送到旧金山《晨号》的编辑部。

评委们把一篇篇结构严谨、文字秀美的文章置至一边,但却被一篇粗朴有力、不落俗套的描述深深吸引。虽然遣词造句仍欠规范,但文章的字里行间洋溢着气势和节奏。几天后《晨号》公布了比赛获奖名单:杰克·伦敦获一等奖,二、三等奖分别由斯坦福和伯克莱两所名牌大学的学生获得。他意外地得到了接近黄麻厂一个月收入的25美元奖金,可以用来缓解绷紧的家庭开支。更重要的是,他证明了自己的才能,获得了信心。第一次成功使他欣喜若狂,一连几个星期,他每夜伏案写作,一口气写出了五六个短篇,但是没有一篇被任何报刊采纳。一次性的征文比赛过去了,而他离职业作家毕竟还距离遥远。未经操练而上战场,有可能一次奇袭得手,但不可能每战必胜。

从此,他十分注意学习写作。1894年流浪归来后,他又走进了中学的教室。在奥克兰东区窄小的居室里,芙萝拉在小木屋的一角为他安排了卧室兼书房的学习地方。但他不久退学,理由是中学的进度太慢。他要狼吞虎咽地撕咬,而不要一小匙一小匙地喂食。他起步太迟,而现在已年近20,速度至关重要。他从奥克兰图书馆借来大量各种类型的书籍:社会学、语言、经济、历史、政治、科学、数学,无所不包。他要在有限的时间内,尽快尽多地吞噬吸收世界上已知的学识。他顾不得中学还缺几年的学业,决定先进阿拉梅达的补习学校进行强化学习,预备秋季的大学入学考试。他在补习学校只呆了5个星期,发觉进度还是太慢,干脆离校自学。离大学入学考只剩下12个星期,他必须学完所有该学的课程。他从补习学校里学会了自学的方法,了解了各门课程的要求,回来后把自己锁进卧室,每天19个小时苦读,最后用了3个月的时间,依靠自学和强记,读完了3年的全部中学课程。他后来在带

自传色彩的长篇小说《马丁·伊登》(*Martin Eden*, 1909)中记录了当时苦学的情景:

天日恨短。他要想学的太多。他把睡眠时间减少到5个小时,发觉这样还过得下去,他试了四个半小时,但不无遗憾地恢复到了5个小时。他可以快乐地把所有醒着的时间都用在奋斗的任何一方面。当他不得不停下写作而拿起书本学习,或者搁下书本到图书馆去,或者恋恋不舍地从放满知识航海图的藏室里,从阅览室充满成功作家秘密的杂志上抽身离开时,他总是感到遗憾。每当与鲁丝在一起,他要站起身告辞时,就好像切断了心的锁链;他飞跑着穿过黑暗的街道,以便花最少的时间跑到家,打开书本。合上代数或物理书,把笔记本和铅笔放在一旁,闭上疲倦的眼睛睡觉,是他最最不情愿的事情。想到必须停止生活,哪怕是不长的时间,他就感到不快;而唯一可以自慰的,是闹钟拨在5个小时之后。不管怎样,他只丢失5个小时,刺耳的闹钟铃声将把他从无知觉中惊醒,在他面前又有了光辉灿烂的19个小时的一天。①

功夫不负有心人。他收到了录取通知。他每天骑着伊丽莎的自行车,从奥克兰到伯克莱的校园。他"胃口"大得惊人:"选了全部的英语课程,每一门都读,一门不漏。而且他还要读自然科学的大部分课程、历史学的许多课程以及哲学方面的相当一部分。"他选修了包括中世纪欧洲和19世纪政治史两门历史课;3门英语课:写作、英国文学史和以达尔文、赫胥黎、斯宾塞等的作品为教材

① 杰克·伦敦,《马丁·伊登》,吴劳译(上海:上海译文出版社,1981),第105—106页。

的 19 世纪科学文体写作。①

学习的条件是优越的，但索价也不低。杰克·伦敦继续在奥克兰附近打零工，连圣诞节也不休息。他也为地方刊物写小说，但从来没有换回稿费。实在走投无路时，他就向过去当"蚝贼"时认识的朋友借一点。他很快就明白，他无法支撑多久，他的努力是徒劳的。当时，约翰·伦敦虽然弄到了一张做小贩的执照，但已力不胜任。养活母亲和自己，需要他全部的时间和精力。在大学只读了不到半年，他于 1897 年 2 月 4 日离校，大部分课程没有修完，因此也没有成绩。伦敦没有解释过他为何突然决定离开加州大学伯克莱分校，是否完全出于经济原因，我们不得而知。有一种传说是，他写了一篇短篇小说请一位英文教授指点，教授在他的稿子上批了"屁话"二字。一怒之下，杰克·伦敦愤然离开了大学。但这种说法也许是添加的情节。若非万不得已，他不会轻易放弃大学学习。除了经济原因外，另一个可能的理由是，大学不是他原来想象的那种地方。伦敦比别的学生年龄大、经历丰富，更加见多识广，但他从来不是个耐心的学生。他心中充满要去完成的一个个伟大计划。他不可能安分守已、静下心来一门门课程循序渐进地学习。大学的一个学期使他坚定了走文学道路的信念。他决定马上动手，大干一番。

没有一点经济实力做后盾，"大干"只能是短时间的冲动。杰克·伦敦顾不得家中朝不保夕的开支状况，认定他大显身手的时刻已经到来。只要他卖掉一篇稿子，就可缓解家庭的燃眉之急。如果他经常能卖掉些文稿，家庭经济就能转危为安。一小时一角钱，一月三十元的体力劳动只能永远把他们困在社会最下层。只要报纸杂志接受，他一天写一两千字是轻而易举的事。《晨号》的征文已证明了他的才能，他相信努力总会得到回报。他不怕吃苦，

① Earle Labor, *Jack London*, p. 34.

相信总会有苦尽甘来的一天。他把伊丽莎给他买的自行车和伊丽莎的丈夫送给他做纪念的一块手表送进了当铺,也卖掉了一些衣服和做工时曾买进的部分书籍。钱数不多,但可以启动了。他租了一台打字机,买了信封、纸和邮票,然后把自己关进屋子里,按照大学备考时曾用过的作息时间表,深居简出,每天19个小时狂热地读书和写作。

他每天长时间工作。一早起来不管心绪如何,强迫自己动手写作,至少1 500字。狼吞虎咽地对付过午餐后,他再到公共图书馆,一连几个小时阅读书报和杂志,但这不是消遣。他像科学家一样,分析每一篇小说,研究其结构、其对话、其人物,捉摸其中的比喻、象征、幽默,评判其长处和不足。他做详细的笔记,把不熟悉的词语记录下来。第二天早晨洗脸刮胡子时,默默记忆这些词汇,使这些新的语言表达进入他的词汇库,丰富他的头脑。每天夜里,他挑灯夜读,直到凌晨两三点。他读斯宾塞的哲学、达尔文的生物学,读但丁和惠特曼的诗,读罗马帝国的兴衰史。这是一种苦行僧式的安排,没有乐趣,没有消遣,没有不必要的休息,只有工作,但却卓有成效,在较短的时期里,伦敦取得了长足进步。

他什么都写:报刊文章、小诗、短篇小说、幽默故事,只要能换回稿费,换回餐桌上的面包就行。投出去的一份份稿件,就像澳大利亚土著人的飞镖,在空中做了短暂的旅行后又飞了回来,里面多了一张印好的退稿单。每家杂志社都印着同样令人恶心的客套话:谢谢赐稿,由于本刊物近期稿件拥挤,未能采用,深表遗憾,欢迎继续合作。他的惯常做法是将退回来的稿件装进新的信封,寄给另一家杂志社。突然,他发现邮票已经用完。他同时又发现,全家的最后一分钱已经用尽。虽然杰克·伦敦雄心未泯,但生活迫使他放下笔来。一阵冲动式的蛮干之后,他不得不冷静下来,走出房门,去寻找一个月可以挣30美元钱的体力活。

他在贝尔特学院的洗衣房里找到了工作,除了一月30美元外，洗衣房还有提供食宿的优惠。他可以节省好几块钱，也可以有一个可以独自看书、思考、写作的小天地。蒸汽弥漫的洗衣房里每天收进成堆的男女学生、教授和太太们的衣服，洗、漂、浆、烫，永远没有一分钟的空闲，白天接着夜班。每天就几个简单的动作，无休无止，直到腰腿僵直，脑子僵化。他把洗衣房的工作经历，写进了《马丁·伊登》这部小说中：

洗衣房里的空气热得发烫。那只大炉子呼呼地吐着白热的火焰，熨斗在湿漉漉的衣衫上移来移去，发出一阵阵蒸汽。……有时候，刚热好的熨斗太烫了，他们就把它们钩在铁杆上，浸到冷水里去。这需要正确敏锐的判断力。只消在水里多浸上几分之一秒，那不太冷、不太热、恰到好处的温度就会消失掉，而马丁不禁诧异自己竟能达到高度的准确性——这种不假思索的准确性，就像机械般万无一失。

然而简直也没有时间可以用来诧异。马丁把全部精神都集中在干活上。他一刻不停地活动着，手脑并用，活像一台有智能的机器，他把整个身心都用来充实这种智能。他脑子里再也容不下宇宙和宇宙间种种重大的问题。他头脑里那一条条宽阔的走廊都封闭着，封闭得密不透风。他心灵的回声室是间斗室，是个司令塔，指挥着他胳膊和肩膀上的肌肉、他那十个灵活的手指以及那只来去如飞的熨斗，这只熨斗冒着热气，被大幅度地推来推去，就那么几下，一下也不多，一下也不少，每一下就能推得那么远，一分也不多，一分也不少。他把熨斗在永远烫不完的衬衫袖子、两腰、背部和后摆上来回烫着，还要把烫好的衬衣丢在承物架上，一点也不能弄皱。他心急慌忙地一边丢，一边伸手去拿另一件衬衫。这工作一小时又一小时地继续下去，而室外呢，整个世界在加利福尼亚当空的烈日下晕过去了。可是，在这间酷热难当的屋子里，谁也不能晕过去。阳台上那些乘凉的人们正等着穿干净衬衫。①

他日复一日与污秽的衣裤打交道,在洗衣房里耗尽了体力和精力。他成了一台不会思索的机器,加了油就不停地转。这种营生是对当作家的理想的莫大讽刺。他出卖了自己,除了一月30元和一身臭汗,什么也得不到。他感到自己已被逼进了死胡同。在《马丁·伊登》中,一心想当作家的小说主人公表达了几乎被经济困难击垮的绝望心境,这是杰克·伦敦自己遭遇的困境的真实写照:

他把胳膊搁在桌上,把脸埋在臂弯里。他喉头发痛,直想哭。这一来叫他想起了自己生平第一次打架时的光景。那时候,他才六岁,脸上淌着泪水,一拳一拳地打着。对方的那个孩子比他大两岁,把他揍了又揍,揍得他筋疲力尽。他看见那一圈孩子像小蛮子般大叫大嚷,那当儿,他终于倒下去了。剧烈的恶心使他的身子直折腾,鼻孔里流着鲜血,被打伤的眼睛里泪水直淌。

"可怜的毛头小子,"他喃喃地说。"你如今也败得一样惨。你给揍成了肉酱。你给击倒在地上,爬不起来啦。"②

当时的美国,是一个"造梦"的时代,到处流传着奋斗成名、自我造就的传奇故事。这些故事是教育孩子的读物,在他们的头脑中灌输着虚假的"美国神话",扇起了追求"美国梦"的狂热。这些故事深深地影响着杰克·伦敦那一代人。他们相信通过苦斗可以改变命运,羡慕安德鲁·卡耐基这样的成功者。卡耐基是个移民,

① 杰克·伦敦,《马丁·伊登》,第167页。
② 同上,第147页。

到美国后当纱厂工人,在一无所有的基础上建立了自己的王朝,成为世界钢铁大王。同类故事还有约翰·洛克菲洛和后来的亨利·福特。他们从贫困的泥潭中开始,一直爬到辉煌的顶点,成了当时美国人崇拜的民间英雄。但是,这样的故事完全无视严酷的生活现实和资本主义竞争的血腥倾轧。每一个崛起的百万富翁背后,都有成百成千靠出卖劳力获取最低报酬的劳工。杰克·伦敦一家属于这一阶层。他们也受到"美国梦"的诱惑,但出人头地者毕竟是少数。

在《约翰·巴雷康》中,伦敦提及了他早期读过的4本书,其中一本是法国探险家保尔·迪夏尤的《非洲旅行记》,一本是带西班牙风格的插图的华盛顿·欧文的《阿尔罕伯拉》。这两本书使他对遥远的奇异的土地发生了经久不衰的浓厚兴趣。另两本是英国女小说家韦达的《西纳》和霍雷西亚·阿尔杰的《从船工到总统》,这两本书对他产生了直接的影响。韦达的真名叫玛莉·德拉阿梅,是当时十分知名的作家。她的《西纳》写的是一个意大利农家孩子,克服了丧母、被舅舅虐待等种种不幸而成为著名小提琴家的故事。阿尔杰的《从船工到总统》是卡菲尔德总统生平传记,同样也是一部奋斗成名的浪漫故事。阿尔杰的小说重复着同样的一个主题:贫困不是走向成功的障碍,只要有毅力和决心,通过自己的努力和艰辛的付出,加上一点运气,即使穷极潦倒的青年也能够获得某种程度的成功,虽然并不一定是光辉灿烂的成功。伦敦那一代青年狼吞虎咽地阅读阿尔杰的小说,把它们当作生活的指南。

通往"作家"职业的道路十分遥远,但他只能走走停停,因为他经常不得不放下手中的笔,出去干几天诸如铲煤卸货之类的体力活。他发现眼前最困难的是写作期间如何维持生计。写作一要有时间和精力,二要有自备资金,他很难做到两全其美。一种办法是先拼命干活,挣了钱,辞掉工作再拼命写作。他试过,洗衣房的经验告诉他,这样行不通。另一种是一边干部分工作,以典当等手段补足其它部分,一边写作。但条件是,必须在山穷水尽之前写出杂志能够采纳的作品来。19 世纪 90 年代是经济萧条期,他找不到好的全日工作,因此走了后一条路。他在《约翰·巴雷康》中写到了当时谋职之困难:"什么活都不好找。我什么活都愿意干,因为我是个无技术的劳力。出卖体力的人最先遭到艰难时世的当头棒喝。我除了当过水手,在洗衣房干过,什么都不会。由于立志写作,我不敢出海,也无法再找到洗衣房的空缺。我什么也找不到……在人力市场上,我是件便宜货。我当时二十二岁,光着身子体重一百六十五磅,每一磅都是干力气活的肌肉。"①他坚持以嚼生土豆的办法治疗在克朗代克得的坏血症,身体已经康复,但浑身的肌肉卖不出多少价钱——这个结论他早已知道。

当中央邮局招考职员时,他前去报名投考,以 85 分的成绩获得录取资格。但邮局没有现职,说要等有空缺时再发通知让他前去就职。邮政职员月薪 65 美元,超过铲煤工的一倍,而且工作稳定,还发服装。这对当时处于困境的杰克·伦敦来说,是很有吸引力的。但通知迟迟不来。他常常挨饿,常常去当铺,但坚持继续写作。他的脑子里挤满了各种人物、故事、见解,一旦他觉得酝酿成熟,就必须变成文字,倾倒出来,一吐为快。他写下各种各样的短篇,雪片似的发向各个报纸、杂志;紧接着,退稿单又像雪片似的降落在他的案头。伦敦对自己遭受的待遇愤愤不满。他后来在一篇《争取发表》("Getting into Print")的回忆文章中写道:"整个过程就像机器作业,毫无感情。我把手稿投进邮箱,过了一段时间以后,手稿由投递员送回我的手中。随信还有一张千篇一律的退稿单。机器的某一部分,在另一头的齿轮柄的某种组合(不可能是一个呼吸的、血管里流着血的活人)将手稿转移至另一个信封内,

---

① Jack London, *John Barleycorn*, p. 235.

从里面取出邮票，贴在外面，同时塞进一张退稿单。"①

美国的读者和编辑们看惯装腔作势、温情脉脉的东西，难以接受杰克·伦敦充满火爆生活和血腥场面的作品。从克朗代克回来后，他写了第一篇关于北疆的文章《从道森到海岸》("From Dawson to the Sea")寄给《新闻简报》，马上给退了回来。编辑在回信中说，关于淘金热已有众多的文稿，没有必要再发表一篇个人札记。伦敦又花了 7 天时间，为《青年友伴》写了两万字的连载文章。稿件不仅被退了回来，而且杂志的编辑规劝伦敦最好打消写作的念头。他感到怀才不遇，强烈的怨恨全部迁怒于编辑，认为这些人自己没能当成作家，不得已到编辑部干苦差事，还盛气凌人，把青年作家有价值的作品拒之门外。他骂他们是销量和出版社营业主任的奴隶。他在《马丁·伊登》中愤怒地说："他们尝试过写作，他们失败了。这就是最可恶的矛盾所在。走上文学界成名道路的每扇大门都由这批看门狗、这批文学界的失败者把守着。他们没有独创性，没有天赋的灵感，可是竟任意判断有独创性的天才!"②

发泄虽可解心头之恨，但却于事无补。也许编辑们退稿还另有一个原因：他的稿子太不整洁，读来令人头痛。他用的是一台老式打字机，打出来的只有大写字母。打字机陈旧不堪，键盘不灵活，只有用力按才可打出一个字母。一天下来，他肩酸背痛，打出来的文章效果可想而知。在现存的伦敦手稿中，人们可以轻而易举地分辨出那些难以阅读的早期打字稿。就这样，稿件照样一份份退回来。他非但没有得到过哪怕是象征性的报酬，而且赔了不

---

① Dale L. Walker, ed., *No Mentor but Myself: A Collection of Articles, Essays, Reviews, and Letters, by Jack London, on Writing and Writers* (Port Washington, N. Y.: Kennikat, 1979), p.55.

② 杰克·伦敦，《马丁·伊登》，第 297—298 页。

少邮资。

偏偏在这个穷极潦倒的时候，杰克·伦敦爱上了比他大三岁的加利福尼亚大学英文专业的女学生梅布尔·阿普加恩。梅布尔家庭的社会、文化、经济地位都比较优裕，处在杰克·伦敦希望通过努力而爬上去的那一个台阶上。因此，他的奋斗又多了一层含义：他不仅为自己的前程，而且为了爱情必须功成名就，从社会底层爬出，肩并肩地站在梅布尔的身边。新的动力刺激了他低落的精神，支撑起他摇摇欲坠的士气。不管编辑们采纳与否，他仍然不停地写作。同时，他大量阅读别人的作品，把活生生的语言摘抄下来，研究成名作家遣词造句的特点和叙事风格，以及他们表达感情、传递思想的有效手段等等。他决不模仿，他要寻找的是规律和基本法则。他写道："我好比一个航海家，手边没有海图，也没有罗盘，在一片陌生的海洋上漂流。现在我必须弄明白自己的方位了。"①

他研究各杂志上畅行无阻的通俗小说，很快找出了其中的诀窍：无须涉及真实生活，不要真知灼见，多多渲染男女之间的风流韵事，如果甜甜蜜蜜的感情还不够味，可再加点火辣辣的历险。这是成功的公式，是当时十分流行的"胡椒面拌糖"式的浪漫主义。伦敦讨厌这类陈词滥调，并辛辣地讽刺了这种按处方配制的平庸无聊的小说：

> 这张处方包括三个部分：（一）一对情人被拆散了；（二）靠了什么行动或者发生了什么事，他们又重修旧好；（三）婚礼的钟声敲响了。第三部分是铁定的，但是第一、第二两部分可以随你换多少花样。因此，这对情人可能由于误会双方的动机、命运的意外变故、忌妒的情敌、恼怒的父母、老奸巨

① 杰克·伦敦，《马丁·伊登》，第13页。

> 猾的保护人或者诡计多端的亲戚等等的阻挠破坏而被活活拆散。他们可能由于男方的勇敢行为，或情敌被迫吐露实情，或发现了什么出人意料的秘密，或爱侣作了长时期崇高的自我牺牲等说也说不尽的原因而重归于好，青年征服了姑娘的芳心。……可是绝对不能随意更动的是，必须敲响婚礼的钟声；即使天空像羊皮纸般卷起来，星星坠地，婚礼的钟还是得敲下去。①

如法炮制，伦敦认为易如反掌。但他要从熟悉的大量素材中选取细节，活灵活现地把真实的生活场面描绘出来，把自己的眼睛借给别人，让他们用他的眼睛看到他所亲眼目睹的一切。生活是粗糙的，但也是有力的，而不是软绵绵、文绉绉的一团东西，因此他要用粗悍有力的语言表现有棱有角的生活。尽管稿子一次次退回来，他仍然继续写新题材。他相信自己的作品，相信会有时来运转的契机。他把退回来的稿件换上信封再寄到别家杂志社，让更多的稿子在邮路上运转。他已经没有任何值钱的东西可以拿到当铺去了。在时间和贫困将他彻底打倒之前，是否会有一篇文章为他带来稿费，从而延长竞赛的时间，增大取胜的可能呢？

五、曙光初现的新世纪

在19世纪行将结束的时候，好运终于姗姗而来。1899年初的一个早晨，杰克·伦敦像往常一样收到了一叠信件，都是退回的稿子。他突然发现一个薄薄的信封，立刻明白了这意味着什么。

① 杰克·伦敦，《马丁·伊登》，第275—276页。

稿件没有被退回来！强烈的兴奋和紧张突然交织在一起，一下子揪住了他。他把自己当时的心情写进了《马丁·伊登》中："他的心猛地一跳，顿时感到头晕眼花，随着这种虚弱的感觉而来的是，膝盖奇怪地打起哆嗦来。他晃晃荡荡地走进自己的房间，坐在床上，信还没有拆。这时他才恍然大悟，为什么有人接到惊人的好消息，会一下子倒毙。"①信是《大陆月刊》寄来的，通知作者他们将刊登他的《致赶路人》("To the Man on Trail")，稿酬 5 美元。支票要在小说刊出后才能寄出。这篇北疆小说有好几千字，五块稿费实在很低，而且远水近渴，眼睁睁还拿不到手，但他的作品终于冲破了编辑们组成的铜墙铁壁式的防守。这是一个了不起的转折。他也可以向梅布尔证明自己的能耐。另外，他也可以壮大胆子向房东和赊账的店铺许诺，他不久就会拿到支票，可以部分地偿还欠债。

此时，他从克朗代克归来刚刚两个月，而且《大陆月刊》是美国西部十分有名望的一家杂志。《大陆月刊》没把 5 块钱稿费寄给他，但请他继续赐稿，他们愿意为第二篇稿子付 7 块 5 角。伦敦把他十分喜欢的《白色的寂寞》("The White Silence")寄了过去。《大陆月刊》杂志社是杰克·伦敦出生第二年在旧金山创办的。社址破旧不堪，财政已经濒临破产，虽然 20 年后驰名全国，但当时根本无力支付稿费。伦敦被穷困逼红了眼，他向伊丽莎借了船钱，渡过海湾，到旧金山找他们算账。经理詹姆斯·布里奇向他解释杂志社的困难，欠款只能以后再还。伦敦无法容忍他们的解释，拔拳威胁，经理才从自己和其他编辑的衣袋里凑起五块钱，先还清第一篇的稿费，并许诺第二篇的 7 块 5 角尽早奉还。虽然第一次见面并不十分愉快，但伦敦与《大陆月刊》从那以后的合作却十分顺利。《大陆月刊》毕竟是赏识他作品的第一家杂志。

① 杰克·伦敦，《马丁·伊登》，第 175 页。

伦敦规定自己每天写 1 500 字。万不得已时就去铲煤。此时,邮局的任职通知终于到达,一下子又把杰克·伦敦推到了人生的十字路口。要是通知早到 10 天,那么美国的邮政部门就又多了一名小职员,人们也许只会在投递员的小戳上看到杰克·伦敦这个名字的缩写。他将以一名薪金低微但收入稳定的公务员了此一生,而永远不会成为一名著名作家而传诸后世。一贯对生活充满不实际幻想的芙萝拉态度坚决地支持儿子写小说。她说她愿意跟着受穷,直到他成功。他谢绝了邮局的工作,断了自己的后路,破釜沉舟,要么当个成功的作家,要么当个失败的作家,反正他不再做别的选择。

他一口气写下了一篇两万字的连载小说,寄给《青年友伴》,但很快被退了回来。他又写了关于乘敞篷船在育空河上旅行的随笔,寄给旧金山的《观察家》,但同样未获佳音。整整一个月,他的努力没有带来任何收获。到了 4 月份,还是那家付不起稿费的《大陆月刊》又发表了他的第 3 篇克朗代克故事《狼之子》("The Son of the Wolf")。另外,旧金山一本叫《市语》的小报登载了他的一首打油诗。他什么都写:儿童故事、笑话、小诗、短篇小说、纪实片段,等等。眼下,盘中的食物比远大的理想更为重要。他只要能卖掉一首 5 角钱的四行小诗,就可以混上一天,也就多了一天的等待和希望。而在那一天时间里,他又可以写下一篇将来可能会发表的作品。好在他身体强悍,芙萝拉又是个饱受冻馁之苦的女人,经得起贫困的折磨。编辑们依旧全然不顾他的困境,继续把稿件一次次地退还给他。在这棵文学幼苗干枯得已经几乎倒伏的时候,一场小雨又将他救活了。

5 月份,他收到了来自东部《黑猫》杂志的一封信。该杂志主要刊登大众文学,但鼓励新人新作,常常刊登一些名不见经传的青年作者的作品。他们主要不是看一篇作品有没有缺点,而是看它是否有独到之处。伦敦曾寄给他们一篇四千字的恐怖小说《死一千回》(“A Thousand Deaths”)。编辑给他写了一封信,直言不讳地指出,小说冗长拖沓。如果伦敦允许他们至少删掉三分之一的话,他们愿意刊登,并支付40美元稿费。对贫穷的伦敦一家来说,40美元是个不小的数目。昏暗的屋子里射进了一道曙光。渐渐地,他送到当铺的自行车、手表或雨衣等,有了赎回的机会。从1899年春末开始,小笔稿费断断续续地寄到他家中。他的稿件在杂志上露面的频率也略略加快了,每月都有几篇问世:《市语》发表了他的一首诗歌,《法尔摩》杂志用了他的一篇短文,《大陆月刊》又刊出一篇历险小说《四十里站的人们》(“The Men at Forty-Mile”),东部的《野牛快报》发表了《从道森到海岸》——这是曾被《青年友伴》退回的稿子,《家庭杂志》载登了《渡过克朗代克行程中的急流》(“Through the Rapids on the Way to Klondike”),《大陆月刊》又发表了第5篇北疆故事《在遥远的地方》(“In a Far Country”)。在接下来的4个月中,他挤进了《猫头鹰》、《康凯斯》、《编者》和《青年友伴》等刊物。随着新旧世纪的转换,杰克·伦敦的命运终于出现转机。

在19世纪的最后几天,他收到了设在波士顿的《大西洋月刊》的来信,信中说他们愿意发表伦敦寄去的中篇小说《北疆历程》(“An Odyssey of the North”),稿酬120美元。《大西洋月刊》历史悠久,声誉卓著,是美国几家最著名的刊物之一。该杂志选登文章十分严谨保守,读者层次高,素有期刊中的“贵族”之称。该杂志主要不是文学刊物,每期一般只登一两篇短篇小说。杰克·伦敦这样的无名小辈敢把中篇小说寄给他们,除了自信,多少有点狂妄。小说6月份就已寄出,伦敦8月份收到退稿。这是意料之中的事,他知道给《大西洋月刊》寄稿是自己一时冲动所为。没料到,《大西洋月刊》的编辑独具慧眼,在退回的稿件中央夹了一封信,称赞这篇小说具有与众不同的特点,但失于冗长拖沓,建议删去三千字,再将修改稿寄回。就凭这封信,伦敦感到受宠若惊。

《北疆历程》讲的是一个印第安酋长的悲怆故事,画面恢宏辽阔,叙述动人心弦。酋长多年跋涉,历尽艰辛,找到了夺去他妻子的白人,洗却前仇,但妻子已接受了欧洲文明,不愿随他返回部落。他按照编辑的意思做了删改,小说被刊出。他收到了120美元的支票,外加一年免费赠阅。

能在美国一流杂志上占得一席之地,伦敦信心倍增。经济重压突然减轻了。他不但偿付了欠下的房租,而且预付下半年的租金。他买了一大沓邮票、信封、稿纸备用,决定让全家美美地吃一顿,并给伊丽莎、珍妮大妈各买了一件礼物。芙萝拉干干脆脆地把食品店、杂货店的赊账欠款一下子全部还清,得意洋洋地告诉他们,她儿子的一篇文章就能卖120元钱,让那些平时斤斤计较、出言不逊的小业主们着着实实地眼红了几天。为了让店主们对她另眼相看,她说她儿子写好的稿子床边还放着一大摞呢!她并没有意识到,她的吹嘘其实一点也不夸张。

杰克·伦敦恰好赶上一个合适的时机。自南北战争以来整整一代人的时间,出版界为读者提供的不是清秀高雅、规规矩矩的文学作品,就是供娱乐消遣的毫无价值的通俗读物。人们开始对这类文学感到厌倦。与此同时,英国作家吉卜林的作品在美国广泛传播。他那些表现异国风情的历险小说,以其斑斓的色彩、激烈的动作,使美国读者胃口大开。他的小说为伦敦一系列的"北疆传奇"做了铺垫。吉卜林是杰克·伦敦崇拜的作家之一,伦敦后来也被人称为"美国的吉卜林"。读者们对伦敦笔下原始的、暴烈的、野蛮的人与自然、人与野兽、人与人自己的生死搏斗的故事不再产生反感。相反,美国人读他们自己经历过的故事,比读吉卜林的印度历险更有兴趣,感到更加亲切。

《北疆历程》是在1900年元月号上刊出的。这是一个新时代的开始。在此之前,与《大西洋月刊》有业务往来的霍顿·米夫林出版公司的编辑也已阅读了《北疆历程》的手稿,对伦敦颇感兴趣。该出版社于12月同伦敦签下出版合同,答应在开春出版他的短篇小说集《狼之子》,其中包括《北疆历程》和在《大陆月刊》上发表过的一组克朗代克故事。他有生以来的第一本书将要在新世纪诞生。他才24岁,似乎突然受到了幸运女神的眷顾。但从贫民区走出通往成功的道路上,每一步都记载着他的不懈努力,都浸透着奋斗的汗水。伦敦在早期的一本笔记本中,详详细细地对自己的投稿与发表情况做了登记。小本子不仅记录了他传奇般的成功,也生动地反映了他苦斗、失望、拼搏、受挫的曲折的文学历程,以及他百折不回的顽强毅力。从1898年到1900年5月,他共写下各类稿子103篇,据统计1899年被退稿266篇次,1900年108篇次,退稿的数量和频率也许可以载入吉尼斯世界纪录大全,但进步也是显而易见的。其中30多篇因多次被退,他决定放弃不用,4篇遗失,4篇重写。但最终有超过一半的文章得到发表——共57篇,主要集中在1899年下半年到1900年前几个月这后一段时间。

到1900年的春天,他已不必为活命而毫无选择地疯狂写作。他把雄心勃勃的计划缩减到比较实际的每天一千字。这样,他就能保证写下的文字的质量,积少成多。他常常在早晨脑子最灵敏的时候,用2至3小时就完成计划,余下的时间做其它的事,包括阅读和娱乐。不管刮风下雨、酷暑严寒,还是居家旅行、周末,他每天都写1 000字,长期坚持。在余下的一生中,他一天天地积累。初获成功以后,他努力的目标更加清楚。在1900年到1903年的发稿篇目中,大多是短篇小说,创作方向已初见端倪。一旦他不再为饥饿所迫,不靠每天的工作来维持第二天的生活,他可以集中精力,从容而审慎地进行构思,把头脑中最好的东西以最合适的语言和形式表现出来。他天生具有领悟和感受的能力,具有表达感情和讲述故事的才华,善于把他所体验所涉猎的生活用最生动的细节重新描绘出来。顶着北极的狂风暴雪赶路,驾着狗拉雪橇跳越冰谷,用一小把湿树枝和一包火柴露天生火……一幕幕难以想象的与生命、与自然搏斗的场面，惟妙惟肖地出现在他的笔下。他在动手写一篇小说之前，一般总是先有了“腹稿”，有了活生生的人物印象与事件框架。要说明的观点、预期要达到的目标都已成竹在胸，一旦落笔，除了个别字，他不再做改动。

短篇小说集《狼之子》出版了，在美国文学界引起了不小的震动。出现在读者面前的是与先前完全不同的另一种小说，充满炽热的情感和原始的粗朴和野性，也充满神秘与诗意，视野辽阔，笔力雄浑。欧文·斯通把这部小说集比作“炸开新世纪的定时炸弹”：“书中没有一点已死的19世纪的成分。对进化论和生存竞争的科学态度，违反传统基督教道德的价值观，对人生的残酷、丑恶、严峻以及美的、善的东西的大胆处理，对高雅社会视为禁区的不准进入小说的狂欢行为、野蛮冲突、横暴死亡的介绍——这一切加在一起为19世纪文学那贫血的、多愁善感的、伪善的特征敲响了丧钟。”①随着这本小说集的出版，杰克·伦敦在美国开始小有名气。他继续写短篇小说，描写北方淘金者和太平洋水手的生活，描写人与大自然的生存斗争。他也写另一个他十分钟爱的主题：有关社会主义的各类文章。除了在《大陆月刊》等已建立关系的刊物上继续发表文章外，他又打进了两家大名鼎鼎的杂志：《麦克卢尔》在1900年刊登了伦敦的3篇小说——《女人们的不屑》（“The Scorn of Women”）、《生命的法则》（“The Law of Life”）和《爱斯基摩狗》（“The Husky”）；《哈珀氏周刊》也刊登了他的3篇政论文章。

《麦克卢尔》杂志财大气粗，出手不凡，不仅为3个短篇付了300美元的稿费，而且主动提出做伦敦的文学后盾，希望伦敦把所有稿子都寄给他们，由他们选用，不合适的，由他们推荐给其他杂

① 欧文·斯通，《马背上的水手》，董秋斯译（北京：中国青年出版社，1982），第110—111页。

志的编辑。伦敦认为这个主意不错，干脆省事，于是把平时积压的一箱稿子全寄给他们。通过《麦克卢尔》在文学界的巨大关系网，杰克·伦敦的名字在更多的报纸、杂志上出现。《麦克卢尔》也答应连续5个月给予资助，每月120美元，支持他创作长篇小说，并帮助出版。长篇小说周期长，见效慢，受经济困扰的穷作家是不敢企望的。现在有了《麦克卢尔》撑腰，他马上动手写他的第一部长篇小说《雪的女儿》。

鸿运到来时，往往难以抵挡。美国实力雄厚的纽约麦克米伦出版公司对杰克·伦敦产生了兴趣。那年春天，公司总裁乔治·布雷特与伦敦见面，建议伦敦在麦克米伦试试。此时，伦敦同《麦克卢尔》发生不快，有意投奔他处，两人一拍即合。麦克米伦出版公司每月预付给他150美元，伦敦的书籍交给该公司出版，在英、美两国同时发行。乔治·布雷特从此也成了伦敦终身的朋友与引导人。1901年5月，麦克米伦公司出版了他的第二部关于克朗代克的短篇小说集《他祖先的上帝》(*The God of His Fathers*, 1901)。年底，他又把第三部短篇小说集《霜的孩子》(*Children of the Frost*, 1902)寄给了布雷特。从此，他便一发而不可收。1902年是一个丰收年。费城的J·B·李品考特出版公司推出了长篇小说《雪的女儿》；麦克米伦公司出版了《霜的孩子》，世纪公司出版了青少年读物游记《"狂欢号"航行记》(*The Cruise of the Dazzler*, 1902)。同年，英国的伊斯比斯特出版公司表示愿意出版伦敦的头两部短篇小说集。这是无数外国版和外文版的先行。3本书，加上不少杂志上发表的短篇，这一年中的收获足以使任何成名的作家自愧弗如。但这只是预演。一批，整整一批著名的小说或已经开始撰写，或者正在酝酿之中：《野性的呼唤》、《海狼》等一批即将撼动美国文坛的文学巨著，正在他笔尖下一行行不断地流出。这一年，杰克·伦敦26岁，风华正茂——漫漫人生，还有更多的荣耀等待他去接受，也有更大的挫折等待他去面对。

六、四个女人与四种生活

19岁那年，他离开了奥克兰公立中学之后，白天做活谋生，晚上开始接触一些社会主义团体，参加他们的一些活动。他最早接触的是亨利·克雷辩论会的一些成员——那是一个知识分子集聚讨论时势政治的非正式组织。常常光顾辩论会的有教师、律师、医生、大学生、艺术家和其他一些关心社会的自愿参加者。他们大多数是青年人，大多数自称社会主义者。杰克·伦敦在那里结识了不少知识分子朋友。其中一个叫爱德华·阿普加思的青年与伦敦十分友好，把他带到家中。在这里，爱德华介绍伦敦认识了他的姐姐梅布尔·阿普加思，两人马上都对对方产生了好感，从此感情缠绵。梅布尔比伦敦大3岁，是加利福尼亚大学英文系的学生，金发碧眼，文雅纤弱。她家是在奥克兰落户的有教养的英国家庭。父亲是采矿工程师，事业上很成功，又从欧洲带来了大量资产。虽因投资失败损失了大半，但仍维持着体面人家的行为规矩和道德准则。他们一家与文学、艺术、哲学思想理论为伴，这对当时的伦敦来说，仍是一个很陌生的世界。渐渐地，他成了梅布尔家的常客。阿普加思一家严格按照英国中产阶级的标准教育培养孩子，从待人接物到餐桌上的举止都有一大套老式的礼节规矩。而这些伦敦一无所知。

梅布尔后来成了长篇小说《马丁·伊登》中鲁丝的原型，是伦敦一直向往的那个阶级和那种生活的代表，受过良好的教育，说话干事很有分寸。杰克·伦敦喜欢她优雅的风度、文静的谈吐、自然而毫不做作的仪态。她诚实，心地善良，也不带阶级的偏见。她身上的很多东西，正是伦敦和他周围的人所缺少的那种文化素质和体面人家的教养。自从流浪被收监以后，伦敦一直强烈地希望改变自己的社会地位，获得一种更优越的生活。而现在，这种抽象概念突然在梅布尔身上具体化了。梅布尔成了他的精神力量，成了他崇拜的女神。也许同样出于对自己阶级保守、伪善和势利的精神上的默默反叛，梅布尔也爱上了杰克·伦敦——一个来路不正、与她格调完全不同的人。她承认他有点粗率毛糙、不修边幅、言行不雅，但精力旺盛、思维敏捷，是个气质不凡的青年。她喜欢他真诚和憨直的品性，也喜欢他彪悍强健的体魄。看过杰克·伦敦照片的人都会同意，他在《马丁·伊登》中对青年马丁的描写，实际上是他的自我画像：

> 方方正正的高额头上面，是一簇簇棕色的栗谷色的头发，像波浪似的微微地打着鬈儿。这会叫任何女人瞧着都喜欢。……两片富有美感的厚嘴唇抿得那么紧，使这张嘴看上去严峻而又冷酷。他的下巴和牙床显出坚强，带着一丁点儿坚决的咄咄逼人的样子。……力量和美感保持了平衡。①

对于当时的伦敦来说，两个目标——事业的成功和爱情的成功，已经融合成一体，不可分割。只有成为作家他才能证明自己的价值，才会拥有赢得爱情的资本，才有可能登上梅布尔所代表的高雅社会。他主动朝梅布尔的那个陌生世界靠拢。很多东西都要从头学起。原先车间、酒吧、野地和甲板上学会的那一套，现在都用不上了。餐桌、剧院、社交聚会上用的是另一套语言和行为标准。他得洗心革面，改变自己，把大大咧咧、粗野鲁莽的习气全都革除，变成一个懂得礼节规矩的新人。他像婴孩一样蹒跚学步，而梅布尔像牵着他的手走向文明社会的保姆。她告诉他，说话时用不着两手在别人面前比划，人家照样可以领会他的意思，而且嗓门也应

---

① 杰克·伦敦，《马丁·伊登》，第37—38页。

该小一点。她把伦敦写给她的一封信拿出来，替他修改标点，给他讲解语法，如双重否定和时态统一。她告诉他，虽然他写的东西有新意而不落俗套，但还欠规范。她还纠正他的发音，向他解释了下层社会的土话和体面社会的言谈中很多发音细微的不同之处。两人之间没有狂风暴雨般的热恋，没有牵肠挂肚的昼思夜想，每周见一次面，但感情很好。两人都明白，进一步发展的时机尚不成熟。梅布尔的母亲对女儿说得很明白，在杰克·伦敦获得稳定收入和稳定的职业之前，不谈结婚的事。

当《大陆月刊》刊登了他最初的两篇短篇小说之后，伦敦虽未得到稿费，但毕竟手中有了有力的证据：他能写小说，他的作品有人问津。他拿着杂志匆匆赶到圣何塞，交到梅布尔的手中。《致赶路人》和《白色的寂寞》两篇小说的手稿她都看过，并提出过对某几处用词和标点的修改意见。但看到已变成铅字的作品，看到篇名下作者"杰克·伦敦"的名字，她和他一样高兴。当《黑猫》杂志采用了伦敦的第三篇小说稿，并寄来 40 美元支票后，他们俩订了婚，商定订婚期为一年。一年之后，伦敦的经济情况应该已经出现转折，也应该有了结婚、养活妻子的基本实力。阿普加思太太并不反对女儿订婚。她没有必要反对，因为她心里明白，靠写文章的微薄收入养家糊口，即使维持最低水平也是很难做到的。如有奇迹出现，女儿也沾得一份光彩。半年多过去了，伦敦只得到几笔不够偿还欠债的小稿费，连填饱自己的肚子也办不到，哪还敢有其它的非分之想？

声望显赫的《大西洋月刊》在年底用 120 美元买下了杰克·伦敦的《北疆历程》；不久他又签下了第一部短篇小说集的合同。这时，谁也不敢漠视伦敦的能力了。《大西洋月刊》正是阿普加思太太这样的人订阅并用来显示自己身份的杂志。她改变了先要有经济能力，然后才能结婚的主意。他们可以结婚，但有一个条件：伦敦必须招赘入室，要么她跟女儿一同住到奥克兰伦敦的家。阿普加思先生此时已经过世。她说她一个孤老太婆无法生活。伦敦从来没想过要同岳母一起生活,更不想供养她。问题是,一贯受母亲主宰的梅布尔,也觉得不应该抛弃母亲。两人的关系由此出现裂痕,于是,结婚的事情暂时搁下了。表面看来,他们俩的关系平平静静地发展到了最后阶段,突然卡壳了。其实在平静的表面下,难以妥协的矛盾和剧烈的思想冲突早已在他的潜意识中形成。让杰克·伦敦把自己捏塑成另一个样子,塞进别人的生活模子中去,实际上最终是办不到的。他还是他自己,永远改变不了自己,而且在将来的生活中还要顽强地表现出他的个性。在他的小说中我们可以看到,他倾向于赞颂与体面社会的规范相对立的不受拘束的原始性和野性,把故事设在危险的自然环境中,让他的人物面对危机,表现出刚毅、强悍的硬汉子精神。他的图腾是旷野中的狼,不可能把自己变为圈养的绵羊。

在《马丁·伊登》中,初恋的故事后来又有了新的发展。当马丁成了大红大紫的名作家后,他的恋人鲁丝在母亲的怂恿下一改先前的矜持,主动送上门来,愿意委身于他,但被马丁拒绝了。小说表达了杰克·伦敦希望看到的最后的精神胜利。而在现实生活中,伦敦和梅布尔的关系不再发展,他们的故事由于插入了其他角色而告中止。但在小说中伦敦对女主人公代表的那个阶级表达的强烈不满,则无疑是他的真实感觉:“这个阶级的所有成员,都遵照狭隘无聊的准则来安排自己那狭隘无聊的生活——全不过是合群的动物,聚居在一起,根据彼此的意见来依样画葫芦地过生活,不能做有个性的人,过真正的生活。”①

与此同时,他越来越多地与奥克兰的社会主义者交往,参加他们的讨论会、演讲会以及他们组织的其它活动,写支持社会主义革命、反对现存经济制度的文章,为劳苦大众的利益、为实现一个更

① 杰克·伦敦,《马丁·伊登》,第292页。

加平等、人道的社会而斗争。一时,激进的革命理想取代了对上层社会地位的追求。此时,他认识了一个积极投身于社会主义的革命女青年,一个充满激情、充满智慧的犹太姑娘——安娜·斯通斯基。他们一见面,就坐下来讨论经济制度、社会主义、进化论、“超人”哲学等等永远无法达成一致意见的大话题。他们也谈对爱情和妇女地位的看法。他们总是各抒己见,求同存异。安娜是精神上、理智上的理想伴侣,他对她情深意笃。

伦敦的朋友雅各斯参加美—西战争,在途中意外死亡,伦敦去参加他的葬礼。在葬礼上,伦敦遇见了雅各斯的未婚妻贝西·麦顿。贝西是个爱尔兰籍的美国人,长得斯文秀美,伦敦早就与她相识,而她碰巧又认识梅布尔。贝西也住在奥克兰,离伦敦家不远。梅布尔十分同情她的不幸,写信给伦敦,叫他去看望她,给她一点安慰。伦敦欣然应命,晚上去她家造访,与这位姑娘谈得十分投机。1900 年 3 月,即两个月后的一个星期天,他们俩未作大肆张扬,悄悄地结婚了。成家立业,这一切完成得如此迅速突然,让他自己都不敢相信。他好像被旋涡卷进了新生活。伦敦和贝西的婚姻,不是热恋的结晶,而是冷静的理性的选择。当时他与安娜的关系正迅速加温。他心里明白再继续发展,他在感情上就无法自拔了。出于某种考虑,他必须中止这种关系的发展,而中止的最好办法就是突然同另一个女人结婚。安娜是与伦敦在情趣上最相配的人,但不是组成伦敦心目中美满家庭的合适人选。她不像贝西那样可以成为贤妻良母,也不会对丈夫言听计从。她是个独立的有个性的新女性,不会成为男人生活的附庸。她是个激进的革命者,没有稳定的社会地位。伦敦暗暗承认,自己的做法有点自私。他没有遵从心灵的呼唤,而采取了实用主义。

理查德·奥康纳在他的《杰克·伦敦生平传记》(*Jack London, A Biography*, 1964)一书中暗示,伦敦舍弃爱情的潜在理由是他的种族主义思想,他实际上成了他自己种族偏见的牺牲品。[1]安娜是个犹太姑娘,而伦敦宣布过,他要"生下7个壮实的撒克逊种的儿女。"在他的家庭理想中,儿女的数量与品种都是脑子里预想好的。杰克·伦敦越过了第一个深爱的姑娘梅布尔,又越过了第二个深爱的姑娘安娜,毫无心理准备地同第三个姑娘结婚了。他自己也感到突然。选择就是舍弃,舍弃总不免带来遗憾和痛苦。他与安娜依然保持书信往来,也常常见面,一起讨论,一起谈笑。他们也商定在创作上进一步合作。第二年出版的《肯普登—威斯通信集》(*The Kempton-Wace Letters*, 1903),是他们携手合作的产物。

贝西·麦顿25岁,年龄略比杰克·伦敦大一点,生性温和恬静,处处表现出母性的温存。她深爱着突然死去的未婚夫,为失去他一直感到悲伤。伦敦与梅布尔事实上已分手,他也失去了他先前的恋人。在这一点上,两人同病相怜。他们俩一起度过了许多愉快的晚上,他跟她讲他写的小说,她由衷地喜欢他的作品,同他一起对某些词句进行推敲改进。伦敦已常常有小笔稿费收入,他们一起去郊游野餐,偶尔也去餐馆和歌剧院。他向贝西提出结婚的事,贝西好像也并不感到吃惊。她考虑了几天,答应了。新的婚后生活就这样开始了,转折显得平淡无奇。他们的结合和婚后生活都不浪漫,但很实在。这实际上是伦敦一直在内心企望的家庭模式:贤良的妻子,安稳的生活,并且生养众多的子女。

很快,贝西怀孕了。伦敦得知后喜出望外。他断定是个男孩,他需要一个男孩继承他的姓氏,跟随他游泳、打猎、航海、探险、游历各国。他遐想着当父亲的喜悦,把全部的爱心献给了怀着他的后代的贝西,小心地守护着她,照顾她的健康。同时,他更加努力

① Richard O'Conner, *Jack London, A Biography* (Boston: Little Brown, 1964), p. 139.

地写作，他要为儿子的到来做好一切准备，打好经济基础。他怀着异常兴奋的心情，开始创作他的第一部长篇小说《雪的女儿》。贝西生下了一个九磅重的胖娃娃，是一个小女孩，取名琼——是后来两本重要的伦敦传记的作者：《杰克·伦敦和他的时代》（*Jack London and His Time*，1939）和《杰克·伦敦和他的女儿们》（*Jack London and His Daughters*，1990）。琼的样子十分讨人喜欢，但伦敦无法掩饰心中的失望。他一厢情愿地早已做出决定，他将得到的是一个男孩。这个愿望他一辈子没有实现，在生命后期愈发为此感到痛苦。伦敦请来了把他带大的黑人保姆珍妮大妈，让她搬来同住，照看婴孩。1902 年底，贝西生下了他们的第二个女儿贝基。同前一次一样，杰克早已认定这回必生儿子无疑，毫无心理准备。受到沉重打击后，竟卧床不起。贝西见丈夫如此失望，也感到心情沉重。他们只能遵从命运的安排。

他零零星星地不断创作和发表短篇小说，主要还是克朗代克故事。在众多的篇幅之间，他创造了一个凶险的、远离文明的男性世界，在这个特定的环境下，人与自然、人与人之间展开了可歌可泣的生存斗争。有的杂志欢呼又一个吉卜林在美国本土出现，赞美他无与伦比的笔力和现实而敏锐的观察，认为他创作了自爱伦·坡以来最出色的短篇小说。另一些人认为他的小说内容粗俗残忍、文字不雅，也不合文法。尽管褒贬不一，他越来越受到读者和批评家的关注，知名度也越来越高。贝西扮演的是一个贤妻良母的角色。她坚信丈夫有朝一日会成为世界一流作家，并尽力为他创造良好的工作环境，让他集中精力从事写作。

集中全部精力是困难的。尽管各杂志现在付给他的稿酬都相当优厚，他仍未摆脱经济困境。全家搬到奥克兰比德蒙特山边遥望旧金山湾的一幢大房子里。由于改善了居住条件，房租要比原来高得多。他现在靠写稿收入要供养七个人的生活：母亲、妻子、两个女儿、保姆、芙萝拉领来的养子小约翰和他自己。他总是入不敷出，到处借钱。到1902年初，粗粗一算，他已负债3 000元，欠朋友的、商店的、当铺的和出版社预支的都有。人们很愿意借钱给他，一是因为他是个守信用的人，一旦有钱必定奉还；二是因为他确实常常有相当可观的收入。但问题是，杰克·伦敦过日子从来不会精打细算，贝西又是个十分好客的人。随着年龄和名气的增长，伦敦的朋友越来越多。他们在比德蒙特山的家也常常朋友云集，成了社交聚会的中心。夫妇俩，还有母亲芙萝拉都喜欢做东道主，从对朋友的热情款待中得到乐趣。这种好客往往是家庭预算所难以承受的。所有认识他的朋友都可以来，在克朗代克认识的，在流浪时、当水手时、当蚝贼时认识的，在大学和社会主义者聚会上认识的人，都会进来坐坐，抽支烟，聊一阵。他对谁都一样友好热情。他不得不埋头写作时，朋友们仍可以在他们之间继续谈论。他若得到几块稿费，就买一些牛排放着，留晚走的朋友吃饭。

后来伦敦对接待朋友做了合理的改革。为了不影响平时他本人和贝西的工作，聚会通常固定在每周三下午和晚上。他已小有名气，往来的人层次也高了。午后，记者、音乐家、作家、教师等各种职业的大多数信仰社会主义的人就陆续到达，每次总有15到20人。贝西为客人准备低度的红酒和点心。周三聚会包括娱乐、信息交换和非正式的讨论。先是海阔天空闲聊，涉及某一个宗教、政治、理论或科学观点时，就展开激烈的争辩。他们中间不乏自以为对每一个问题都有现成答案的人。晚饭后，他们猜谜、唱歌。来客中有一位是伦敦在《大陆月刊》经理布里奇家见过的夏弥安·基特里奇小姐。她弹得一手好钢琴，从欧洲回来后常常参加周三聚会，为大家弹琴伴唱。娱乐后，杰克·伦敦拿出他新创作的小说读给大家听。然后大家就小说的内容、构思和思想内涵进行讨论。贝西总是在一旁静静地听着，而伦敦不时地插话，也不时在笔记本上做些记录。讨论要持续一两个小时，客人才渐渐散去。

他继续同时进行着好几项大工程，其中之一是与安娜合作的

《肯普登—威斯通信集》。这本通信集是他们两人假借肯普登和威斯两个名字，在一来一往的通信中讨论表达两种相互对立的恋爱观，一个从经济和生活观出发，一个从浪漫的精神角度出发，一男一女各自为自己的观点辩解，哲学分析与脉脉温情互相交错，渗透在字里行间。与安娜合作是愉快的，这种快乐与夫妻、父女的天伦之乐不同。婚姻和家庭给他带来幸福，他生活上有了以前从来未曾有过的安稳和舒适，他无意对妻子不忠。他与安娜间的爱属于另一种类型，是思想与精神上的爱。这种爱的深度，却是他与贝西从来没有达到过的。《肯普登—威斯通信集》写成了，于1903年6月由麦克米伦公司出版。为了使作品具有真实感，他们俩决定不署名，让"肯普登"和"威斯"出现为信件的真正作者。此书以其别开生面的形式，不同凡响的见解，赢得了广大读者。在印刷第二版时，杰克·伦敦和安娜·斯通斯基的真实名字才首次出现在书的封面上。

命运的安排中常有难以预料的成分。杰克与《大陆月刊》经理詹姆斯·布里奇一家成了朋友，过往甚密。夏弥安经常出没在他们一家中间。夏弥安在镇上名声不太好，30多岁还没有结婚，尤其是她每天缠着伦敦进进出出，引起了不少非议，但贝西并不在意。夏弥安比杰克·伦敦大6岁，长得不漂亮，而且伦敦也从来不比别人多看她一眼。欧文·斯通的著名传记中有这样的一段描写：一天晚上，夏弥安把杰克·伦敦叫到门外，与他长谈了足足4个小时。接着，伦敦神志恍惚地回到家中，支支吾吾地告诉贝西说要离开她。贝西知道他与安娜一直有往来，情投意合，但只要不出格，她并未加阻止。但他怎么可以忍心为了安娜而抛弃妻女？他此时才打断她的话，告诉她，那个女人不是安娜，而是夏弥安·基特里奇。显然，那天晚上，夏弥安主动出击，进行了长达4小时的交战后，杰克·伦敦被俘虏了。但这段故事显然是欧文·斯通自己添加进去的。后来的传记作家做了更加严谨的考证。伦敦的书信表明,他们俩一直交往密切,而且是伦敦对她一直紧追不舍。①

夏弥安从小由她姑妈养大,此时已32岁,长相十分普通:脸盘很大,小眼睛,年龄已在脸上显示出来。她独身多年,是一个带点做作的"新女性"形象,衣着随便,不拘小节,像男人一样抽烟,毫无顾忌地公开谈论性的问题。贝西性情柔弱,而夏弥安咄咄逼人,社交方面十分活跃,尤其在男人面前喜欢大胆夸张地表演一番,表现出让其他女人妒忌和讨厌的热情和亲善。在公众场合,她很健谈,也很爱笑。她是一个独立自主的女性,当秘书赚一份微薄的工资。她敢作敢为,乐于接受新思想,追随新潮流,总是不断地丰富自己,提高自己。她是个优秀的骑手,喜爱音乐,歌唱得很好听,钢琴弹得十分出色。她喜欢把钱攒起来去欧洲旅行,阅读十分广泛,对公立图书馆禁止的一些现代小说尤其感兴趣。她的个性、成就观和对未来的期望,都与杰克·伦敦有相似之处。正因为她与众不同的性格特点,伦敦敬慕她,别的女人讨厌她。她是个梅布尔不屑、安娜不愿意当、贝西当不了的角色。

除了外貌,夏弥安确实比较接近伦敦心目中的理想的女子。他1902年写的《雪的女儿》中的女主人公芙蓉娜,是他小说中很少出现的女英雄。她的个性很像夏弥安:顽强、勇敢、泼辣、独立,能够像男人一样驾着狗拉雪橇穿行在冰河雪原,是个"女中豪杰",表现出强者的风范。《雪的女儿》出版后,社会上反响冷淡,与《狼之子》的轰动效应形成强烈的反差。杰克·伦敦生性豪放不羁,是个热血沸腾、心绪亢奋的人,希望生活像火一样燃烧。3年的婚姻生活压制了他个性的这一面。贝西温和恬静的个性和婚后安稳平淡的生活,满足了他生活欲望的一面:他可以抱着女儿同妻子相对而坐,可以在书房里喝茶会友。但生活欲望的另一面——惊险的、狂野的、可以发泄原始天性欲望的生活,开始无声

① Clarice Stasz, *American Dreamers*, p. 112.

地向他呼唤。他本是一匹野马，而现在被拴在刻板的家庭生活的柱子上了。强者生存，是杰克·伦敦克朗代克小说中经常表达的主题。夏弥安是女中强者。从伦敦个性的这一方面来讲，自由不羁、敢作敢为的夏弥安与他是天生的一对。后来的生活证明，虽然很多人不喜欢夏弥安，但她确实愿意为所爱的人做出牺牲。在伦敦身体、精神每况愈下的年月里，她与他风雨同舟，成了他生命的支柱。夏弥安不比梅布尔、安娜和贝西中的任何一个条件优越，但她确实是与杰克·伦敦感情和品性最合拍的人。4 个女人一台戏。她们走进了杰克·伦敦的感情世界和现实生活：一个传统，一个激进，一个保守，一个浪漫。伦敦与她们的关系，实际上也是他内心的不同欲望互相冲突的表现。

第二章

高处不胜寒

作为民众英雄,他是作家中的第一个,也许也是最伟大的一个。没有任何其他美国作家——即使受我们崇敬的马克·吐温也难以相比——在扶摇直上的成功职业生涯中如此深刻地把握了美国梦的根本主题,也没有人让不同年龄的美国读者如此倾倒。他是他那个时代的传奇,是个永远带有神话色彩的人物。

——厄尔·雷伯:《重读杰克·伦敦》后记

一、进入7年创作盛期

在提出与贝西分手之前,杰克·伦敦卖掉《野性的呼唤》的全部版权,买下了一条取名为"浪花号"的单桅小船。整整一个星期,他尽情在旧金山湾航行,重温童年旧梦。航行归来后,他带着重新记忆起的水手生活,着手写长篇小说《海狼》。船的舱室还算比较宽敞,分居后,伦敦搬到船上。吃、住、睡、写作、接待朋友都在船上。尽管婚姻出现曲折,1903 年对于杰克·伦敦来说,是一个不同寻常的年头。这是他结束文学创作学徒阶段,一步跨入美国文学前沿的重要时期。这一年,他出版了三部不同类型的著作:长篇小说《野性的呼唤》、与安娜·斯通斯基合作的艺术化的思想哲学论述《肯普登—威斯通信集》和被称为“社会学文献”的特写《深渊里的人们》(*The People of the Abyss*)。他向世人充分证明,他不仅可以写短篇,而且也可以写大部的作品,不仅能写小说,其它文体照样得心应手。另一部引起美国文坛轰动的长篇小说《海狼》也在那一年基本写成。

他得到了批评界和各阶层读者的广泛肯定,从一个不显眼的地方走到了前台,接受人们的欢呼喝彩。他耳边也常听到谩骂与嘲讽,这其实是对他的地位的另一种认可——他不再是可以被忽视的无足轻重的小人物。骂声也好,掌声也好,他从不多加理会;他依照自己心灵的感受,写出发自内心的呼喊。名利结伴而至,过去盼望某家杂志开恩,出5块钱买他一篇小说的日子已经一去不复返了。世界上最流行的《星期六晚邮报》用700美元买下《野性的呼唤》连载权;麦克米伦公司又付给他2 000美元购买单行本出版权。一本他仅花一个月时间写成的小说,竟得了2 700美元的稿费,相当于当时一个熟练工人5年工资的总和!《海狼》尚未写完,另一家大刊物《世纪》杂志预付4 000美元稿费,获得连载发表权。《深渊里的人们》也是先由社会主义刊物《威尔夏氏》杂志连载,然后再由麦克米伦公司单本出版。《野性的呼唤》是他的成名作,以出版代表作《马丁·伊登》为标志,这位前途无量的27岁的作家,从这里开始进入辉煌的7年创作盛期。

杰克·伦敦虽然起步于自学,但求知欲望异常强烈,通过努力为自己的文学发展打下了良好的基础。他阅读广泛,吸收各方面的知识,读过或部分读过达尔文的《物种起源》、亚当·史密斯的《国富论》、马克思的《资本论》、康德的《纯理性批判》、本杰明·基德的《社会进化论》、斯宾塞的《文体论》和《社会学原理》、马尔萨斯的《人口论》、李嘉图的《分配论》、巴斯塔的《经济调和论》和约翰·穆勒的《股价论》等，此外，他还涉猎过亚里士多德的政治学、尼采的"超人"哲学和荣格和赫德林的心理学，阅读过休谟、黑格尔、赫胥黎、菲莱士等人的著作，并做了详细的笔记和卡片索引。除此之外，他还涉足宗教、人类学、生物学、犯罪学、经济学等很多领域。

他也大量阅读国内外的文学名家名著，对本国作家往往批判多于赞许。他对爱默生回避粗俗、严酷、真实的生活而一味追求超验的浪漫主义十分反感；他赞成豪威尔斯现实主义的理论，但对他本人的文学实践却不敢恭维；他也对霍姆斯、惠蒂尔、希金森等文坛领袖们空洞乏力的作品表示遗憾，但他从很多外国名家中汲取精华。同俄国、法国、德国和英国的文学成就相比，他觉得美国文学仍然稚嫩得很。托尔斯泰、屠格涅夫、高尔基等正在俄国掀起一场现实主义文学革命；莫泊桑、福楼拜、左拉等批判现实主义和自然主义小说家已经成为法国文学潮流的主导；德国的苏德曼、霍普特曼和英国的狄更斯、哈代、吉卜林这些大师不落俗套，在作品中展现了新的文学视角和艺术风格。杰克·伦敦被带进了现实主义文学的新天地。在这里，他们描写的是发生在周围现实世界中的真实生活，笔下的人物与你似曾相识，再现的生活使你身临其境。欧洲兴起的现实主义和自然主义深深吸引了杰克·伦敦，对他产生了潜移默化的影响。

在他阅读的所有哲学和文学著作中，对他影响最深的是社会主义理论。也许由于他的低微出身，社会主义是他感情上最能够接受的思想。而他的长篇社会调查报告《深渊里的人们》又为美国的社会主义运动推波助澜，使他自己成为有影响的政治人物。1899 年英国与荷兰殖民者在南非发生武装冲突，史称"布尔战争"。战争延续到 1902 年。这年 7 月，为了逃避婚姻带来的烦恼，也因为欠债已达3 000美元，杰克·伦敦接受美国新闻社的委托，取道英国前去南非报道战争。在伦敦市逗留期间，杰克·伦敦接到美国新闻社的电报，取消战争报道合同，因为战争已经结束。既然已远道来到欧洲，他不想两手空空离去。这时，他想起阅读过的社会学书籍中提到的著名伦敦东区贫民窟。赴英之前，他在纽约与麦克米伦出版公司的乔治·布雷特见过面。布雷特希望麦克米伦公司能与杰克·伦敦建立长期的合作关系，并商谈了一些具体的方案。伦敦打电报给布雷特，说明他希望去伦敦东区进行社会调查，写一本有关社会底层人民生活的书。这一提议得到了麦克米伦公司的支持。

他找到一家旧货店，挑选了几件最破旧的衣裤，一双矿工穿的破皮靴和一顶布便帽，把自己打扮成一个流浪他乡的落泊的美国水手，在东区最破败的地段租了一间房子，不公开自己的身份，开始深入的社会调查。他本人就是从贫困的深渊里爬出来的，很能适应周围的环境。他当时正十分热衷于社会革命，希望通过实地调查获取第一手资料，揭露资本主义经济体制造成的贫富不均以及不合理的财富分配给广大劳动人民带来的灾难。他本人已经基本摆脱了贫困，但感情上仍把自己看做劳苦大众中的一员，愿意为他们斗争，为他们的不幸而呼吁。为了便于工作，他在另一地区也租了一间房子，可以洗澡、读书、整理笔记。在伦敦的 3 个月时间里，他尽可能多地在贫民区逗留，接触更多的人，了解他们的生活，收集典型的、有说服力的素材。

杰克·伦敦为人热情，个性豪爽，而且一贯有交朋友的特殊本领。他很快与邻居们熟识了，取得了他们的信任，与他们无话不谈。他访问了许多贫苦家庭，了解他们的工作与收入，观察他们的日常生活。他扮作无家可归的人住进贫民救济所，站到排着长队买便宜面包的妇女中间，到公园的长凳上或沿街屋檐下过夜，广泛接触穷极潦倒的城市贫民。他穿街走巷，遍访了东区的各个角落，拍摄了大量照片。与此同时，他在这 3 个月的时间里大量阅读有关伦敦东区的历史、贫民问题、劳资问题、分配问题、城市发展规划问题、失业问题等各种社会学方面的书籍,不仅从感性上认识伦敦东区贫民窟的现实,也从理性上加以分析研究,挖掘在发达国家大城市中产生极端贫困的根源。

他被伦敦东区的调查发现所震动。这里居住的并不是人们所说的游手好闲的懒汉,而90%以上是安分守己的工人。很多人随着大工业的兴起从乡村涌入城市,由于疾病、体弱或商业萧条、企业破产而掉入东区这个"深渊"里,在肮脏的街道、拥挤的住房里挣扎求生,与疾病和饥饿结伴,没有希望,直到"神圣的死亡"把他们从街市上清除。杰克·伦敦自己从小饱受贫苦的煎熬,但他发现大城市贫民窟中的生活是无以复加的赤贫,这里的居民过的是非人的生活。他把所见所闻汇成一册特写,交给《威尔夏氏》杂志连载,后又由麦克米伦公司出版单行本。《深渊里的人们》以它生动、真实的细节震动了英美两国。面对栩栩如生的描述、难以否认的数据以及杰克·伦敦亲手拍下的一张张照片,人们再也不能对资本主义工业社会造成的悲剧熟视无睹。杰克·伦敦认为,这种悲剧是人为的悲剧,是阶级不平等的产物:一个阶级的优越只能建立在另一个阶级的落魄之上;工人们被赶进了贫民窟之后,无法摆脱随之而来的穷极潦倒的困境。

美国的社会主义者们把这本书视作声讨资本主义的檄文,为杰克·伦敦喝彩欢呼;政府当局和社会改革家们也不得不以伦敦东区为镜子,低下头来看一看美国本土的现实,并发现纽约、芝加哥的贫民区的状况在有些方面有过之而无不及。《深渊里的人们》所引起的轰动效应使杰克·伦敦成了社会主义名流,一时间,他的名字几乎家喻户晓。杰克·伦敦写这部著作时,感情十分投入。在生命的最后阶段,他还指着自己的所有作品说:"这长长的一排书中,我最喜欢的是《深渊里的人们》。没有其它任何一部作品比这本关于穷人经济困境的书让我付出更多我年轻的激情和泪水。”①

从英国回来以后，他恍恍惚惚，不能平静。他看到城市里的生存斗争同样遵循残酷的“丛林法则”，对现代社会和现代文明进行了深刻的反思。突然，他的头脑里产生了一个新的构思，他可以写一篇4 000字左右的短篇小说，以一条狗作为叙述的主角，把脑子里难以说明的许多概念问题用故事表达出来。4 000字很快写完了，他发现才刚刚开了个头。于是，他跟随着心灵的感受，让故事朝纵深发展，花了一个月的时间，一气呵成，写完了篇幅紧凑的100余页的长篇小说《野性的呼唤》。《野性的呼唤》写于《深渊里的人们》之后，但在后者之前率先出版。

《野性的呼唤》是一则克朗代克故事，小说的主角是一条名叫布克的大狗，讲述的是布克被拐卖到北极后的曲折经历。这是一则雅俗共赏、极为美丽动人的故事，读者踊跃争购，当年就排入全美畅销书榜的第三位。在接下来的几年中，这部小说不断再版，而且被译成各种文字，在全世界广泛流传。根据联合国教科文组织发表的调查，杰克·伦敦是包括前苏联在内的整个欧洲被翻译最多、读者最多的美国作家。而《野性的呼唤》又居他50部著作之首。②《野性的呼唤》销售了几百万册，但杰克·伦敦只得到区区2 700美元，其中的700美元是《星期六晚邮报》连载权的稿费。麦克米伦公司付了2 000美元，这是一揽子买卖，因此伦敦不再得到版税。杰克·伦敦从未对这桩买卖表示过后悔。麦克米伦公司实现了他们的承诺，小说装帧华丽，配有精美的插图。出版商进行了大张旗鼓的宣传，大大提高了伦敦的知名度。

小说能取得如此成功，杰克·伦敦本人始料未及。诚然，《野性的呼唤》深受欢迎，很大程度上归功于小说曲折惊险的故事情

---

① 参看 Earle Labor, *Jack London*, p. 92。

② 参看 Franklin Walker, *Jack London and the Klondike*, p. 261。

节,但光以情节取胜,小说不可能具有持久的生命力。《野性的呼唤》包含着比趣味性更重要的成分。当批评界仍在沸沸扬扬地讨论《野性的呼唤》的时候,杰克·伦敦一头钻进了“浪花号”的船舱,在那个与世隔绝的小天地里开始埋头创作另一部长篇小说《海狼》,进度还是早就给自己定下的每天1 000个字。麦克米伦出版公司又一次看好伦敦正在创作的这部长篇小说,决定支持他全力写作,每月向他提供250美元,希望把他从押款、私人债务、预支贷款中解放出来。事实又一次证明,麦克米伦的做法是具有远见的。到1903年,《海狼》的预订数已达2万册;11月份,各书店又从公司订购2万册。小说还没有出版,销售的好势头已经出现。

杰克·伦敦17岁时在“索菲亚·萨瑟兰号”捕海豹船上听到过各种各样的航海故事,《海狼》就是以其中一个为基础进行发挥加工创作的。写完了前半部分后,他先把这部分寄给《世纪》杂志连载。《世纪》的编辑们从来没有读到过如此强悍有力,如此大胆残暴,同时又如此美丽动人的小说。他们绝不肯放过这样难得的作品,但又怕得罪众多文弱温驯的订阅者。他们愿意出4 000美元的高价买下连载权,但与伦敦达成协议,即在书稿的后半部中,小说人物的行为应该适可而止,不能越轨,尤其是一男一女到达荒岛后不能干出伤风败俗的事。《世纪》杂志已经大做广告,宣传杰克·伦敦的新作。此时杰克·伦敦已大名鼎鼎,人们读过《野性的呼唤》之后,对这部新作翘首以待。

《海狼》发表后,果然如巨石投水,溅起层层浪花,受到的称颂同辱骂一样多。有人大唱赞歌,把小说比作赫尔曼·麦尔维尔的《白鲸》,认为这是杰克·伦敦最有力的代表作,为美国文学中又出现了一部现代经典而欢呼雀跃。舆论的另一方则不然,他们认为杰克·伦敦对残酷、野蛮的东西津津乐道,只有粗鄙的头脑才会写出如此粗俗的作品。直到今天,文学界对《海狼》的评价仍然见仁见智,众说不一。由于有4万册的预订数,小说一出版便坐上畅销书榜的第4位，3周后跃居首位，而且在发行数量上将第2名远远抛在后面。小说的创作过程中，杰克·伦敦经历了婚变的感情波动，后又因经济所迫写得匆忙，疏漏和不连贯是客观存在的。不少人认为女诗人布鲁斯特小姐的塑造是个败笔。当时伦敦疯狂地爱上了夏弥安，把她理想化地再现于布鲁斯特小姐身上。他每天收到夏弥安狂热的情书，自己也给她写类似的华而不实的浪漫书信。也许受到这些通信的感染，创作中与全书文风格格不入的浪漫与夸张，均随着布鲁斯特小姐一再出现。对《海狼》褒与贬的争议一直没有间断过，而且将来还会继续。但小说的读者有增无减。直到今天，《海狼》仍是杰克·伦敦再版次数最多的小说。这是一部无可否认的力作。

《野性的呼唤》、《深渊里的人们》和《海狼》使杰克·伦敦名声大振。此外，1904年麦克米伦公司又推出了伦敦的短篇小说集《人类的信仰》(*The Faith of Men*)，并在4个月内两次再版。各地报纸争相介绍这位青年作家，刊登他的书评，轰轰烈烈地为他宣传。他很快在美国人的心目中成了一个传奇人物，不仅是个了不起的作家，而且也是一个自学成才、自我造就的典型，一个"美国梦"可以变成现实的实证。

1904年新年到达之际，伦敦意识到政治风云已经翻滚在日本和俄国的上空。多年来，两国为各自在朝鲜半岛和中国东北的利益而争斗不休。1903年秋，两国间进行了长时间的谈判，日本企图说服俄国从中国东北撤军，但没有结果。新年伊始，战争似乎不可避免。1904年1月7日，伦敦受《观察家》报委派，作为该报的特派记者搭乘"西伯利亚号"蒸汽船去日本的横滨。外国记者很快被带到东京。两国尚未宣战，日本政府设宴招待，组织参观名胜，记者们就像前来旅游一样。但记者们很快发现，日本政府无意让外国记者接近前线。其他美国记者感到无可奈何，但伦敦决定自己行动。他一个人悄悄乘火车离开东京，到达南部的长崎，并打算从这里搭船渡过高丽海峡,然后北上,到达中国东北。他估计战争将在中国东北打响。如果一切顺利,别人仍在东京等待时,他就可以在中国东北发出最新最快的报道。这一举动十分鲁莽,违反了所有政府禁令,但伦敦决心抢到新闻。

在长崎附近的一个海边小镇,他找到了去朝鲜半岛的一艘蒸汽船,买了票,被告知起航还有一个小时,因此上街走走看看,拍一些日本人的生活照片。此时,警察拘捕了他,并将他送进牢中,他这才得知此镇属军事区,人们怀疑他是俄国间谍。他的照相机被没收,遭到连续审讯。他最后获得释放,但蒸汽船早已不知去向。他找到另一条本地小船,偷渡过海峡,在那儿租一条小帆船继续北上。这是一次十分危险的航行,海面风急浪高,卷走了船舵,折断了桅杆,帆船完全失去控制。夜间,气温下降至零下 20 度,朝鲜半岛海岸的水浪足有 20 英尺高,他几次都差点被狂风怒涛卷入海中。他本人当船长,3 个勇敢的朝鲜人全力合作,在刺骨的寒风中航行了 6 天 6 夜。到达韩国的仁川时,他已经消瘦得不成样子,耳朵、手和脚上都长满了冻疮。克朗代克的锻炼使他度过了难关。

伦敦顾不上休息,连续行走几星期,穿过一片片结冰的稻田,向北方中朝边界行进,他与当地农民共餐,向他们借宿。日本人正迅速往朝鲜半岛增兵,无疑战争将在这里打响。他采访遇见的士兵,分析日军的实力,并不时将采访报道与照片发回美国。当滞留在东京的记者们仍在满腹牢骚地等待的时候,杰克·伦敦从朝鲜和中国的东北向美国发回的日方战备等见闻与报道已经在报纸上出现。那些无法接近前线的记者们十分妒忌,向日本政府抗议,质问他们为何只同意杰克·伦敦一个人去前线采访。警察接到通知马上逮捕了伦敦,将他押送至汉城。

在接下的 3 个月中,他只能呆在后方。一次,他怀疑一个马夫是小偷,与他发生争吵,将他打倒在地。日本宪兵认为殴打日本士兵是敌对行为,将他逮捕,准备送军事法庭,审判结果很可能是枪决。据说一个叫理查德·哈丁·戴维斯的著名记者发电报给美国的罗斯福总统,说明问题的严重性。罗斯福考虑到此事可能成为导火线,引出严重后果,因此白宫通过驻东京的美国军事机构向日本政府提出抗议,要求释放杰克·伦敦。此事最终以伦敦被驱逐出境的结果得到解决。这也是一场同克朗代克淘金一样惊心动魄的历险。而此时,伦敦对当战地记者的生活已感到十分厌烦,也希望早日打道回府。同去日本的美国记者罗伯特·邓回忆说:"杰克·伦敦是我所遇见过的最勇敢的人。他像他的小说人物一样无所畏惧。"①但伦敦似乎偏爱他的克朗代克历险,不断地加以浪漫化,而从未把日、朝之行的经历写进小说,加以渲染。回到家乡后,他接到了贝西的离婚诉讼。

杰克·伦敦成了各个团体争相邀请的对象。激进组织、妇女俱乐部、文学研究会、青年团体、商业联合会、大学都请他去演讲。他讲进化论,讲美国的新文学,但在更多的场合,他一有机会就大谈社会改革问题,大谈推翻现有的经济制度的社会革命。他具有天生的好口才,演说有很强的号召力和感染力。美国的社会主义者欢欣鼓舞,因为他们中间出了一位有影响力的领袖人物。甚至不同意他观点的人,也以出席过杰克·伦敦的演讲会为荣。他去中西部和东部包括芝加哥和纽约在内的各大城市旅行演讲,做了几场影响很大的报告。每到一处,都有新闻媒体的跟踪报道。杰克·伦敦成了红极一时的人物。1905 年 10 月,杰克·伦敦按事先安排好的旅行演讲计划到达芝加哥。11 月 18 日,他在芝加哥接到电报,电报告诉他他与贝西的离婚判决书已经下达。他立刻打长途电话给夏弥安,让她火速赶来。第二天傍晚夏弥安到达后,他又心急火燎地拖着她去办证结婚。那天正是星期日,市政机关无人上班。杰克·伦敦利用他所有朋友的关系,找到办事员的家,

---

① 参看 Alan Schroeder, *Jack London*, p. 17。

硬拉着他到市政厅专门为他办证，随后他随便找了个人当证人，当夜在朋友家的书房里举行了结婚仪式。媒体舆论哗然：一个社会主义者抛下妻女，另觅新欢，而且如此迫不及待。他给攻击他的人留下了很多话柄。

《野性的呼唤》被列入大学文科必读参考书目，这对一个没有受过系统正规教育的人来说，是一个不小的恭维。《海狼》出版后的两年中，他未能推出足以让美国读者为之振奋的新作。麦克米伦公司 1905 年初出版了他的革命论文集《阶级的战争》(*War of Classes*)，受到社会主义者的普遍欢迎，销售很快，不得不在一年内连续 3 次印刷。在一个否认存在阶级斗争的国家里，一本革命文集能如此畅销，足以说明杰克·伦敦当时的影响。紧接着，该公司又推出关于拳击的中篇小说集《竞赛》(*The Game*, 1905)和游记体小说《护渔船的故事》(*Tales of the Fish Patrol*, 1905)。1906 年他写下不少有关克朗代克的短篇小说。这块严寒的北方土地已成了他的专门领地，他不断在那里开垦，不断收获。不少发表过的短篇又由麦克米伦公司集册出版，推出了两本短篇小说集《月亮脸和其它故事》(*Moon-Face and Other Stories*, 1906)和《热爱生命和其他故事》(*Love of Life and Other Stories*, 1907)。另外，还有两部长篇小说《白牙》(*White Fang*, 1906)和《亚当之前》(*Before Adam*, 1907)也接踵出版。

《白牙》是《野性的呼唤》的姐妹篇，讲述了一头狼归顺文明、与人类共处的故事，与布克从文明回归原始走的是相反的路。杰克·伦敦显然希望再创《野性的呼唤》的辉煌，但未能如愿以偿。小说没有前篇那种诗化的意境，读者反应冷淡。一般来说，续篇都难以取得轰动效应，但《白牙》仍不失为一部优秀小说。杰克·伦敦既受到原始纯朴的“野性”的吸引，又受文明社会道德心的牵制，两种心态在两部小说中得到了平衡。这两部小说与当时正风行于美国的文学自然主义流派十分合拍。杰克·伦敦继续希望把斯宾塞的社会达尔文主义具体化、故事化、通俗化。他受到英国小说家斯坦利·华特卢《阿布的故事》的启发，突然产生了一个很好的小说构思，马上列出提纲，动手创作，取名《亚当之前》。他十分兴奋，对这部小说抱有很大的期望。

小说中一个无名少年常常做奇怪的梦。他认为这些梦是一个叫"大牙"的祖先的记忆。他有声有色地描绘了"大牙"和他的伙伴"快腿"在中更新世中期丛林中的生活，他们同被称作"火人"的敌对部落进行的战争，以及他们同野兽搏斗的经历。这位远古祖先进入他的梦中，将他带回到人类脱离了类人猿后的那个阶段。他记忆中有在那里长大的经历。原始的他和现代的他成了分裂人格的两个部分，共存于一个躯体之内。杰克·伦敦以他丰富的想象力再现了原始部落的生活。他描写逼真，叙述真切，人们几乎会相信他是那个社会的过来人。小说超越时空，把不同时代的两个社会放在一起比较对照，在比较中溶进他对进化论的理解。小说构思简单而又不同凡响，是一个勇敢的尝试。当时的进化论还一直遭到宗教团体的围剿，杰克·伦敦连续在小说中从进化论的角度探讨人性问题，确实难能可贵。他期望《亚当之前》成为一部"伟大的作品"，但小说未能获得社会上和文学界的高度评价。

1907 年初，伦敦计划做两件大事：筹备物资准备环球航行；同时开始创作政治幻想小说《铁蹄》。这是一部政治态度十分激烈的小说。他知道写这样的书对自己没有什么好处，既不会有大的销售量，又不能讨好很大一部分读者。多年来他对人类社会何去何从、垄断资本主义的发展是祸是福等一系列重大问题做了反复考虑，形成了很多想法，收集了大量资料，他感到有义务把自己的想法写出来。他正逼近创作巅峰，因为在 5 月份，他又将开始创作后来成为代表作的《马丁·伊登》。这两部优秀小说将分别于 1908 和 1909 年出版。他继续写一些短篇小说，但数量不大。另外反映他青少年时期流丐生活的自传性作品《流浪》(*The Road*,

1907)由麦克米伦公司出版,但没有引起读者和批评界的太多注意。

杰克·伦敦写完《铁蹄》后,把书稿交到麦克米伦公司的布雷特手中。布雷特看后认为,小说写得极好,但出版后不会有好结果,可能会得罪很多人。麦克米伦公司还是决定出版。1908 年 2 月,《铁蹄》问世,果然激怒了很多人,而赏识这部小说的只有马克思主义派的社会主义者。他们只占少数,因此没有销路。很多报刊干脆不刊登《铁蹄》出版的消息,不发书评,想通过封锁消息来扼杀这部根据马克思主义阶级斗争学说写成的揭露美国资产阶级政权的反动性和工人运动中机会主义路线的革命文学作品。与对《海狼》的评价一样,褒和贬两种态度的对立十分尖锐。正如杰克·伦敦和布雷特所预料的,小说的出版引来了一阵围攻。资产阶级的报刊再也无法保持沉默,它们对作者横加谩骂;另一方面,反对暴力并主张通过渗透、选举改造社会的大多数社会主义团体,也群起而攻之,指责他背叛自己的信仰,宣传暴力、和社会对立,结果只能与人民疏远,破坏革命。他没有料到他的革命同路人会做出如此强烈的反应,感到十分伤心。他后来写道,写这本书"是出于热爱而为之,作为书,它的结果糟糕透顶。买书的人对它全然不感兴趣,除了从社会主义者那儿扔来的石块,我什么也没得到。"①

他从 18 岁开始与社会主义者为伍。他首先是作为社会主义者,而不是作为作家在奥克兰小有名气的。他以青年人特有的热情投身于社会主义事业。他在奥克兰公立中学学生文学杂志上发表关于社会主义的文章,在街头进行演讲,也积极从事其它关于社会主义的宣传。他号召人民起来反对政府的腐败,颠覆现存的社会制度。由于他的激进观点,他在奥克兰成为知名青年,旧金山

① Jack London, "Letter to Harris", 26 October, 1914, 转引自 Earle Labor and Jeanne Campbell Reesman, *Jack London, Revised Edition*, p. 64.

《纪事报》1896 年 2 月 16 日刊文报道了这位在市政厅公园聚集的人群中最活跃的一员："这位青年是个讨人喜欢的演说家，虽不能说口才出众，但真心诚意地在最广泛的意义上拥护社会主义。他不主张无政府主义。当人们问及什么是社会主义时，他回答道：'社会主义是一个包罗广泛的定义——相信共产主义、民族主义、集体主义、理想主义、乌托邦主义、利他主义的人都是社会主义者，但不能说社会主义是其中的哪一个，它是所有这一切的综合。'"① 这是他年轻时说的话。他一辈子自称社会主义者，一辈子沿用的，也是这个非常宽泛的定义。

他过去曾是蚝贼、流浪汉、酒鬼，曾是个贫穷而没有地位的人，当局和警察对他怀有戒心，也决定采取措施，制止他们这一批激进青年的活动。奥克兰市政当局在 1887 年通过第 1676 号法令，规定没有市长的书面批准，不允许任何人在除指定场地外的公共场所进行演讲。杰克·伦敦和其他几名社会主义者决心向市政府的禁令挑战。他要求在第十街和百老汇演讲，遭到拒绝后，就公然对抗，站上一个木箱进行演讲，结果被警察拘捕，6 天后要求陪审团审判；审判会上他为自己辩护，义正词严，陪审团中只有一名陪审员认为他有罪，市政府只得撤诉。奥克兰的社会主义者们对这一胜利大做宣传，伦敦作为革命青年的声誉与日俱增。这一事件也被当地新闻媒体广泛报道。以青年知识分子为主体的报界对伦敦的行为多有好评。奥克兰《时报》说，伦敦作为社会主义运动的领袖地位已被同路人认可。②

通过社会主义活动，杰克·伦敦走进了奥克兰的知识分子圈子，结识了不少中产阶级的成员，了解了他们的生活，并决心挤进这个阶级。他既要为工人阶级的事业奋斗，又想摆脱无产阶级的

---

① 参看 James Lundquist, *Jack London: Adventures, Ideas and Fiction*, p. 33。

② 参看 Franklin Walker, *Jack London and the Klondike*, p. 38。

经济地位,两个目标有点矛盾,但杰克·伦敦不以为然。由于杰克·伦敦贫苦低微的家庭出身,他一心希望摆脱弱者的地位,但他也希望帮助其他人解脱苦难。为此,他必须成为强者,而要成为强者他必须踏在弱者的肩上。这是他无法在理论上自圆其说的循环。他自己确实从社会底层崛起,并带着拯救劳苦大众的善良心意和责任感,做了他认为该做的事情。他在《马丁·伊登》中称那位与他经历相似的主人公为"泥沼里的圣徒":"从泥沼里挺起身来……看到朦胧而又遥远的第一眼美,看到从怯懦、脆弱、邪恶和一切深渊中的兽性里产生出的力量、真诚和崇高的精神本质。"① 的确,他出于泥沼,修炼成"圣"。他看到了"朦胧而又遥远"的美丽理想,并向那些仍在泥潭里挣扎着的同胞们伸出了"圣徒"的援助之手。

他星期日晚上经常去参加社会主义劳动党的讲演会和户外聚会,交流都以社会主义为主要论题。奥克兰毕竟是个不大的城市。当杰克·伦敦终于在《大陆月刊》和《大西洋月刊》等杂志上发表了最初的几篇小说之后,社会主义劳动党地方支部和其它政治、文化俱乐部的朋友们就把他看成成功的作家,看成他们引以为豪的人物,在聚会上把他当作知名人士请来演讲。1901 年年轻的奥克兰社会主义劳动党决定参加奥克兰市长竞选,推派 25 岁的杰克·伦敦为候选人。他得到了构不成任何百分比的 245 张选票。4 年后,他再一次以社会主义劳动党候选人的资格参加 4 年一度的奥克兰市长竞选,得了 981 票,是 4 年前的 4 倍。这个数字仍然微不足道,因为候选人毕竟只是个 29 岁的青年。接下来,他去东部参加后来以《屠场》一书而闻名全美国的小说家厄普顿·辛克莱组织的全美"大学社会主义者联盟"执行委员会首次大会,并被选为会长。

① 杰克·伦敦,《马丁·伊登》,第 140 页。

他在《独立》、《大西洋月刊》、《国际社会主义评论》和《同志》等刊物上发表了一系列宣传社会主义的文章，如《我是怎样成为社会主义者的》（“How I Became a Socialist”）和《阶级的战争》（“War of the Classes”）等。1905 年到 1907 年是杰克·伦敦社会主义活动最积极的阶段，他到各处演讲，为社会主义运动和其它劳工运动募捐集资，为美国读者写下了许多传播社会主义的文章，并出版了后来被誉为无产阶级文学经典的长篇小说《铁蹄》。尽管杰克·伦敦的政治观点常常是混乱的、模糊的，甚至是自相矛盾的，由于他的声望和号召力，他仍是社会主义阵营中举足轻重的人物。通过他的努力，社会主义在美国变得更加普及。由于他是成功的作家，他在社会主义运动中享有盛誉；由于他在政治运动中的显著地位，更多的人阅读他的小说。杰克·伦敦社会主义活动的高潮到 1907 年结束，但他的影响还在，兴趣还在。1910 年他出版了又一部社会主义论文集《革命》（*Revolution and Other Essays*）。此时，他已不再是第一线冲锋陷阵的将士。自 1907 年起，他的精力转入了计划中的 7 年环球航游，归来后又购买田庄，建造别墅，过起乡绅的生活，与社会主义组织也渐渐疏远，但他的信仰从未改变过。在他生命的最后一年，1916 年的 3 月 27 日，他写信正式申明退党。退党并不意味着他已不再信仰社会主义，而是因为他在这场运动中已无法找到自己合适的位置。伦敦逝世以后，社会主义党派和报刊把退党的事情归咎为他的健康状况，党内人士提到他时仍然用“杰克·伦敦同志”这个称呼。

在 2 月份《铁蹄》出版后，整个 1908 年伦敦几乎不再有其它作品问世。这对于一个十几年内出版 50 本书的多产作家来说，是很特别的一年。他忙于准备环球航行，同时也在专心致志地酝酿创作一生中最伟大的小说《马丁·伊登》。小说是航海途中在船舱里写的，写得很顺利，手稿上很少有涂改的痕迹。这是一部自传体的小说，他以自己的经历为框架，写想象中的自己，对素材了如指掌。与此同时，他已是一个十分成熟老练的作家，在组织构思方面胸有成竹，在叙述描写技巧上也已十分老到。创作伟大作品的时机已经成熟。他不辱使命，为美国文坛增添了光彩。

《马丁·伊登》有很浓的自传色彩，以伦敦自己奋斗成名的故事为蓝本，部分是他本人内心的写照。他的思想、他的追求、他的经历都得到了活生生的再现。小说原名叫《成功》，但"成功"只是故事的一半，另一半记录的是一则经历幻灭的个人悲剧。伦敦预言性地把他自己后半辈子的故事提前写进了小说。小说获得了惊人的成功。连原来对他粗犷的笔法、激进的态度嗤之以鼻的批评家，也不得不承认他是一个一流的作家，承认先前的偏见使他们一直未能发现他作品的精华所在。的确，他的作品不是阳春白雪，缺少精雕细刻和所谓的高雅，但他追求的是一种活生生、赤裸裸的真实，他要把生活的本来面貌写出来。他的小说中贯穿着人的欲望与信念，表现人的精神探索和理智追求。小说创造了经济收入上的新纪录。《大西洋月刊》出资 7 000 美元购买连载权，麦克米伦公司又将它以优厚的稿酬单本出版。高稿酬是他登峰造极的文学声誉的一个反映。从 1899 年在《大陆月刊》发表小说《致赶路人》到 1909 年出版《马丁·伊登》，杰克·伦敦在这十年中攀上了文学生涯的辉煌顶点。

二、沧海梦游人

成为强者，为弱者请命，一直是杰克·伦敦内心的呼唤。要体现强者的价值，就要敢于用生命去赌博，就要有干大事的胆魄——要么干惊天动地的大事，要么干荒唐不经的大事，反正不能让庸庸碌碌的人生埋葬自己。他在《历险故事》(*Adventure*, 1911)的前言中说:“人的恰当的功能是生活,而不是生存。我不会浪费时间去延长寿命,我将利用好属于我的时间。”①“利用好时间”的具体表现,就是让生命掀起波澜,撞出火花,变得更富有动感和激情。他构想一个又一个庞大的计划,并以不可遏制的热情将它们付诸实现。

1906 年,他定出具体计划,并向世人宣布:他要建造游船,进行环球航行。他是个出生在海边的孩子,早年当过水手,对大海一往情深。更重要的是,他要证明自己是个强者,能够面对艰难险阻,可以征服大洋大海,创造奇迹。其实,这是他青少年时代冒险游戏的继续。从童年起,游历世界的梦想在他的内心从来没有泯灭过,而现在,他有经济能力,可以实现儿时敢想而不敢做的事。此外,当他的声名与日俱增,人际关系变得越来越复杂时,他也越来越怀念少年时那种头脑单纯无牵无挂的岁月。不管是出于信念,还是出于逃避,还是由于怀旧,他决心已定,计划 1906 年秋季从旧金山湾出发,横跨太平洋到夏威夷群岛,然后调头朝南,去萨摩亚、巴布亚新几内亚、澳大利亚和新西兰,然后先朝西再北上,经印度尼西亚和菲律宾到达日本,再到邻近的朝鲜和中国,然后返身南下,经马六甲海峡到印度洋,访问印度,随后造访红海、地中海、黑海、波罗的海周围的国家,再后穿越大西洋到纽约,沿着北美洲东岸驶到南美洲最南端,绕过好望角,返身北上,一直到旧金山。在欧洲,他要沿着多瑙河去浏览河边的城市;在非洲,他要航行尼罗河,寻访人类伟大的古迹。他不想为赶路而航行,希望从从容容,每到一处都能领略当地的名胜古迹,了解风土人情。他粗略地计算一下,需要整整 7 年时间,也需要巨大的资金投入。

人们对伦敦的突然决定感到愕然,以为他的理智被心血来潮的一时冲动所支配。而在伦敦看来,只要有魄力和决心,梦想和现

① Jack London, *Adventure* (New York: Macmillan, 1911), p. vii.

实之间能够建造起贯通的桥梁。他有的是魄力和决心,而且也有相当的资本。今非昔比,他摇身一变,从童工变成了美国稿酬最高的作家。他童心依旧,但把童年历险的心愿放大了几百倍。伟大的新闻机器开动了,纷纷扬扬到处是关于杰克·伦敦计划航游世界的消息:有怀疑的,有挖苦嘲笑的,但没有一则报道认为这项计划是理智的。支持他的只有妻子夏弥安。他喜爱航海,但从来没有自己驾船驶出过旧金山湾。这的确是一个疯狂的举动。很多人断言,他到不了第一站夏威夷就会葬身鱼腹。赌博公司以伦敦能否到达第一站打赌。很多人指责他抛弃社会主义去周游世界。他已是个大名人,一举一动都受到新闻媒体的注意。由于新闻界参与哄抬,他一时又成了公众注目的中心。

他不惜工本,要建造一艘航海设施最先进、生活设施最舒适的游船。他给船起名"蛇鲨号"(Snark)。"蛇鲨"是英国作家刘易斯·卡洛尔的著名仿英雄体诗《猎蛇鲨记》中想象中的海洋怪物,由英语中的"蛇"(snake)和"鲨鱼"(shark)两个词拼合而成。具体造船方案是1906年2月定下的,10月份他要驾驶新船起航。资金是最大的问题,当他在设计建造"蛇鲨号"的同时,他新购的牧场也要投入成千美元进行改造;由他供养的几个家庭需要生活开支。他加紧写作,突破每天1 000的限额,并且寄出了一些好作品。1906年,他用两个月的时间完成了《白牙》,以7 500美元将连载权拍卖给《郊游》杂志;而后又出版了两本短篇小说集。这些收入将用于造船。他将从出售独家报道权这项收益中,获得航海的必要开支。他与《世界主义者》签下了发表旅行札记的合同,把南海生活的描述预售给《妇女家庭伴侣》,答应将插图的系列旅行花絮交给《科利尔氏》。他希望这些能提供足以维持旅行所需的各项经费。

原定开工后两个月安放船的龙骨,由于各方面的失误,计划的第一步就难以按时完成。"蛇鲨号"安放龙骨的计划必须朝后推迟几天。更不幸的是,4 月 15 日清晨 5 点 30 分,旧金山湾地区发生了历史上著名的强烈地震。城市的大部分变成废墟。没有被震倒的房屋建筑,很快被地震引起的大火烧毁。“旧金山完了,”伦敦写道,“除了记忆没有完整的东西。”[①]1906 年的大地震一下子把伦敦的计划打得七零八落。地震引起的火灾烧掉了造船的木料,强烈震动毁坏了机器,在外地购买的器材由于交通遭到破坏而无法运到旧金山,工人们由于家庭受灾而各奔东西。地震引起了建筑材料价格暴涨。他必须拼命写作,才能喂饱他身边那头巨口怪兽。对付困境的办法就是拼命写作。他回到山庄,在那里又写出了一批优秀的克朗代克小说,包括《白人的行径》(“The White Man’s Way”)和《热爱生命》(“Love of Life”)等名篇。

到了夏天,船没造好一半,钱已花去了整整一万美元。这一万元就是他所有的钱加上所有预支来的钱的总和。他几乎破产,真正身无分文了。他不得不拿买给母亲的房子进行抵押,同时写信给各家杂志,打算“预售”掉他以后几年将要写的小说。他告诉每一个编辑,他有了不少极好的构思,只要他们能预支给他稿费,他的作品将为他们的杂志增色。《大同》杂志答应付1 000元买下他关于建造“蛇鲨号”的系列报道,大多数杂志则谨慎地拒绝了。也许很少有人相信他出海以后还能回来。

预定出发的 10 月到了,船只造好一半,钱又花去了5 000。整整一年过去了,“蛇鲨号”仍搁在旧金山造船厂的一角。由于前期工程质量极差,船一边造,一边修,一边坏。各家报刊为伦敦航游世界的计划曾以醒目的标题轰轰烈烈地宣传过一番,而现在,“蛇鲨号”的新闻成了报刊的“幽默角”,被人称为“伦敦生下的痴呆儿”。“蛇鲨号”像一头患病的怪兽,要想真正修好它,还不如重造一条。杰克·伦敦已经欠下很多债,经济上无能为力。而且,问题

---

① 参看 Alan Schroeder, *Jack London*, p. 94。

的关键所在不是钱，而是声誉。他骑虎难下。那时他甚至有了宣布取消航行计划的念头，这样他将获得解脱而一身轻松。但是，他——杰克·伦敦，从此将名誉扫地，举国皆知的伟大冒险将成为举国皆知的伟大笑话。他没有退路。地震后的人工费与材料费居高不下。他只希望把船造起来，能开就行，到夏威夷后再进行大修。他对旧金山的造船能力失去了信心。很多人从“蛇鲨号”的建造中获得厚利。商人们把次品材料卖给这位出手大方又不懂买卖的顾主，工人和工头想尽办法抬高人工费，拖延工期。到1907年，“蛇鲨号”终于可以下水了。他花去了3万元，这笔钱在当时可以购买5条同样大小的游船。

在新闻界的密切关注下，杰克·伦敦亲自扯起风帆，亲自操舵，雇来的几名水手各就各位，“蛇鲨号”缓缓离开旧金山港，像一头离群的骆驼，孤独地向着浩瀚无际的太平洋驶去。太平洋上风和日丽。一天又一天，航行居然进行得十分顺利。70匹马力的发动机基本上用不着，凭着两张大帆，“蛇鲨号”可以平稳地前进。到檀香山还有一半路，游船开始漏水，漏得很厉害，咸水毁掉了舱里不少工具和食品，每天要用水泵朝外抽水。只要“蛇鲨号”没有沉没在海中，其它都是微不足道的小事。杰克·伦敦正在创作以奋斗成名的个人史为摹本的小说《马丁·伊登》，过去的成功激励着他，给他勇气，使他信心十足。按照伦敦的要求，夏弥安每天写下“航海日志”，记录当天的经历，这本旅行记后来分两卷以《“蛇鲨号”航海记》(*The Cruise of the Snark*, 1911)为题出版。只要天气不好，稍有风浪，船上就会有几个人晕船，呕吐不止。有的牙床浮肿，牙齿松动，有的发烧，“蛇鲨号”上一片混乱。这些都是预想中的事。伦敦带了不少有关航海的书，学着测定航向，指挥驾驶。天助神佑，伦敦一行6人驾着一条经不起风浪的破船，在太平洋上航行了22天，居然没有遇到什么麻烦，看到了远远的哈里阿卡拉山顶，航向偏差仅100英里。

夏威夷快艇俱乐部接待了这批受媒体广泛关注的来客,为他们安排膳宿。通过海底电缆,来自美国的报纸新闻早已在这里传开:"'蛇鲨号'在太平洋沉没!"尽管这只是7年航行的短短的第一站,但他已经向那些不相信他能到达夏威夷的人证明:他们低估了他的决心与能力。他过去曾创造奇迹,现在仍可以继续创造奇迹。他按原来的打算,在夏威夷群岛尽情休养游乐,不急于开始航行的第二站。他们骑马走进翠石般的大山谷,在珊瑚环抱的海水塘里游泳。海岛千姿百态的美景使他陶醉,使他流连忘返。他和夏弥安爬山、游水、骑马、钓鱼、冲浪,参加土人的宴会,观赏各处名胜。

夏威夷是一个让人久留不厌的地方。伦敦只要动手写文章,总有收入的来源。他们俩甚至到夏威夷最恐怖、神秘的摩罗凯岛上住了一个星期。在当时,麻风病无法医治,此疫又易传染,因此,受感染者就被送到这个远离文明社会的孤岛上度过余生。在人们的传说中,这是人间地狱。但杰克·伦敦发现,海岛不仅风景秀丽,而且麻风病人们互助互爱,顽强而乐观地生活着。他深受触动。为了让世人知道摩罗凯岛的真相,他写下了短篇小说《摩罗凯岛的麻风病人们》("Lepers of Molokai")和《麻风病人库劳》("Koolau the Leper"),介绍这个特殊社会里人们的生活以及他与他们一起相处的经历。长篇小说《马丁·伊登》进展十分顺利。在夏威夷的日子里他还写下了《生火》("To Build a Fire")等一批优秀短篇小说名作。

伦敦一行在夏威夷一留就是五个月。修理"蛇鲨号"花了几个月的时间和很多额外的开支。"蛇鲨号"大修完毕后,杰克·伦敦准备去计划中环球航行的第二站:南太平洋的马克萨斯群岛。很多人告诉他,由于赤道流和贸易风,帆船根本无法从夏威夷驶到马克萨斯群岛去。《南太平洋指南》中也写得明明白白,没有任何帆船成功地穿越过这条航线。杰克·伦敦好像读到了一条好消息,开始变得兴奋。他已经做到了别人认为无法做到的事,他还要继续接受挑战,创造奇迹。既然别人说没法走,那么他就非去不可。他雇了一个注册过的船长和一个荷兰籍的水手,驾着"蛇鲨号"闯进帆船未曾到达过的海域。他们有时被夹进无风带中,船连续几天纹丝不动;有时突然狂风大作,排山倒海的水浪把小船抛上抛下。伦敦在《"蛇鲨号"航行记》中写道:"我的四周是伟大的自然力——令人难以置信的威胁和摧毁力,像巨兽一样向我袭来,对我,就像我对踏在脚下的沙石一般毫无怜悯之情。"①

也许纯粹由于命运之神的偏爱,他们经过 60 天的行程又到达了第二站。美国大陆传来的信息又一次老调重弹,刊登了"蛇鲨号"沉没失踪的消息,只不过这一次更加绘声绘色。杰克·伦敦一行在马克萨斯群岛逗留的时间要短得多,总共只有 12 天。在此期间,伦敦夫妇去了史蒂文森和麦尔维尔曾居住过的地方。20 年前,是这两位作家的航海小说深深打动了一个少年的心。伦敦带着"朝圣"的心情来到史蒂文森在《金银岛》、麦尔维尔在《泰比》中做过生动描写的哈巴谷和努卡西瓦。但是,曾被麦尔维尔描写成世外桃源的努卡西瓦令他十分失望。海岛已被商业化侵蚀,而哈巴谷成了垃圾谷,现在也成了麻风病人和结核病人的流放地。那些具有强烈个性、文化色彩和自由愿望的马克萨斯当地人,都已经变成了种植场的劳工。西方人的入侵,给这个美丽的花园带来了灾难,将它变成不伦不类的地方。这里的经济已被商业化,政治权力已被篡夺,生态平衡已被破坏,当地人受到了与西方文明同来的各种疾病的感染。一种失落的感觉油然而生。这种感觉一直伴随着杰克·伦敦,直到航行结束。这种失落也表达在他后来写的很多"南海小说"之中。

杰克·伦敦突然发现他身边只剩 66 美元了。在夏威夷时,他

---

① 参看 James Lundquist, *Jack London: Adventures, Ideas and Fiction*, pp. 3 – 4。

已发现资金不足,但几篇短篇小说每篇获得了三、四百元的稿酬,所以可以继续维持。离开旧金山 8 个月以后,他在塔西堤岛拿到信件,里面主要是一叠账单,芙萝拉一家、贝西一家和自己的农场开支,都要由他支付,奥克兰银行因存款不足拒付他开出的支票。他离开后,家里的经济委托给夏弥安的姑妈埃姆斯太太。在她的主管下,经济状况已经不堪收拾,各家杂志的转载费,六七个国家购买小说翻译权的收入,加在一起数目可观。但这些钱现在都已莫明其妙地被花得精光。杰克·伦敦感到事情的严重,决定与夏弥安先回旧金山,把"蛇鲨号"交给其他 4 名船员。正好有蒸汽船"马利波萨号"驶往旧金山,他们搭船返回。他对前来采访的记者声明,此次回来纯粹是为了家事,一周后随"马利波萨号"返回塔西堤,继续进行环球航行。

在这一周中,他向麦克米伦公司详细说明了长篇小说《马丁·伊登》的主要内容及完成情况,说服编辑们这将是一笔能够得益的大买卖,终于得到5 000元预支稿费。他写信、打电话、电报给很多家杂志社和出版社,谈成了一些转载的生意,卖出了一些尚未写成的作品。安顿了家事,解决了财经问题,他按计划随船返回塔西堤。从塔西堤出发,"蛇鲨号"继续前往美拉尼西亚群岛,到达斐济、新赫布里底群岛、所罗门群岛。但在南部海域的旅行变得越来越令人不快。到达夏威夷之后,船上床总是潮的,四处都有蟑螂和蜈蚣,面粉铁桶里长满了象鼻虫和黑甲虫,70 马力的马达出故障,"蛇鲨号"有时只得听凭风浪摆布。

到了 1908 年 9 月,"蛇鲨号"成了水上医院。夏弥安高烧一场接一场,最可怕的是热带的皮肤病,几乎折磨着船上的每个人。由于紫外线灼伤、蚊子叮咬和细菌感染,每个人身上长出了奇奇怪怪的疮、痘和皮癣,一抓便溃疡出水。其中最严重的是杰克·伦敦,他几乎"体无完肤"。伦敦得的是雅司病——一种经皮肤接触感染雅司螺旋体而发生的热带皮肤病,症状有点像梅毒;他的脸上、手上、脚上都长满了可怕的水泡和疮块,两只手肿了一倍,提起来感到剧痛。此时,他又受到疟疾的侵扰,大多数时间只能躺倒在床上。到后来,他的皮肤像水果皮一样,可以一层一层揭下来。他的精神动摇了。每个人心里都明白,伦敦的身体不可能继续航行。他们决定就近停靠,把船托付给别人。伦敦为全体船员买了船票到澳大利亚。这时,他已无法站立,被送进了悉尼医院。

杰克·伦敦一心等待身体康复,然后继续完成这一伟大的计划。他在医院里一住就是 5 个月,到 1909 年 3 月,他以巨大的勇气与毅力坚持了整整 2 年之后终于意识到,自己心力交瘁,继续航行已不再可能。于是他忍痛宣布放弃原定为期 7 年的环球航行,全体船员返回美国。伦敦与夏弥安尽可能不使自己的归程过于扫兴,搭一条叫"泰弥瑞克号"的长途运煤船到了南美,在厄瓜多尔逗留了一个月,看斗牛、猎鹿,旅行到巴拿马运河,然后搭联合瓜果公司的船到美国的新奥尔良。1909 年 7 月 24 日,他们回到奥克兰。一次轰动全国的航行就这样令人遗憾地结束了,空船最后以3 000美元的价格拍卖成交。杰克·伦敦不失体面地失败了,他至少把别人认为完全做不到的事做到了一部分。对伦敦自己来说,航海确实为他提供了人生中的"伟大片刻",他没有理由为此感到后悔。

"蛇鲨号"的太平洋之行为伦敦的后期创作提供了丰富的素材,激励他写出了 30 余篇"南海故事",包括《毛普布的房子》("The House of Mapuhi")、《异教徒》("The Heathen")、《钟阿春》("Chun Ah Chun")、《避不开的白种人》("The Inevitable White Man")和《麻风病人库劳》等。不少短篇后来都收集在《南海故事集》(*South Sea Tales*)中,于 1911 年出版。同年他还出版了以南太平洋为背景的长篇小说《历险记》,但几乎没有产生任何影响。倒是 1910 年的特写集《"蛇鲨号"航行记》引起了很多人的兴趣。他把海岛上的民俗民风展现给读者,对殖民主义带来的商业化和破坏加以揭示。在《麻风病人库劳》中，小说主人公揭露白人殖民主义者的行径说："他们像绵羊一样来到我们身边，说话温柔和气……他们有两种人。一种人好心地请我们准许他们宣传上帝的旨意；另一种人好心地请我们同他们做生意。那只是开始。今天，所有这些岛屿都属于他们了，所有的土地，所有的牛羊——一切都是他们的了。"①他对殖民主义的批判十分犀利。

两次历险，一次去近北极的冰雪荒原，一次去赤道附近的南海岛屿，都激发了他的写作热情，都成了很多故事的背景。"从批评家的眼光来看最重要的也许是，如同10年前的克朗代克之行一样，'蛇鲨号'的航行经历是杰克·伦敦创作天赋的一种催化剂。"②自1907年"蛇鲨号"起航，直到1916年最后一次去檀香山，伦敦在太平洋诸岛的逗留时间远远长于在克朗代克的经历。有11本书至少部分地以太平洋的夏威夷、塔西堤、所罗门群岛等地为背景，其中的几本长篇小说批评界评价都不高，但30来篇短篇小说中不乏优秀作品。伦敦希望此行能像10年前的克朗代克历险一样，成为艺术想象的源泉，成为新生活的引火线，使他重新焕发创作的活力，获得生活的激情，这个预想没有完全实现。但是他——杰克·伦敦，驾着小船到远洋闯荡一番活着回来了。不管别人认为这次航行是疯狂的、愚蠢的，还是惊人的、伟大的，他做了自己想做的事。他也在一种完全不同的文化折射中，更清楚地认识了自己。

"吉卜林热"过去了。美国人对包括杰克·伦敦的北疆、南海小说在内的异域历险作品似乎渐渐失去了兴趣，编辑们也不再愿意为一位声誉下跌的作家的一篇短篇小说付500美元的昂贵代价。看来，杰克·伦敦风光的时代就要过去了。这时候，麦克米伦公司出版了他的《马丁·伊登》。小说立即在读书界和批评界赢

---

① Jack London, *The House of Pride* (New York: Macmillan, 1912), pp. 47–8.

② Earle Labor, *Jack London*, p. 125.

得了一片赞叹。伦敦不仅挽救了自己的文学声誉，而且攀上了以前未曾企及的高峰。他已经预支了5 000美元的稿酬，却把连载权卖了7 000美元的好价钱，又一次在破产的边缘起死回生。杰克·伦敦与众不同之处，就是他总是能在重压之下写出好作品来，让人惊喜。在两年的航海途中，不管面对危险、死亡、疾病的威胁，还是面对阳光、沙滩的诱惑，他每天早晨坚持写作，完成定额后，交给夏弥安用打字机打出清稿。人们以为他早已把原来热衷的社会主义忘得干干净净，其实不然。他在旅程中陆陆续续写成了政论文集《革命》，回来后第二年出版。但遗憾的是，很少再有人对他的革命文章产生兴趣。同《深渊里的人们》和《阶级的战争》相比，他不得不承认这部庞杂的论文集是一个失败。

伦敦和夏弥安在格兰爱伦乡间安顿下来后，一切又恢复了原来的模样：他每天写规定的字数，写一大沓回信，接待众多的朋友。1903 至 1909 的 7 年，记载了杰克·伦敦一生最辉煌的时段，他出版了《野性的呼唤》、《海狼》、《铁蹄》和《马丁·伊登》4 部美国文学史上的经典，也写下了多篇流传至今的优秀的短篇小说。

三、越过巅峰之后

尽管环球航行半途而废，但他仍然收获颇丰。他开阔了眼界，丰富了阅历，对西方文明加深了认识，而且写成了一部辉煌的著作——《马丁·伊登》。这部杰作讲的是一个贫苦青年奋斗成名的故事，主线几乎是他自己人生故事的翻版——当然仍然有很大艺术想象加工的成分。他在小说中重现了过去的辛酸和事业成功的艰难。而如今，生活发生了翻天覆地的变化。他脚下踩着自己的牧场，身边有侍从和佣人，可以驾着豪华游艇环游世界。

但这些变化说明了什么？他是否拥抱了生活的真谛？他必须思索这些问题，在《马丁·伊登》中寻找答案。这部半自传体的小说是在航海途中写的。在苍茫的大海包围之中，船舱里的世界显得狭小无比。他必须面对自己，对自己的一生重新审度。小说中的马丁和伦敦一样，曾是个信仰“美国梦”的天真青年：白手起家，从穷小子变成了大作家，从下层社会踏进了上流社会。当他叙述马丁的奋斗史时，他也清理着自己迄今为止的半辈子生活，对美国梦的批判态度越来越激烈，就好像船越远离加利福尼亚，他的头脑变得越清醒，他的追求越显得虚幻。像马丁一样，他开始对自己引以为豪的成功感到怀疑：如此追名逐利是否值得？自己是不是成了一个由报纸创造出来的虚假人物——又一个故事中的“灰姑娘”？在创造性地重述自己不屈不挠的个人奋斗史时，他既流露出成功的自豪，又融进了幻灭的悲伤。他在小说结尾时甚至感叹，名作家马丁·伊登只不过是从平庸的头脑中升腾起来的一团雾气。

在航海归来的1909年，杰克·伦敦发现人们似乎厌倦了他的作品，对他的态度开始冷淡。出版机构的态度亦是如此。他决心东山再起。一来为债务所迫，二来南海之行为他提供了新的素材。在逆境中求生是他的特殊本领。杰克·伦敦闭门创作，第一次连续几个月在读者面前失踪了。3个月以后，他向各杂志寄出了一批短篇小说，得到广泛称道。《星期六晚邮报》十分乐意地为其中一篇短篇小说《一块牛排》(“A Piece of Stake”)开出了750美元的稿酬。这在当时是令人难以置信的天价，但《星期六晚邮报》并不后悔，与伦敦签订了下一年提供12篇小说的合同。《星期六晚邮报》是有眼光的，《一块牛排》虽然篇幅不长，但已成为伦敦的代表作之一，常常出现在中学生的课本中，被列为必读的短篇佳作。接着他完成了长篇小说《天大亮》(*Burning Daylight*, 1910)。这部以克朗代克和旧金山两地为背景的小说是杰克·伦敦的又一部相当不错的作品。《先锋报》以8 000美元获得连载权,单行本照例由已有长期合作关系的麦克米伦公司出版。《先锋报》和麦克米伦公司都为这部小说做了大量广告宣传。

但是,杰克·伦敦已经没有了年轻时的本钱。当时他有强悍的身体做后盾,而今他只剩下了意志,独木难支,强盛的创作精力很难维持长久。他很快感到心力不济。几个月后,他退回到原来的老规矩,每天早上天亮开始写作,确保一天1 000字。一篇小说一旦开了头,就一定把它写完。他不允许自己废弃任何一篇写到一半的小说。写得好,他签上名投寄出去;写得不好,他签上名,还是投寄出去。遗憾的是1910 年以后越来越多的小说可以归入后一类。人们感到奇怪,为什么《历险记》这样令人难以恭维的东西,竟也出自曾写出《野性的呼唤》和《马丁·伊登》的作家之手?小查尔斯·沃森认为,构成他称为伦敦的"下滑时期"的主要原因,是"哲学上的悲观主义和其他个人问题使他渐渐失去了能力。"①伦敦常常告诉别人,一旦用打字机打出文稿,他从不再做修改。在亨丁顿图书馆珍藏的很多伦敦的手稿证明,纸页上几乎没有更动的痕迹。的确,他的风格粗犷有力,大刀阔斧,他的个性不会使他成为一个反复斟酌的文体家或一个精雕细刻的工匠。当时正是美国文学中自然主义盛行的时期,苍白斯文、附庸风雅的文学传统正受到冲击。自然主义派的著名作家弗兰克·诺里斯有一句名言:把故事讲完,让风格见鬼去吧!伦敦的作品显然是顺应这一潮流的,如璞玉浑金,具有粗朴的美感。但是缺少反复推敲仔细润饰也难免会留下遗憾。

南太平洋历险没能像克朗代克历险那样产生出一批有影响的作品。《马丁·伊登》是途中写的,但内容与航海无关,只是在结

---

① Charles N. Watson, Jr., *The Novels of Jack London, a Reappraisal* (Madison: University of Wisconsin Press, 1983), p. xi.

束部分简略地出现了航海的描述。另一部出色的长篇小说《天大亮》虽然写于航海归来后，但主要仍以克朗代克为背景。有关南海的作品总体上质量平平，缺少光泽。杰克·伦敦明显开始走下坡路。但即使在他的后期创作中，仍然有几部相当出色的小说。《月谷》(*The Valley of the Moon*, 1913)是其中一部，《约翰·巴雷康》也是一部。这两部小说都是由世纪出版公司在同一年推出的，都是例外。伦敦成名后10多年来，麦克米伦公司一直是他的主要出版商。这一成功的合作归功于编辑乔治·布莱特。他处世精明、灵活，理解伦敦的个性，一直同他保持着良好的个人关系。至今，麦克米伦公司已经售出超过一千万册杰克·伦敦的书。但在1912年，由于声誉下跌，杰克·伦敦心怀不满，迁怒于麦克米伦出版公司，指责他们未尽全力推广他的作品，一怒之下申明与麦克米伦断交。他转向世纪出版公司。当他把自传体的长篇小说《约翰·巴雷康》寄给世纪公司的编辑威廉·埃尔斯华斯时，他在信中断言此书是世界上独一无二的佳作。此话虽然言过其实，但小说确实不失为一部上乘之作。问题在于，在伦敦的后期，他每写完一部作品，总免不了大言不惭地自我标榜一番，竭力向编辑说明该书是同类中最出色最伟大的一本，开辟了小说的新纪元，有了新突破，等等。诸如此类的大话常常是一些平庸之作的烟幕弹。也许伦敦本人心里也明白这一点。

似乎有一种难言的恐怖笼罩在他心头。他开始怀疑自己是否真的已经文思枯竭、江郎才尽。他患有阵发性的精神忧郁症，那是1903年开始的。那一年，他出版了《野性的呼唤》和《深渊里的人们》这两本震撼文坛的著作，确立了地位。但同一年也发生了不幸的事。他的婚姻破裂，与贝西分居；他在越山旅行中因车子失事而受伤。据说忧郁症部分是由那次车祸引发的，但长期亢奋的生活状态，紧张的写作，加之睡眠不足，饮酒过量，肯定也是重要的原因。自那以后，伦敦精神状态起起落落，多年来一直影响着他的创作和他的生活。在1903至1905年两年间,他常思想古怪,行为难以捉摸,产生厌世情绪。他在自传小说《约翰·巴雷康》中写道:“我开始害怕我那支手枪……弃世的愿望如此强烈,我担心在睡梦中干出了那件事,我不得不叫别人替我把枪扔掉,以防不测。”①这位大大咧咧的汉子其实在内心一直担负着沉重的精神压力。他暂时说服自己:活着要比死去好。但要活着,就要知道自己是谁,为什么活着。他知道不管他如何奋斗不息,真正得到精神满足是困难的,因为他并不真正清楚自己的人生目标。事业的成功往往掩盖了心理的病症,但事业受挫则加重了心理负担。

《马丁·伊登》的高超之处在于作者精确地描写了主人公矛盾的内心世界。这种细致入微的描写是以亲身体验为基础的。伦敦清醒地知道,像马丁一样自己过的是双重人格的生活,内心的矛盾无法妥协。一方面,他在感情上仍然忠于他出生的那个阶级,真诚地拥护社会主义,在小说中和无数文章中赞美穷人的美德和工人阶级的力量。而另一方面,他向往中产阶级的生活,竭力摆脱与劳动阶级形影不离的贫困、苦难和粗俗。他的作家身份、他的社会圈子、他的收入、他的婚姻,都是他理论上鄙视的那个中产阶级的标志。那么,哪个是真正的杰克·伦敦?是那位挥金如土的高收入作家?还是那个拥护社会主义的童工和水手?这是很难回答的问题。内心的两种归属感,两种企望,个性的两个不同侧面在争夺他,同时也在折磨他,将他撕裂。面对资本主义这一头巨兽,他孤身一人,是个弱者。适者生存的原理要求他按照这个工业社会的模式来改造自己,踏着别人成就自己,但内心深处他又不甘就范。小说《马丁·伊登》的主人公,也正因为无法找到真正的自我,最终平静地潜入海中,了结此生。伦敦的主人公用自我毁灭的办法

① Jack London, *John Barleycorn*, pp. 255–6.

来掩盖矛盾。伦敦的传记作家琼·赫德里克在谈到《马丁·伊登》时也谈到了作者本人：

> 在《马丁·伊登》中，伦敦试图刻画一个过着双重生活的艺术形象——一个活动在社会中的外部生活和一个内心世界的秘密生活。伦敦不为人知的内心世界既是他力量的源泉，也是他软弱的根本。他从中汲取作为一个作家所需要的能量，也因此必须咀嚼强加给自己的孤独的痛楚。①

从某种意义上讲，南太平洋之行是一种逃避，一是为了逃脱当时面临的无休无止的经济困难；二是为了填补精神空缺而寻找刺激。航海归来后，他未能完全摆脱经济上和精神上的困境。反之，他的身体开始向他索讨年轻时的欠债。他太不爱惜身体，在克朗代克，在朝鲜半岛，在南太平洋，每次都几乎把自己推到了身体的极限。他曾经腰圆膀阔，敦实强悍，年轻时从不知疲倦，也不需要足够的营养和休息。但现在他已不再年轻，而且始终未能从在南太平洋感染上的那场皮肤病中恢复过来。不知何故，他身上常常奇痒难忍，白天黑夜无时无刻不停地对他进行折磨，使他无法休息，因而又破坏了第二天的心境和精神。他疑心得了直肠肿瘤或其它不治之症，担心自己的事业会因健康原因而半途而废。一种阴沉沉的绝望感笼罩着他的生活，影响着他的一举一动。

事业不顺，健康不佳，精神不振，财力不支。这位曾经叱咤风云的大作家，面对眼前的一切束手无策。家庭生活也给他带来越来越多的烦恼。夏弥安已经 40 多岁，但她从来没有长大过，一直只把生活当作一场游戏。这一事实使伦敦感到痛苦。她是个甜蜜

---

① Joan D. Hedrick, *Solitary Comrade*, pp. 44 – 5.

的情侣,也是个无畏的勇士,但一旦安居下来,她不是个好主妇,不会也不愿意承担家庭主妇的责任。他和夏弥安没有子女,这是第二次婚姻的另一件遗憾事。1911 年秋末,夏弥安怀孕了,伦敦欣喜万分。贝西带走了两个女儿,他一直渴望身边能有一个孩子,最好是个男孩,可以继承他的性格和事业,给他带来欢乐和满足。这是他长久以来的一个梦想。6 月中旬,夏弥安临产。伦敦将她送进奥克兰医院,迫不及待地雇了一大批工人在牧场上紧急修出一条马道,好像儿子——他认定生下的一定是个儿子——一出生就能在他的庄园里跃马扬鞭。夏弥安生下一个女儿,伦敦给婴儿取名乔伊,即"欢乐"的意思。没料到,"欢乐"给他们带来了巨大的痛苦。小女孩来去匆匆,到达世间只有 38 个小时便不幸夭折。伦敦当晚去了酒吧,喝得酩酊大醉;第二天又去外地看拳击比赛。他要寻找刺激,忘掉这件事。当他返回奥克兰时,发现当地报纸上刊登着杰克·伦敦酒后斗殴,即将受到审讯的消息。这时,他才朦胧记起前夜酒店吵架的事。夏弥安已不年轻,怀孩子是件不容易的事。她又怀孕了,新的希望又一次在他们两人心中升起。但一个月后,孩子流产。

伦敦从来不掩饰自己的愿望,曾多次公开表示希望看到儿孙满堂,自己当上一个和满热闹、人口众多的大家族的族长。这是他的家庭梦想。但现在他似乎已有预感,他到死也不再会有儿子,不再会有一个可以完全信任、可以继承他的姓氏和血统的人,他将在空虚、孤独和失望中度过余生。他希望与贝西生下的女儿能到他的农场里生活,几次去信恳求,但遭到 12 岁的女儿拒绝。他失去了生活方向,昔日的辉煌现在变得毫无意义。他在《马丁·伊登》中对马丁幻灭时心境的描述,用于他自己恰如其分:"他没有海图,没有舵,也不想驶入任何一个港口,只能随波逐流,尽可能不正视生活,因为刺痛人心的正是生活本身。"他接着发出了总结性的感叹:"生活全盘皆输,令人难堪。真是这样——全盘皆输,令人难堪。”[①]杰克·伦敦同时有好几个梦想。当一个破灭的时候，还有另一个可以支撑他。当所有的梦想都破灭时，他用酒瓶子支撑自己。直到1913年，在他的小说中，那些英勇无畏的探险者和那些百折不挠的奋斗者都是从来不喝酒的，就连那些以自己的生平素材为基础的自传体小说中的主人公，也都不是贪杯之徒。也许生活中的痛苦比小说中更加真切，更加难以承受。伦敦常年与酒精为伴。他从小染上了嗜酒的习性，喜欢豪饮，酒量很大，下午常喝一夸脱威士忌，如事不顺心，他喝酒更无节制。他突发奇想，决定写一部关于酗酒经历的自传体小说，一来以此与酒精正式决裂，二来告诫世人酗酒的危害。这本书就是后来于1913年出版的《约翰·巴雷康》，伦敦几部最优秀的小说之一。约翰·巴雷康是一种烈酒的别称，也是小说主人公的姓名。

杰克·伦敦通过这部小说故事记载了自己走过的不堪回首的路程：如何贪恋酒杯，从中找到欢乐；如何难以自拔，靠酒精刺激精神，又如何下定决心，革除陋习。由于出自亲身体会，小说的描写生动感人：酣醉后飘飘欲仙的感觉，酒瘾袭来时心神不定的烦躁，疲劳时靠酒精刺激迟钝的头脑和萎靡的精神的习惯，下决心戒酒的艰难。杰克·伦敦确实常用酒精缓解他的痛苦，麻木他的感觉，但酒精也削弱了他作为作家的必不可少的创造力。小说中的主人公终于被酒俘虏，成了酒的奴隶。《约翰·巴雷康》是伦敦从一个侧面进行的毫不留情的自我剖析和自我批判。但小说中的约翰·巴雷康最后从沉沦中醒来，以巨大的毅力同酒精这个恶魔作斗争，并战而胜之。

与出版社的估计正好相反，《约翰·巴雷康》十分畅销，是1913年销售量最大的书。小说主人公在故事结尾时认识到了酗酒的危害，从醉生梦死中幡然醒悟，因此受到禁酒团体、青年基督

---

① 杰克·伦敦，《马丁·伊登》，第394页；第411页。

教组织和妇女组织的欢迎。据说,当伦敦得知订单数量时,高兴得上酒吧痛饮了一顿。杰克·伦敦在1913年说,"凡书中(《约翰·巴雷康》)出现的事都是真实的。但我没敢把所有真情和盘托出。"①没有"和盘托出"的事实之一,是生活中的伦敦并未以戒酒结束自己的故事。用他自己的话说,在最后的10年中,酒精是维持他这台"人肉机器"继续开动的燃料。他的精神忧郁症常常复发,周期越来越短,他不得不用威士忌来对付。但酒不是治病的良方。他因痛苦而喝酒,喝酒又使他痛苦;他依靠酒精振奋自己的精神,但饮酒又使他疲乏和沮丧。他身体虚弱,容易醉酒,并出现酒精中毒的症状。他在《约翰·巴雷康》中写道:"酒无法使我恢复生活。真正拯救我的是另一个药方——人民。"②但这本书写完后,他对人民的事业,对社会主义已不再那么热情,与社会主义组织的其他成员渐渐疏远。

四、失落的伊甸园

自从与贝西分居后,伦敦实际上已迁出了他长期居住的奥克兰市。他在旧金山以北一个叫格兰爱伦的地方购置了田产,并主要在牧场上度过余生。格兰爱伦是一个宁静的小山村,伏卧在旧金山以北55英里的索诺马山谷中。他的一部小说《月谷》(*The Valley of the Moon*, 1913)用的就是山谷的真实名字。此地环境幽雅,远离城市的喧嚣,有利于他调节身体,修身养性,也有利于他专心写作。尤其是患精神忧郁症以后,他更需要这样一个能缓解

① 参看 James Lundquist, *Jack London: Adventures, Ideas and Fiction*, p. 160。

② Jack London, *John Barleycorn*, p. 255.

生活压力、恢复平静的地方。杰克·伦敦的田园梦就这样开始了，起先只是个安居之所，但在后来几年中，他不断投入资金，扩大规模，大张旗鼓地创建自己的乡村王国。当其他事情不顺心的时候，他把更多的精力投入这片田园之中。

在格兰爱伦安家后，购买土地的欲望一发而不可收。他接着花一万美元买下了附近的拉摩特牧场。这是一片 110 英亩的小山和松林，当时他只有3 000美元现款，其余部分用财产抵押。1910 年，连接他的两个牧场的科勒尔葡萄园标价待售，伦敦怦然心动。葡萄园占地近 800 英亩，索价 3 万美元。这个价格是他力所不能及的。他已经有了 200 多英亩好地，没有任何理由买下这片葡萄园。但是，他想到脚下视力所及的整片土地将为他所有，成为他的乐园，实在经不起这样的诱惑。他疯狂地给东部的出版社和杂志社写信，要求将还没完成，还没写出来的小说以合同的形式先卖给他们，得到预付稿酬。他终于如愿以偿，成了一片1 100多英亩土地的主人。他给这 3 块连成一片的土地取名为“美的牧场”。后来，他再一次购买了 300 多英亩的土地，使“美的牧场”在规模上进一步扩大。那一年，他把姐姐伊丽莎请到格兰爱伦，总管他的地产。此时伊丽莎已经 43 岁，与丈夫分居。她高兴地接受了这一邀请。此后，“美的牧场”一直由她经营了 29 年，包括伦敦去世后的 20 多年。

田园生活给他带来过欢乐的时刻。他在田间散步，在树林边野餐，在草场放风筝，在蓄水池里游泳，在小河边钓鱼。他和夏弥安最喜欢的是在索诺马山坡的松林里信马由缰。夜幕降临时，山谷中升腾起的雾气像白纱般地缭绕着一轮圆月，也许是这个原因，印第安人把这个地方叫做“月谷”。1911 年，他同夏弥安驾起新买的驷马大车，从格兰爱伦出发，绕着北加利福尼亚的山路直到俄勒冈州，而后返回，历时 3 个月，行程1 500英里。

杰克·伦敦最无法忍受的就是寂寞和平庸，不会安分守己，偏爱轰轰烈烈的大事业，在拥抱一个又一个取代旧梦想的新梦想中，设定和调节生活与奋斗的目标。而眼下他打算着手进行的是一项拯救美国农业的伟大计划。这是他的新梦，是医治精神忧郁的一剂猛药。他打算建设一个"模范农场"，树立样板，带动美国农业革命。他的设想是在自己这一块小小的美国国土上进行试验，设计创造出一个新型的科学的农业结构，然后推而广之，供人学习效仿，为全国农民指明发展方向，造福于千千万万人。他对耕种和畜牧的兴趣与日俱增。农业成了他的新嗜好。他订阅了大量农业报刊和杂志，孜孜不倦地学习新知识，在一个陌生的天地里，进行着新的历险。他到加利福尼亚大学农业系索取资料，拜访专家听取指导，写信给州政府寻求帮助。遇见熟人他就大谈农业，就像球迷谈比赛、赌徒谈赛马一样津津乐道。他不以农场的收入为生，无后顾之忧，可以大胆实验。他是这里1 400英亩土地上的国王，他想怎么干就可以怎么干。他书看得越多，就越觉得现行的耕作和畜牧方法低效浪费，必须加以合理化的改造。他有了新的动力。一种新的狂热将他从深陷的精神泥潭中拔出。

他雇用大批劳工把未经耕作的坡地改成梯田；在新开辟的土地上种植大豆，规定 3 年不收割，以大豆的根瘤菌滋养土地；他把 700 英亩葡萄统统拔掉，深翻土地，施足肥料，改种经济林；他清除树丛，开辟耕地，种植了燕麦、大麦等谷物，甜菜、胡萝卜、苜蓿等经济作物和蔬菜；他实验种植一种无刺仙人球，用来做牲口饲料；他耗巨资买来得奖种马和种牛，然后又购进良种母马和母牛；他买进了 85 头安哥拉山羊，要用科学方法进行繁殖，培育出优质品种后，廉价售给周围农民，进行推广；他请设计师专门设计了一个圆形的养猪场，并计划在以后牲畜养殖扩大后，再建造一个屠宰厂和冷冻库。当然，这还只不过是计划的第一步。他的脑子里已经形成了一个美妙的未来图景：他要为他的农场工人盖一所房子，实行 8 小时工作制，开一家便民的百货店，造一所供他的雇工子女读书的学校，将这批人组成一个精选的、理想的、靠劳动谋生的、平等的、无忧无虑的新型小社会，与土地相依为命，自给自足。他已经是个大农场主，但他仍然相信马克思的理论，拥护社会主义理想。他从心底里希望能为劳动阶级谋福利。

除了常规稿酬所得，近两年他的小说在很多国家被翻译出版，他得到不少额外收入。他把全部资产投入了模范农场的建设。其实，这类乌托邦农业社会在美国和欧洲早已有人实践过，而且一一以失败告终。伦敦的模范农场也未能幸免。冬去春来，新耕的土地上长出了绿茵茵的一片。接着，夏天的骄阳和秋季的干旱，把绿色庄稼烤得枯黄。大田里毫无收成可言，伦敦赔了劳力、种子和化肥。冬天，过量的雨水冲坏了他的梯田坡地，也淹死了低洼处越冬的庄稼。他忽略了市场调查，现在才知道，桉树在木材市场上根本无人问津，14 万株桉树只能当柴烧。打击接踵而来。85 头安哥拉山羊得了瘟疫，"全军覆没"。他的良种猪睡的是新猪圈的石板地，先后患肺炎死去，一头不剩。那头得奖的短角种牛因滑跤把一只牛角插进地里而拧断了脖子。他最引以为豪的大种重挽马神秘地死在草场上。他已经不再想写作，但还是每天维持1 000字的数额。他不得不写，因为他要用写作的收入来贴补农场，维持这项摇摇欲坠的农业计划。只要打定了主意，他就坚持到底。哪怕是最疯狂、最不合实际、最没有希望的事情，他也要倾注全部的心血去完成它。这种毅力，这种一意孤行的脾性，促成过杰克·伦敦的成功，也导致了他的不幸。

令人难以置信的是，在规划模范农场的同时，经济上入不敷出的伦敦酝酿成了又一项伟大的计划。他要为自己建造一座宫殿一样的富丽堂皇的别墅。冲动的念头产生于 1910 年夏弥安怀孕时。那时，建立兴旺的"伦敦大家族"的希望在他胸中重新燃起。他断定妻子能生个儿子，因此由他开创的"伦敦大家族"必须树起标志，世世代代在这座永久性的建筑中生息繁衍。女儿出生后不久夭折,但建造全美国最美丽、最豪华的"梦想之家"的愿望,并没有随之泯灭。1911 年 4 月,26 间居室的别墅在牧场的西北端破土动工。别墅取名为"狼宅"。对伦敦来说,"狼"是他的图腾,"狼"的称呼是一种赞美。这种动物能在克朗代克那样的险恶环境中顽强生存,是"适者"和"强者"的象征。伦敦的藏书印记是一只狼头,人们认为,这是他个性明确无误的表达。

建造"狼宅"他不惜工本。建房材料选用当地产的红色火山石和红杉树。他从旧金山请来多名建筑师和设计师,多次研究,根据山势决定建筑式样,把实用、气派和艺术的美感结合起来。"狼宅"是两层建筑,但每一层都有一般建筑两至三层的高度,楼上是 100 余平方米的起居室,以及几乎同样面积的书房,楼下是宽敞的私人图书馆和餐厅。楼上楼下都有好多间卧室供他和夏弥安以及众多的朋友们居住。造价估计为 7 万美元。在开工时,伦敦发现他在银行里只剩下 500 美元。当时伦敦每年收入超过 5 万,但仍常常欠债。他已经习惯负债生活。他可以预支筹借,然后拼命工作,来应付巨大的开支。1913 年 8 月某日,所有建筑工程宣告完成,耗资 8 万美元,超过预算 1 万元。只要清扫整理一下,伦敦夫妇就可以迁入新居。半夜两点钟,伦敦在睡梦中被人砸门惊醒:"狼宅"着火了!他从床上跳起,几分钟内赶到现场。眼前的景象令他目瞪口呆:几十间房子的窗口里都同时吐着火花,涂过油漆的硬木,在夏夜干燥的阵风中烧得呼呼作响,根本无法扑救。伦敦呆呆地站在土丘上,眼睁睁地望着自己的伟大梦想付之一炬。

天亮时,"美的牧场"的西南角出现了一座庞大的焦黑的石头废墟。他欲哭无泪,斩钉截铁地发誓,要重建"狼宅",但他没有这个财力,更没有这个勇气。他相信这是一起纵火案,但没有任何证据。伦敦这个先前著名的社会主义者,现在购买大片土地,大兴土木建造比资本家更加奢华的住宅,整个社会主义团体因此受到了舆论的攻击。原来与他共同战斗的人感到伦敦背叛、出卖了他们。

他收到过匿名的威胁信,也受到报刊上的公开抨击。他再三对记者解释,不管“狼宅”多么豪华,他是靠劳动收入建造的,石头和红杉都是牧场上他自己的财产,他没有剥削任何人,没有违反他的社会主义原则。但他的自我表白没有引起过去的同志们的太大好感。如果有人想教训他一下,也是完全可能的。

他的建筑总管,一个叫弗尼的石匠认为,8 月干燥炎热的气候,引起蘸过松节油的棉麻布自动燃烧,造成火灾。现场证据表明,这个可能性是存在的。但是为什么用石壁分隔的那么多房间全都同时燃烧,而且放在户外的未用完的木料堆也会烧起来?他怀疑,但没有证据指控任何一个人。一把火,烧掉了他 8 万元的投资和几年的心血,也烧掉了创造美好生活的最后一点信心。购买和改造“美的牧场”,建造“狼宅”,这两项大工程就像两张血盆大口,吞噬着他来自各方面的所有收入。除此之外,他总是有很多地方要花钱。他对现居住的房屋进行了大翻修,改造了餐室,搭建了游廊;将一间大仓房改作九间供朋友住宿的卧室;建造了两个石头谷仓,盖了牛奶房,铺设了几英里长的水管,添置了灌溉和排水设备,又添置了 100 英亩土地和新的牲畜。这些花费都是改进居住环境和改进牧场所需要的。人的生活不能没有娱乐,为此他买了一条 30 英尺长的小帆船“漫游者号”,以便带着夏弥安和朋友们到海湾航游。

自 1910 年以来,杰克・伦敦的债从来没有低于 2 万 5 千美元,有时超过 5 万美元。他经常要求出版商预支稿费,每次数目不会小于 5 千美元。麦克米伦公司觉得难以应付,合作了 10 年后终于分手。钱像水一样流进来,比水更快地流失——他以这种挥霍的方式表明自己不是金钱的奴隶,他把钱用于事业,也用于改进生活质量。1913 年“美的牧场”发展至最高峰时,他雇用着 53 名农业工人和 35 个建筑工人,加上家佣,每月支付近 100 人的工资。他仍然相信社会主义,从来把自己看做工人阶级的朋友,而不是榨取他们的剩余价值的剥削者。他告诉伊丽莎,不能拒绝任何一个饿着肚子前来找一份工作的人。如果雇工已够,她必须找出一些如清除石头、修整田垄等的活来,让他吃上三四天安稳饭,带几个钱回去。他的慷慨有时得不到好报。有些雇工知道他不计较干多干少,乘机偷工减料,从中捞取好处。

伦敦的慷慨与好客是远近皆知的。朋友们问他借钱,他只问数目,从不问缘故和归还日期。他当水手、当"蚝贼"、流浪和淘金时结识的穷哥们若有困难,常来找他相助,他总是出手大方。他在牧场欢迎四方来客,不管是认识的、只有一面之交的,还是朋友的朋友介绍的、素昧平生慕名而来的,不管是社会主义者还是无政府主义者,不管是作家、演员、记者,还是流浪汉、水手,他一概收留,热情款待。他只是在自己的工作室门前醒目地贴着告示:上午工作,请勿打扰。他的餐厅里放着一排酒瓶,供客人们随意享用。开饭时总是有十几个长住或短住的食客。正因为如此,他的朋友们在后来写的回忆录里,都充满对他的人品由衷的赞美。这些人当时并没有意识到,伦敦正深深地陷在债务的深坑里,已经难以为继。伦敦说:"我有交朋友的不幸的才能,但却没有摆脱他们的有福的本事。"①伦敦还常常主动伸出援助之手,为朋友订阅杂志,资助青年作家,出钱为被捕的社会主义者和工会领袖请律师,接济举行罢工斗争的工人。伦敦的收入一小半给了别人,一大半莫明其妙地花费掉,真正必须的开支都是借来的。爱、宽容和慷慨是他天性的源泉,真诚是他最大的性格特点。他襟怀坦白,希望每个人都相信他,他也轻易地相信任何人的任何理由。他的人生哲学说到底是单纯的。在一个并不单纯的社会里,他的单纯出卖了他。

经济形势急转直下,变得异常严峻。1913 年是灾难性的一年,先是旱灾,接着又刮大风,吹倒了大批庄稼和树木,残剩的作物

---

① 参看欧文·斯通,《马背上的水手》,第 117 页。

又遇到铺天盖地的蝗虫，被吃得只剩下茎秆。7 月份他进医院做了阑尾切除手术，医生警告他，他的肾功能正在迅速退化，必须立刻全面戒酒。8 月份“狼宅”被烧毁。伦敦此时负债已逾 10 万美元。越是手头拮据，他越希望能在经济上翻身，心态就像输了钱的赌徒那样。他终于难以抵挡暴发户的诱惑，那一年投资墨西哥土地发展公司和一家忠诚信贷公司，结果两笔投机生意共损失 1 万美元。他与另一家公司签下合同，生产和销售“杰克·伦敦”牌葡萄汁，但那家公司破产倒闭，股票持有人提出起诉，要求他赔偿 4 万美元。不管他如何拼命写作，不管作品的稿酬有多高，伦敦仍然无法应付他的庞大开支。由于长期对土地的滥用，土壤改良仍需很长的时间，要想从这1 500英亩土地上获利不是近几年的事情。对伦敦来说，那是远水近渴，解决不了燃眉之急。他常常和伊丽莎一起坐在账簿前发愁。有一次牲口断了饲料，他不得不把伊丽莎在奥克兰的房子抵押出去，筹得 500 美元买饲料。讨债人常常来骚扰，使他烦躁不安。他力不从心。

杰克·伦敦写过 3 部直接描绘田园生活的长篇小说，每部相隔 3 年。《天大亮》出版于“美的牧场”刚刚兴办、充满希望的时候；《月谷》发表于连遭挫折的 1913 年；而《大房子中的小妇人》(*The Little Lady of the Big House*, 1916)是他生命的最后一年问世的。伦敦小说中的田园理想，也由第一部的玫瑰色，到第三部渐渐转变为阴沉灰暗的色调。这 3 部小说记录了从希望的升起到梦想破灭的过程。在经营“美的牧场”的那几年中，他仍然孜孜不倦地写作，并主要依靠写作和转载的收入不断还债和维持日常开支。写作越来越多地成为谋生手段。这五六年出版的长篇和短篇集数量相当可观。这些作品除了 3 部田园小说外，还包括长篇小说《历险记》、《斯莫克·贝鲁》(*Smoke Bellew*, 1912)、《穷凶极恶》(*The Abysmal Brute*, 1913)、《约翰·巴雷康》、《“埃尔西诺号”叛变》(*The Mutiny of Elsinore*, 1914)、《红瘟病》(*The Scarlet*

Plague, 1915)、《星游人》和《暗杀局》(*The Assassination Bureau, Ltd.*, 1963),也包括短篇小说集《南海故事集》、《上帝笑了及其它故事》(*When God Laughs and Other Stories*, 1911)、《太阳的儿子》(*A Son of the Sun*, 1912)、《夜生》(*The Night-Born*, 1913)、《塔斯曼的海龟》(*The Turtles of Tasman*, 1916)等10余部。

伦敦后期小说中有几部十分出色的作品。《天大亮》、《月谷》和《约翰·巴雷康》受到了广泛的好评。作为作家的伦敦到底越来越老练,笔力不凡。没有这几部精品,他的作家生涯也许早已结束,他的模范农场也无法经营。但大多小说让人不敢恭维。批评家和读者开始对他的作品颇有微词。1915 年出版的《星游人》是一部科幻小说;另一部长篇小说《红瘟病》是宣扬世界末日即将来临、人类将遇灭顶之灾的警世小说。最后一年出版的《大房子里的小妇人》以复兴农场为基本素材,但伦敦写成了一则三角恋爱故事。读者和作者都担心他创作的想象力是不是已被掏空,而更糟的是,伦敦对自己的创作和自己的作品也开始感到厌烦。他甚至在创作上开始借助别人的力量,从一个叫辛克莱·刘易斯的青年那儿买小说构思,50 美元一篇。伦敦早已大名鼎鼎,而刘易斯还是一个希望涉足文坛的小人物,仍然处境维艰。1913 年出版的关于拳击的中篇小说《穷凶极恶》就是根据刘易斯的构思创作的。这位才华横溢的青年后来写出了《大街》、《巴比特》等永垂青史的文学名著,成为美国文坛第一个诺贝尔文学奖获得者。

1914 年春,威尔逊总统以保护卷入墨西哥革命的美国公民利益为借口,向墨西哥港城韦拉克鲁斯进兵。著名杂志《科利尔氏》愿支付每周1 100美元的薪金,外加其它必要开支补贴,聘请伦敦当战地记者,前去墨西哥采访。伦敦欣然应命。农场的事务使他焦头烂额,这是一个逃脱烦恼的好机会,更是进行一场新冒险的机会。他在《约翰·巴雷康》中曾这样写道:“我闻到哪儿有冒险的气味，就往哪儿钻。”[①]他至今仍未改变过对冒险的偏爱。新冒险一直是他医治旧伤痛的良药。战斗在4月21日打响，美国海军在“莽原号”兵舰猛烈炮火的配合下，很快占领了韦拉克鲁斯。杰克·伦敦赶到这个拥挤的港城时，战斗已经结束。为了应付差事，他登上几条停泊在码头上的美国军舰，采访了不同的军事人员。他显然受了军官们的影响，听信了美国军方的一面之词，发回的几篇报道在美国发表后，引起轩然大波。伦敦遭到了社会主义者们的无情痛斥。他们把参加武装暴动、试图推翻腐朽独裁统治的墨西哥革命分子视为工人阶级的英雄，而伦敦的文章则为镇压者代言，为美国的武装干涉辩护。他们骂他是社会主义的叛徒。墨西哥之行加深了伦敦同社会主义劳动党之间的裂痕。这个裂痕早已存在，但现在变得不可愈合了。1916年3月，伦敦正式申明退党。

伦敦在墨西哥逗留的时间不长，得到的不是使他激动兴奋的经历，而是一场严重的痢疾，后又引起胸膜炎并发，差点死在韦拉克鲁斯的一家医院里。稍稍康复后，他由夏弥安陪同搭乘运牛船到美国的加尔维斯顿，转道回到格兰爱伦。他变得苍白虚弱，魁梧的身材成了一架弱不禁风的空壳。生活中依然烦恼不断，“美的牧场”无法自给自足。他资金短缺，债台高筑；为了水源，他卷入了一场激烈的官司。他的肾功能衰竭越来越明显。他的尿毒症和风湿病已多次发作，医生令他戒酒节食，但他不能。到了1916年，由于肾功能衰竭加重，他未老先衰：牙槽脓肿，脚踝浮肿，小便排脓。他有吃生鱼生肉的习惯，自称有“钢打铁铸”的肠胃，可以消化任何东西。直到9月，他不顾医生的告诫，每天吃两只稍稍烫一下的生鸭子，作为一天的食物。

伦敦曾告诉跃跃欲试的文坛新手，要想创造辉煌，与巨人平起平坐，必须要有3件宝：健康的体魄、勤奋的习惯和生活的哲学。

---

① Jack London, *John Barleycorn*, p. 20.

现在,这3件法宝他自己丢失殆尽:他病魔缠身,对文学创作渐渐感到力不胜任,对生活失去信念。1914年底他订出计划要写长篇小说《没有盖的箱子》,事实上未曾写下一行字;另一部长篇小说《暗杀局》写了一半后放弃,后由罗伯特·费希续写完成,于1963年出版。以前伦敦订出计划马上动手写成文字,从来没有半途而废的先例。

还不到40岁的杰克·伦敦精神上、体力上都感到衰老了。在最后两年中,他用"我们老一辈人"这类词语来称呼自己及与他同龄的朋友们,就好像他心理上已经做好了退休的准备。他一生奋斗,呕心沥血,付出太多,消耗过量。在他生命的最后一年中,他又开始学习弗洛伊德和荣格的心理学,孜孜以求,希望他们的洞见能为他的小说找到新方向。遗憾的是他力不从心,无法再次施展他的全部才华,在小说中表现他的新认识和新观念。但是他还是留下了几篇相当出色的心理小说。今天的批评界非常欣赏这几篇后期的短篇小说,对其评价很高。

他担心身体垮掉,更害怕精神崩溃。他本人和夏弥安都意识到,他们必须更换环境和生活方式。于是1915年冬他们再去夏威夷,把牧场的全部事务交给伊丽莎一个人操办。他们此行没有历险的目的,完全为了休养。海岛的阳光和空气,使杰克·伦敦获得足够的精力重新拿起笔来创作。到夏天回格兰爱伦时,他带回了长篇小说《岛上的杰里》(*Jerry of the Islands*, 1917)的手稿。第二年冬天,他再上夏威夷,在那儿写下了续篇《杰里之兄麦克》(*Michael, Brother of Jerry*, 1917)。这两部小说也是狗的故事,但与《野性的呼唤》相比简直不值一提。

最后一次去夏威夷没有达到预期的目的。他的健康状况未能得到改善,情绪波动不定,时常焦躁不安。他的身体已不能承受大量酒精,但他仍然以饮酒来对付身体和精神上的痛苦。几个月后回到格兰爱伦时,他已面目全非:脸上浮肿,眼睛失去光泽,说话有气无力,情绪低沉。无论是文学上,还是生理上,他已从巅峰上迅速滑坡,滑落速度之快,令他自己始料未及。不过,他没有什么遗憾。他已尽他所能,打完了自己的战争。他做到了别人一辈子不敢尝试的好几件轰轰烈烈的大事。他在生命中掀起了水浪。他奋斗过,成功过,也失败过;他追求过,满足过,也失望过;他受到过人们的喝彩,也听到过嘲笑和谴责。他已走过了自己的人生路途,经历过险山恶水,领略过无限风光。路到尽头,他应该休息了。他曾在小说《马丁·伊登》中写下一首小诗:

我曾像画眉清晨啁啾
在蒙着朝露的枝头。
而今我歌喉已哑,
像只疲倦的红雀。
唱歌的时光一去不返
该唱的歌已经唱够。①

1916年11月21日星期二,伦敦感到身体不适,被迫卧床休息直至下午。晚饭吃野鸭,并在餐桌上同伊丽莎商谈了把"美的牧场"变为某种形式的农业公社的几项具体措施。他谈了第二天去纽约的计划。他说他要在途中到芝加哥参加牲畜展览会,买回一些良种牛羊。他还谈到赠送给每个农场工人一英亩土地,在上面盖房子,使他们安居乐业。他也谈了选址盖学校和征聘教师的事。饭后他与夏弥安一起休息了一个小时,感到很累,决定先回自己的房里。像往常一样,他从书房里挑选几本书和杂志,放在两个小木盘里带到卧室,供临睡前翻阅。他坐在床上,打开笔记本,为《一个社会主义者的自传》写下一些片断;然后又写下了一个关于

① 杰克·伦敦,《马丁·伊登》,第408页。

北美海盗故事的构思;给女儿琼写了一封信,建议带她和她的妹妹外出郊游。他打开一本名为《绕过好望角:从缅因州到加利福尼亚的航行》的航海札记,读了几页,用划过的火柴梗夹在书页中做标记,然后合上书本。

第二天早上8点不到,家佣按惯例走进伦敦的卧室,去把他叫醒。他发现杰克·伦敦蜷作一团,脸色青紫,呼吸局促,已经失去知觉。医生匆匆赶到后,进行紧张的抢救治疗。伦敦曾一度睁开眼睛,微微动了一下嘴唇,接着又失去了知觉。后来又有3位医生赶到。4位医生一致同意用各种方法刺激他,不能让他的心脏停止跳动。他们除了用药物和不停的按摩之外,还把昏迷的伦敦架起来拖着在房里来回走动。有人甚至对他大喊,说牧场新建的水坝被冲垮了,希望能把他吓醒。一切该采取的措施都已采取。下午,医生们将他抬到夏弥安的沙发上,耐心地等待他本人与死神进行斗争。他创造过很多奇迹——但不包括这一次。晚上7点45分,医生宣布杰克·伦敦死亡。

另一名当过水手的大作家康拉德在他最后一部小说的扉页上选录了英国诗人斯宾塞的诗句:"劳累后安歇,暴风后入港,战争后生息,生存后死亡,此乃乐事也。"①

为了减轻病痛,伦敦常常自己注射吗啡镇痛。在酗酒难以压制剧痛时,他用吗啡强大的麻醉力使自己安睡几个小时。他有时也注射鸦片剂,这在当时是合法的药品。那天晚上他肯定也注射了吗啡,但是否过量致死,医生们看法不同。是否因剧痛难忍,一念之下故意为之?没有明显的自杀证据,但杰克·伦敦自杀身亡的谣言不径自走。前一天的活动丝毫没有留下自杀的迹象。他谈的是牧场的发展计划,写的是周末郊游的事,仍在为今后要写的书和小说进行构思。那天,他还同夏弥安商量过外出的计划。他已

① Joseph Conrad, *The Rover* (New York: Doubleday, 1923).

订了去东部的船票，后考虑到身体不适，把票退掉。他身体每况愈下，情绪常有起落，但那几天并不是他最消沉的日子，相反，他谈笑风生，十分开朗。选择这个时候自杀，难以做出合理的解释。另一个疑问是，吗啡不是理想的自杀手段。伦敦的书架上有36本他做过笔记的医学书，加上他长期的病史和用药史，他完全知道吗啡药性慢，不会做出这一选择。另一个现成的选择简便易行得多——他床边不远的抽屉里总放着一把装好子弹的手枪。

他属于冲动型的性格，历来敢作敢为。他难以捉摸的个性，为他的死亡之谜增加了悬念。人们似乎已经习惯了他的惊人举动，普通的病亡太缺少故事性，太不像杰克·伦敦了。欧文·斯通流传广泛的传记《马背上的水手》强烈暗示伦敦是故意过量服用吗啡致死，因此属于自杀。他访问过当时在场的医生，有选择地引用了其中一位的观点。当时没有先进的仪器和可靠的检测结果，医生的判断主要依凭经验，因此留下了各种解释的可能性。其实在场的4名医生的结论是"伴随心绞痛的尿毒症"。他的肾功能已经几乎衰竭，酒精和对一般人来说属安全剂量的吗啡，可能促成了最后的崩溃。阿尔弗雷德·希弗斯写过一篇关于杰克·伦敦之死的详细的调查文章，证明伦敦没有自杀，基本属于自然死亡。① 这个结论在伦敦去世90多年以后的今天，基本被接受。

直到临死之前，伦敦仍在构思一部题为《我们如何死去》的长篇小说，并已经写下了一些片段。他设想在这部小说中安排5个临死的人，讲述其中每个人因理想破灭而痛苦挣扎的故事，并打算通过这5个不同的侧面，主观地毫不留情地对人生与死亡提出见解。在其中，他写到一位经历过人生大风大浪的老船长，如今风采已尽，只得在家抱守残年："现在他不再去冒险，小心翼翼地守护

① Alfred Shivers, "Jack London: Not a Suicide," Jacqueline Tavernier-Courbin, ed., *Critical Essays on Jack London* (Boston: G. K. Hall, 1983), pp. 57–69.

着生命,爱着它,搂着它,但它还是从曾经构成他强健的体魄、有血有肉的、充满激情而今已不再有所作为的那架躯壳中渐渐萎缩,流失,枯竭。"①他打算写的那部小说显然是悲观低调的。他的信息十分明确:生活应该是"有血、有肉、充满激情的",而维持那架已"无所作为的躯壳"毫无意义。这是伦敦对生活的一贯理解,也是他个性和作品思想的核心。在他的人生故事结束之前,他曾试图再掀起一阵水花。他设计了好几部自己想写的书,除了《我们如何死去》,他还想写一部书名为《基督》的长篇小说和一部关于地球变冷的长篇科幻小说《最遥远的将来》。另一部他酝酿已久的书是自传《马背上的水手》——这将是一部真正的传记,而不是像《马丁·伊登》那样的带自传色彩的小说。他的工作室里有成排的白色箱子,贮藏着他收集的足以再写 50 本书的材料。但是,他疲倦了,他生命的灯油即将耗尽。

他年轻时常对别人说,希望有短暂而快活的一生。人的生活要像流星一样,在天际划出一道耀眼的光亮,这道光将深深地印在人们的脑海中,而在发光过程中,他把自己燃烧得干干净净。在他生命晚期,他又用类似的天文比喻,道出自己对生活的理解。他说:"我宁可是一颗明亮的流星,让人生的每一个原子都发出光亮,而不愿做一颗昏昏沉沉长久存在的行星。人的确切功能是生活,而不是生存。我不会虚度时日,苟延生命,我将奋斗一生!"②正是这样,他让自己的一生发出强光,但也很快燃尽了自己。在《马丁·伊登》的扉页题词中,他早已为生命做了诠注:

让我在热血沸腾中度过此生!

---

① 参看 James Lundquist, *Jack London: Adventures, Ideas and Fiction*, p.4。

② 参看 Joan London, *Jack London and His Times* (New York: Double Day, 1939), p.372。

让我在醇酒般的梦幻里醉沉！
莫使我眼见这凡胎肉身，
终以空虚的躯壳毁于泥尘！①

杰克·伦敦一生的40个年头轰轰烈烈，丰富多彩。他英年早逝，但做了他想做的许多事情。一种“虚度生命毋宁死”（“do or die”）的信念，驱使他全身心地投入到生活之中。他把生活实践当作小说的素材，把小说当作对生活理念的表达。因此要把他的文学成就和生平分开讨论十分困难。“我们很难找到还有其他作家能把生平经历与观念如此成功而复杂地组合在一起。”②他作为作家的成功，与他生活中三方面的因素关联密切。一是早年的贫困，不幸的家境促使他下决心从社会底层崛起；二是他的个性，他不安于现状，具有追求新体验的强烈欲望，并从冒险、流浪、旅行以及各种身份和职业的经历中建构了自己的故事；三是广泛庞杂的阅读，这为他提供了哲学思考的基础和艺术形式的感觉。在此，我们借用批评家刘易斯·加内特的话，来结束这位作家的生平故事：“杰克·伦敦去世的时候，还不到41岁。这一生他活得很痛苦，很奢侈，节奏实在太快。他从来无法安顿下来，满足于现状。他不屑于金钱，但渴望得到它，而且几乎挣得比任何作家都多，但又从来没有学会如何花费。他如此真实地代表了他生活在其中的美国，想起来真让人感到有点惊恐。”③

---

① 杰克·伦敦，《马丁·伊登》，扉页题词。

② James Lundquist, *Jack London: Adventures, Ideas and Fiction*, p. 20.

③ Lewis Gannett, Introduction to *The Sea-Wolf* (1904, New York: Bantam Books, 1960), p. xvii.

第三章

从北疆传奇到南海故事

> 美国社会的发展一次又一次在边疆从头开始。这种不断的复兴再生，这种美国生活的流动性，这种向西部进发带来的新契机，这种与纯朴的原始社会形态的不断接触交往，提供了构成了美国特性的主要动力。
>
> ——弗雷德里克·特纳：《美国历史中边疆的意义》

一、文明焦虑与荒原崇拜

自从哥伦布率船队来到美洲，新大陆就成了“机会”的同义词。不断迁徙游动，不断扩张、开拓、征服、占有，把文明的疆界向荒蛮推进，这种冒险精神和浪漫气质，成了美利坚民族个性的重要组成部分。弗雷德里克·特纳在《美国历史中边疆的意义》中认定1890年的人口普查为一种“官方申明”，标志着“一个伟大历史推进阶段的结束”，边疆就此关闭。①

① Jackson Turner, “The Significance of the Frontier in American History”, Thomas Inge ed., *A Nineteenth-Century American Reader* (Washington: United States Information Agency, 1989), p. 81.

10 年之后，即新世纪元年，杰克・伦敦出版了他的第一部短篇小说集《狼之子》，将他曾去淘金历险的克朗代克荒原作为背景。作家通过真实经历的体验，也通过想象，把各种感受和意念捏合进了故事之中。接着，另两部短篇小说集《他们父亲的上帝》（1901）和《霜的孩子》（1902）相继问世。这些短篇加上两部同样以北疆荒原为背景的长篇小说《雪的女儿》（1902）和《野性的呼唤》（1903），共同构成了被称为"北疆传奇"的著名早期创作系列。也就是说，杰克・伦敦创作北疆小说时，历史刚刚转向，严酷的拓居生活成为记忆，由怀旧而变得浪漫。

美国文学中西部题材盛行。历史上的西部是荒原的同义词，而西部故事的背后，常常隐伏着关于自由和自主的美国理想的内核。如一位批评家所言，"我们今天仍然阅读库帕，因为他是美国作家中第一个抓住了形成于我们民族开初的内心渴望，这种渴望由西部世界无穷无尽的可能性所激发。"①杰克・伦敦的北疆小说是传统西部小说的变体，具有很大的文化阐释的空间。故事中有些情感和观念的表达可能是无意识的，在创作的过程中自然流入作家的笔尖。但作家在确立故事的主题、设定故事的环境、建构故事的情节、交代人物的行为动机时，不知不觉总会把他对时代与社会问题的思考融入其中。我们甚至可以借助集体无意识心理学，把伦敦的北疆作品组合到一起，当作前后一致的原型系列进行研究。

伦奎斯特认为，当时的美国意识形态中有一种"荒原崇拜。"②这种可被称作"荒原情结"的民族心理趋向，在杰克・伦敦的北疆小说中表现明显。由于新移民的大量涌入和城市化的开始，人们担心开拓时期形成的民族精神正在被消磨。这种文明焦虑深深扎

① Gerald Graff, *Beyond the Culture Wars* (New York: Norton, 1992), p. 155.

② James Lundquist, *Jack London: Adventures, Ideas and Fiction*, p. 44.

根在杰克·伦敦的艺术视野中。于是他把拓荒先民的生活作风、行为准则和道德规范尊崇为美国精神,希望边地的美德——吃苦耐劳的品性、实用实效的作风、视死如归的勇气、患难与共的同志之情等——能够得到传承、发扬光大,以振兴日渐式微的民族精神。伦敦的早期小说是一批新边疆故事,感情上倒向了记忆中传统价值的一边。他创造了文学中的克朗代克荒原,使这一特殊地域成了一种表达文明焦虑的象征话语;而在美国民众中间,一种对昔日粗犷浪漫的边疆生活的普遍怀念,又促成了人们对边疆题材的偏爱。

1. 城市化与空间焦虑

乔希亚·斯特朗早在1885年的《危机四伏的城市》中,已经忧心忡忡地谈到,位居"文明中心"的城市,已成了"文明的严重威胁"。他历数了由于地域狭小、人口拥挤已经产生和可能产生的各种问题,为城市描绘了一幅非常阴暗的前景,认为人口的过分集中导致互相倾轧和道德堕落。[①] 到了杰克·伦敦的时代,西部已被开发,国土已最终圈定。城市化的生活对自由不羁的美国人来说,可能产生"被困一方"的感觉。伦敦在《他们父亲的上帝》中写道:"没错,新疆土大多是不毛之地;但这几十万平方里的冻土,至少为那些在家中可能被窒息的人提供一个畅快呼吸的空间。"[②]这里的"家中"指旧金山,或以旧金山为代表的城市环境,而"被窒息"的感觉则产生于心理上的城市空间压迫感。伦敦小说中无比宽广的北方荒原,可以让这种感觉得到缓解。

① Josiah Strong, "Perils — The City," Thomas Inge ed., *A Nineteenth-Century American Reader*, pp. 435 –438.

② Jack London, *The God of His Fathers* (New York: Century, 1901), p. 231.

克朗代克矿产有限,没有太多实际价值。按照弗兰克林·沃克的说法,美国人的克朗代克淘金潮,是“迄今为止世界上所知的为财富赌博,从拥挤的城市世界向荒原逃亡这类举动中最疯狂、最悖谬的行为。”①他经调查得出结论:凡去过克朗代克的人给的都是负面反馈,几乎众口一词。② 显然,克朗代克荒原不是一个浪漫的地方,只因在荒原情结的驱动下,被杰克·伦敦浪漫化了。

但是沃克和伦敦并不处在同一个话语层面,前者用的是历史话语,站在客观、现实层面上说话;后者是文学话语,在象征和艺术层面进行叙述。现实中人类难以生存的高寒地区,仍不妨碍成为杰克·伦敦小说的理想背景,成为继续探索、征服和抒发“美国精神”的新疆域。荒原与约束对立,代表一种单纯简朴、远离城市文明的自然状态。从道德和精神层面来讲,城市人渴望从社会规范中逃亡,从家庭责任、日常琐事和各种生活矛盾中得到解脱,渴望回归自然,恢复人的淳朴的本真。伦敦对这一特殊背景进行充分开发,把淘金人塑造成勇敢坚毅、崇尚自由的边疆英雄,不断面对生存考验,永远充满大自然赐予的精神活力。就这样,作家在北疆小说中与刚逝去的历史的过去,建立起了某种替代性的关联,在参照中对现代城市生活进行批判。从梭罗开始,尽管表现形式不同,美国文学中这类“返璞归真”的主题反复出现。对于杰克·伦敦,对于他的读者,辽远的淘金地就像库帕的阿迪隆山地、马克·吐温的密西西比河和麦尔维尔的南海一样,是一个梦中世界,是一个寄托希望的地方,不与真实地点进行现实层面的比对。

---

① Franklin Walker, *Jack London and the Klondike*, p. 14.

② Idem, p. 169.

2. 工业化与精神焦虑

随着20世纪的到来,美国的农业自然经济迅速被公司化的社会取代。"似乎一夜之间,一个农业大国就变成了工业大国,几百万英里的铁路和电话线纵横交错,而新移民以前所未有的规模大量涌入,造成人口暴涨。农业机械化了,大公司企业越变越大,一个新的消费社会随之形成。巨额资金被集中于城市,力图满足日益增长的需求。这种现象是前所未有的。"但是,"工业化所带来的社会变革与她(美国)的共和理想格格不入。"①工业和科技文明颠覆了旧有秩序,包括生产和生活模式、社会等级和人际关系,使一切都变得复杂,变得混乱,变得难以预测。工业生产与拓居先民传承下来的民族个性很难相容。它压制个性,反对机动性和自由发挥,强调程序与规范,要求按部就班,在固定的时间完成固定的动作——也就是说,要求人做类似于机器做的事情。这种使个人受到严格制约的复杂生产方式,令美国人难以适应,"而当希望一旦变成失望时,不安情绪就开始困扰整个民族。"②回归到一种更加稳定的传统社会结构,就成了普遍的心理需要:摆脱世事的困扰,抛弃文明的重负,去繁就简,归真返朴。特纳指出:"边疆生成个人主义。荒原将复杂的社会拉回到一种以家庭为基础的原始结构。这种倾向是反社会的,对控制,尤其是直接控制抱有强烈抵触。"③

另一方面,工业社会需要的制度化文明,无法为美国人提供充

---

① Emory Elliott, gen. ed., *Columbia Literary History of the United States* (New York: Columbia UP, 1988), p. 527.

② Idem, p. 527.

③ Jackson Turner, "The Significance of the Frontier in American History," p. 84.

分证明能力、释放能量的机会,迫使一种"美国精力""不断地呼唤更加宽广的施展空间。"[①]人们担心,越来越市场化的经济运作和越来越组织化的生活模式,会使人活力丧失、精神萎靡。因此,从工业文明中解放自己,向原始逃亡,也就成了内心的呼唤。这种呼唤本质上是浪漫主义的。荒原情结产生于工业文明的焦虑,也产生于对前工业时期生活的迷恋,如亲近自然,不受管束,自给自足等。杰克·伦敦显然受到这种心理情结的影响。他一边享受着中产阶级的文化、优雅、舒适和规范,一边对粗朴、狂放、简单、自由的原始品质心向往之,而且总是"言行"不一,在作品中歌颂后者,在生活中追求前者。

3. 女性化与文化焦虑

1923年哈洛德·斯特恩主编的《美国文明》一书出版,讨论至该时为止的具有美国特征的文明困扰,归纳为两个主要方面,一是致人以精神死亡的"清教主义",另一是可能导致理智生命衰弱的社会的女性化。[②]《美国小说的文化史》中也以"女性化的恐惧"为标题进行专门讨论,认为当时表达男性焦虑的话语,"就像种族偏见的语言一样流行;"不少作家同时担心文学被"紧身上衣勒死",担心美国文学市场很快会被情思缠绵的女性作品占领,担心女性化将"阉割了文学的生命。"[③]这些心事重重的作家中,肯定包括杰克·伦敦和海明威。他们担心"过度文明"会削弱自然性赋予人,尤其是男人的强悍,使人失去面对磨难和考验的机会,最终

---

① Jackson Turner, "The Significance of the Frontier in American History," p. 85.

② Harold Stearns, "The Intellectual Life," Harold Stearns, ed., *Civilization in the United States* (New York: 1922), p. 135.

③ David, Minter, *A Cultural History of the American Novel* (Cambridge: Cambridge UP, 1966), pp. 117 – 124.

无法证明自己,认识自己。也许只有在这样的历史和文化语境中,我们才能领会到为何杰克·伦敦和后来的海明威都在自己的作品中不断强调"硬汉子"气质,反复刻意描写包括拓荒、冒险在内的能充分表达阳刚之气的男性活动。

在以开发拓居为标志的早期美国社会生活中,男性的主体地位不可动摇。征服荒原、抵御异族,都需要男人的勇气和强悍体魄。城市生活则不同,尤其对中产阶级来说,它以稳定、安逸和舒适为特征,强调规范、秩序、礼仪那一套"女性化"的东西。由于生活形态的改变,形成不久的"美国民族特性"有可能遭到瓦解。于是,强调达尔文主义"适者生存"的原则,渲染包括力量、胆略在内的"硬汉子"精神,在文学作品中重新创造出能体现男性品质的险恶环境,突显人与自然、人与人的原始斗争,歌颂这种斗争激发的人的精神活力等等方面,成了作者和读者(尤其是男性作家与受众)潜意识中的强烈期盼。杰克·伦敦讲述的都是硬汉子面对逆境的故事,容不得女性的柔情和多愁善感。厄尔·雷伯指出,在美国,整整一代人把绵软无力的消遣作品当作文化食粮,而杰克·伦敦强悍狂放的小说为那些饥饿的读者提供了可以大饱口福的筵席。①

二、北方的文学新疆土

杰克·伦敦以短篇小说开始了自己的文学生涯,他最优秀的代表作品也是短篇小说。他最早写的短篇小说都是以克朗代克为

① Earle Labor and Jeanne Campbell Reesman, *Jack London, Revised Edition*, p. 24.

背景的北疆故事,最令人难忘的也是这些故事。他的短篇小说数量不少,共188篇,收集在19本小说集中,其中创作于前期的北疆历险和传奇,以及后期的以中、南太平洋岛屿为背景的故事,占了很大的比重。另一部分是被称为“社会主义小说”的中后期短篇作品,而一些关于航海、拳击等其它方面的小说穿插其中。可以说,短篇小说是伦敦一生文学成就的主体。但是,短篇小说由于其本身的篇幅特点,不可能是鸿篇巨制,不能像长篇小说那样反映事件与人物的多侧面,给读者留下深刻的印象,引起批评界的充分关注。詹姆斯·麦克林托克指出,批评界的眼光“一直集中在杰克·伦敦的生平以及19—20世纪之交美国的思想文化背景对他思想形成的影响,而这些方面一般都被主要用来阐释分析作家的长篇小说。很奇怪,既然批评界几乎公认——不管有没有道理——杰克·伦敦最好的作品是短篇,伦敦研究中对短篇小说的漠视实在令人费解。”①他自己的专著《白色逻辑》对杰克·伦敦的短篇小说做了专门集中的研究,弥补了短篇研究的不足。

的确,短篇小说最能充分地代表杰克·伦敦的创作艺术。“简单的事实是,他是个天生的短跑好手,在艺术上从未练就长跑运动员的耐力。”②他的长篇小说很有分量,但也暴露出一些基本的创作技术上的缺陷,这些不足从第一部小说到最后一部一直存在,这些缺陷是有些批评家对伦敦在美国文学中所占地位表示怀疑的主要理由之一。比如,他不太擅长写对话,喜欢把人物嵌入某一个思想框架等。杰克·伦敦曾说:“如果最后只有形式和内容两个选择,我无一例外都将牺牲形式。思想就是一切。”③但是优

① James I. McClintock, *White Logic*, p. ix.

② Earle Labor and Jeanne Campbell Reesman, *Jack London, Revised Edition*, p. 38.

③ Idem.

秀的小说是形式和内容的合一，而不是“二择其一”。还有，他的长篇小说往往在设计上缺少很好的组合，有很多相当精彩的片断，被强捏在一起则有欠和谐。而短篇小说本身是一种“片断”展示，杰克·伦敦不再为了“思想”而在作品中插入带说教意味的道白，可以尽情发挥他叙述和描写的特长。紧凑生动的故事，以及潜藏在描述背后的意识、观念、态度赋予了杰克·伦敦的优秀短篇小说寓言的色彩和无穷的魅力。本章中我们将集中讨论杰克·伦敦早期以北疆为背景和晚期以南海为背景的短篇小说，以及这两类小说中的两个主题：原始环境中的生存斗争和白人的到来对土著文化的冲击。

杰克·伦敦在克朗代克的亲身经历为他的早期小说提供了丰富的创作资源。他把经历过和听来的故事进行想象发挥，加工重组，着色渲染，写出了受到众多国内外读者喜爱的故事。这些故事都以阿拉斯加和克朗代克的冰雪荒原为背景，在鲜明的自然地理特征的衬托下，让充满激情的人物在那里演绎惊心动魄的故事。人们往往把这些故事看做“传奇”，因为传奇强调的是故事情节的离奇色彩、背景的异域风情以及人物的英雄品质。这些在杰克·伦敦的小说中都明显存在，但他的小说能够立足文坛，主要不是以这些方面取胜的。很多人写以克朗代克淘金为背景的小说，只有伦敦的作品继续为世人所阅读。这片广袤的冰原通过伦敦的小说在很多人的头脑中变得具体，留存下来。杰克·伦敦的第一本书，关于北疆历险的短篇小说集《狼之子》出版于 1900 年，在时间概念上和象征意义上都标志了一个新世纪的开端。这些小说以其粗犷强健、清新质朴的叙述风格打破了传统，使美国文坛为之一振。《狼之子》在赢得赞誉的同时，也暴露了一些新作家有时难免的缺陷：偏重“故事”，偏好浓艳暴烈的字眼而不注重平静含蓄的表述等等。但是，没有缺点的作家很难成为好作家。

应该说，杰克·伦敦时运不错。三个因素至少部分地帮助他能以短篇小说作家的身份登上文学舞台。首先,19 世纪末,印刷出版业勃然兴起,杂志短篇小说成为一种“热销”的商品,成为刊物的“卖点”,作家和报刊能够互惠互利。其次,由于交通和传媒的进步,各国各地域之间的旅行交往增多。突然打开的全球视野,扇起了人们强烈的猎奇欲望,对遥远陌生的地方兴趣大增。再者,美国的城市化刚刚开始,一种对昔日粗犷浪漫的边疆生活的眷恋,促成了对包括伦敦北疆小说和南海小说在内的某些边疆和异域题材的偏爱。在题材上和精神内涵上,杰克·伦敦的北疆传奇和部分南海故事,迎合了相当一部分人的内心渴望。

边疆造就了美国人的显著特性:“那种结合了敏锐性和探究精神的粗犷和力量;那种讲究实惠而又具有创造力,能很快想出权宜之计的头脑;那种缺少艺术但效率极高的把握物质利益的能耐;那种不安于现状的神经质的精力;那种不管做好事坏事总是占支配地位的个人主义;以及那种与自由相伴的乐观心绪和充沛活力——所有这些都是边疆的特征,或者说,由于边疆的存在而凸显于美国生活中其他方面的特征。”①杰克·伦敦的北疆英雄是这种特征的理想化的代表:他们精力充沛,务实乐观,勇敢侠义,接受逆境的考验,在生存斗争中体现勇气和价值,在患难中体现忠诚友谊,在死亡面前获得精神再生。杰克·伦敦从不在小说中宣讲他的“教义”,但把这种“法则”写进人物的血液中,让他们的行动为一种品质进行诠释。

杰克·伦敦的北疆英雄是一批粗犷耐劳、勇敢无畏的淘金人和印第安人,这些硬汉子遵从自然的法则和良心的权威,在严酷的环境中,在生存考验中表现诚信、毅力和忍耐精神。主导杰克·伦敦众多北疆传奇中人物行为的,是一种“淘金人法则”,一种他崇尚的与城市价值观全然不同的价值体系。他又把淘金人的品质加

① Jackson Turner, “The Significance of the Frontier in American History”, pp. 84 – 5.

以理想化；把代表这些品质的各种各样的人物加以英雄主义的浪漫化。他把普通人推上文学舞台的同时，又把小说交到平民百姓的手中，用他们自己的语言讲述他们粗糙坎坷的经历和他们自己的英雄传奇。读过杰克·伦敦早期小说的人，都会被他那些拨动心弦的北疆故事所打动。那些关于生与死、人与自然、本能与意志力的小说，具有超越时空的品质。

北疆为杰克·伦敦提供了观察社会的新视角，提供了与美国城市生活截然相反的参照。在杰克·伦敦的小说中，它是一面镜子，是一种理想，是精神避难的港湾，是人生巨大的实验室。在克朗代克这个人迹罕至、自然条件极其险恶、社会法律鞭长莫及的地方，人被剥去了文明的外衣，以赤裸裸的本能行事；在这里，人和动物的生存完全依赖于对环境的适应能力，因此，人与动物的共同点放大了，区别缩小了。但另一方面，特殊的生存环境又在淘金人中间形成了特定的道德准则和价值观念。他们明白自己是这块不友好的土地的入侵者，明白自然力的强大和人的渺小，也明白生存的关键是适应环境，必须遵从环境道德，采取实用主义。面对无时无处不在的危险，他们无法多愁善感，思前顾后，只有面对挑战，视死如归。他们摆脱了城市社会复杂的政治信念、经济利益、社会戒律、文化传统和人际关系，直接触及生命中最本质的东西。

三、浪漫主义、现实主义和自然主义

杰克·伦敦自认为是个现实主义作家，相信作家必须诚实地记录真实的生活。这个认识完全符合美国现实主义文学泰斗豪威尔斯的定义。而批评界一般把他归为自然主义作家，因为他关于生活真实的观念和他的表现手法，与主流现实主义差别甚大。在当时,杰克·伦敦也许并不知道有"自然主义"一说,因为自然主义作为一种文学流派在欧洲刚形成,在美国还没有清晰的概括和定义,一般归纳在现实主义的宽泛定义之下。在今天,自然主义仍然一般被看做现实主义文学的一支,但自然主义又有明显不同于现实主义的地方。"自然主义之父"左拉把小说比作实验室,认为作家可以通过小说故事探讨生活背后的"科学"法则,而潜在的法则指向一个宿命论的悲观结论:环境和自然性主宰一切,人的努力微不足道。这种认识在伦敦早期的小说中表现得十分突出。他总是倾向于表现现实背后一种宇宙"力量"的操控,并借用斯宾塞的理论加以合理化表述。他总是想走到"真实生活"的背后,探究超越现实的原动力。同时,他喜欢抒发主体,早期小说又有很明显的浪漫主义倾向。不管是现实主义、自然主义还是浪漫主义,用任何一种定义对他进行归类,都有点关联,又都有点牵强。

作为文学表达模式,"表现"和"再现"两大体系的斗争,亦即浪漫主义和现实主义的交锋,19—20 世纪之交在美国已经基本尘埃落定。不管在批评理论上还是在创作实践上,豪威尔斯旗下的现实主义取得了大局上的胜利。但广大的读者一时还没有适应这样的转折,他们的阅读口味还有待于调整。因此,在读者市场上取胜的是那些能把现实主义成分和浪漫主义色彩结合起来的作家。两者兼而有之的作品,最能得到民众的喜爱。"在这两者的妥协中,杰克·伦敦看到了自己的前景,表现出对受众阅读取向的敏锐性。"①他要写的是一种既受读者欢迎,又不让批评家失望的作品。在早期的北疆小说中,他的做法往往是:把小说圈定在现实主义的框架之内,让人物置身于险恶的环境之中,面对严酷的现实,然后抒发理想。他的人物既表现动物的求生本能,又不乏英雄主义气度;他的小说环境既剥夺人抗争的意义,又让人在与逆境的搏斗中

① James I. McClintock, p. 37.

得到悟识,得到再生。他的小说态度同样糅合了矛盾的两个方面:既哀叹人的能力之渺小,又赞颂人的精神之伟大。这种矛盾与不和谐,可以说是他早期北疆小说的缺点,也可以说是他的优点。这个特点使他与众不同。

詹姆斯·麦克林托克认为:"虽然杰克·伦敦自认为是个现实主义者,但其实他一直努力寻找一种能把现实主义和浪漫传统结合起来,并能超越各自局限的一种文学理论。"麦克林托克进而指出,伦敦将"现实主义的唯物论结合于对外部世界的表现中,将浪漫的理想主义结合于主观的人。"①他后来的长篇小说《马丁·伊登》写的是一个青年作家成长的故事——这故事中肯定有他自己对文学认识的成分。马丁在努力成为职业作家的奋斗早期,意识到应该在自己的作品中避免教条,超越所谓现实主义和浪漫主义的分界,而把两者的长处结合起来:

> 他在阅读中发现了小说的两个流派。一种将人当神对待,不顾他的凡俗家世;另一种将人当土块对待,无视他天赐的梦想和神圣的希望。在马丁的思考中,"神派"和"泥块派"都不正确,不正确是因为各自在视野和目的上太过专注。有一种妥协可以更接近真理,虽然这种妥协并不附庸"神派",同时又对"泥块派"的野蛮发起挑战。②

"神派"显然指的是文学的浪漫主义,而"泥块派"则指现实主义,更具体的是自然主义那一端的现实主义。马丁·伊登不想在这两者之间进行取舍,而希望"有一种妥协"。杰克·伦敦再三声

① James I. McClintock, p. 35; p. 58.

② Jack London, *Martin Eden* (1909; 北京:外语教学与研究出版社, 1992), pp. 283-4.

称自己是现实主义作家,但主导他创作实践的,是一种与马丁·伊登类似的认识。他的北疆被描述成一个能够激发活力、找到精神和谐的地方;他的小说人物遵从心灵的呼唤去北疆冒险,在那里经历现实的升华。我们总是能够在他现实题材的小说背后,依稀看到一种浪漫的意图。

自然主义小说家拜倒在科学的神坛之下,并主动承当科学家的角色,希望他们的小说起到客观观察、科学分析自然界和社会中的现实的作用,提供合理的反映和解释。伦敦本人深受达尔文和斯宾塞理论的影响,作品中的自然主义倾向十分明显,很多批评家把他当作典型的美国自然主义作家也无可厚非。奥尔巴赫指出:"不管是原始的冰封北疆,还是城市贫民窟,还是神秘的大海,杰克·伦敦有意识地融入斯宾塞进化论的话语,从作者自己历险的经历中抽取人性的基本成分,他的作品成了某种批评倾向的绝好的原始材料。"①奥尔巴赫所谓的"某种批评倾向"指的显然是文学自然主义。但伦敦的自然主义是经过"改良"的——他常常在阴暗的基调中添入一抹亮丽的色彩,在接受自然主义的宇宙观的同时,对它进行颠覆。一方面,对进化论的认同迫使他表现宇宙与人生悲观阴暗的一面:人不是上帝而是环境的造物,受制于自己的生存环境;另一方面,主导作家本人一生奋斗的信念强烈地表现着自己:人是有精神力量的,人的理想是可以通过努力得以实现的。

小查尔斯·沃森指出,"如果以一贯的自然主义原则来阅读杰克·伦敦,肯定会感到失望。他无疑受到了自然主义的影响,但从来不受自然主义的约束。"②失望的原因是他小说中的自然主义因素常常与他塑造英雄的倾向构成内在的矛盾,因此从自然主义

---

① Jonathan Auerbach, *Male Call*, p. 6.

② Charles N. Watson, Jr., *The Novels of Jack London*, pp. 97 – 8.

的基点进行评判，批评家不得不指责杰克·伦敦难以压制的"浪漫情结"。其实，杰克·伦敦认识观的内核，虽然深受达尔文和斯宾塞理论的影响，但从来未被他们的观点征服。他内心深处一直认为，现实与理想之间，进化论揭示的客观自然真相与人的主观能动性之间，并不永远处于一种对立冲突的状态。而他的这种认识并不特别。查尔斯·蔡尔德·沃尔卡特在他的《美国自然主义传统七作家》中，强调指出了美国文学自然主义中的唯物论倾向与仍在美国小说中产生影响的超验的理想主义之间的矛盾，指出弗兰克·诺里斯和杰克·伦敦是这两者之间的不安婚姻的最好例子："这些小说家结果形成了强调社会与环境的自然主义冲动和强调个人行为改变命运的浪漫冲动之间极富成果的张力。很多批评家都已经注意到，这种张力是美国小说最基本的主题之一。"[①]

四、北疆的象征意义

我们已经谈到过，冒险精神和浪漫气质是美国民族个性的一个重要方面。直到杰克·伦敦的时代，美国的历史就是一个不断迁徙推进，不断向荒蛮地区扩张，不断同原始、自然交战，不断征服、占有的过程。而在杰克·伦敦从少年成长为青年的时期，开拓新边疆的历史基本结束，成了金色的回忆。这个作家们取之不尽的素材库也随之关闭。但是，随着边疆开发的完成，严酷的拓居生活在记忆中变得浪漫，变成一种还归自然的伊甸园式的梦想，变成想象中与文明生活、城市生活的一切弊端对立的参照。

① Charles N. Watson, Jr., *The Novels of Jack London*, pp. 39.

克朗代克是“重温”边地生活的一次小小的“反弹”。由于发现金矿，这块地处地球北端的人类难以生存的低温地区涌进了包括杰克·伦敦在内的文明社会的来者。这片不毛之地突然之间闯入了美国人的视野，成为未被探索、未被征服、未被污染的新疆域。这个新疆域其实没有太多政治和经济上的价值，因为它地处加拿大，在美国国土之外，而且矿产有限，但却包含着丰富的象征意义。北疆地域广袤，天寒地冻，自然力的强大和人的渺小形成了一组鲜明的对照，与自然主义的逻辑十分吻合，可以成为理想的小说背景。杰克·伦敦充分开发利用了这一特殊背景，让许多人生故事在这里一幕幕地进行演绎。在伦敦之前，很多美国作家让他们的人物背弃文明，深入边地，寻找一种边疆精神，但没有人将人与自然的冲突置入如此严酷的环境，表现得如此强劲，如此深沉，如此富有戏剧性。

杰克·伦敦不断在小说中强调叙述者个人经历的真实性，从而也强调了叙述的权威性。他的叙述者，或者说是站在叙述者背后的作家本人，总是在北疆小说中扮演“导游”的角色，不断向旅游参观者（读者）介绍那里独特的地貌景观和人文历史，引导他们进行一次次奇异的新边疆的旅行。“导游”是个圈内人，具有第一手知识和亲身感受；“游客们”是一些温文尔雅的中产阶级人士，带着好奇心前来踏探这片荒蛮的土地，饶有兴味地观察了解此地人们粗俗原始的生活和截然不同的行为模式。“导游”按自己的职业习惯，对被参观地进行故事化和神秘化，强调地域文化的力量。在北疆的“旅程”中，“导游”巧妙“解说”，将地理特征和人的故事结合起来，让“游客”在猎奇的同时，回忆刚刚逝去的历史的过去，在参照中对现代生活产生某种悟识。

厄尔·雷伯指出，杰克·伦敦的北疆与其说是他对克朗代克的忠实描述，不如说它是个具有象征意义的地域。其严酷的环境使作家认识了自己,也考验了自己。① 伦敦把这个地域的象征意义在他的小说中充分拓展与开发,这样,北疆不仅仅变成一个逃离文明的去处,更成为一个未被探索的精神新疆域。它向文明社会发出呼唤,呼唤人们踏入寻找真正自我的浪漫历程。城市文明剥夺了充分发展人的体格和意志品质的机会,而在北疆与环境、与自我的斗争中,一个人可以证明自己的崇高和价值。"伦敦被自然的原始定律、被严酷而又无法回避的'北疆法则'所深深吸引。他的小说一次又一次把育空河流域描写成广阔而难以征服的领地,这个世界对人的存在不屑一顾、无情冷漠。只有强者才能在阿拉斯加严冬的摧残下生存,而弱者将被他们无法理解、无法控制的自然力摧毁淘汰。"②

北疆的象征在伦敦的小说中常常具体由两个意象承担,一大一小,一静一动。一是浩瀚无垠的冰雪荒原;一是雪原中踏出的狭窄的行道和孤独的赶路人。在伦敦的北疆故事中,"如果说有某一项要素杰克·伦敦把握得特别出色,那就是环境意识。"③这里所谓的"环境意识",不是指生态和环境保护,而是指人受制于环境的自然主义意识。在早期北疆传奇中,冰封的北国构成了一个特别的小说世界,作家创造的地方"色彩"是无边无际、一成不变的白色。那里的环境扬弃一切熟知的文明戒律,消解一切人的努力,甚至排除一切可认知的特征。伦敦发表在他第一部短篇小说集《狼之子》中的两个短篇小说标题,形象地概括了他的"北疆传奇"中最带象征色彩的两个方面:一是"白色的沉默"(《白色的沉默》),一是"赶路人"(《致赶路人》)。前者是北疆的地域特征,象

① Earle Labor, "Jack London's Symbolic Wilderness: Four Versions," *Nineteenth Century Fiction* 17 (Summer, 1962: 149 – 161).

② Alan Schroeder, *Jack London*, p. 68.

③ Paul J. Horowitz, "Introduction", Paul J. Horowitz, ed. *Jack London: Three Novels and Forty Short Stories* (New York: Gramercy Books, 1993), p. 9.

征着自然界和宇宙的力量；后者象征着人的行为。他在《白色的沉默》中这样写道：

> 大自然有许多手段用以让人深信自己的局限——海潮无休无止的涌动，风暴的狂怒，地震的冲击力，天庭排炮的轰鸣——但所有一切中最最无与伦比、最最令人瞠目结舌的，是白色沉默那种惰性的状态。一切运动完全终止，天空一片晴白，如铜制铁打一般沉重；最轻的耳语也像亵渎神灵，人变得极其胆小，被自己的声音吓得心惊肉跳。①

伦敦一方面渲染这种"白色沉默"的单一性：无特征、无变化、无声息、无色彩；同时也强调其统治力。这种大自然的力量总是在人的反衬之下得以充分体现：气候极其寒冷，地域极其广阔，人的存在微不足道：

> 育空河南北两岸，目力所及之处，白色连成广袤的一片，只有一根蜿蜒曲折的黑色细线绕过云杉密布的小岛一直向南，然后又蜿蜒曲折地折入北方，消失在另一个云杉密布的小岛后面。这根黑色细线就是育空河上那条行道——一条主干道——向南 500 英里是奇尔库特关隘、达亚和咸水海岸；向北 70 英里是道森，再向北 1 000 英里是努拉托，最后通往白令海上的圣·迈克尔，还有 1 500 多英里的路程。②

---

① Jack London, *The Son of the Wolf* (Boston: Houghton Mifflin, 1900), p. 7.

② Jack London, "To Build a Fire", *The Call of the Wild, White Fang and Other Stories* (北京：外语教学与研究出版社，1994), p. 341.

一个赶路人,形单影只地穿行在北疆的冰天雪地间,这是杰克·伦敦的北疆小说中最常见的情景,而茫茫雪原张着白色的大口,时刻准备将他吞噬。浩瀚无际的冰雪世界上,行道细如发丝,黑与白、广阔与细微形成强烈反差,人行其间,显得无比渺小。他前不见尽头,后无退路,行色匆匆,不停地走,几近疯狂。就像宗教仪式一样,北疆传奇中的人物受到一种神秘的牵引,必须走上行道,去面对危险的未知世界。北疆成了一个原始的竞技场,在那里杰克·伦敦小说人物的勇气、意志力和忍耐力面对着考验。作家在北疆传奇中所表现的,与后来海明威在《老人与海》中突出强调的是同样一种精神:"真正的男人不是生来接受失败的……一个真正的男人可以被摧毁,但不能被击垮。"①海明威的老渔夫不可能战胜自然力,最后一无所获,在自然面前人的局限性尽显无遗,但他在与大海和鲨鱼的搏斗中,体现了勇气和自尊。伦敦与海明威都强调:过程比结果更重要。

在"白色沉默"中赶路,是伦敦北疆小说中反复出现的中心事件,几乎成了一种范式。在一篇篇不同的小说中,起因和结局有所不同,作家暗示的对权力关系、生命价值、社会秩序等各方面的认识有所不同,但人物往往要经历相对固定的程序:出于某种原因主人公登上北极的行程,在孤独的行道上遭遇艰难险阻,面对死亡的威胁,取得某种程度的尊严或获得某种悟识。行为的动机似乎并不重要,作者常常甚至不提及行走的去向和目的,只描写行走本身、无情的自然力,以及行走所必备的巨大的意志力和忍耐力。这是一个象征性的举动,微小脆弱的生命在严酷的自然背景中颠簸,从行道上偏离,或者其它细小的忽略和失误,就意味着死亡。但行走又是对"白色沉默"的唯一答复,是人对自然做出的机械反映。

---

① Ernest Hemingway, *The Old Man and the Sea* (London: Jonathan Cape, 1952), p. 45.

“阿拉斯加的雪原象征着一种精神未知域，如果人们想要充分体验生活就必须面对这种超理智的存在，但永远无法征服。”①于是，伦敦的人物离开最边远的文明哨卡，孤身深入旷无人烟的荒蛮之地，超越时空，探索对生活和生命的认识。

五、北疆英雄和基德系列

荒原作为文化符号，必须在人的身上得到体现。杰克·伦敦的北疆小说的结构往往并不复杂：选取某一事件，然后建立一个基本主题，创造情景，展开故事。用伦敦自己的话来说，他的小说“往往围绕着一些简单而又不同寻常的情景进行建构。”②他的北疆人物按他的基本主题需要分为两大类，有些勇敢无畏，在逆境中升华，如《热爱生命》和《致赶路人》中的主人公；有些懦弱胆怯，无法适应北疆的环境，只能被生存斗争淘汰。后者反衬前者的品质。环境因素一成不变，精神因素决定成败。成败的定义也不一定是事情好的或坏的结果。大自然常常是主宰力量，不以人的意志为转移，因此被宇宙力击败的，并不一定是失败者，他可能获得了意志上的胜利，比如《生火》和《生命的法则》中坦然面对死亡的主人公。也许是杰克·伦敦这类的主题影响了后来一些名气更大的美国作家和作品，如前面提到的海明威和他的《老人与海》。

出版于新世纪元年的短篇小说集《狼之子》，标志着杰克·伦敦职业作家生涯的开始。小说集的主体部分是基德故事系列，占

① James I. McClintock, *White Logic*, p. 82.

② 伦敦 1900 年 11 月 5 日致 Gepfert 的信，参看 Franklin Walker, *Jack London and the Klondike*, p. 216。

集子9篇小说中的7篇。杰克·伦敦早期创作有一个很明显的意图,即希望通过一个叫做梅尔缪特·基德的淘金人的故事,塑造一个理想化的北疆英雄。作者让他在极其险恶的环境中,在面对暴力和死亡的经历中,充分展示个人品质,成为一种行为准则的完美代表。伦敦甚至让他的名字——梅尔缪特·基德(Malemute Kid)体现出北疆英雄必备的素质。首先,他必须是个"男性"(male)——北疆是个男人的世界,没有女人的地盘(他的第一部长篇小说《雪的女儿》的主人公虽是女性,但其实主人公芙罗娜可以被看成是个长着女人身体的男人)。其次,他是个缄默无声、以行动说话的人(mute)。北疆不需要滔滔不绝的哲理和雄辩,自然法则主宰一切,适者生存,一个人必须以务实的态度面对逆境,以行为体现品质。此外,他还必须是个青年(kid),以他强悍的体魄和旺盛的生命力来搏击自然,赢得在北疆的生存权利。

在基德系列小说中,作家让这位理想化的主人公在北疆荒原的背景中进行精神探索,表现一个明确的主题:尊重自然法规,遵守互信互助的人际交往原则,人不仅可以在险恶环境中生存生活,而且还可以使原始的生命本能、在文明社会中逐渐枯萎的精神活力得到复苏。詹姆斯·伦奎斯特认为,杰克·伦敦的"所有北疆故事都是对变化和适应力的思考。"①换言之,就是对"适者生存"原则的探讨。在这些早期短篇小说中,他以写实手法表现环境的决定因素和统治力量,然后又把人物放入险恶的生存环境以考验他的适应能力。杰克·伦敦总是不甘就范,不把自己限定在严格定义的现实主义或自然主义框架之中。他希望他的故事能够表达某种哲理、某种人生的潜规则。

基德在伦敦的第一篇北疆小说《致赶路人》中就登场亮相。圣诞前夜在分离岛的木屋里,基德正与朋友们饮酒,一架狗拉雪橇

---

① James Lundquist, *Jack London: Adventures, Ideas and Fiction*, p. 81.

来访。陌生人叫韦斯通戴尔，全副武装，自称追赶一伙盗狗贼，说已在雪地行走了12小时。基德慷慨相待，安排吃、睡，还在陌生人的雪橇上装上供雪橇狗做粮食的鲑鱼卵，4小时后将他叫醒，让他继续赶路。15分钟后，一名骑警带着两个印第安混血的赶雪橇人到达木屋，询问韦斯通戴尔的去向，说他打劫了道森赌场，抢走4万美元。基德的眼神使全体保持沉默，他们未向骑警提供任何线索和帮助。骑警走后，人们感到不解，基德的做法显然违背了北疆的道德原则。其实基德早先从一个印第安赶雪橇的人那儿听到过韦斯通戴尔的故事：他倾其所有，把全部4万块钱委托合伙人卡斯特里尔购买足以使他们两人都成为百万富翁的一块金矿的开采权，打算获得回报后结束历险生活。卡斯特里尔在道森赌场输光了钱，第二天又被发现死在雪地上。基德告诉他们，韦斯通戴尔拿走的正好是4万块钱，不多不少。

基德是一个边疆英雄，是有经验、有威望的北疆老手，机智而且侠义，对夜来的陌生访客慷慨相助。他代表了淘金人的行为准则，敢于蔑视代表法律的骑警，不向他通报信息。他有自己对正义的定义，按照自己的原则行事。他知道韦斯通戴尔的来龙去脉，但处事冷静，不动声色。他认为雪夜逃亡人首先是个受害者，他的财产被滥用，权利被侵犯。而他的合伙人很可能在赌场落入他人陷阱，输光钱财又突然死亡，因此被害人有权以自己的方式保卫自己的利益。韦斯通戴尔是个遵守北疆行为准则的人，是基德尊重的男子汉：他敢于采取行动，保卫自己的权益，但又不侵害他人（他只拿走应该属于自己的4万元）。

在基德的身上有很多被浪漫化了的美国西部牛仔英雄的共同特征。他不盲从权威，具有大智大勇，在能力所及的范围内主持正义，既特立独行，又遵循边疆人的道德原则。基德系列小说中的北疆与作家所处的真实城市环境之间，存在着两方面认识上的关联。第一，世界是冷酷的，但在弱肉强食的达尔文式社会中，忠诚、毅力、勇敢、正直等积极的价值仍然应该得到肯定,而北疆荒原的特殊环境,为伦敦的英雄提供了充分表现这些优秀品质的场所。在一系列北疆历险中,基德正是凭借着自己的胆略才智和忠诚无私的精神,赢得了生存权利,赢得了他人的尊重,并获得了对原始真理的认识。第二,城市文明削弱了人应对环境的能力,而荒原可以激发人的原始生命本能,使文明社会中逐渐枯萎的精神活力得到复苏。基德身上的淘金人素质,使他能够从容应对变化,成为适应环境的强者。这种素质是城市人所缺乏的。

基德系列属于杰克·伦敦最早期的作品,在创作这系列小说时,他正在美国文化市场中挣扎求存。北疆其实是作家所处的社会环境的缩影,冷漠、残酷、不可捉摸而且没有感情。他已经经历了无数挫折,但尚未扎稳根基,不知道自己是不是能在其中生存的"适者"。对于一个长时间在社会底层挣扎,刚刚探出水面呼吸到新鲜空气,看到不远处岸滩上的阳光世界的青年作家来说,他不可避免地会把自己的向往寄托在作品的故事中。他内心深处一直希望相信:在现实大环境与理想的对峙交锋中,人的努力应该会有回报。即便是在一个自然主义的宇宙中,人还是可以通过自己的力量,通过自己的才智和毅力来改变命运。他塑造"青年人"基德,就是让他来征服现实,打破宿命论,使他成为人的精神方面的砝码,让重重倒向自然力一边的宇宙的天平,出现一些安慰性的平衡。就这样,在试图反映达尔文主义客观现实之真的小说中,杰克·伦敦糅进了关于人的意志力量的带说教性质的主观成分,使两种反差强烈的色调同时出现在他的构图中。一般观赏者也许会喜欢这种热烈的效果,但行家们总觉得有点不太协调,因为这样的组合难免导致小说立意和主题上的混乱。

基德系列小说中的乐观主义情绪,是作家本人和当时的美国读者都期待的。尽管北疆的生活总是与艰险相伴,但艰险能烘托一种浪漫情怀,反衬出人的价值,让他的行为成为强者的宣言。麦克林托克认为,这些早期小说反映的,实际上是当时美国“中产阶级的幻觉”,因为处于资本主义上升时期的美国人,对世界抱有乐观的期待,相信机会,相信各种可能性,相信人有能力将机会转化为成功。因此,伦敦这些小说中“最重要的价值观念,基德身上理想化的品质,都直接来自‘美国梦’:一种对人的意志力的信仰,一种对传奇式的美国人的判断力和机智的信任,一种对正直和友爱的信奉,最重要的是,一种对上述这些品德的信念,相信品德的力量能够捍卫个人尊严,恢复人道的社会秩序。”①

基德系列小说是杰克·伦敦早期学习、摸索阶段的产物,到了1899年后,梅尔缪特·基德这个人物以及他所代表的乐观态度在小说中消失了。很多年后,一个类似的人物以斯莫克·贝鲁的名字再现于一些短篇小说中,这些作品后来被收集进了故事集《斯莫克·贝鲁》(*Smoke Bellew*, 1912)中。在他走向成熟的同时,一种悲观的情调开始主导他的小说。在后来的北疆小说中,他的人物仍然有可能保持尊严,获得新知,甚至战胜逆境,但获得的尊严往往是没有实际意义的精神胜利,新知的代价往往是死亡,逆境中的胜利往往是命运的恩惠多于人的努力。见习阶段之后,作家对客观世界和人类社会有了更加深刻的认识,这种认识充分地反映在他其后创作的更加灰暗但更加深沉的小说作品中。

六、生命的寓言

“北疆传奇”中有几则优秀短篇小说,已经成了经常走进大学课堂、被反复阅读讨论的经典名篇。不管在风格上还是主题上,这

① James I. McClintock, *White Logic*, p. 80; p. 75.

些短篇最能代表杰克·伦敦的创作特点。不少批评家认为,这些北疆短篇小说中的精品,甚至能代表伦敦一生文学创作的最高成就。我们可以从几则具体作品中,找到许多重要的共同点,并且透过这些具体的"样品",更直接、更真实地了解"北疆传奇"所隐含的作家对世界、对社会、对人生的思考。

《生命的法则》("The Law of Life") 发表较早,收集在 1902 年出版的短篇小说集《霜的孩子》(*Children of the Frost*)中。故事发生在北极圈内克朗代克地区一个爱斯基摩人的营地。已是天寒地冻,部落的所有成员都在忙碌着拆卸帐篷,准备拔寨启程,到能够找到驯鹿的地方度过寒冬。年迈的考斯库希早已眼力不济,但听觉敏锐,坐在帐篷里听着当酋长的儿子指挥着一家家装载雪橇,离开营地渐渐远去。儿子最后一个走,前来告别。老人希望儿子能带他走,但心里明白部落的生存不允许他拖累。按规矩部落给他留下一小堆取暖的木柴。声音消失了,老人朝火堆里添着木柴,不禁回忆起自己的一生。他尤其清楚地回想起年轻时看到一头掉队的老麋鹿,被狼群紧紧盯上的情景。麋鹿体形硕大,但狼群不依不饶地围着它,最后将它撕碎。他当酋长时,也曾不得不把年老体弱的父亲留下。这是部落生存的需要,老人无怨无悔。这时他听到了狼群的声音,越来越近,将他围住。他依稀看到狼群饥饿的眼睛。狼群步步进逼,老人抄起一根烧红的木棍左右挥舞,但狼群退而不离。一阵恐惧过后,老人心想:我为什么非得死守着性命?于是他把木棍扔到了雪地上。包围圈渐渐缩小,他闻到了狼的呼吸。老人垂下头,自言自语道:有什么大不了?难道这不是生命的法则?这是一篇非常典型的自然主义小说,达尔文主义的悲观情调弥漫于故事始终。

《生火》("To Build a Fire")是"北疆小说"中最著名的短篇之一,自然主义色彩很浓。故事发生在阿拉斯加,气温降至零下 50 度,吐出的唾沫落地时已结成冰凌,清脆作响。无名的行路人不敢怠慢,带着一条爱斯基摩犬沿着结冰的育空河急急赶路,因为一停下来手脚就会冻僵。地面有的地方有泉眼,虽然表层盖着积雪,但下面却是未被冰冻的水。行路人不小心踩到泉眼,踏入一尺多深的水中,进水的皮靴马上会把脚冰住冻坏。他必须与时间赛跑,马上生起一堆篝火,烤干靴子。幸好周围有不少枯草树枝,他冒险脱下手套,利索地在一棵云杉树下生起了火堆,烘烤已经麻木僵硬的手脚。多日无风,云杉树枝上厚厚的积雪突然崩落,压灭了这一堆生命之火。他马上进行第二次尝试,但手脚已没有感觉。他千辛万苦终于点燃了小树枝,但树枝散落开又熄灭了。他记得有经验的北极行路人曾讲过,唯一的生路是把狗杀死剖开,把手放进狗的身体里,回暖后再做一次尝试。警觉的狗几番躲避之后,被他紧紧抱在怀中。但他的手已经完全失去知觉,根本无法拿起刀子。他一阵惊恐,突然意识到了死亡,但马上平静了下来:"反正要死,不如好好死去。"昏然欲睡的感觉随着新的平静心态一起到来。他很快进入梦境,飘然回到了温暖的营地,带着同伴们一起来到行道上,找到了自己冰塑般的尸体。这是一则对于人的脆弱性的思考:人完全受环境的制约,在强大的自然力面前,抗争没有成效。

《热爱生命》("Love of Life")是伦敦的另一则短篇名作,讲述的是一个北极的淘金人战胜死亡、保卫生命的故事。无名的主人公从克朗代克淘金归来,与比尔结伴而行,在淌过一条溪流时,扭伤了脚踝,比尔头也不回,弃他而去。时已 7 月末,北极的天气开始变得寒冷,四周荒无人烟。他一瘸一拐地艰难前行,翻过小山,走入湿漉漉的苔藓地。已经两天没吃东西,饥饿折磨着他,更甚于伤痛。第三天他设法在水塘里抓到了两条比手指还细的小鱼,生吞下成了一天的粮食;第四天他找到刚出壳的四只小雷鸟,直接放进了嘴里。脚越肿越厉害,他只得减轻自己的负重,将采来的金沙一分为二,一半用撕下的毯子包起,藏在岩石上,另一半放进背包。又过了一夜,他把包里的金沙再一分为二,扔掉其中一半;再后,全部扔掉。行程中他遇到熊和狼群,得以脱险。他捡起狼刚吃剩的驯鹿骨头,砸开后吮吸骨髓充饥,并把余下的骨头当干粮带上。几天后,他终于看到了远处海边停靠的帆船,但此时他只能爬行,还要几天路程。一头瘸腿的病狼与他同行,两者都已无力捕食,希望对方先死,成为食物。最后他计取瘸狼,咬开它的脖子吸血充饥,求得生存。再往前,他看到被狼吃剩的一堆尸骨,发现了比尔的背袋。求生的渴望变成了难以想象的意志力,促使他继续爬向生命的岸滩。最后他被"贝德福德号"捕鲸船的船员救起,在同伤残、饥饿、环境、野兽和自我的斗争中,赢得了生存的权利。

3 篇小说都涉及对生命的思考。后两篇的主人公都是走在雪原行道上的淘金人,作者甚至没有提及他们的名字,因为他们并不代表张三李四,而是承担某种具体行为的抽象的人。他们都孤身一人,凭借着原始的求生本能在凶险的自然环境中挣扎,都遭遇了危机和死亡考验,都表现了对生命的强烈渴望,经过难以置信的努力之后,都实现了某种程度的升华,一个学会了不失尊严地坦然放弃,一个赢得了生存斗争。《生命的法则》虽然以爱斯基摩人为主人公,但其中心关注与另两篇具有共性。3 篇小说都以生命与死亡为主题,也都歌颂一种精神胜利——或者战胜死亡,取得意志上的胜利;或者在获得某种顿悟之后坦然面对死亡,取得理智上的胜利,并都在逆境中保持了人的尊严。这 3 篇小说也都强调环境因素,个人陷于自然的巨大统治力之下,两种力量形成鲜明的反差。这些共同点揭示了伦敦"北疆传奇"的一些深层次的内涵。

这 3 则北疆故事多少都继承了早期基德系列的风格,但主题沉重得多,而且具有悲剧的色彩。亚里士多德把悲剧描述为这样一个过程:判断错误或可悲的性格弱点(hamartia)将英雄人物引向灾难,而这种错误常常表现为傲睨神明或狂妄自大(hubris),导致天谴(divine retribution)或报应(nemesis)。[①] 伦敦的小说也基本遵循这样的模式,他的主人公已不再是基德式的英雄,而是陷入绝境的人。他们既非好人,亦非恶人,由于某个悲剧的错误,比如忽视无理性的自然的黑暗力量,陷入困境。所不同的是,他的小说的主人公的悲剧不是产生于人与人或人与神的冲突(后者其实也是人与人之间冲突的"神"化),而是人的行为与自然环境构成的冲突。小说中人与自然的抗争,往往超越道德,不涉及正义与邪恶,涉及的是自然法则。这种超道德的人与宇宙、人的生物性与宇宙的物理性之间的冲突,是自然主义文学的重要标识之一。

自然主义文学表现人在自然力量面前无能为力的处境,对它既无法控制,也无法理解。自然主义传递的是悲观的宿命论:人不是命运的主宰。伦敦在早期的基德系列小说中,表现了人与自然抗争的英雄主义,但渐渐不知不觉地陷入了悲观主义。比如在《生命的法则》中,作家强调生命的唯一法则就是死亡的法则。"在自然主义作品中,人物的行动出自于与现实主义相似的动机和愿望,他们与现实主义人物的不同之处仅仅在于他们无力抵抗胁迫他们的外界力量。……现实主义的主角正是因为起来同毁灭他们的环境抗争,才能达到悲剧境界,而自然主义的人物却不是如此。"[②]杰克·伦敦让老考斯库希坐在火堆边等待不可避免的生命的终结,并意识到冷冰冰的自然规律:"自然对肉体并不友善。她对所谓个人这种具体之物毫不在意。她的兴趣在于物类,在于种群。……对于生命,她只安排一项任务,只定一条法则。生命的任务是种群延续,它的法则是死亡。"[③]同样,在《生火》的故事中,自

① Chris Baldick,《牛津文学术语词典》(*Oxford Concise Dictionary of Literary Terms*)(上海:上海外语教育出版社,2000),第 227 页。

② Emory Elliott, *Columbia Literary History of the United States*, pp. 530 – 31.

③ Jack London, *Children of the Frost* (New York: Century, 1902), p. 33.

然力渐渐战胜主人公的意志力，"故事的叙述本身就好像让人感到，他的死似乎从一开始就被决定了。"①

但在自然主义的悲观色调中，杰克·伦敦又让他的失败者，如考斯库希和《生火》中的赶路人，表现出无畏的英雄气度，视死如归。同时在另一些小说，如《热爱生命》中，他也让他的人物经过严峻的生存考验之后得到战胜命运的机会。在对待人生的态度上，《热爱生命》比前两篇要积极得多，强调的是人战胜逆境的意志品质。列宁曾高度赞扬这篇小说，临终前叫人把这篇小说大声朗读给他听。作家"试图戏剧性地再现人之尊严的一种新状态"，并为此"做了一系列的调整，努力避开阴沉的色调，为'精神发展'保留一席之地。"②

伦敦的"北疆传奇"具有很强的故事性和可读性，受到各类读者的喜爱。有人为消遣而读其情节，从中获得刺激和乐趣。这是阅读方面的问题，不能由此推断出作品重情节而缺乏深度的结论。杰克·伦敦的作品数量众多，不同作品的艺术质量也确实有高下之分。他的小说有猎奇、惊险和其他冲击感官的成分。但是如果这些方面是主要"卖点"，那么作品可以被称作消遣读物。但很显然，伦敦的作品并不停留在叙述表层，它们触及了人生的根本方面，故事背后潜藏着很多发人深省的思考。正是这些方面的思考，使伦敦的早期作品超越了通俗小说的定义，也超越了时空。比如上面提到的几篇优秀小说，都具有很强的感染力，甚至具有寓言的力量。寓言的特点之一是它的通俗性，在民众喜闻乐见、易于接受的故事中，涵容生活的认识。

近一年的北疆生活影响了杰克·伦敦的一生；而北疆小说又为伦敦一生的创作提供了模式，定下了基调。他的人物踏进未被

① Emory Elliott, *Columbia Literary History of the United States*, p. 540.

② James I. McClintock, *White Logic*, p. 119.

勘探的陌生土地,面对神秘的未知世界,经历生存或淘汰的选择。杰克·伦敦的"北疆传奇"主要围绕着四大主题展开:原始性与文明,生存斗争与死亡,行为法则与道德,自然力量与人。这四方面的矛盾冲突在一篇篇小说中赫然耸现,构成了精彩纷呈的故事。他组合素材、构建故事和表现主题的能力,他的叙事节奏与风格,他对待人物的褒贬态度,都是他在创作北疆短篇小说的最初几年中形成的。

七、失乐园:南海故事

杰克·伦敦的另一组短篇小说,是以波利尼西亚和美拉尼西亚中太平洋和南太平洋诸岛屿为背景的,一般被统称为"南海故事",主要收集在《南海故事集》(*South Sea Tales*, 1911)、《自豪之宅和其它夏威夷故事》(*The House of Pride and Other Tales of Hawaii*, 1912)、《太阳的儿子》(*A Son of the Sun*, 1912)和身后出版的《马卡罗阿席上》(*On the Makaloa Mat*, 1919)中。这些短篇小说创作于作家驾"蛇鲨号"游艇去夏威夷等岛,以及其后由于身体缘故几次前往中、南太平洋一些岛屿休养的1907至1912年间。在伦敦短暂的创作生涯中,这个时段已接近晚期。可以这么说,"北疆"和"南海"两个短篇小说系列,分别代表了伦敦的上升期和下落期。但是即使标以"下落期",也并不代表作家从此一路走向没落。

创作北疆小说的时候,伦敦刚刚从社会的"深渊"中爬出,崭露头角,前程无限;而去海岛游历、疗养、创作的那几年,他的健康每况愈下,文学声誉也从巅峰下滑。面对死亡——不仅是象征意义上的死亡而且也是真正生物意义上的死亡——他本人已经没有年轻时生活中和小说中表现的那种英雄气度。生活中的矛盾变得更加尖锐,摆放在他面前迫使他思考的问题更多、更具体、更现实,社会方面的、个人方面的、经济方面的、健康方面的、政治方面的、文学方面的都有,复杂地纠缠在一起。反映在小说创作中,我们发现他的主题关注领域分散了,海岛的象征变得混乱,失去了"北疆传奇"众多作品形成的整体的力量,而未能给读者留下难以抹去的印象。批评界的一般看法是,杰克·伦敦的南海故事总体质量大不如前,甚至不乏粗制滥造的作品。但批评家厄尔·雷伯不敢苟同,他认为南海故事中仍然有不少优秀的单篇,足以"能够与他最好的北疆故事媲美。"①

但也许厄尔·雷伯也不得不承认,就总体而言,南海故事不如北疆传奇。他的太平洋历险在某些方面与克朗代克故事相似。尽管台风、烈日取代了严寒和雪原,但早期的小说主题依稀可见。他的人物试图从文明中叛逃,面对严酷的、变幻莫测的自然环境,经历生与死的考验,在荒蛮原始的地方寻找精神家园。作家在南海故事中继续写后期北疆小说中那类奇奇怪怪的不幸,也在不同程度上重复了北疆小说的主题和母题。比如收集在《南海故事集》中的以美拉尼西亚为背景的小说中,我们仍然看到作者让他的主要人物通过艰苦危险的历程,寻找个人或种族的身份,把遭受磨难和死亡当作最普遍的人类经历,而在经历的过程中强调人的行为准则和自然法则,强调同志之情。但是,按照早期小说的模式写早期的主题,并没能使他续写早年的成功。詹姆斯·麦克林托克对南海小说提出了尖锐的批评:"这些故事处理的是杰克·伦敦最熟悉、最热爱的主题,但它们是二流的,也许是因为伦敦开始模仿自己。在这些故事中,他只是复制了在北疆小说中做得十分出色的部分。但在早年,他努力探寻自己对世界的认识,理智上、感情

① Earle Labor, *Jack London*, p.129.

上、艺术上极其投入。”[①]也就是说，伦敦在早期是用心、用激情在写作，而这种“投入”在晚期作品中已不多见。

杰克·伦敦也以太平洋岛屿为素材创作了几部长篇小说，对于这些作品，批评界不敢恭维。1911年的《历险记》以所罗门群岛为背景，写的是一位种植园主与一个女人的感情纠葛，人物十分夸张，近似他以前一贯反对的那种浪漫爱情故事。再后是1914年出版的《“埃尔西诺尔号”叛变》。小说几乎是《海狼》的翻版：船长是拉森式的铁腕人物，船长的女儿同一个船舱服务员就像范韦顿和莫德一样相爱，最后两人逃脱控制，迎着夕阳驾舟远去。另两部以海岛为背景的长篇小说是1917年出版的《岛上的杰里》和《杰里之兄麦克》，都以狗为主角，但与以前的《野性的呼唤》和《白牙》比较，质量上相去甚远。好在这两部小说都是伦敦过世后才发表的，对已故者人们一般不再过多非难。

潜藏在杰克·伦敦南海故事背后，隐隐约约有一个寻找“天国”的愿望。毕竟按自然条件来讲，北方是严酷的，而中、南太平洋岛屿景色旖旎，阳光灿烂。但他在南海小说中写的却是“失乐园”的故事，渗透着哀怨低沉的情调，给人一种“梦断南海”的凄楚感觉。这种阴郁的情调不是认识上的悲观主义。在北疆小说，尤其是后期北疆小说中，杰克·伦敦基本上接受了达尔文理论和斯宾塞的社会达尔文主义，将其作为理性基础，小说中透露出一种宿命论的悲观，化作渺小的人在浩大且无情的宇宙中挣扎求存的悲怆图景。这样的表现常常为主人公添上悲剧英雄的色彩。在伦敦的小说中，严寒肆虐的北方一直是一个积极的象征，人们接受大自然的法则，直面生存挑战。而海岛则恰恰相反，求索者发现的是失落的天堂，到处是疾病、死亡、堕落，以及文明人侵留下的废墟与垃圾。这样，在与北疆相比较之中，我们也清楚地看到了海岛的象征

① James I. McClintock, *White Logic*, pp. 132 – 3.

意义:北疆是未被文明征服的原始保留地,而海岛则在西方文明征服者的铁蹄下苟延残喘。

失落部分来自于期待与现实的反差。太平洋那端遥远神秘的国度,是作家从小心向神往的地方。小说《月谷》中的13岁男孩约翰表达的愿望,显然是少年伦敦自己的梦想:

> 如果不知道那边山外,还有山外的山那边是什么,你是不是有时会感到活着不值?还有金门,金门外的太平洋,还有中国、日本、印度,还有……还有那些珊瑚岛。走出金门你可以到外面的任何地方……到澳大利亚,到非洲,到海豹生活的岛屿,到北极,到合恩角。所有这些地方都等着我去踏探。我一直待在奥克兰一个地方,但我不会在奥克兰呆上一辈子,绝对不会。我要到别处去,走得远远的……①

约翰"远方世界"的概念是宽泛的,但杰克·伦敦头脑中的则具体得多。他年轻时深受麦尔维尔小说的影响,麦尔维尔笔下的南太平洋海岛,才是海洋那端他要去的地方。由于偶然的机会促成了北疆之行,而且其实为期不长,只有不到一年的时间,但给青年时期的伦敦留下了深刻的印象。他在大批小说中浪漫地描写北疆,但回来后没有再去克朗代克造访。天寒地冻、人迹罕至的北方渐渐成为伦敦记忆和想象中自己的王国。伦敦1907年"蛇鲨号"航行归来后,几次三番去夏威夷、塔西提等太平洋岛度假、休养、写作,但这个少年时期梦想中的伊甸园,在他的作品中则是个令人失望的地方。真实的北疆荒原和南海岛屿,与作为象征符号的小说中的北疆荒原和南海岛屿,是两个不同层面的话语,两者之间甚至

---

① Jack London, *The Valley of the Moon* (New York: Macmillan, 1913), pp. 263 – 4.

没有太多的逻辑关系。

于是在杰克·伦敦的小说中，他根据自己的感受决定了北疆和海岛两地的代表价值和象征意义。在美拉尼西亚、波利尼西亚，原始的伊甸园象征被完全颠倒了过来，伦敦的小说更多地带上了政治控诉的愤怒，而较少顾及作品的艺术感染力。美丽的海岛在殖民主义的压迫下变得残破不堪。那里的生态被破坏，政治权力被白人殖民者篡夺，经济被商业化，朴实无辜的当地人受到来自文明社会的疾病的感染。他在《蛇鲨号航行记》中写道："现在所有的活力，所有的美，都不复存在，在泰比河谷居住的是几十个可怜的怪物，那些得了麻风病、象皮病和肺结核的人……这里曾经是世界上气候最宜人、环境最健康的地方，而（今天）在这个奇异的花园里，生命腐败了……考虑到这样的情景，人们不得不得出结论：白种人在污蚀和腐败中飞黄腾达。"①伦敦提到的泰比河谷，是麦尔维尔的长篇小说《泰比》详细描绘过的地方。伦敦前来景仰，但留下了一声幻灭的哀叹。

伦敦在他的南海小说中谴责殖民主义对当地生态的破坏，对当地文化的糟蹋和对当地人民的剥削，小说中表达的政治色彩和环境意识是超前的，在这两方面体现了价值。"与之前的库柏和之后的福克纳一样，杰克·伦敦其实十分敏锐地意识到了白人对未开垦地区的野蛮开发和对地球的污染会带来的悲剧性的后果。"②伦敦的南海小说尽管大多艺术质量不高，未能像北疆小说那样广泛流传，但他在一些小说中反映无助的当地人在一个病态的环境中的悲苦的生存状态，对殖民主义的后果进行了犀利的批判。小说中的白人满口种族主义的理论，凶神恶煞，野蛮剥削当地

① Jack London, *The Cruise of the Snark* (New York: Macmillan, 1911), p. 170.

② Earle Labor and Jeanne Campbell Reesman, *Jack London, Revised Edition*, p. 85.

人,把一个美丽的地方变成了炼狱。在这些小说中,伦敦还对诸如文化身份、性别等一些现实问题做了深刻的思考,但总体上表达的不是"北疆传奇"中的信心、勇气和尊严,而是失落、哀怨和无助。

对现实的不满是事情的一个方面。另一个方面是作家的情绪和心态。南海实际上是他走向理想破灭路途中重要的一站。在关于北疆和南海两个地区的小说中,我们实际上可以看到很多方面有趣的对比:

北疆传奇	南海故事
时间:写于作家的上升期	时间:写于作家的下落期
背景:冰雪、旷原	背景:阳光、孤岛
主要关注:	主要关注:
1. 未被触动的原始形态	1. 被文明污染的现状
2. 奋斗中勃发的生命	2. 惰性中消失的活力
3. 逆境中的精神力量	3. 被动的无所作为
基调:潜在的乐观激情	基调:大势已去的悲观

从"北疆传奇"到海岛小说,两组作品既有承前启后的关联,又有鲜明的不同,简明地勾画出了作家创作生涯的抛物线,反映了两个人生时期事业上、心理上的巨大差异。小说不一定完全是作者思想、情绪、心态的反映,但作家的基本人生态度和心理状况很难不在作品中流露出来。不管怎样,杰克·伦敦为我们提供了一批精湛的短篇小说。北疆的气候地貌和淘金人的历险故事,太平洋岛上的殖民现状和当地人的生活,都因为杰克·伦敦生动的小说而变得具体,并长久留在人们的记忆之中。

1916 年最后创作的一些短篇小说仍然以夏威夷和附近岛屿为背景,因此也是南海小说的一部分。这些作品包括《塞缪尔》("Samuel")、《夜生》("The Night-Born")、《红色物》("The Red One")以及伦敦一生中写下的最后一篇小说《水娃》("The Water

Baby")等。厄尔·雷伯在谈到其中的《红色物》时说,该篇小说自1972年被"重新发现"后,"被每一位读过的批评家赞扬。"[①]杰克·伦敦在这些小说中进行了大胆试验,处理完全不同的主题,创作出代表他"原始视野"(primordial vision)的充满活力的一系列原型。在他一生的最后几个月中,他正进行着创作和哲学观念上的演变,他似乎想在燃尽自己之前,让生命的烛光照亮一小片仍然昏暗的领域。

不少批评家指出,伦敦在生命的最后一年,即1916年,艺术上枯木逢春,又写出了一批优秀的小说,可以从荣格的心理学角度进行仔细解读,发掘其中深刻的含义。[②] 在杰克·伦敦生命的最后时段,他越来越被一个新领域所吸引,这便是由弗洛伊德和荣格描绘的尚未被小说家充分挖掘的人的潜意识。他在1912年显然已经读过了弗洛伊德的心理分析理论,而在1916年他读了荣格的《无意识心理学》,做了许多笔记。这本书似乎将他引向一种心理"顿悟"。他的妻子夏弥安证实说,伦敦阅读得非常仔细,并对她说:"女伴,我告诉你我正站在一个新世界的边沿,(这个世界)如此不同,如此可怖,如此精彩,我几乎不敢朝里张望。"[③]他在自己的身体状况和精神摇摇欲坠的最后时刻,决心跨出转折的一步,从主要具有马克思主义倾向的对殖民剥削和掠夺的批判,转向对人的自我意识的探讨。这样的努力几乎已为时太晚,但伦敦却写出了一小批在今天得到很高评价的短篇小说,与早期"北疆传奇"中的优秀作品遥相呼应。

---

① Earle Labor and Jeanne Campbell Reesman, *Jack London, Revised Edition*, p. 117.

② 这些学者包括 James McClintock(参看 *White Logic*, pp. xi-xii, p. 153); Earle Labor and Jeanne Campbell Reesman(参看 *Jack London, Revised Edition*, pp. 30 – 31, 107 – 129); Jonathan Auerbach(参看 *Male Call*, p. 10, p. 235)。

③ 参看 James I. McClintock, *White Logic*, p. 153。

这片小领域是他在学习荣格的心理学理论时发现的，当时的其他美国作家几乎还未涉足。荣格指出艺术家的表现途径有非常不同的两种，一种是“心理模式”(psychological mode)，另一种是“幻觉模式”(visionary mode)。前者是理性客观的，从有意识的人生经历的广阔领域中撷取素材；而后者来自头脑黑暗的深处，是一种超越个人认识的幻觉式的存在，来自一种推动意识发展的遗传心理力量，从被荣格称为“集体无意识”的神秘深邃的“种族记忆”库中撷取素材。由于一般叙述语言不足以表达深刻的构成创造性源泉的幻觉经历，作家往往求助于象征语言，不对现实环境做出理性的简单答复。

杰克·伦敦从来自称为现实主义作家，虽然他以前并不知道有“心理模式”一说，但一直自以为是按照这一途径进行文学创作的。但他最优秀的北疆小说其实已经不知不觉进入了“幻觉模式”。他赋予这些北方故事一种神话的诗意。正是这种现实背后难以锁定的深层的东西，使他的作品获得了经久不衰的魅力。荣格让杰克·伦敦获得了理论支持和清醒的认识，也使他有意识地跨出了改变小说创作方向的重大一步，出现了使人惊喜的反弹，并为读者留下了令人耳目一新的一生中最后几篇优秀作品。反弹出现太晚，总不免让人遗憾。“也许杰克·伦敦一生最大的悲剧是他未能再多活几年，完成这一转化，从他新发现的世界中取材，更多地写出具有洞见的作品。”①

① Earle Labor and Jeanne Campbell Reesman, *Jack London, Revised Edition*, p. 129.

第四章

《野性的呼唤》与《白牙》

尽管有其显而易见的方面,伟大的艺术作品就像一个梦,从来不是交代清楚、明白无误的。一场梦决不会说"你应该如何"或者"这就是真理"。它提供一种形象描述,就如植物的自然生长,我们必须在阅读体验中得出自己的结论。

——卡尔·荣格:《现代人寻找灵魂》

一、成名作的诞生

根据联合国教科文组织发表的调查,杰克·伦敦是包括苏联在内整个欧洲翻译最多、读者最多的美国作家。而《野性的呼唤》又居其50部作品之首。① 在中国,这部小说至少已有32个不同译本,最早的发表于1919年。② 厄尔·雷伯和简·坎贝尔·里斯

① 转引自 Franklin Walker, *Jack London and the Klondike*, p. 261。

② 参看本书第十章"杰克·伦敦在中国的译介"一节;最初的译本是易家钺的《野犬呼声》,1919年开始在《少年中国》连载。

曼在1994年的杰克·伦敦评传修订版中提到,《野性的呼唤》在全世界已被译成80多种不同的文字,是美国文学中最有资格被称作世界名著的作品。[①]《野性的呼唤》获得巨大成功,也使伦敦以克朗代克为背景的其他小说更多地受到读者和批评界的关注,杰克·伦敦的作家声誉从此稳稳地建筑在这片冰封的土地上。出版了这部小说之后,尽管杰克·伦敦还只有27岁,人们开始把他的名字与著名作家们相提并论,有人称他为美国的吉卜林,也有人把他看做爱伦·坡的继承人。吉卜林和爱伦·坡有一个共同的特征,那就是他们的小说具有极强的可读性。"精彩的故事——节奏快,细节生动,充满动作与冒险。这类书——就如马克·吐温的《哈克贝利·芬历险记》、麦尔维尔的《白鲸》和史蒂文斯的《金银岛》一样——永远吸引着普遍存在于我们每个人身上不会长大、不会衰老的'少年之心'。"[②]《野性的呼唤》深受欢迎,在很大程度上与其浪漫的历险、紧凑的故事情节和动物主题有关,这一点无须否认。可读性和思想性不一定成反比,伟大的故事往往也是有趣的故事,比如莎士比亚的剧作。作品的通俗性与作品的文学价值并不构成二元对立。

真正优秀的作品应该是雅俗共赏的作品。就像麦尔维尔和史蒂文斯的名著一样,《野性的呼唤》充满动感和异域风情,但故事中也包含着比趣味性更重要的东西。作者亲身经历了北疆历险,而且又酷爱阅读。他从真实经历的体验中、从广泛的阅读中,也从想象中,把认识生活的各种成分捏合在一起,创作了自己的故事。小说的情节建构与观念表达融洽无间,成为有机的一体。这种整合很可能是无意识的,自然地在创作过程中从作家的笔尖流出。

---

① Earle Labor and Jeanne Campbell Reesman, *Jack London, Revised Edition*, p. x.

② Earle Labor, Introduction to *The Call of the Wild, White Fang and Other Stories* (北京:外语教学与研究出版社,1994),第xii页。

尤其是像杰克·伦敦那样善于接受新思想、新理论、新知识,而又不断思考人生和社会的青年作家,在确立故事的主题、设定故事的环境、交代人物的行为动机时,难以避免地会把他对时代与社会问题的思考融入故事之中。很多前人和同代人的著作在塑造这位新作家的过程中起到了巨大的影响作用,包括流行于当时知识界的达尔文、斯宾塞、尼采的理论,也包括流行于普通读者间的史蒂文斯和吉卜林的历险小说。他在创作美国民众和他本人都喜欢的这一类型的故事时,把所见所闻、所思所想化入其中,而他的故事又隐蔽地反映了他的人生哲学和社会观。就这样,他的小说表现了美国生活中早已存在、而美国文学中尚未出现的许多方面。厄尔·雷伯和里斯曼认为,"批评界的品味与读者大众的口味,非常难得地在这部作品上达成了一致。"①

虽然作者在《野性的呼唤》中结合了神话悬念和自然主义的哲学话语,但小说没有抛弃现实基调,也没有流于说教,故事情节自然发展,既富有吸引力,又具有宽广的阐释空间。各报刊的书评对这部小说赞语连篇,称它为一部出色的人生寓言。对此,伦敦十分吃惊。他说,"我问心有愧,当时我没有意识到这些方面,我没有这么写的意图。"②他的女儿琼·伦敦很多年后也认为,所谓的深刻主题纯粹是巧合的结果,是她父亲打出的"黑夜里正巧击中标靶的幸运的一枪。"③我们有理由相信,伦敦说的是真话,他女儿也是诚实的。他当时全神贯注写的是一则紧张动人的狗的故事,也许根本没有刻意让故事包含"深层含义"。但是作家在创作时是否可能使自己处于文化真空,纯粹为故事

---

① Earle Labor and Jeanne Campbell Reesman, *Jack London, Revised Edition*, p. 48.

② 参看 Earle Labor, Introduction to *The Call of the Wild, White Fang and Other Stories*, p. xiii。

③ Joan London, *Jack London and His Times*, p. 252.

而写故事?作家对自己的文本解释是否具有压倒其他声音的权威性?如果作家与批评家看法相左,是否必定有一方的看法是错误的?这些都是文学界经常讨论的老问题。我们认为,作家的创作过程很难排除潜意识的"干扰"和"参与",因此他言之凿凿的"申明"并不一定揭示了作品更真实的本质。其次,比如新批评理论就认为,一旦一部作品问世,它就是一种"成品",批评家有权对这一已完成的"文化产品"进行观察评论,而没有必要顾及作者的想法。

其实,任何创作过程,除了作家有意识的情节构思和人物塑造之外,必定还有其它因素作用于其中。那是一种与知识结构、认识体系、生活态度相关的潜在的"意识的群集",产生于作家的特殊经历、融合着作家的特殊愿望。这些"不速之客"会联手"帮助"作家进行他以为独立自主的思考和表达。在写一篇狗的故事中,杰克·伦敦会十分自然地,或者说不由自主地,把自己对世界的理解渗透其中。作家深藏于心底的意识,或曰潜意识,会不自觉地从他笔尖流露出来,表现在他所写的故事中。E. M. 福斯特在《小说面面观》中说:"他们(作家们)也许决心要写出一部关于法国革命或者俄国革命的小说来,但是,回忆、联想、激情会翻腾起来,云遮雾罩似的掩盖住了他们的客观性,以致在小说结束的阶段,当小说家自己把它再读上一遍的时候,就会觉得好像一直是别人在握着他们的那杆笔在进行写作似的,而且,仿佛把他们的主题贬低到了背景的地位上去了。"①杰克·伦敦阅读了大量社会、哲学、政治、心理学方面的书籍,加之他自己的经历和观察思考,各种理念混合形成他对人生和社会的综合认识——可能是矛盾的,可能是无意识的,但这股认识潜流甚至具有操纵的力量。

① E. M. 福斯特,《小说面面观》,朱乃长译(北京:中国对外翻译出版公司,2002年),第53页。

厄尔·雷伯说："伟大的哲学、心理学家卡尔·荣格会这么说，一名艺术家是否有意识地在本意中做某事并不重要，如果他/她具有'原始视野'，或受其影响支配，那么他/她的创作和作品就会展现超越艺术家有意识意图的意义。"因此真正的阅读应该穿透表层故事，企及思想内核，"不然的话，麦尔维尔的《白鲸》也只是一篇冗长的水手故事。"①

二、狗的故事和人的寓言

杰克·伦敦只用一个多月的时间就写完了《野性的呼唤》。小说一气呵成，没有矫揉造作的华丽，也没有经院式的凝重，很好地体现了他自己对小说创作的理解："不要对你的读者直说，千万，千万别说。但你要让你的人物以他的行为、动作、言谈来说明一切。那时，只有到那时，你是在写小说而不是写社会学文献。"他认为作家应该努力创造气氛，尤其要善于"用恰当有力的词句，要新鲜而生动。不要叙说，要彩绘！画出来，描出来——创造出来。"②从任何角度上讲，《野性的呼唤》都是一部佳作。小说简洁明快，故事紧凑，趣味性很强。作者在一则有趣的故事中又融入了神秘的悬念和寓言的哲理，使小说不仅为读者提供了阅读的愉悦，而且还能给人以无穷的回味。作者用文字展现了一幅可怕的陌生世界的图卷，让残酷的生存斗争在这个异域环境中展开，在特殊情境中反映和突显某方面的人生哲理。杰克·伦敦把故事

① Earle Labor, Introduction to *The Call of the Wild, White Fang and Other Stories*, p. xiii。

② King Hendricks and Irving Shepard, eds., *Letters from Jack London* (New York: Odyssey, 1965), p. 108.

写得如此自然流畅,把主要角色塑造得如此富有个性,难能可贵。小说字里行间显示了内在的力量、自发的美感和粗犷的节奏。伦敦的主题和表现手法让读者耳目一新,给美国文坛带进了一股清新的空气。

伦敦的北疆小说人物大多有回归荒原的冲动,但唯有《野性的呼唤》直接将回归原始作为小说主题。小说的中心角色(用"人物"一词显然不妥)是一条叫布克的狗,但它具备人的所有特点。以动物寓人,在文学中屡见不鲜。布克是米勒大法官一家的忠实伙伴和爱戴的朋友,自由地生活在加利福尼亚州圣克拉拉山谷法官家的大片树林地产里。那时候,克朗代克发现金矿,像布克那样的大型良种犬立刻身价百倍。米勒法官府邸的一个园丁因赌博输钱,急于还债,盗走布克卖钱。布克被运往北疆,受尽驯狗人棍棒的虐待,后由两个法国人法兰夏和派劳特买下,来到阿拉斯加,目睹了那里生存斗争的残酷。布克很快学会了拉雪橇,在雪地里打洞睡觉,偷鲑鱼干而不被主人发现。几趟极其艰苦的旅程、几经易手之后,不少狗途中死亡,剩余的极度虚弱,无法拉动雪橇。但雪橇队绝处逢生,到达约翰·宋顿的营地。宋顿因脚伤不能继续北上探险,他的同伴们将他安顿在这里。此时布克已瘦骨嶙峋,主人哈尔无情的鞭子雨点般地落在它身上。布克拒绝听从命令,凶残的哈尔将鞭子换成了棍子。宋顿忍无可忍,向哈尔扑去,救下布克。在约翰·宋顿的悉心照料下,布克恢复了健康和体力。在宋顿那里布克得到了自来到北疆后从来没有得到过的温暖、爱和信任。

但是,一种奇怪的返祖幻觉常常在它的脑中出现。它看到在一个原始世界中,它的祖先同原始人一起生活、狩猎。回归原始自然生活的欲望在它内心激荡,深深吸引着布克。布克只是出于对宋顿的感恩和敬慕,才没有响应"野性的呼唤"。后来,宋顿同他的两个伙伴发现了丰富的金沙砾。他们忙于生财的时候,布克常常离开他们的帐篷,到周围的大森林里独自远游。一天,布克追赶一头麋鹿远离营地,回来时发现主人和主人的朋友已被谋杀。杀害他们的印第安人仍然在帐篷里,载歌载舞庆贺胜利。布克狂怒地向其中一个印第安人猛扑过去,撕裂他的喉咙,然后又转身向其他印第安人进攻。这些印第安人被突如其来的攻击吓得惊慌失措,仓皇逃窜。布克终于断绝了与人的关系,归返野性,跟着狼群进入大森林。同它远古的祖先一样,以机敏和勇敢在大自然中求得生存,成了狼群的首领。每年冬天来临,狼群下山谷觅食时,布克总要来到山溪边宋顿死去的地方。在那儿,它默默地蹲下,抬头对着苍白的月亮,发出长长的凄凉的嚎叫。

《野性的呼唤》故事确实反映了杰克·伦敦本人深感兴趣而又流行于当时的一些观念。布克进入北疆的新环境,把"适者生存"的概念进行了具体的演示。它努力适应北极的严寒,适应雪橇狗的新生活,为自己的生存权利与自然斗争,与其他狗进行必要的较量,最后使自己潜在的能力——适应力、忍耐力、勇气和智慧——得到充分的发展。严酷的现实教会了它许多东西,它必须尊崇自然的法则,必须摒弃浪漫主义而采用彻底的实用主义,必须调整道德尺度,必须小心翼翼地保卫自己的权利,又必须具有患难相助、共同求存的胸怀。在与环境、与自己、与人、与狗的交往和斗争中,布克赢得了尊重,成为领袖,成为强者。

很多批评家把《野性的呼唤》当作人的寓言进行解读。比如保尔·霍罗维兹认为,这部小说"主要是一部人的寓言,讲述一个主人公的历程——他经历了成长的旅程和演变的阶段,达到了更高的境界,最后神化。"①的确,布克的经历过程——从无辜到遭遇危险,再到认识某种生活的法则而获得升华——与一般成长小说的大体模式有相似之处。由于布克的人性色彩十分浓烈,而伦敦

---

① Paul J. Horowitz, Introduction, p. 8.

又把狗/狼想象为自己性格特征的标志,以至于有的批评家把《野性的呼唤》看成是带有"自传"色彩的作品,认为这部小说在很多方面甚至比《马丁·伊登》、《约翰·巴雷康》等相对严格意义上的自传体小说更深刻地揭示了伦敦的内心世界。[①]

这部小说对杰克·伦敦来说意义重大,它的出版标志着作家职业生涯的一个重要转折,从此前景突然开阔。贫困苦难的生活,为获得认可的艰辛付出,都成为过去。但是,过去多年苦斗、逆境求存的感情经历,在他讲述狗的故事时不自觉地流露出来,一位青年艺术家的画像在其中隐约浮现。于是在布克的故事中依稀可见一般成长小说的基本模型:背弃原来的家庭、阶级、规范、传统后走上探索之路,在经历过程中接受了一系列道德教育,一连串的磨难让主人公经受锻炼,使内在的力量得到发展,最后冲破原先的认识局限,领悟生活的真谛,走向成熟。《野性的呼唤》中布克的"成长"故事,正是按这样的线路发展的:脱离舒适安逸的文明环境,走上历险之路,经受磨难与考验,获得升华。布克最后投入原始森林的怀抱,也是经历了一个"教育"过程之后做出的返朴归真的选择。重返荒原显然不是现实的答案,因此作家以狗喻人,在想象中表达可能找到的精神归宿。

马克·塞尔泽把文学中布克这类角色称为"兽皮人"(men in furs)。[②] 也就是说,"兽"只是表面特征,其内核是"人"。作家其实在写人的故事,出于某种策略需要,找了"替身"。杰克·伦敦不一定有意识地让某一个构思中的人物披上"兽皮",他想写狗的故事,但或多或少把人的成分裹进了"兽皮"之中。比如在讲述布克与宋顿的亲密关系时,作者笔下狗与人的距离十分接近,他们之间可以产生交流。布克的眼神、声音、表情都可以传情达意,以至

① Jonathan Auerbach, *Male Call*, p. 84.

② Mark Seltzer, *Bodies and Machines* (New York: Routledge, 1992), p. 166.

于宋顿说:"天哪,你就差不会说话了!"[1]这样,伦敦让布克同时承担两个角色,一方面它可以处在人的平等地位,代表人的认识,在动物故事中表现人的世界;另一方面它又保留着原始性,从动物的水平面去观察自然世界,从而获得一种双重视角。这样的写法部分地克服了文明人的"盲点",让观察者更接近原始的本真。

小查尔斯·沃森将《野性的呼唤》与马克·吐温的代表作做了有趣的比较,强调两者间结构上的相似性:伦敦的小说"与吐温的《哈克贝利·芬历险记》一样,故事中一位年轻的主人公一开始处于一位仁慈的养父或养母的监护之下。然后主人公离开这个受保护的世界,登上旅程,遭遇文明正面和负面的各种碰撞,而在此期间,他又常常受到自然世界的另一面的影响,出现出逃的无政府主义的冲动,而接近尾声时各自又几乎被另一位慈祥的养父或养母接纳,但他选择追随野性的呼唤,朝着向往之地出发。"沃森认为,结构上和主题上的相似性,说明小说背后两位作家的共同关注,"他们共享的是与自然世界相关的向自由逃亡的恒久不变的美国梦。"[2]这种梦想其实也正是 19 世纪自由派个人主义和超验主义思想的核心:维护个人的神圣性,强调自然的净化作用。世纪之交的美国普遍存在着一种与日俱增的"文明焦虑":越来越市场化、物质化和理性化的经济和生活模式,使人活力丧失,精神枯萎;制度化的文明已经无法为美国人提供证明自己勇气与能力的机会。因此,从文明中逃亡,回归原始,也就成了内心的呼唤。这种呼唤本质上是浪漫主义的,但是杰克·伦敦在讲述故事的过程中,将当时流行的文学自然主义的许多要素结合在其中,让它与当时美国社会上的许多关注形成呼应。

---

① Jack London, *The Call of the Wild, White Fang and Other Stories* (北京:外语教学与研究出版社,1994), p. 61. 本书中的引文以下只标页码。

② Charles N. Watson, Jr., *The Novels of Jack London*, pp. 39 – 40.

三、适者生存与超道德论

对于杰克·伦敦来说，在北疆，当适应环境成为生存的第一要素时，人与动物在行为的很多方面是相似的，因为所有物种都必须在北疆“生命的法则”之下进行生活。特殊的环境似乎压缩了漫长的进化过程，为小说提供了理想的背景，把适者生存的斗争直接放在读者面前进行演绎：人和动物必须以本能为基础，发展自己的适应力，决定生存方式和策略，有的成功适应了，有的选择回归原始，有的则被淘汰出局。《野性的呼唤》中强调的“优胜劣汰”的自然法则，必定与传统道德发生冲突。

《野性的呼唤》发表时，新世纪刚刚来到人间。19世纪后半叶，达尔文提出了进化论，说明地球上的生物在几百万年的进化过程中，优胜劣汰，适者生存，逐步形成了包括人类在内的今天的各个生物种类。这个理论从根本上否定了上帝创造生灵万物的信条，强烈地冲击和动摇了西方基督教文明的根基。随着进化论的出现，各种新理论、观点和哲学纷至沓来，突然间打开了人们的眼界和心界。斯宾塞提出社会达尔文主义，认为人类社会也依照适者生存的规律发展进化。根据他的理论，资本主义剥削、民族竞争、工业战争都是合理的，都是淘汰弱者、优选强者的过程。尼采推出了颇有影响的“超人”哲学。所谓超人就是在智力、体力、韬略、胆魄超越芸芸众生之上的，最终可以领导、教育全体民众的超凡出众的伟人，世界最终将归于他们的统治之下。斯宾塞和尼采都把生物界的规律应用到人类社会之中。

与他们的理论相反，马克思提出了共产主义理论，号召社会下层被压迫的弱者——无产阶级——联合起来，变成强者，推翻他们的压迫者，建立新的合理的经济制度和分配体系。其它盛行于世纪之交的理论与哲学还包括海克尔的一元论、弗洛伊德的心理分析、马尔萨斯的人口论和当时在美国一度流行的机械论——认为人是伟大的宇宙力支配下无法自控的物体。这个哲学百家争鸣交锋的时期,也正是杰克·伦敦思想形成的年代。他受到各种思潮的影响,但主要从马克思、达尔文、斯宾塞和尼采 4 个人身上找到了构成他世界观的基本原料。他开放式地吸收各家观点,但应该说没有形成自己系统、和谐、一致的认识观。他的哲学观实际上比较混乱,有不少矛盾的地方。

在当时的文学界,盛行的是自然主义文学思潮。自然主义深受 19 世纪下半叶自然和社会科学发展的影响,混合了达尔文、斯宾塞、马克思、尼采、弗洛伊德等各路新思想,认为宇宙的自然力难以撼动,本能的潜在作用不受主观意识控制。自然主义文学的基调是悲观的,产生于宿命论的认识观。他们从牛顿的理论中发现了"机械宿命论",认为人的力量在宇宙的物理运动过程中微不足道,人生祸福很多都是机会的产物而不是努力的结果;他们从达尔文的进化论中发现了"生物宿命论",否定上帝创造论,强调进化过程中优胜劣汰、适者生存的法则;他们从马克思的哲学中发现了"经济宿命论",强调阶级和经济地位对人的意识和政治态度的影响;他们从弗洛伊德的心理分析中发现了"心理宿命论",强调"本我"与"超我"的力量。总而言之,他们强调人被无法真正理解、也无法掌控的力量所左右,难以摆脱环境与本能的制约,而且,既然人的主观意志力被这些理论大大弱化,道德的地位也受到了挑战。一种"超道德论"随着自然主义产生。

科学的进步给自然主义作家带来的不是希望,不是对美好前景的期待,而是把他们推入了认识困境,给人的妄自尊大以当头一棒,使他们充分意识到自己在世界中无助、无奈的地位。人的地位被降低了,人的生活被简化为"适者生存"的倾轧,资本主义社会被看做是弱肉强食的"丛林",传统的伦理道德受到质疑,冷冰冰的生物法则被引入人类生活,解释人类社会。自然主义给世纪之交的美国带来了思想和道德上的混乱,影响了包括杰克·伦敦在内的许多知识分子。他们有时,尤其在内心深处,并不完全认同这样的理论,但又慑服于其清醒、冷酷且强大的逻辑性,拜倒在"科学"的大旗之下。正因如此,伦敦小说中的自然主义的潜台词,有时候又与他思想中的其他方面发生矛盾冲突。理性上,他接受、认可这一输入的理论;感情上,他不甘就范,寄希望于人的主观能动性,相信奋斗的价值。这样,内心的企望、传统文化的熏陶就与认识上的虚无主义之间发生碰撞。杰克·伦敦把矛盾的两方面都写进了小说。

细读《野性的呼唤》,我们不难看出当时流行思潮对作者的影响。小说主要反映的是生存斗争:作者将布克送进一个自然主义小说理论的实验室,让它去一个"没有上帝的世界"适应环境,面对生存斗争,使虚构的故事成为一个可供观察、检验的实例。影响杰克·伦敦信仰的哲学和社会观,在作品中或多或少都有所反映。小说的地点选择在加拿大北部和阿拉斯加北极圈内的冰雪世界。在这个人迹罕至、自然条件极其险恶、社会法律鞭长莫及的地方,人或动物的生存随时都处在威胁之中。小说中的布克"突然间一下子被从文明的中心甩到了原始的中心。这里绝没有懒散舒适、无所事事、东游西逛、令人厌烦、无聊的生活。这里没有安宁,没有休息,没有一分钟的安全感,有的只是混乱和行动,因为生命和肢体每时每刻都处在危险中。至关重要的是时时保持警觉;因为这些狗和人不是城里的狗和人。他们是野兽、野蛮人,全部都是,除了牙齿和棍棒,不服从于任何其它法则"(15)。在这里,现实被剥去了文明的虚饰,呈现出野蛮的、血淋淋的本质。

小说的地理背景使适应环境、强者生存成为不可回避的现实。伦敦视野中充满凶险的北疆环境,把达尔文"适者生存"的理论具体化、典型化、戏剧化了。在那里,气候恶劣,食物稀少,要活下去,就必须发展适应力，就必须比其他动物、其他人更机敏、更勇猛、更具有忍耐力。“布克并不明白其中的道理。它体格强壮，仅此而已，但无意识中它改变了自己以适应新的生活模式”(21)。布克具有体格的优势，又使自己的勇气和吃苦精神在逆境中得到发展，证明自己是个有生存权利的“适者”。布克和史皮兹争夺强者地位，把生存斗争推向了高潮。最后，布克追赶的兔子被史皮兹咬住：谁将获得猎物，谁将面临饥饿？较量达到巅峰。结果，布克勇敢地将史皮兹咬倒，成了生存斗争的胜利者，而史皮兹则被淘汰出生存圈子。这样，布克被塑造成了一个能力超群的强者，一个杰克·伦敦心目中的理想形象：它身处险境能表现出大智大勇，有能力适应充满敌意的生存新环境，对代表权威的社会机构有本能的抵触，敢作敢为，甚至可以蔑视道德规范，在捍卫自主和自由权利方面寸步不让。

伦敦在一篇名为“阿拉斯加短篇素材”的笔记中，写下了他创作《野性的呼唤》的最初轮廓：“我必须写一则人与一条狼狗的震撼人心的故事。而且这条狼狗(像人，有点传记色彩)不可征服、无畏、凶猛、不择手段。”①作者在简要的笔记中，提及了计划中这部小说的四个与我们的讨论相关的重要方面：一是担当主角的狗要“像人”，而不是“像狗”，因此布克是“兽皮人”，对布克的故事也可以进行寓言式的解读；二是要“有点传记色彩”，故事将追随中心角色从无知到成熟的成长轨迹，将是一篇“成长小说”；三是故事的主角将以“不可征服、无畏、凶猛”为特征，在弱肉强食的丛林社会中，是个符合生存法则的“强者”；四是一种超道德主义思想，只有实用主义，没有道德约束，即生存斗争“不择手段”，而这个词、这个概念在伦敦的笔记中和后来的小说中，都不是贬义的。

布克原来生活在和平安逸的环境中，但被盗卖到北疆后，很快

---

① 转引自 Franklin Walker, *Jack London and the Klondike*, p. 218。

迈出了打破传统道德准则的第一步:从主人那儿偷来一块咸肉。作者认为这种做法无可非议,并在小说中插入了一段自然主义的阐释:“这第一次偷盗是一个标志,说明布克具有在北疆的恶劣环境中生存的基础,说明它有适应能力,有能力针对变化的环境改变自己,缺乏这一点意味着快速可怕的死亡。这一行为同时进一步说明,他(从前)的道德原则走向崩溃,因为道德只是一种不实际的东西,是无情的生存斗争中的障碍物。在南地也许无可非议,在爱和友情的原则之下,可以尊重私有财产和个人感情,但北疆的法律是‘棍子和牙齿’,根据它(布克)的理解,谁顾及诸如道德之类的东西就是傻瓜,谁就会遭到淘汰”(21)。布克不知不觉中调整到了一种新的认识模式——在一个无情的世界里,任何为生存进行努力的手段和行为都是合乎情理的,而斯文、清高、谦让则都是弱者的幌子。杰克·伦敦历来崇尚的是生物决定论与原始主义,有强调本能而贬低道德的倾向。

在这里,杰克·伦敦实际上将自然主义文学的一个重要命题进行着艺术化的展示,即“强者”地位与伦理道德的关系问题。首先自然主义剥夺了上帝的权威,人由进化而来,遵从生物的规律,而不是上帝“特殊”的造物。宇宙中没有上帝这个最终的审判官来评判道德上的是非曲直。其次,斯宾塞的社会达尔文主义思想认为,生活只奖励强者,在为个人目标奋斗时不应同情竞争带给对手的不幸,因为人的社会也是一个“适者生存”的竞技场,也遵从竞争与淘汰的法则,通往成功的道路是残酷的,你死我活。杰克·伦敦仔细研读过斯宾塞的理论,受其影响颇深,希望成为“强者”,成为“马背上的人”。对于他个人来说,斯宾塞的理论是一种驱动力。《野性的呼唤》中的布克,最后“在只有强者才能生存的险恶环境中,成功赢得了生存权利”(79)。这种“生存道德”他在理论上是赞同的,但感情上又是排斥的。他本人是从“深渊”里爬出的人,体会过社会生存形态的不合理性给下层人带来的痛苦,为被社会践踏于底层的“弱者”愤愤不平。他原本处于弱者的地位，理解也同情弱者。这是他信仰社会主义的感情基础。他认为是人为的经济体制造成了分配不公和贫富差异，而社会革命可以根治现有经济体系的缺陷。社会主义思想和社会达尔文主义在理论上很难“和平共处”，但在伦敦的小说中可以相安无事，各自得到应有的上场表演时间。比如，在突出生存斗争的描写中，伦敦让雪橇狗结成“弱者的联邦”，联合起来反抗压迫他们的“强者”，显示团结的力量。在后来的主要小说中，包括《海狼》、《铁蹄》和《马丁·伊登》，矛盾的这两方面还将继续在同一主题下得到反映。

那么，除非杰克·伦敦幼稚得可爱，两种截然相对的认识观为什么可以在他思想中共存呢？我们发现，它们的产生基础和它们的支撑点都很不相同。超道德主义来自作家的阅读，它以知识界的科学或伪科学的理性思辨为基础；社会主义主要产生于作家的生活经历，它的支撑基础是个人感情倾向，是一种愿望，带有自发性，其实不需要理论的支持。当然，由于两种观念倒向不同的方向，难免形成矛盾。杰克·伦敦也许意识到了矛盾的存在，启用了一个解决矛盾的有效策略。他让一条狗成为作品的中心角色，跳出人的文化框架。“如此一来，深思慎行、自由意志的问题似乎就消失了，遗传、气质和固有的资质就更容易被孤立起来，那么这些作品中表现的成功就可以单纯地定义为顺应了环境，而环境则是一种内在能力和外在力量的结合。”①查尔斯·沃尔卡特说得更直白：“如果布克是人，就会牵扯到伦理道德的问题。”②这样，布克学会了偷盗和无情杀戮，而且不为自己的行为感到不安，同时又能保持“正面”形象。不管这是“适应环境”的进步，还是“道德退化”，

① Emory Elliot, gen. ed., *Columbia Literary History of the United States*, p. 442.

② Charles Child Walcutt, *American Literary Naturalism: A Divided Stream* (Minneapolis: Minnesota University Press, 1956), p. 106.

杰克·伦敦在表达他的认识时,都不会激怒他的读者,因为布克毕竟是一条狗,而不是人。但不管怎样,伦敦的自然主义,或曰“野性”现实主义,冲击了当时在美国仍然很有市场的维多利亚时代的温文浪漫的理想主义,激发读者对自己的生存环境,对文明道德,对组成新思潮的各种自然和社会科学的理论进行深刻的思考和再认识。

四、原始性的“呼唤”

伦敦常常借用社会达尔文主义的语言来描述他所处的社会。他本人从社会的深坑里爬上了中产阶级社会,从“野种”变成了作家,成了“城市丛林”(urban jungle)中生存斗争的胜利者。对自己新的阶级地位,他始终抱有爱憎掺杂的矛盾心态,一方面庆幸自己的“强者”地位,另一方面又不屑于这种成功,鄙视现已成为其中一员的有产阶级,内心深处有一种幻灭感,渴望精神上的摆脱与回归。这种矛盾心情在《马丁·伊登》中反映得十分强烈。但早在创作《野性的呼唤》时,他对自己可能挤入的那个虚伪的世界已经有了朦胧的担忧。小说结束时,布克离开人的社会,归返野性。这个行动包含着双重意义。首先,布克背弃文明,投奔荒野的行动,是对未受文明污染的原始性的纯和美的向往。这是产生于欧洲的“归真返璞”的文学思潮在美国的共鸣。杰克·伦敦把原始森林野地想象成新的伊甸园,当作工业文明的对立面和精神替代,希望追名逐利中已经枯萎的活力在那里可以得到复原。表达在《野性的呼唤》中的这种回归原始的愿望,在工业化和城市化骤然兴起时的西方社会十分普遍。这种呼唤代表了一种摆脱精神压迫的渴望,代表对自由的追求和对大自然的向往。

其次,归返原始之举也是一种反叛行为,表示对文明社会的叛弃。布克屡屡在社会中得到不公正的待遇,无缘无故成为受害者。它两次得到过爱和温暖,但两次都被最残忍地破坏了:一次被盗卖到北疆,另一次好心的主人遭到谋杀。布克身上体现了人多方面的善德,除了具有勇敢机智和吃苦耐劳的品质外,它善恶分明。宋顿救了它,关爱它,它以恩报德,也舍身从急流中救出宋顿,并忠心为他服务。但当宋顿与别人打赌,表现出某种虚伪时,尤其是发现金沙,顾不上布克时,它开始在欲离欲留之间犹豫彷徨。最后宋顿被杀,邪恶战胜善良,布克与人的最后关系也就此断绝。布克看够了人类社会中的贪婪、凶残和野蛮,在幻灭之后做出抉择,在原始返祖欲望的召感下,追随野性的呼唤,背离文明世界,进入莽莽原始森林里,在更加直接地进行着生存斗争的荒蛮之地找到了自己的位置。

作者在现实主义/自然主义的描述中,用一种超自然的神秘主义的色调进行渲染,这种色调越接近故事的结尾越显得强烈。小说从写实、从细节逐渐让位于写意和抽象,到最后读起来几乎像一首抒情诗。小说的基调也从自然主义慢慢滑向了浪漫主义,可信性和客观性被主体意愿的表达所取代,但同时,小说的艺术性则大大提高,阐释空间大大扩展。“那些幻影召唤着它,难以抗拒,每一天人类和人类的权利从它(布克)身边溜走,远去。在森林的深处,一种呼唤响起。每当它听到这种使它震颤、又极具诱惑力的神秘呼唤,它总是不由自主地返身离开火堆和踏出的行道,一头扑进树林,不断地朝里走,不知为何目的,去向何方;它也不去思索这如此急迫的呼唤从森林何处而来,为何响起”(63)。这种“呼唤”来自摆脱精神约束的渴望,代表着对自由的追求和对大自然的向往。读者明白,这种呼唤来自城市人内心的深处。传记作家沃尔卡特说:“文明社会的人,尤其是美国人,常常在野性的呼唤中生活。

但呼唤不等于野性本身。”[①]野性的神秘“呼唤”和对“呼唤”的回应,是贯穿故事整体的关键成分。

那么,具体是什么在呼唤?英文中的“wild”在汉语中可以译为“荒原”,也可以译为“野性”,正因如此,有的中文译本将书名译成《荒野的呼唤》或《旷野的呼唤》。[②] 布克最后确实投入了原始荒原的怀抱,但荒原不是“呼唤”者。作者的暗示十分明确,它是一种与“人类和人类的权利”,与“火堆和踏出的行道”形成对应的东西,它不是森林旷野本身,而是来自其神秘的深处。发出“呼唤”的应该是一种深埋于内心的“原始性”,或曰“野性”,是由驯化的狗的近亲狼代表的自然性和自发性。小说中屡次提到“返祖现象”,即回归原始。杰克·伦敦让布克在幻觉中出现它的先祖与原始人一起狩猎的场面,并在声音和幻觉之间建立了联系:“这呼唤与幻觉中的长毛男人紧密相关,仍然响彻森林的深处。这使它不安,使它充满奇怪的欲望,使它感觉到一种模糊美好的兴奋,它意识到一种不可名状的狂野的渴望和骚动。有时候它进入森林,追踪呼声,寻找它,就好像它是个实实在在的物体,随着情绪的变化时而轻柔,时而傲慢地呼唤着”(76)。而呼声此起彼伏,持续不断,“不管是醒着还是在梦里,每时每刻呼唤着它前去投奔”(76)。布克明白,“它最终会响应”这一神秘的“召唤”(76)。

在小说的最后,作者渐渐将“呼唤”具体化,原来“野性的呼唤”是狼的叫声。“从远处传来微弱、清晰的一声尖叫,引出一阵同样的尖叫声。渐渐地,叫声越来越近,越来越响。布克明白这又

---

① Charles Child Walcutt, *American Literary Naturalism*, p. 146.

② 比如,蒋天佐译:《荒野的呼唤》(上海:骆驼书店,1948);戴红霞译:《荒野的呼唤》(长沙:湖南文艺出版社,1989);孙毅兵译《荒野的呼唤、白牙》(北京:中国青年出版社,1995);牟百冶译:《荒野的呼唤》(南宁:接力出版社,1996);吴格言译:《旷野的呼唤》(花山文艺出版社,1996);程亚平译:《荒野的呼唤》(北京:台海出版社,2000)。

是留存于它记忆中来自另一个世界的东西。它走到开阔地的中央,静静地听。就是这呼唤,这种多声调的呼唤,比以往更恳切、更急迫地召唤着它”(86)。故事到了最后,布克见到了狼群。“那头老狼坐下仰面朝着月亮,发出一声长长的嚎叫。其他群狼跟着坐下嚎叫。此时呼唤的声音明白无误地传到布克。它也坐下,发出一声长嚎”(87)。这一声应答,宣布布克离弃人类社会,加入狼群,回归野性。布克回到狼群的事实,并不说明它的“退化”,它是经过选择之后,在大自然中找到了自己的位置。这里的生存竞争更加直接,但最后布克以勇猛和聪明赢得了狼群中的领袖地位。

与进化论相关联的返祖现象,在当时是一个让很多知识分子感兴趣的话题。如果环境可以通过优胜劣汰的选择促成物种的进化,那么环境是不是有可能使物种发展原始本能,促成“逆向进化”呢?当时的很多小说直接涉及返祖现象的问题,比如杰克·伦敦后期的长篇小说《亚当之前》。[①] 弗兰克·诺里斯在短篇小说《洛斯》(“Lauth”)中,让一个人逐渐退化,经过生物演变的多个阶段一路往回走,到最后变成了原生动物。《野性的呼唤》从书名就开始对返祖现象进行暗示,让布克越来越多地梦见他的祖先与原始人在一起的生活与狩猎的场面,并把这种梦境看做一种自由的召唤。最后,宋顿死后,它跨出了决定性的一步,离弃文明,加入狼群。这样的写法,这样的故事所表达的概念,并不完全是大众对达尔文理论反向发展的兴趣的反映,而更多的是一种内心渴求的呼应。城市社会的人渴望从社会的约束中逃亡,从家庭责任中、从日常琐事中、从各种生活矛盾中解脱。于是,代表单纯、简朴的想象中的原始生活形态,便产生了吸引力,发出“呼唤”。从梭罗开始,尽管表现形式不同,美国文学中这类“返璞归真”的主题屡见不鲜。

乔纳森·奥尔巴赫认为:“从左拉式的自然主义角度来看,它

---

① 参看本书第八章第五节“奇想小说与回归初始”。

(布克的行为)有返祖的意味,是一种回归野蛮的退化过程。但另一方面,从浪漫的原始主义来看,它似乎又是前瞻的,像成人仪式,布克通过这一仪式达到成熟,甚至变成神化的神秘英雄。"①奥尔巴赫提到了两个有趣的方面。一是伦敦的这部小说既可以作为自然主义的文本进行解读,也可以从浪漫的原始主义的角度进行阐释。这与我们前面提到的看法一致:自然主义和浪漫主义两种基本倾向常常混合一体,共同主导着杰克·伦敦的早期小说创作。另一方面是,奥尔巴赫把小说的最后部分看做一种"成人仪式"。作者的描述中这种暗示十分强烈。首先,在遇见并加入狼群之前,布克杀死了一头硕大的麋鹿。麋鹿巨大的犄角展示着雄性的统治力,布克发起挑战,战而胜之,获得了加盟资格。最后,在未被踏探的旷野中,随着夜的到来,皓月当空,大地沐浴在鬼影般的月光中,群狼成一圈散开,一个接一个向布克挑战,一个个被打败,直到一头消瘦的战伤累累的老狼走上前来,以嚎叫的方式宣告臣服(87)。

随着小说故事的推进,布克越来越远离文明,越来越接近自然,接近神圣的原始性,也越来越接近自我。而与此同时,杰克·伦敦文笔的抒情色彩越来越浓烈,小说越来越虚化,超越现实的描述,越来越富有神秘的诗意,赞美生命,赞美原始的纯和美,赞美完整独立的自我。但布克没有完全割断人的情结,每年来到宋顿被害的地方,仰天长啸。就这样,作家赋予小说多种阐释的可能,使它超越动物故事和历险小说,也不停留在隐含的社会批评和对某种或某些理论进行戏剧化演示的层面。"《野性的呼唤》看上去像纯粹的自然主义的动物寓言,但这部作品接近神话或梦幻。即使在作家职业生涯的这个阶段,也很难相信他没有受到荣格思想的影响,因为很显然他利用了那种被称作本源的东西,只是在后来他

① Jonathan Auerbach, *Male Call*, p. 39.

才在那位伟大的心理学家的著作中找到答案。”①《野性的呼唤》是“多声道”的，其指涉的不确定性，也是小说艺术力量之所在。

由于各种各样的原因，美国读者一直被西部题材所吸引。伦敦的北疆题材与西部题材有许多相似性，可以被看成西部小说的变体，布克甚至可以被看做是一个自由奔驰在荒原上的“牛仔”。杰克·伦敦敏锐地认识到西部题材，或荒原题材，对美国人所具有的强烈吸引力，充分利用了克朗代克“得天独厚”的场景——由于环境特别险恶，故事性就大大增强，作为人物塑造反衬的效果就越加强烈。更主要的是，对于他，对于他的读者，遥远的北极淘金地是一个辽阔的梦中世界，是个理智探险的乐园，是个磨砺精神和意志的疆场，也是个想象中寄托怀旧情思的地方。

五、《白牙》：野性的回归

在《野性的呼唤》中，布克从一条狗变成了狼，而在小说《白牙》中，“白牙”从一头狼变成了狗。在杰克·伦敦的概念中，这两种具有亲缘关系的动物是可以互相转换的。狗和狼的象征意义显而易见，分别代表文明的驯化和原始性。伦敦请人设计了一个狼头印章，作为代表自己的图腾，也把自己建造中的居室取名为“狼宅”。狼图腾代表着许多东西：胆魄，果敢，孤僻，自尊，原始性，统治力，忍耐力，男性的雄健气质等。北极狼每天面对着严酷的生存斗争，每天都必须证明自己是“适者”。它只服从于一个更高的权

① Charles L. Crow, “Ishi and Jack London’s Primitives”, in Leonard Cassuto and Jeanne Campbell Reesman, eds., *Rereading Jack London* (Stanford, Ca.: Stanford University Press, 1996), p. 46.

威,即自然法则。它的许多特征在生存于文明社会的“狗”的身上已经失去或者弱化。让布克从文明回归荒原,让“白牙”从原始进入文明,在小说的撰写中作家显然在寻找一种当代生活和社会处境的类比。查尔斯·克劳提到《野性的呼唤》和《白牙》的故事时指出,如果:“将两个故事合二为一,我们几乎得到了约瑟夫·坎贝尔关于单一神话模式几近完美的复本:历险的召唤,跨出边界,进入地下世界或丛林,与敌对势力斗争,然后返回家园,获得新知和拯救。”①

《白牙》是先有概念再有故事的,出版于《野性的呼唤》大获成功的3年之后,两部小说可以看做是姐妹篇。布克从文明投奔原始,这种“逆向进化”也许令作者不安。他本人从“虫蚁般”的生活中爬出,攀上了中产阶级。当时杰克·伦敦开始重新安顿下来,购置地产,准备第二次婚姻。小查尔斯·沃森把伦敦的生平与《白牙》联想在一起,认为作家下决心“驯化”自己的“野性”,开始过作家加乡绅的生活。但是野性还将继续呼唤,虽然不再那么响亮。而伦敦“从来不敢肯定自己的选择是否正确。”②当然“选择”只是意愿上、感情倾向上和想象中所做的选择,真实生活中他不可能重返下层的“野蛮”。也许是出于感情平衡的需要,《白牙》是一部“野性的回归”的故事。旷野中的一匹狼来到文明世界,最后在爱心的感化下转变成了一条忠实的家犬。

故事发生在北疆的冰雪世界。“白牙”是印第安狼狗和狼的杂交后裔,有四分之三狼的血统,从小跟着母亲生活在弱肉强食的原始环境中。一次偶然的机会,“白牙”遇到人类,跟随主人比弗来到印第安人宿营区。这是一个文明与野蛮的交汇地。进入人类

① Charles L. Crow, “Ishi and Jack London's Primitives,” in Leonard Cassuto and Jeanne Campbell Reesman, eds., *Rereading Jack London* (Stanford, Ca.: Stanford University Press, 1996), p. 48.

② Charles N. Watson, Jr., *The Novels of Jack London*, p. 98.

的生存圈之后,“白牙”的生命方向开始改变。它与主人之间达成默契:主人提供食物和保护,作为回报,它必须服从并保护主人。它经常受到狗群的挑衅和攻击,因此变得孤僻、暴戾、狡猾且骁勇善战。它的战斗力受到一个叫史密斯的白人的注意,史密斯买下白牙,并从此把它领上邪恶的道路。史密斯为了在斗狗赌博中取胜,培养它凶暴的野性,对它百般虐待。经过无数次折磨和羞辱,史密斯将它训练成战无不胜的斗兽,让它同各种动物撕咬血斗,从中得到狂暴的发泄,也常常赢得赌资。而“白牙”则开始仇视人类,内心的怒火和怨恨与日俱增。后来,白牙被恩主(即《野性的呼唤》中布克的第一个主人司各特法官)救出,带回加利福尼亚的司各特庄园,也就是布克原来的家,得到了温暖和爱的感化,学会了遵守文明社会的规矩,得到了灵魂的赎救。在前书中因盗窃和其它罪行被司各特法官判处无期徒刑的吉姆·霍尔从监狱中逃出,前来报复。“白牙”奋不顾身咬死逃犯,救出法官,而自己身负重伤。

故事以“白牙”的生存环境和心态的变化为主线展开、发展、结束故事,描述了一个与布克截然不同的生命历程。《白牙》比它的姐妹篇长一倍,重提达尔文进化论的问题,展现原始性与文明之间的冲突。小狼崽“白牙”出生在险恶的环境中,继承了狼的野性。来到文明世界后,它得到暴戾和仁慈两种不同对待。一类人为了自私的目的发展它野性中凶残的一面;而另一类人又使它懂得了仁爱和忠诚。它最后站到文明的一边,小说结束前表现出的巨大杀伤力,也是为了惩治邪恶,以恩报德。这是一部相当精彩的小说,但缺乏《野性的呼唤》那种象征的力量,因此,如保尔·霍罗维兹所说,小说“未能在本身的主题上升华。它更是一部社会寓言,建构在概念之上,而不是建构在一种具有压倒力量的洞见之上。”①

① Paul J. Horowitz, Introduction, p. 8.

《白牙》虽然远不如《野性的呼唤》成功，但仍不失为一部阐释环境决定论的优秀作品。小说也是美国早期自然主义文学的重要范本。两部小说的前半部都非常强调环境因素，自然主义的色调很浓，中间以后才渐渐滑向"社会寓言"可能暗示的其它方面。作者从一开始就强调"白牙"的生物遗传性：它是"一窝狼崽中最凶猛的"①，也是第一场饥荒中唯一的幸存者，从小开始在危机四伏的北疆旷野中生活，很早懂得了残酷的"丛林法则"："生活的目的是肉食，生命本身是肉食。生命靠其它生命来维持。世界上有吃肉的和当肉的。自然法则是'吃与被吃'"(157)。"白牙"模糊地意识到生活过程就是不可避免的一个暴力接一个暴力的过程，直到死亡突然到来。"如果这只狼崽能按人的方式思维，它也许会将生活比作巨大的食欲，世界是个陈列着许多食欲的地方，追逐和被追逐，猎杀和被猎杀，捕食和被捕食，一切在盲目和迷惑中进行，充满暴力和无序，充满混乱、贪婪和杀戮，由无计划、无情义、无穷尽的偶然性主宰着"(157)。

"白牙"不是一步跨入文明社会的，野蛮与文明之间有两个过渡的"中间站"——印第安人的营地和生活在北疆由淘金人和探险者组成的白人社会。这两个荒原中人的社会，结合了野蛮和文明两种生存形态。印第安人按照他们传统的方式生活，与自然和谐共处。而白人聚居地却是个充满邪恶的地方，其代表人物就是"白牙"的主人史密斯。史密斯的凶残和私欲将"白牙"迅速推向一个发展方向，强化了它冷血的动物性，培养了它"屈从强者，胁迫弱者"的劣性。但人的社会是复杂的，有善恶之分。最后，在南国文明社会中，这匹冷酷得几乎无以复加的狼，被强大的仁爱的力量唤醒感化。它感到"不仅仅身处地理上的南国，也进入了生活中和暖的南方。人的友爱就像阳光照耀在它的身上，它像种在沃

---

① Jack London, *The Call of the Wild, White Fang and Other Stories*, p. 140.

土上的一棵花木,欣欣滋长"(278)。四种不同的环境,对"白牙"产生着各自的影响力。

杰克·伦敦在小说中强调了环境的决定力量。狼群中出生的混血儿本该按照自然规律成长,但不同的人的团体介入了它的生活,在与不同种类的人的相处过程中,它受到影响,不断地改变着自己。伦敦笔下的"白牙"有很大的可塑性,像一团泥胎,可以被捏塑成各种形态,而塑形的力量就是环境。环境的力量甚至可以压倒遗传性,为人或动物定向,朝某一特性方向发展。"白牙"在史密斯那儿变成了"狼",到了司各特法官那儿又变成了"狗"。小查尔斯·沃森认为,伦敦的写法"确实非常接近左拉'实验小说'的概念。在这样的作品中,小说家就像生理学家,是个观察者,而'白牙'则是某种接受试验的动物,在观察家的注视下从一个环境移植到另一个,做出各种反映。"[①]这里所谓的"实验小说",是自然主义小说的另一个名称。

《野性的呼唤》和《白牙》都是可读性很强的狗/狼的故事,背景都设在严寒的北疆和温暖的加利福尼亚,主人公都经历了一次颠覆性的错位,从一个世界被移植到另一个,主要主题都是代表自然与本性的一方同代表文明与教养的另一方之间的冲突,而新环境都发展了本性中某一潜在的方面。布克学会了适应丛林法则,发现了自己身上以前未发现的力量和品质。而"白牙"反其道而行之,学习文明生活的习惯,学会自制自律。但是,不管是重返野性还是回归文明,都要付出代价,都不是完美的答案,都是机会和环境使然。杰克·伦敦本人经历了从一个世界到另一个世界的"移植",对自己新获得的社会地位,对高雅、"文明"的中产阶级生活抱有矛盾的态度,既向往又抵制,很难为自己的归属定位。也许正是这种矛盾的心态促使他不让投奔荒原的布克完全切断与文明

① Charles N. Watson, Jr., *The Novels of Jack London*, p. 93.

的联系,让它常常回到宋顿被害的地方,表现出对文明的牵挂;也不让"白牙"完全驯化为温顺的家庭宠物,而让它的野性蛰伏下来,必要的时候得到强悍凶猛的爆发,变成一种忠义行为,从凶杀犯手中救出主人。

第五章

《海狼》与《雪的女儿》

伟大的人在观念和事件的河流中发现自己，被他同代人的思想和需求推涌着向前。

——拉尔夫·爱默生《典型的人》

一、告别文明，经历成长

《野性的呼唤》出版第二年，杰克·伦敦又推出了一部重要的长篇小说《海浪》(1904)。这部小说是作者根据17岁时在“索非亚·萨瑟兰号”捕海豹的船上听到的一个故事加工而成的，单行本出版前在《世纪》杂志上连载。故事的场景变了，从严寒的北疆转移到了汹涌的大海，但背景的象征意义没变，北疆和大海都代表难以抗拒的自然力，雪原行道上赶路的雪橇和汪洋中的航船，在自然背景的反衬之下都显得微不足道。宇宙的浩瀚，生命的脆弱，北疆小说中不断渲染的带有自然主义色彩的这些方面，在《海浪》中依然惹人注目。在主题上，《海浪》与前一部小说也有继承关系，写的都是一个受文明呵护的年轻人(我们暂且把布克也当“人”对待)经历严酷的生活现实的磨难，在此过程中接受“教育”，变得强悍成熟,成为一个自立的人。这是杰克·伦敦最钟爱的"成长小说"模式,也是1902—1904这段时间创作的4部长篇的共同主题,除了《野性的呼唤》(1903)和《海狼》(1904)外,另两部是《雪的女儿》(1902,参看本章第五节)和青少年读物《"光辉号"航行记》(*The Cruise of the Dazzler*, 1902)。后者讲述的是旧金山一个银行家备受宠爱的儿子,从家中出走,卷入海湾蚝贼帮充满危险的生活和争斗的故事。

《海狼》的主人公汉弗莱·范·韦顿是个涉世未深的文弱青年,但在文学批评方面已颇有成就。他在一次横渡旧金山湾时,渡船被一艘货轮撞翻,幸好有一艘叫"魔鬼号"的捕海豹的船从附近经过,将他救起。船长拉森外号"老狼",是个力大无比、冷酷无情的人。4年前,拉森因争吵开枪打死了4个船员;不久前,又一拳将一个船员的脑壳打碎,就像石头砸鸡蛋一样。范·韦顿随船远航,在船上打杂,与全体船员一起忍受着船长的铁腕统治。在日本海附近,"魔鬼号"搭救了一些遭遇海难的人,其中有一个名叫莫德·布鲁斯特的女诗人。为了她,范·韦顿与拉森展开了实力悬殊的较量。拉森垂涎她的美色,并一直企图彻底征服范·韦顿这个带着文明社会道德观的毛头小子。范·韦顿终于抓住机会与莫德驾小船逃脱船长的魔爪,漂泊到一个荒岛上。后来众叛亲离的拉森船长因"魔鬼号"桅杆折断、船体损坏也来到岛上。他因得脑瘤而双目失明。范·韦顿与莫德设法修复"魔鬼号",返回文明,而身体瘫痪的拉森船长仍然只相信自己,只相信强权,慢慢饿死在荒岛上。

《海狼》的故事比《野性的呼唤》丰满厚实得多。作者用足够的篇幅和大胆的写实手法,创造了令人过目难忘的人物和场面,而且把进化论、唯物论、尼采的"超人"哲学等20世纪初风行于美国的一些思想流派加以通俗化的表达,又在故事中揉进了生死搏斗的悬念,可读性很强。小说出版后受到了读者的热烈欢迎,一跃占据畅销书榜的首位,在发行数量上把第二位远远抛在后面。这部小说不仅得到普通读者的喜爱,批评界也给以很高的评价。厄尔·雷伯和里斯曼指出:“小说似乎具有成为伟大作品的一切要素。作品背后跳荡着作家的热情和活力,围绕普遍的永恒的‘成长’母题进行建构。小说背景也具有文化原型的意义:航船是个微观世界,而无论是在象征意义上还是实际意义上,永恒的海是死亡和再生最合适的本源。”①他认为小说超越了一般,具有象征和原型的力量。换言之,小说具有不朽艺术的品质。

小说的成功很大程度上归功于伦敦塑造的两个人物。一个是带贵族气质的第一人称叙述者、青年批评家范·韦顿,另一个是绰号为“老狼”的船长拉森。他们既是个别的人,又代表了两个对立的阵容。范·韦顿虽是个文弱书生,缺少阳刚之气,但他有坚强的意志品质和自己的生活哲学。他也是个理想主义者,然而上了“魔鬼号”后,他必须面对陌生的现实,不得不屈从强权,在生命的“航程”中接受一系列的考验。拉森船长是个与范·韦顿相对的角色,是一个强暴的权力论者和彻底的现实主义者。伦敦塑造的这个人物令人难忘,此人既世故又凶残,力大无比,目空一切,独断专行,可以把一只生马铃薯捏成浆水,也可以整段整段背诵《圣经》和勃朗宁的诗歌。范·韦顿这个文明世界的来客突然落入凶残暴戾的拉森手中,故事的戏剧性就此产生。在与世隔绝的大洋中,船长是国王,船是个独立的小社会,不受常规准则的约束。像北疆的雪原一样,大海凸显了每一个人的个性特征,把它放大,同时又使身置其中的人们变得渺小,变得疯狂,把他们变成了“一个独身者的聚合,粗暴地互相倾轧。”②压迫与反抗、统治与屈从、理

① Earle Labor and Jeanne Campbell Reesman, *Jack London, Revised Edition*, p. 58.

② Jack London, *The Sea-Wolf* (1904, New York: Bantam Books, 1960), p. 129. 引自此书的页码以下直接在文中用括号标出,不再作注。

论与现实,各种有关信仰、权力、尊严、是非的认识,必须在这里进行重新定义,人物必须调整自己,适应船上的环境。在这个独立于文明社会规范之外的小世界中,范·韦顿不但要直接面对大自然的险风恶浪,同时也要更直接地面对各种人代表的社会的各个方面。于是,像《野性的呼唤》一样,《海狼》的象征意义成了故事的主导。

二、绅士、美女与野兽

杰克·伦敦曾向出版社介绍《海狼》的故事构思:"我的设想是把一个有文化教养的、高度文明的男人和女人(对于这些人,人为的文明生活细节遮盖了对生活真实的认识)置入一个原始的海洋环境,在那儿所有的压力、斗争和生活都将在简单的食宿这些基本方面凸现出来;让这一对男女面对逆境,并且战而胜之。"他还进而告诉编辑,这将是一本雅俗共赏的小说,既能够吸引"肤浅的读者",而"深刻的读者"又能从中发现潜在的"权利与控制"的主题。[①] 伦敦把自己的创作意图说得很明白,他要把"有文化教养"的一对男女,即范·韦顿和莫德,放入特殊的环境,让他们去获得"对生活的真实认识"。作家将《野性的呼唤》中的文明与原始性冲突的主题,放在大海航船上继续进行,其情节跌宕的故事层面可以满足普通的阅读消遣,而故事的深层含义又可以引起对一些社会问题的深刻思考。

范·韦顿是个纤弱的文明之子,是穿上衣服直立行走的被盗

① Earle Labor, Robert C. Leitz III, and I. Milo Shepard, ed., *The Letters of Jack London* (Stanford: Stanford University Press, 1988), p. 337.

前的布克。舒适的城市生活和优越的家庭环境剥夺了他面对困难、考验和磨难的机会,使他无法认识真实的世界。"我这一生中从未从事过体力活或粗活。所有这些日子,我过的是安静、太平、轻松的生活——一个有稳定可观的收入、不问世事的读书人,对暴力的生活和激烈的体育一向没有兴趣。我从来是个书呆子……我一生中只外出野营过一次,而且开始没多久就离开其他人,独自回到屋檐下的舒适和便利中"(29)。这样的生活带来了负面的后果,文明——或者说城市环境中的"文明过度"(over-civilization)——摧残了自然性赋予一个男人的强悍:"我的肌肉纤细而柔软,像个女人"(30)。这类自白的语气中流露出自怜和自省,与后面范·韦顿对饱经风霜的拉森船长一身矫健肌肉的羡慕,形成了鲜明的对照。在整部小说的主线中,伦敦有意识地让文明去战胜野蛮,但在具体描述中他的感情倾向又常常倒向另一侧。文明与原始性孰优孰劣,其实伦敦无法给出明确的答案,而模糊性和不确定性反而给小说增添了思考的深度和阐释的空间。

环境的突然变化,迫使范·韦顿在适者生存的法则面前做出迅速的改变和调整。真实的世界是陌生的,而且并不高雅。但残酷的环境在向他索取精神代价的同时,也给他以教育。"他(拉森船长)为我打开了真实的世界的大门,对这个世界我几乎一无所知,总是避之唯恐不及。我学会了更加仔细地观察生活本来的面貌,认识到世界上还有叫做事实的东西,并走出思想和观念的领域,在生存具体、客观的层面找到某种价值"(108)。"魔鬼号"的航程对于范·韦顿来说是一个面对困境、忍受屈辱、接受考验的过程,在这个过程中,他渐渐更全面地认识了世界和人生,发现传统的价值观念和社会准则在新环境中不再适用,权力法则统治一切。他很快适应了这样的环境,同时也培养了自己的忍耐精神和意志力,变得坚强成熟,走向真正的成年。厄尔·雷伯谈到范·韦顿这个人物时说到,尽管在小说开始时他完全是个孱弱胆小的人,但他

"具有赢得生存斗争的潜力",他"内在的适应力,他的智慧,他的乐观主义和他对爱的渴求"激发了他潜在的能力。①

中途上船的莫德·布鲁斯特小姐是个与范·韦顿精神上、理智上相似的人,但"她与老狼拉森形成了鲜明的对照。此人所是,即彼人所非;彼人所是,即为此人所非。我注意到一日早晨两人沿甲板走去,不禁把他们比作人类进化梯上的两个极端——一个是所有野蛮性的最高代表,另一个是最高雅文明的完美产物"(147)。这位年轻女子的出现,像催化剂一样给船上的人际关系带来了变化。范·韦顿转变了角色,从忍气吞声的拉森的下手,变成了莫德(及其代表的文明与高雅)的保护者,不让她看到被他称为"暴徒"和"魔鬼"的人导演的恐怖剧。此时,由范·韦顿代表的文明社会的人性重新抬头,与代表权利和暴政的拉森的对立也随之变得公开和激烈了。

奥尔巴赫给莫德做了定位,说她"不是贵族,也不是野蛮的下层人,而是个中产阶级,一个一心向往成功的独立的职业女性。"②她是个崭露头角的女诗人,时有作品发表,小有名气,与伦敦当时的处境类似。范·韦顿与她已有神交,以前曾对她的作品进行过评论,赞赏有加。而莫德也久仰范·韦顿的大名,知道他是美国文坛的"迪恩二世"。伦敦在这里似乎写得有点牵强,也过于浅露。如果说范·韦顿身上部分有伦敦自己的影子的话,那么,这样的描写部分地暴露了他对自己的文学未来心怀觊觎,希望得到的是美国文坛的最高地位。"迪恩"指的是现实主义文学大师威廉·迪恩·豪威尔斯,是当时美国文坛影响最大的一号人物,伦敦在理论上完全认同豪威尔斯倡导的文学现实主义。刚刚

① Earle Labor and Jeanne Campbell Reesman, *Jack London, Revised Edition*, p. 60.

② Jonathan Auerbach, *Male Call*, p. 217.

成名的伦敦在塑造一对文学青年时,融进了自己的情感,寄托了对未来的企望。于是,《海狼》也部分地成为一部带自传色彩的小说。

"老狼"拉森也许是杰克·伦敦所有创作中最出彩、塑造最成功的人物,给读者留下了难以抹去的印象。此人常常让人想起麦尔维尔笔下的阿哈伯船长。伦敦读过《白鲸》,深受这部航海小说的影响,这是毫无疑问的。两个船长同样凶狠果敢,同样固执暴戾,令人愤恨,又叫人敬畏。他们都与社会格格不入,固守自己的见解,都是冷酷无情的强权信仰者,但最后都遭到了毁灭的命运。拉森是个极具争议的人物,因为在这个人物身上,伦敦理论上和感情上的不一致再次凸显出来。很显然伦敦起先想塑造一个典型的反面人物,即文明的对立面,但对自己身份归属的矛盾态度,使他在体面的上层社会和野蛮的底层社会两者的选择之间动摇了。而作家的这种矛盾心态又反映在人物塑造上。小说开始叙述者范·韦顿从多名船员那儿了解到拉森的为人,得出明确结论,船长是个极端个人主义者,也是个压迫者,借助强权一手制造了许多船员的痛苦。小说开始他给读者的印象是恶魔的化身,代表了黑暗势力。但渐渐地,叙述者和读者发现了他的另一面:

> 靠着墙在床位头上,是一个放满书籍的搁架。我扫了一眼,吃惊地发现诸如莎士比亚、丁尼生、爱伦·坡和德·昆西的名字。架子上还有科学方面的书,其中包括廷德耳、普罗克特和达尔文这样的代表人物。还有天文学和物理学方面的书,我还注意到布尔芬奇的《寓言的时代》、肖的《英美文学史》和约翰逊的厚厚的两卷《自然史》。……我过来铺床时,在毯子中间发现一本剑桥版的布朗宁诗全集——显然是读着睡着了掉下的。诗集翻开在"阳台上"那首,我注意到一些用

铅笔画过的段落。 (33—34)

小说的叙述者尤其提到,拉森“阅读达尔文和斯宾塞的著作”(70)。达尔文是主张进化论的科学家,斯宾塞是主张进化论的社会学家,相信人类社会同样难以摆脱优胜劣汰的自然法则的统治。包括杰克·伦敦在内的许多当时的美国知识分子,都把美国社会环境看成是达尔文式的丛林世界。既信仰冷酷的丛林竞争法则,又欣赏经典文学与抒情诗,拉森个性中不相容的两个方面,反映了作家本人的不同认识倾向和内心情感成分。这样,拉森就不单单是原始野蛮性的代表,而是个接受过文明教养,能够品味高雅文化,而又在生活实践中执意选择遵从“弱肉强食”的法则,相信权力至上的人。这样,他与布克就比较接近,与范·韦顿和莫德也很难形成直接的对峙。

书架上陈列的作品反映的是粗犷外表掩饰下的另一个拉森。即便是拉森原始性的一面,在伦敦的描述中也体现出健与美的特征。伦敦对他的脸部细节描述十分具体,流露出来的是由衷的赞美:

> 如我所说,他的脸上表达着一种男性美。脸刮得很干净,线条分明,就像一座雕像一样棱角清晰;大海和阳光将他自然白皙的皮肤晒成了暗铜色,记载着斗争的一生,表现着野性和美感。嘴唇丰满,但却体现着薄嘴唇特有的坚毅,几乎构成冷峻。他的嘴,他的下巴,他的颌也同样坚毅冷峻,带着凶狠和不可征服的男性的气度——鼻子也是如此。他的鼻子好像专为征服和统治而生。它让人想起鹰喙,挺直的鼻梁略现出弯勾,只是对于直鼻梁太大了一点,对于弯鼻梁太精巧了一点。凶悍和力量写在他的整张脸上,他积存于内心中的忧郁似乎美化了嘴巴、眼睛和眉毛的线条,似乎给脸上添置了本不存在

的开阔和完整(68)。

和海明威一样,杰克·伦敦本人充满男性魅力的脸形和壮实强健的身体,是他成为媒体宠儿的众多理由之一。而伦敦向来为自己的体魄自豪,在塑造他的英雄时,常按照自己的形象描述赞美一番。但在《海狼》中,他却把健美描述为拉森的体貌特征,而且大加渲染,而更接近他本人的青年文学家范·韦顿,却长得"像个女人"。这也许暗示伦敦分裂的自我中,对儒雅社会中的"绅士"角色内心存在的一种焦虑,担心过度的文明将弱化男性的雄健特征。这种焦虑反映在范·韦顿对野性的自然美的迷恋上:"我以前从未见过他光着身子,他的身体令我惊诧不已……我必须承认'老狼'拉森身体的完美线条令我着迷,应该说这是一种极度的美"(98—99)。"拉森是个男子汉,雄健的体魄,完美得几乎像个神。当他走动或抬起手臂,大块的肌肉凸现出来,在缎子般的皮肤下滑动"(99)。强悍的阳刚之美,是内在力量的外化表现。范·韦顿登上"魔鬼号"后,他就必须与原来的世界切断关系,适应船上的男人世界。这与淘金人或家犬突然进入环境险恶的北疆十分类同:北疆也是个男人世界,需要强悍的体魄和坚强的毅力。其实,伦敦小说的主人公们往往内心"渴望"进入野蛮世界,去面对考验,证明自己。范·韦顿说,"我的母亲和姐妹总是在我的身边,而我总是想从她们那儿逃脱"(91)。走出过分关爱的女人世界,是一种叛弃文明、回归原始的愿望,而体现在拉森身上的原始力量,似乎唤醒了范·韦顿的本能冲动。

保尔·霍罗维兹提到了《海狼》在创作意图和接受效果上的不一致:"杰克·伦敦把自己,把自己的矛盾性格置入两个对立的人物之中,一是老狼拉森,一个无情的、死硬的个人主义者——一个超人;另一个是范·韦顿,一个有高度教养的、有善德的绅士。在这两种力量的碰撞中,伦敦表达了他的内心斗争:理想主义相对于物质主义,良心善德相对于狂妄自大。范·韦顿最后取得对生命力量的掌控,达到圆满,小说的戏剧情节通过他的升华和拉森最终的跌落,将这一场基本斗争引向终结。但是,具有讽刺意味的是,大多数批评家和读者误读了这部作品,认为它为超人和个人主义大唱赞歌。"[①]"误读"之说也是伦敦本人一直坚持的,他认为自己旗帜鲜明,并不无遗憾地指出,人们没有读出他小说中的原意,他的意图是对尼采和他的超人思想提出批判。[②]

如果存在着广泛的"误读",那肯定不是读者的责任。《海狼》中拉森的人物类型摇摆不定,主要是因为这个人物本身具有双重特性,读者无法进行常规的定性分类。而人物的双重性又产生于作家模棱两可的态度。范·韦顿是伦敦分裂的自我的一侧,是体面社会的文明人,是他想象中希望又不甘于成为的类型;拉森是另一侧,是粗野的原始人,是他希望摆脱又有点眷恋的原来的阶级的类型。这种心理渴望上的矛盾,造成了褒贬态度上的含混,使他无法在人物塑造上完全类型化——而读者期待的是类型化的人物。杰克·伦敦在小说中注入了与人物类型相反的品质,赋予范·韦顿潜在的强者的力量,又让拉森喜爱上诗歌和哲学。这样,类型被打破,同一个人物代表了事物正反的两个方面:范·韦顿既代表文明的进步,又代表了文明的弱点;拉森的描写表达的既是对野性的谴责,又是赞颂。如果杰克·伦敦希望表现文明与原始性的冲突,那么他根本不可能塑造出定义明确的正面人物和反面人物,而只能是具有双重特性的人物,因为作为一种理想化的生存模式,文明的高雅和原始的淳朴两者孰优孰劣,伦敦无法提供明确答案,感情上也不可能完全倒向一方。

---

① Paul J. Horowitz, Introduction, pp. 9 – 10.

② Earle Labor, Robert C. Leitz III, and I. Milo Shepard, ed., *The Letters of Jack London*, p. 463.

三、自然主义的哲学对话

伦敦早期作品中的自然主义倾向十分明显。小查尔斯·沃森强调了这一方面:“就如《野性的呼唤》一样,《海狼》的关键是人们熟悉的回归原始的自然主义主题,其主旨是:文明只不过是一层薄薄的虚饰外表,撕掉之后,人就返回到他的野蛮本性。这种思想从达尔文的《人类的起源》中获得理论动力,是早期‘高尚的野蛮人’的概念抽去浪漫主义成分后的版本,并很快成为左拉自然主义小说的商标。”①关于自然主义的哲学讨论在小说中篇幅不小,是小说的重要组成部分。伦敦在小说中给范·韦顿“放了3天假”,免除他船上厨师帮工的繁重劳动,让他有充分的时间在一些抽象的认识方面与拉森进行交锋。范·韦顿代表的是理想主义,一种体面社会能够接受的关于道德、人性和文明进步的看法;而拉森表达的是一种客观、冷酷的现实观,其背后是主导文学自然主义的达尔文和斯宾塞的观点。拉森船长发现船上有一个能与他在理智上平起并坐的人,一反常态,将他拉进自己的舱室,讨论哲学问题。“3天时间,天赐的整整3天休息时间,我和老狼拉森一起,同他一起在舱室桌上吃饭,除了讨论生活、文学和宇宙,其它什么也没干”(58)。

作者花了不少笔墨,在两个固执的主要人物之间展开论战。辩论针锋相对,但并不势均力敌。拉森的权力话语咄咄逼人;而范·韦顿虽然坚持己见,但处处被动抵挡,无力反驳。小说中特别提到,拉森读过斯宾塞和达尔文的书。这两位的著作伦敦本人细读过,并且深受影响。舱室里的交锋可以被看做是伦敦的“内心

① Charles N. Watson, Jr., *The Novels of Jack London, a Reappraisal*, p. 59.

独白”——认识中矛盾的两方各抒己见,寻求答案与妥协。讨论的主题是关于生命、道德等大问题。拉森船长的“强势话语”总是给读者更大的冲击力。比如他以生物竞争规律解释人生,把人的生命过程归咎为简单而无意义的生物活动,对斯宾塞的理论进行绝对化的阐释:

> 我认为人生是一团乱糟糟的东西。它像酵母那样繁衍,它会蠕动,也许蠕动一分钟,也许一小时,也许一年,也许一百年,但到最后都将停止蠕动。大吃小,可以继续蠕动;强食弱,以便保持强大;幸运者吞噬大多数不幸者,蠕动时间最长,如此而已。 (35)

拉森在这里表达了两个主要观点:第一是生命没有价值,第二是道德没有地位。在宇宙中生命如同酵母菌,自生自灭,微不足道,自然规律难以抗拒,死亡降落到每个人的头上,强者、弱者、自卑者、自恃者,谁也难以幸免,这是宇宙的安排。生命的规律是弱肉强食,大吃小,强食弱,适者生存。拉森接下来又重申了这样的看法:“生命没有价值。它是世界上最不值钱的东西。自然挥霍的大手将生命随地一撒。只容得下一个人的地盘,她撒下一千个,因此只能人吃人直到留下最霸道、最贪婪的一个”(48)。拉森以“霸道、贪婪的强者才得以幸存”为论点,言之凿凿,而这种冰冷的逻辑令范·韦顿难以接受,但他的反驳又显得绵软无力。

> “那么说你这个人完全没有大家称之为道德的东西?”
> “是这么回事。”
> “总是让人感到害怕的这样一个人——”
> “可以这么说。”

“就像人害怕蛇、老虎或者鲨鱼?”

“这回你理解我了,”他说。“你看到了别人看到的我的形象。不过他们叫我‘老狼’。” (57)

“狼”在杰克·伦敦那里不是邪恶的形象。它是凶恶冷酷的,也是遵从本性、适应环境的强者。如果人类社会可以被比作丛林,那么道德的虚饰都是累赘,而狼没有这方面的顾忌。拉森的理论完全排除了生活中道德的地位,把超道德论推向了极端:“强大就是正确,事情就这么简单。弱小就是错误”(55)。“一个人不会对别人犯错。他只会自己犯错。按我的看法,当我考虑其他人的利益时,我免不了犯错。明白了吗?两个酵母菌试图吞噬对方怎么会对对方犯错?这是它们生就的天性,去吞噬别人,让自己不被吞噬。如果它们违反这样的规则,它们才犯了罪过”(55)。这样的表达是赤裸裸的,只认可人的生物性,完全排除人的社会性,也把人类文明和文化置于一边而不顾。这场讨论背后的作家显然难以全盘接受这样的理论,在将它推至极端的过程中,伦敦表达了他的批判态度。但他无法从理论上驳斥盛行于当时美国、使他本人深受影响的自然主义观点。这样的窘境也表现在范·韦顿身上:“我朝自己苦笑,好像发现在‘老狼’拉森令人生畏的哲学观点中,有着比我自己的认识更恰当的对人生的解释”(84)。

这场辩论拉森完全占了上风。而到后来“魔鬼号”面对一场台风考验时,拉森的形象被美化,几乎被抬高到了神的地位:“在这一片紫光映衬下,拉森脸上泛着红光,在我心绪激奋的幻觉中,他好像被一个光环包围着,”(110)看上去像个“凡界的神,叱咤风雨,将扑面而来的水浪挥之一边,乘风破浪,驶向自己的终点”(116)。批评界和读者的“误读”正是在强有力的哲学思辨和带浪漫色彩的描述中建立的。小查尔斯·沃森认为,是拉森的人物形象,而不是他的观点压倒了范·韦顿:“在读者记忆中翻涌的不是拉森的观念,而是这个凶魔原型中内在的力量。"而"拉森这个人物力量的根源,简而言之,是心理上的,而不是思想上的。"①拉森的行为与他的理论一致,不择手段地维护强权,他的形象是活生生的,具有支配力和压倒性的气势,连他的受害者,包括范·韦顿和莫德,都对他敬畏多于憎恨,他让他们"无比着迷,又无比恐惧。"不管怎样,传统文学概念上的"英雄"和"恶魔"很难套用在范·韦顿和拉森身上。尤其是后者,他集英雄与恶魔、哲学家与流氓于一身。这个人物的复杂性和性格的多重性,是他能够铭刻在读者记忆之中的原因之一。

四、伦敦的浪漫主义情结

人们常常将《海狼》与麦尔维尔的代表作《白鲸》联想在一起。"魔鬼号"和"佩阔德号"都是大洋中隔绝于外界的小世界;两部小说都以一次象征性的航程为主线;两组主要人物,拉森船长和阿哈伯船长、范·韦顿和伊斯梅尔之间,也存在着许多可比之处和相似之处。《白鲸》这部现已公认的19世纪美国后期浪漫主义的杰作是1851年出版的,当时并无太大影响,1891年麦尔维尔去世,小说继续蛛网尘封30年后才被"重新发现",成为经典。也就是说,杰克·伦敦是在《白鲸》几乎已被遗忘的年代中,创造性地阅读了这部小说,发现了它的价值,接受了它的文学传统,发展了它的主要母题。当时伦敦在文学事业上志向高远,决心写出一部具有震撼力的杰作。他在尚未被认可的《白鲸》中发现了这种艺术的震撼力。

① Charles N. Watson, Jr., *The Novels of Jack London, a Reappraisal*, p. 77.

我们可以在《海狼》中发现伦敦向前辈学习的痕迹。最显而易见的是拉森船长身上阿哈伯的影子。浪漫主义文学中的英雄特征他一应俱全,勇敢、威武、自傲,强烈反叛社会规范。他拥有巨大的个人能量,单枪匹马,独自一人实施统治,独自一人忍受折磨。像阿哈伯一样,他固执地信仰自己的理论,有点疯狂,无所顾忌,充满复仇欲望。这种表现在阿哈伯与白鲸、拉森与他兄弟"死神号"船长的恩怨上,常常导致无端的暴力,但最终都不可避免地遭到自我毁灭的命运。另一组人物也有可比性。《海狼》中的范·韦顿有点像《白鲸》中的伊斯梅尔,两人都是第一人称故事的叙述者,与船上的其他人都保持着一定的距离,都属于有一定文化修养、在理智上和道德上处于优越地位的人。他们都来到一个不属于自己的世界中进行一次危险的人生航程,都必须面对大自然的威胁,也必须同一个强权人物交锋,在此过程中经受考验,变得成熟。

《白鲸》的浪漫主义色彩照映在《海狼》的故事上,渲染了小说故事,增添了可读性,但也带来了主题上的不一致性。杰克·伦敦的自然主义被蒙上浪漫主义色彩后,画面色调变得凌乱了。但是,伦敦所处的毕竟是自然主义文学风靡美国的时代,浪漫主义文学大潮已落,因此《海狼》的主色调是自然主义的。影响伦敦并主导文学自然主义的达尔文、斯宾塞、尼采的理论,都大摇大摆地走进了小说,成为其重要组成部分。这样,我们发现了一个在弥尔顿、拜伦、布朗宁、麦尔维尔小说中似曾认识的孤傲暴戾的人物,说着满口通俗化的斯宾塞的理论;也发现一个单纯无辜的文学青年,走上求知、探索、历险、成长的道路。可以这么说,浪漫主义的文学传统和自然主义的认识论,共同影响造就了《海狼》,两种成分都明显存在。一个类似于《白鲸》的故事,半个多世纪之后以"现代化"的版本再次上演。

《海狼》受到质疑最多的是小说的后一半。在莫德登船之后故事发展出现重大转向。此前“杰克·伦敦似乎没法决定在范·韦顿和拉森两者之间感情上倒向哪一侧，”①而此后，莫德取代了拉森，成为范·韦顿证明自己人格的参照。小说中出现两个明显变化，拉森的重要性开始下滑，统治力开始减弱；范·韦顿不再在文明与原始、道德与自然主义哲学理念之间彷徨，与莫德站到一起，代表了拉森的对立面。小说主题的主要关注、故事的发展方向、人物的态度和行为，都出现重大转变。对这种突然改变感到不满的人，认为《海狼》被劈成两半，不再是一个连贯有机的整体。厄尔·雷伯认为这样的模式不是不能接受，指出，莫德登船是个中轴点，以此为中心小说结构形成一个“X”：范·韦顿从最下层出发，在经历中获得力量和意志，不断向上发展，接近他那位凶恶的对手。这条上升的线在范·韦顿表现出勇气，挺身而出保卫莫德免受拉森侵犯时达到交叉点。而拉森从强势的高点开始，到了中轴点后力量很快消失。其后范·韦顿和莫德逃离“魔鬼号”，“X”的两条线开始朝不同的方向发展。而当范·韦顿在岛上再一次碰到拉森时，这两个人又一次处于两个相反的极端。这是最后状态。拉森众叛亲离，双目失明；范·韦顿得到了心上人，达到了完全的成熟。②

在小说的最后部分，范·韦顿和莫德逃到了荒无人烟的安第弗岛，用海豹皮搭建棚屋，过起了鲁滨孙式的生活。在这里，“小说更近似一种家庭罗曼司（domestic romance），”③两人在新的伊甸园开始创建自己的生活，海岛的背景为两人爱情的发展提供了最佳机会。摆脱了“魔鬼号”之后，这里是一个没有强权，没有压

① Jonathan Auerbach, *Male Call*, p. 202.

② Earle Labor and Jeanne Campbell Reesman, *Jack London, Revised Edition*, p. 60.

③ Jonathan Auerbach, *Male Call*, p. 220.

迫者的新世界。尽管拉森一时干扰了他们原始、恬静、充满温情的生活,但此时落魄的拉森已构不成对手。范·韦顿已经成熟,脱胎换骨成了真正的男人。乔纳森·奥尔巴赫认为,小说中有两次重大转折,一次是莫德上船,另一次是到达安第弗岛,两个事件"都导致了小说主人公(范·韦顿)象征性的再生。"[1]范·韦顿开始是个受害者,在船上是任人宰割的弱者;莫德的到来激发了他内在的能量,他开始向反叛者和保护者的角色转化。但岛上的转折更加彻底,范·韦顿变成了一个完全不同的人物:他是个主宰者,是生活的创造者,主导着事态的走向,有勇气和主见,敢作敢为,完全处于支配地位,甚至在理智和意志上使莫德变得无足轻重。

伦敦似乎想要说明,原始世界是力量再生的源泉。安第弗岛是个与文明隔绝的原始世界,海风与周围的海浪让人想起伦敦早期小说中人迹罕至的北疆,范·韦顿和莫德面对着"适者生存"的法则的考验。两个文学青年在一起过起了原始人的生活,范·韦顿爱上了莫德,"她完全是我的女人,我的配偶女子,就像一个穴居女人一样与我一同作战,为我作战。她身上的原始性被唤起,忘却了她的文化……"(234)。在这里我们似乎又听到了野性的呼唤。在杰克·伦敦的辞典中,"原始性"和"野性"都是褒义词,都暗示着人的精神活力的复苏和再生;而"文化"和"文明"则常常是贬义的,代表伪善、懦弱、颓败等概念。但是,回归原始永远只能是感情上和理念上的选择,范·韦顿必须花巨大的精力修复船只,重返文明社会。而且,即使在荒岛上,他们搭建的海豹皮棚屋也是一人一间,男女分居。他们仍然念念不忘中产阶级文明的规范。

《海狼》具有作为文学经典的所有要素:跌宕起伏的故事情节,成功的人物塑造,故事背后的哲理和故事本身的象征力量。小说也存在明显不足,不少地方认识观念和感情倾向前后不一,读者

---

① Jonathan Auerbach, *Male Call*, p. 193.

有时很难把握作者真正的意图：比如开始好像是对尼采“超人”哲学的歌颂，后来又好像在抨击这种观点；又比如，在对待文明与原始的态度上，褒贬态度游移不定。而且，小说有时渲染过分，因此反而失去了真实性和感染力。但总体上来说，瑕不掩瑜，《海狼》不失为美国文学中的一部重要著作，也是伦敦至今重印最多、读者最多的小说之一。

五、磨难与成长的另一个故事

《雪的女儿》是杰克·伦敦的第一部长篇小说，发表于1902年，《海狼》出版两年之前。放在本章讨论是因为两部小说在构思模式和创作主题上相似。作家把故事的背景设在北疆，但故事发展线路与后来的《海狼》异曲同工：一个受文明熏陶的文弱书生，到达北疆经受严峻的考验，成长为真正的男子汉。在当时的美国这样的故事深受读者喜爱。在伦敦之前，吉卜林的《勇敢的船长》(*Captains Courageous*, 1897)和弗兰克·诺里斯的《“莱蒂夫人号”上的莫兰》(*Moran of the Lady Letty*, 1898)都是同类小说。边疆开发已经结束，文明的城市生活成为基本生存模式。那么，安稳安逸的城市生活，是否会弱化人的某种基本精神和品质？不经过艰难困苦磨砺的人，还能不能像他们的前辈一样成为体格强健、意志坚定的人？这种焦虑也深深扎根在伦敦本人的心理和艺术视野中。于是，城市与荒原、文明与野蛮二元对立的主题，成了伦敦早期小说中最重要的主题。作家常常找一个交汇点，比如，大海包围之中的航船，或者北疆的采矿营地，并在文明与野蛮两个极端的中间地带，观察各种价值观念之间的交锋斗争，争取在两者之间达成某一种平衡。

文学中经常有一种带喜剧色彩的故事模式:一个文弱温柔的女子影响了一个狂放不羁的英雄,使之归顺文明。但《雪的女儿》反其道而行之,让一个叫万斯的"在屋檐下生活得太久"[①]的高度文明的城市人,在一个类似西部女英雄的北疆女子的引导下,面对生活现实的考验,得到锻炼成长,最后证明了自己男子汉的品质。万斯毕业于耶鲁大学,获得采矿工程的学位,自命不凡。他有文化修养和专业知识,在粗野的淘金人中间鹤立鸡群。但是他受到母亲清教思想的影响,是一个衣食无忧、缺少激情的"厌腻的贵族"(18),靠体育锻炼而不是体力劳动来保持身上的肌肉。但幸运的是,"某种返祖现象仍活跃在此人的个性中"(76),这使他有机会离开文明的温柔束缚,来到北疆接受严酷生活的再教育,重塑自我。与《野性的呼唤》一样,《雪的女儿》也表达了伦敦的荒原情结。

万斯的导师是一个叫芙萝娜的青年女子。芙萝娜是个北疆女杰,早年丧母的她没有得到太多女性的呵护和关爱,在大自然的怀抱中长大,她继承了父亲拓荒者的勇气和粗犷,吸纳了未被触动的原始荒野赋予的力量。她独立自主,行为不拘一格,带着点性解放后的"新女性"的成分。对于这个人物,杰克·伦敦进行了理想化的塑造,使她拥有"一个职业拳击师的肌肉"和"哲学家的头脑"(22),既有女性的吸引力,又有男人的勇气;既有北疆生活的适应力,又接受过良好的文化教育,感情生活和现实生活都十分充实。她本人的"个人理想"是看到肉体和精神"携手共进……(同时成为)一个强悍的野蛮人和一个文弱的诗人!她能敬慕一个人的体魄,另一个人的歌声,但她宁可两者从一开始就结合在一起"(87)。但她主要是个由荒原造就的人物,具有拓荒人的豪迈个

① Jack London, *A Daughter of the Snows* (Philadelphia: J. B. Lippincott, 1902), p. 75. 引自此书的页码以下直接在文中用括号标出,不再作注。

性,重视西部人的伙伴之情,但她不排斥文化教养,认为理想的完整的人,应该是原始与文明,即“野蛮人”与“诗人”结合的产物。这是伦敦中和两方面矛盾的结果。由于这种婚姻是想象中的折中办法,不可能成为令人信服的答案,因此在后来的《野性的呼唤》和《海狼》中,对文明与原始之间矛盾关系的讨论还将继续进行。

万斯突然间走进北疆这个荒原世界之后,发现此地绝没有“让人闲得无聊、无所事事”的“安逸、懒散的生活”(43)。这里的生存就是劳作和斗争,文明的尊严受到打击,传统的道德观念遭到摒弃,被文明压抑的野性则被唤起。他必须像动物一样去适应这里特殊的环境,从事的是牛马做的苦活。万斯认识了芙萝娜,先对她“不守规范”(91)的行为感到吃惊,后来又爱上了这位充满野性魅力的女人,发现她身上具有“他所需要的清新强烈的泥土的气息”(90)。但为了赢得芙萝娜的爱,万斯必须与她“门当户对”——也就是说,他必须接近她的类型。芙萝娜让他卸除文明的包袱,解开道德的束缚,不但不劝阻反而鼓励他抽烟、酗酒、打架、说粗话。这些陋习是男人的专利,不拘小节的狂放是边疆生活的标记。北疆需要的是有气度和魄力的真正的男人,而不是谨小慎微、没有缺点的男人。在与北疆人的共同生活中,万斯逐渐接受了他们的习惯。更为重要的是,他也渐渐接受了芙萝娜的想法和看待问题的视角,去掉了文明社会的偏见。

芙萝娜是促成万斯转变的媒介。她与男主人公共同走过危险的历程,改变了他的势利,使他获得了强悍的体魄,也培养了他的勇气。比如,芙萝娜结识了一个叫鲁茜尔的当妓女的落难女子,与她平等友好相处,万斯却因她的社会地位而奚落她。芙萝娜对他的态度和举动强烈不满,对他进行呵斥:“你简直就是社会的代表”(117)。在这里,“社会”——城市社会或文明社会——被看做是北疆价值观的对立面。后来万斯发现鲁茜尔是个人品不错的女子,认识到了自己的阶级偏见。芙萝娜不拘社会惯俗,行为举止以

“自然、诚实、真诚”为准绳，万斯从她那儿学到了善良、同情、宽容和自发的友情。他逐渐适应了艰苦的生活环境，与芙萝娜一起冒死救起一名困于浮冰上的人，从而“获得新生”（261），有了一种北疆行道和营地特有的“难以言表、难以理解的自豪——那种促使雪橇狗劳累到喘出最后一口气的自豪感”（80）。伦敦在这里用了一个动物比喻，强调北疆所凸显的人与动物、与自然的亲缘关系。

在谈到文明与野性的二元对立时，小查尔斯·沃森指出，伦敦并不站在某一边的立场上批判对立的另一边。他的作品中有一种“双重视角”：“这种双重视角弥漫在伦敦的小说中，成为他的人物和他们的冲突的焦点。主要人物往往有两类：一类是在文明过分呵护下成长的男女，这些人必须面对严酷的现实；另一类是未开化的野蛮人，这些人必须面对文明带来的道德和美学的影响。这两个世界，至少在开始的时候，常常以典型化的性别界线进行划分，文明世界被想象为女性，而表现野蛮力量的领地则由男性代表。但是代表‘男性’世界的不总是男人，而‘女性’世界的代表也不总是女人，有时候类型是互换的。”①沃森所言的“类型互换”，主要指的应该是《雪的女儿》。而且在感情倾向上，伦敦似乎更偏重于赞美野性，批判文明对人的本能和本性的弱化或扭曲。这是因为文明拥有的是强势的主流话语，是业已建立的权威规范，对其进行颠覆需要更大的努力，而荒野则代表一种精神上的反叛。

芙萝娜是个女子，但具有男人的特点。她父亲曾感叹道：“你为什么不是个男孩？你可以成为一个杰出的小伙子”（179）。但她是杰克·伦敦刻意塑造的完美形象，结合了男人和女人两方面的优势：男人代表的原始的纯朴力量，女人代表的精神生活与文化。范·韦顿和万斯两人，一开始都“女人味”太重，到达艰苦的环境中经受磨砺后，锤炼成为真正的男子汉。在杰克·伦敦的意

---

① Charles N. Watson, Jr., *The Novels of Jack London, a Reappraisal*, p. 16.

念中,真正理想的男子汉应是结合了“拳击师的肌肉”和“哲学家的头脑”的人。原始本能和文明教化的统一,体力和脑力的结合,务实精神与情感生活的协调,杰克·伦敦在小说中努力试图表现的,正是这种对立的平衡统一。“人的个性平衡的概念,虽然表现得过于直露,是伦敦第一部长篇小说中出现的最重要的主题。这一与城市和荒原相关,或者说直接来源于城市与荒原二元对立的主题,也弥漫在伦敦后来的小说中,提供了一种深深植根于他本人天性和想象中的理想的和谐。”①

伦敦显然希望通过塑造芙萝娜这一完美形象来体现这种“理想的和谐”,但他似乎力不从心。《雪的女儿》毕竟只是他长篇小说的第一次尝试,写得并不成功,批评界贬责多于赞扬。作者放弃了已在短篇小说中成功建立起来的风格和语言,有意识地表达概念,塑造完美,结果却丢失了小说应有的含蓄,也未能找到合适的叙述语气,令人遗憾。杰克·伦承认,由于缺少经验,作品写得不好,后来叹道:“我在这本书里浪费了足以写10本书的素材。”②小查尔斯·沃森认为,《雪的女儿》的缺点是,大众读物中的那种伤感情绪和做作夸张太多,但却未能注重细节和人物塑造,而且片断之间缺乏有机的串联。总的来说,故事的思想性未能得到相应的叙事艺术的支撑。③ 厄尔·雷伯和里斯曼也认为,这部小说“确实是一个失败”,并且归纳说,失败的原因是杰克·伦敦有太多的想法急于通过小说进行表达,结果适得其反。小说是“对思想的大肆挥霍”,而“这种挥霍是小说失败的主要理由”。小说人物在一起花了太多的时间,讨论那些热门思潮。“这部作品是他最喜爱

① Charles N. Watson, Jr., *The Novels of Jack London, a Reappraisal*, p. 31.

② Charmian London, *The Book of Jack London* (New York: Century, 1921), Vol. 1, p. 384.

③ Charles N. Watson, Jr., *The Novels of Jack London, a Reappraisal*, p. 15; p. 32.

的社会达尔文主义、盎格鲁—撒克逊优越论、环境主义和健康是快乐的基础等各种思想的大杂烩。作者完全被思想淹没,以至于把小说当成了论述文。其结果,思想压倒了人物塑造。"①不过,这是伦敦长篇小说的"见习"之作,付出"学费"也在情理之中。小说大胆尝试,对很多认识观念和想法进行想象表达,小说象征性的框架结构和叙事模式都为后来更成功的作品(如《野性的呼唤》和《海狼》)做出了有益的铺垫。

① Earle Labor and Jeanne Campbell Reesman, p. 37.

第六章

《深渊里的人们》与《铁蹄》

记住以下一点就不会感觉矛盾了:一个叙述对象的构成,无论它多么不正常或不寻常,仍然是典型的社会行为,并且在它的背后或内部体现了历史和社会的权威。

——爱德华·萨义德:《文化与帝国主义》

一、永远的社会主义

作家厄普顿·辛克莱在他的著名长篇小说《丛林》中,不指名地写到一位年轻的加利福尼亚作家,此人“曾当过捕三文鱼的渔民、蚝贼、码头工人和水手,此人流浪走遍全国,被关进监狱,在怀特切普尔贫民窟生活过,也到过克朗代克去淘金。”辛克莱在简单介绍了生平之后接着说,此人具有写小说的“天才”,但仍念念不忘“宣传穷人的教义。”①虽然罗列的生平事件与史实不完全相符,但此人必指杰克·伦敦无疑。辛克莱的小说首先于1904年在社

① Upton Sinclair, *The Jungle* (New York: Doubleday, 1906), p. 389.

会主义刊物《呼吁理性》上连载，而一年之前杰克·伦敦刚刚出版了《野性的呼唤》和《深渊里的人们》，前者足以证明他小说创作的“天才”，而后者则是典型的“穷人的教义”。辛克莱是伦敦同代同类型的作家，出生在东部，两人略有交往。伦敦读了辛克莱的作品，为自己的创作才能和政治立场同时得到认可，并被当作实例写进小说，感到十分激动。

但是在写《深渊里的人们》的时候，年仅27岁的杰克·伦敦已经是个老资格的社会主义者了。至少在旧金山—奥克兰地区，他作为政治人物的声誉早于他的作家声誉。早在1895年，《旧金山观察家报》刊登了伦敦的短文《何为社会主义》（“What Socialism Is”），并配有记者沃尔特·泰特的作者介绍片断，旁边还有一幅卡通人物，画的是一个年轻革命者，下面写着：“杰克·伦敦：奥克兰的社会主义小子”。[①] 当时伦敦才19岁。20岁那年他加入美国社会主义劳动党，此后经常给报刊投寄关于社会主义的小文章。他热心参加社会主义党成员的辩论会，站在肥皂箱上进行街头演讲，很快有了因政治演讲而被警察逮捕的光荣历史记载。他与人通信时在落款前都写上“为了革命”几个字，这个习惯基本坚持了一辈子。杰克·伦敦在理论上终身没有改变过对社会主义的信仰。但严格地说，“信仰”二字并不准确。社会主义显然不是他的行为准绳，甚至也不完全是他分析认识社会的理论基础，而是他一辈子的感情支柱。社会主义对于他与其说是一种信仰，不如说是一种寄托。

伦敦出生在社会下层，童年生活艰辛。他在旧金山海湾当蚝贼的经历，他当童工当水手的经历，他四处流浪混迹街头的经历，以及他无故被捕入狱和监牢生活的经历，使他体会到沦落在深渊里的下层人民的苦难。在不长的人生经历中，他饱览了社会阴暗

① 参看 Jonathan Auerbach, *Male Call*, p. 121。

的一面,并很早开始思考导致社会不公现象的根源,即社会体制问题。这些经历在他年轻的心灵中打下了深深的烙印,即使后来爬上了中产阶级之后仍然难以抹除。1905 年出版政论文集《阶级的战争》时,他本人的社会和经济地位已经有了很大的改善,但提起过去和现在的处境他仍然心有余悸,他在其中这样写道:"街头女人和阴沟里的男人与我息息相通。我看到过社会深坑里的景象,清清楚楚,历历在目。在深坑的底部我看到了他们,我本人在他们的上方,但不远,用我所有的力气和汗水抓住那湿滑的坑壁(不使自己再掉落下去)。"①不可否认,阶级根源是他政治态度的基础,而呼吁改变社会现状的社会主义是穷人的理论,与伦敦的自发感情倾向几乎一拍即合。

这是事情的一个方面。另一个必须提及的方面是,19 世纪末 20 世纪初的美国的社会主义运动带有很强的理想主义色彩,一些类似布鲁克农场的乌托邦公社便是例证。美国社会主义运动的这一偏向,与伦敦的性情十分合拍。伦敦从小缺少朋友,喜欢躲进书本寻找逃避,找到一种想象中浪漫的、美好的或者激烈的、冒险的生活。以颠覆现存社会结构、根除分配不公为目标的社会大革命,从根本上来说是令人激奋的,也是浪漫的。他出生的家庭不信基督教,母亲替人"招魂"获得一些收入,但伦敦从小对母亲装神弄鬼十分反感,渐渐拒绝一切唯心的东西,到年轻时已经公开宣布自己是"铁杆"唯物主义者。在美国的大背景中,当时西方文明的宗教结构也处在受到颠覆性冲击的时期,非宗教而又具有自己一套完整理论的社会主义成为一种时尚,受到很多反叛传统的青年人的热爱。

埃瑞克·洪伯格在《美国作家与激进政治》一书的前言中对美国作家的政治投入进行了分析:"谈到造就激进作家的原因,我认为感觉先于概念,概念先于经济因素。社会主义和共产主义是

① Jack London, *War of the Classes* (New York: Macmillan, 1905), pp. 274 – 5.

复杂的思想体系,但在美国很少有作家试图掌握费解的马克思主义经济理论,而熟悉马克思主义基本哲学思想的人更少。但是当然,掌握经济理论并不是政治投入的先决条件。作家对经济理论即便有所了解,也是后来为之,为感情上已投入的事业提供理性的解释。对政治的关注与造就激进主义者两者之间,有可能甚至不存在必然的联系。这些人发现自己的感情被激起,发现了同情心,其过程就像皈依宗教信仰一样。”①对于有些美国知识分子来说,社会主义的确是取代旧宗教的新宗教。洪伯格提出了从“感觉”到“概念”到“经济因素(即理论上的认识)”这三个阶段,并指出美国的社会主义运动的积极分子大多是以“感觉”和“概念”为先导的。这样的描述用在杰克·伦敦身上,应该说是恰如其分。

杰克·伦敦的不少言论与行为,与他的“社会主义者”信仰不符。我们注意到,虽然他大谈社会主义,但他的政治话语中既没有剩余价值等基本理论,也没有消灭阶级后“按需分配”的未来社会的构图。他在认识的很多方面含混不清,模棱两可。我们前面说过,他的社会主义主要是一种感情依附,对这种社会构想抱有发自内心的好感,这种拥戴是真诚的,也是非常朴素的。他拥护社会主义主要出于对社会正义的向往,对社会邪恶和权力腐败的不满。厄尔·雷伯和简·坎贝尔·里斯曼指出了伦敦认识和实践上的不一致,而这种不一致也表现在他的小说中:他“把自己描述为革命的社会主义者,唯物主义的一元论者。在理论上他一般坚持了这样的信仰,并未动摇;但在实践中,他不断让人觉得他不仅是个个人主义者,而且也是个二元论者;一种本能的神秘主义而不是逻辑的实证主义,主导着他的北疆小说。”②毋庸置疑,杰克·伦敦显然

① Eric Homberger, *American Writers and Radical Politics, 1900 –1939: Equivocal Commitments* (New York: St. Martin's Press, 1986), p.128.

② Earle Labor and Jeanne Campbell Reesman, *Jack London, Revised Edition*, p.33.

非常喜欢社会主义这一概念,希望它成为社会下层无助的小人物改变命运的福音;但他又不愿意让社会主义的革命原则限制自己朝既定目标发展,因为他不是陷于无助的普通被压迫者,而正通过奋斗崛起,挤进享有特权的阶层。没有迹象表明他会为了社会主义而放弃个人追求。

二、陷于深渊里的人们

《深渊里的人们》写于《野性的呼唤》之前,但出版于 1903 年秋天,即后者出版几个月之后。《深渊里的人们》不是小说,讲的也不是发生在美国的事情。但这本书对美国文学、对杰克·伦敦作为一个美国作家的地位,都有着直接的影响。这本书销售了两万册,作为社会问题的调查报告,这不是个小数字。《深渊里的人们》是杰克·伦敦投身社会主义事业的主要贡献。他充满同情地反映穷人的不幸和无助,控诉资本主义造成的阶级间的巨大悬殊,并从政治上、理论上对贫民窟现象进行讨论。《深渊里的人们》使得杰克·伦敦在国际社会主义运动中备受关注。这部纪实报道从实地调查入手,通过近距离的客观考察,记录反映伦敦东区贫民窟居民的极度贫困,以及那儿极其恶劣的生存环境。伦敦把北疆小说中已经操练得十分娴熟的自然主义创作手法,运用到了对城市贫民的描述中。在那里,他们日复一日地几乎依靠本能进行着动物般的挣扎,谋求生存。他"把贫困纳入自然主义的轨道,因此与北疆故事的逻辑完全一致。"①在他的北疆故事中,伦敦的淘金人、雪橇狗在自然法则下的生存斗争故事,常常寄寓着文明社会中资

① Jonathan Auerbach, *Male Call*, p. 115.

本主义体制下劳工求生的艰难,表达着强烈的社会关注。而在这部纪实作品中,他用的是类似表现自然界弱肉强食的手法,演绎"城市丛林"中残酷的生存斗争。《深渊里的人们》与他的早期小说互相呼应,在主题上关联密切,但基调是社会主义的,凸显资本主义社会三方面的现象:劳动者的贫困,统治者的奢靡,经济制度的不合理。

南北战争结束后,美国基本完成了产业革命,工业资本主义迅速崛起。30 多年来,社会并未朝着想象中的上帝光焰下万民同乐的方向发展,也丝毫没体现杰弗逊倡导的无论富贵贫贱人之价值相同的理想。人们用马克·吐温的书名,把这一阶段虚假的繁荣称之为"镀金时代"。新世纪前后,一些记者出身的作家刮起了一股"揭丑"旋风,专门揭露"镀金"层下面锈迹斑斑的真实社会面貌。这批作家被光荣地冠以"刨粪人"的称号,因为他们将社会上形形色色的丑闻刨挖出来,公布于众,以激起民众的义愤和改革的愿望。他们以写实为主,在事件交代中融入愤怒的声讨。比如左翼思想家雅可布·里斯的著名社会学著作《另一半人如何生活》(*How the Other Half Lives*, 1890)在当时影响很大。作者结合新闻报道式的个案描述、社会调查的数据、社会主义的理论和强烈的同情心,从一个局外人的视角揭示纽约贫民窟的现实,告诉美国民众,因为贫穷,那里的居民是被忽视的另一半人,是另类,过着非人的生活。值得一提的是,里斯的另一部主题相似的著作《与贫民窟作战》(*The Battle with the Slum*, 1902),在《深渊里的人们》问世一年之前刚刚出版,也是由麦克米伦公司推出的。

另一本当时具有轰动效应的书是《工人与西方》(*The Workers: The West*, 1898),作者是普林斯顿大学政治经济学助理教授沃尔特·韦考夫。他扮作一个失业求职的人,住进贫民窟,成为其中一员,进行深入的实地社会调查。杰克·伦敦的做法与韦考夫十分相似,但也有巨大的不同。他们的做法都是扮作穷人,潜入贫民窟进行实地考察,然后同情地描写反映社会最底层的人民的苦难。但文体上伦敦的著作更靠近里斯,结合了个案和分析、文献和说教,是一种多种文体杂糅的书。另一方面,韦考夫更多地受到学者的客观性和社会学规范的束缚,而伦敦的著作中则洋溢着强烈的感情色彩,流露出更多内心痛苦的共鸣,因为他"乔装打扮"的是他熟悉的角色。深入贫民窟的调研,"是他自身过去痛苦的重现……对于杰克·伦敦来说,东区之行等于重新回到了过去的身世。"①里斯和韦考夫都是杰克·伦敦的同代人,他肯定受到他们的影响,同时又以自己的作品影响了后来者,如林肯·斯蒂芬斯的《城市的耻辱》(*The Shame of the Cities*, 1904)和厄普顾·辛克莱的《屠场》都是同类主题的作品。由于这本书,杰克·伦敦不知不觉中也加入了"刨粪人"的行列,与伊达·塔贝尔、林肯·斯蒂芬斯、雅克布·里斯等人一起,共同发起对当时的体制的讨伐。

常言道,愤怒出诗人。由于伦敦自己的身世经历,他描述的英国城市社会贫民窟触目惊心的画面背后,涌动着真情,是同类作品中最具有艺术震撼力的。他把自己对过去生活的恐惧,对现实的愤怒,对穷人的同情,全部集中体现在那些被打入"深渊"的城市贫民上,把他们可怕的生活图景栩栩如生地展现在美国读者的面前:

> 伦敦的深渊是一个范围广大的屠场;这里的景象可怕得无以复加。生活没有色彩,一片灰暗,一切都没有希望,不可救药,污秽不堪。浴盆是从来不曾有过的奢侈;一切为清洁而做的努力显然都是滑稽的举动。陌生而变化不定的气味随着混浊的风浮动;深渊吐出一种窒息的空气,把人们包裹起来,致他们于死命。年复一年,英国的农村把大量健壮的年轻生

① Jonathan Auerbach, *Male Call*, p. 139.

命输送到这里,这些生命到第三代就被灭绝了。随时有四十五万人在号称伦敦的社会深坑里悲惨地死亡。①

至于造成这种人间惨相的原因,杰克·伦敦锋芒直指社会体制。是整个资本主义体系形成的一股无形力量,将无辜者推入深坑:"所有的社会力量都将他们往下赶,直到他们死亡"(28)。《深渊里的人们》前11章中,杰克·伦敦详细描述了他在伦敦东区寻找住处、安顿觅食的艰难,以及这个与他刚"跳出"的早年生活环境类似的地方整体上的混乱、潦倒。赤贫的居民在这里进行着毫无出头希望的挣扎。然后,作家笔锋一转,从无家可归的穷人的视角,报道描写爱德华七世加冕典礼的奢华,让英国皇家的极度奢靡与东区民众的极度贫困形成具有讽刺意味的反差。

从整体上描述了东区人的生活之后,作家又从面到点,将观察焦距集中在个别身上。其中令人感兴趣的是一个叫丹·库伦的码头工人。这个人身上明显有杰克·伦敦自己的影子,也许不是写实报道的产物,而是从旧金山"移植"到伦敦东区的。此人出身低微,通过自学获得了文化教育,阅读广博,能"像律师一样"写文章信件,且热衷工人运动,被劳动者推选出来,以他的"脑力"为劳工们奔走工作,是"一个爱国者,一个钟爱人类自由的人,一个无所畏惧的斗士"(166)。但此人被资本主义势力打翻在地,最后死于饥饿。伦敦带着伤感,花了不小的篇幅动情地描写他悲惨的最后时刻。伦敦也许在暗自庆幸,如果不是命运惠顾,这位后来变得"孤独、满腔仇恨而又悲观"的老人的遭遇,很可能就是伦敦自己未来的前景:被体制击败,死于无名。伦敦把与他同名的城市的贫民区,称作"一台巨大的杀人机器"(47)。

---

① Jack London, *The People of the Abyss* (New York: Macmillan, 1903), p. 144. 此书引文以下不再作注,只在引文后标出页码。

杰克·伦敦幸运地走出了深渊，但暂时重返这种生活令他难以忍受。一段时间后他离开了东区，在城里住下，在这本书的下半部分继续写他了解到的东区工人凄惨的生活片断，并引述报刊文章和社会学的数据，以弥补第一手资料的不足。这样做事实上使他的作品增加了深度。在描写令人惊愕的生存状况时，伦敦的评述相对比较克制，让他的作品成为一种纪实文献，而不让它流落为政治宣传。从英国回来后，杰克·伦敦对此书的编辑乔治·布莱特说，他的新作可以被当作一种来自国外的"工业战争实地报道"来阅读。[①]这部作品的确在美国产生了很大的政治影响。杰克·伦敦非常喜欢自己的这本书，曾说这部关于伦敦东区穷人的书是他最成功的作品。批评家安德鲁·辛克莱对此说做出了回应："尽管(这样的声称)有些夸张，但他对于任何社会不公正现象的愤怒是发自内心的。伦敦谴责了这种使成千上万人成为出卖血汗的苦力、使他们发育不良、使他们成为乞丐甚至导致他们过早死亡的社会制度。"[②]直到今天，《深渊里的人们》仍被公认为美国文化史上社会文献的经典之作——尽管描述的对象并不在美国。

在文体风格上，《深渊里的人们》也使人耳目一新。事实上，伦敦的这种文体是 60 年后大行其道的"新新闻"(the New Journalism)的先驱。以诺曼·梅勒和汤姆·沃尔夫为代表的这种所谓的"新新闻"，就是将小说的文体风格和创作技艺融入调查性的新闻故事中，打破"客观性"的传统壁垒。作者参与故事之中，他的感情反应成为故事的重要组成部分——报道的仍然是真实故事，但更加人性化，更有可读性，卷入其中的人物也更加具有复杂性。在《深渊里的人们》中，杰克·伦敦结合了对现实状况的客观

---

① 参看 Jonathan Auerbach, *Male Call*, p. 115。

② Andrew Sinclair, "A View of the Abyss" in Jacqueline Tavernier-Courbin, ed., *Critical Essays on Jack London* (Boston: G. K. Hall and Co., 1983), p. 239.

描述、个人感想与评判、社会学理论等,夹叙夹议,不仅让读者身临其境,目睹伦敦东区人的生活,而且也引导他们对导致这种不幸的社会深层原因进行思考。

三、铁蹄下奋起的革命

在《深渊里的人们》中,杰克·伦敦以悲哀动人的描述激起人们对不幸者的同情。尽管时有言辞激烈的控诉,但背后的政治立场并不激进:"我有一个用来衡量的简单标准,"他在书中写道,"凡是有益于人生,有益于肉体和精神健康的都是好的;凡是有损于人生、伤害人生、挫折人生、扭曲人生的都是坏的"(143)。在5年后出版的《铁蹄》中,这种温和的社会主义立场已被激进的革命态度所取代。他预言资本主义将走向极端,走向罪恶,主张以暴力手段将其推翻。他的解释是,他希望社会主义能够逐渐渗透,和平过渡。但资本家不会束手待毙。因此,新社会的产生必须经过血的洗礼。小说中的革命领导人埃弗哈特讲述了自己的认识过程:"我曾希望和平地通过选票获得胜利。但我错了。……我们将被剥夺剩下的自由,铁蹄将在我们的脸上践踏。除了一场工人阶级的血腥革命,没有其它出路。当然我们会赢,但想起这场革命我不禁为之一颤。"①人们注意到这样一个奇怪的现象,杰克·伦敦的经济和社会地位离工人阶级越远,他表达的革命态度越坚决。

《铁蹄》是一部政治幻想小说,是杰克·伦敦对社会主义主题的最集中、最有影响的艺术表达,也是对资本主义最持久、猛烈的

① Jack London, *Iron Heel* (New York: Macmillan, 1908), p. 112. 此书引文以下不再作注,只在引文后标出页码。

批判。弗朗西斯·肖尔认为这部小说由三方面的话语共同组成，一是马克思主义的政治话语，表现为工人阶级的红色革命，资产阶级引发的流血斗争；二是基督教的宗教话语，主要是象征性的，表现为埃弗哈特最终成为为信仰牺牲的基督式的人物；三是基于社会达尔文主义的自然主义话语，表现为对立的社会和经济力量为生存而进行的殊死斗争。①但应该说《铁蹄》的理论基调是社会主义的，其他两方面都是暗示的、比喻的、非主体的。

小说假借主人公欧内斯特·埃弗哈特的妻子艾维丝·埃弗哈特书写并保藏的零星纪录片段，叙述主要发生在未来的1912至1918年之间的故事，而艾维丝手稿记载的事件一直延续到1932年。在那时，美国的垄断资本已纠集在一起，组成了被称之为"铁蹄"的法西斯统治集团，形成上层的新贵族。他们靠秘密警察、军事寡头和一些与他们沆瀣一气的强大的工会，镇压民主改革和自由组织。在统治集团出于恐惧而施行的野蛮镇压下，革命的社会主义党转入地下，在该党领袖埃弗哈特的领导下，同寡头政治和暴君统治进行了20年的武装斗争，并与德国社会主义工会组织联手举行罢工，制止了一场美德之间的战争。他们组织武装暴动，宣传以武力反抗武力。小说达到高潮时，长期受压迫的芝加哥贫民窟"深渊里的人们"起来造反，遭到"铁蹄"的雇佣军的血腥屠杀和镇压。埃弗哈特幸免于难，继续组织革命力量，但手稿到此突然中断。7个世纪之后，历史学家安东尼·梅里迪斯对这份手稿进行了编辑整理。从他的注释中读者了解到，埃弗哈特后来被神秘处决，而"铁蹄"统治维持了300年后被推翻，新的集体化的社会在旧统治的废墟上诞生，将人类带入一个黄金时代。

---

① Francis Shor, "Power, Gender, and Ideological Discourse in *The Iron Heel*", in Leonard Cassuto and Jeanne Campbell Reesman, eds., *Rereading Jack London*, p. 82.

小说使用一种嵌套式的叙述结构,埃弗哈特的故事是从一个中产阶级的成员艾维丝·卡宁汉(后来嫁给了欧内斯特·埃弗哈特,更名为艾维丝·埃弗哈特)的视角进行交代的,然后又在某一个未来时间“发现”手稿,对这场社会革命进行历史的回叙。艾维丝的记载描述了她本人从旁观、怀疑到认同革命的认识过程,直到埃弗哈特去世,她的记载仍在继续,读者从中了解到这一场社会大动荡的不幸结局。安东尼·梅里迪斯的时代是已经进入了理想社会的未来,与埃弗哈特的革命之间有相当长的一段时间距离,因此可以从局外人的角度更加客观地对过去的“历史事件”进行评述。这样的整体构思是非常巧妙的。埃弗哈特的故事有了多侧面的视角,也有了历史的深度。

小说的主要故事发生在芝加哥。埃弗哈特太太的文稿中提到,这个工业城市一直是劳资冲突的风暴中心,在这里发生了残酷的巷战,到处是暗杀、流血和暴死,经济战争演变成了一场真正的战争。芝加哥后来也成为流产的“第一次起义”的主战场。小说反映的场面比较宏大:劳资斗争、社会主义革命、政府的镇压和工贼的破坏导致的流血冲突。但在描写以芝加哥为假想背景的大场面和大主题的同时,作家经常聚焦于具体和个别,从微观上为宏观层面的斗争提供支持。比如他集中写了一个叫杰克逊的工人的不幸故事:他在事故中受伤,被机器轧断了一条手臂,被迫去做小贩,失去了工资收入。他为了获得赔偿上法庭打官司,但审判法官对杰克逊的要求不予支持。工人的唯一出路就是联合起来,从弱者变为强者,为自己的生存权利而斗争。杰克·伦敦通过这样的实例,一方面抨击了将劳动者当奴隶使用的非人化的工业生产:一旦工人失去劳动价值,就被抛弃。另一方面,作家又抨击了资本主义制度以及维护这一经济体系的上层建筑。两者沆瀣一气,保护既得利益者,维护现有的不平等的社会与分配关系。

伦敦在《铁蹄》中明确地划分了敌对的两个阵营:一方是无私

的社会主义者,另一方是邪恶的寡头政治。从理论上讲,革命家与那些“深渊里的人们”应该是同一条战壕的,但在伦敦的小说中,他们由两类很不同的人组成。他赞美革命家的理想信念,但对可能起来造反的“暴民”抱有戒心。小说最后贫民反叛的暴力场面,像是世界末日大灾难降临,伦敦所用的描述语言充满了恐惧与不安:穷凶极恶的暴民“像可怕的河流淹没街道……喝醉了酒,受尽了屈辱而变得疯狂,终于起来造反,咆哮着向他们的主人清算血债……愤怒的人浪从我眼前汹涌扑过,嚎叫着,怒吼着,像饥饿的兽群,被从仓库里抢来的威士忌灌醉,被仇恨灌醉,被血腥的欲望灌醉……这一堆生活中的沉渣垃圾,这一群狂怒、尖啸、呼号的凶魔般的乌合之众”(326—7)。在这样的一段描写中,伦敦使用了不少贬义的词汇,期待中的暴力革命变成了一场噩梦,小说的批判主题变得混乱。杰克·伦敦内心希望的是“超人”带来社会正义,而不希望社会动乱。他毕竟历尽艰险幸运地挤进了中产阶级,颠覆社会现状是一种感情上、而不是实际上的需要。

《铁蹄》出版后马克思主义派的社会主义者中,有表示赞赏的,也有提出批判的。资产阶级报刊和反对暴力革命的社会主义团体则群起而攻之,指责作者宣扬暴力和对抗。各种不同态度的对立十分尖锐。有人认为这部小说是伦敦对美国文学的巨大贡献,从此把“美国无产阶级文学之父”的称号冠于他的头上,有的则把小说贬斥为政治宣传,从而诋毁它的艺术价值和思想价值。《铁蹄》表达的政治态度既十分激进,又有点凌乱,还有点悲观。杰克·伦敦相信革命会取得最后的胜利,但在小说中强调,斗争过程将是漫长的,也是残酷的。革命不可能一蹴而就,而失败的后果很可能就会把社会推向比历史上任何时候都更加残暴的独裁统治。但这符合马克思对资本主义和无产阶级革命的预言:资本主义发展要经过几个阶段和漫长的历史时期,而且资本主义不会自行走下历史舞台,必须以暴力革命将其推翻,但资本主义无法避免的矛盾必然激化，这个制度将走向极端而最终被取代。由于没有文稿记载，《铁蹄》中长长的血腥的独裁统治基本被省略了，但是读者可以沿着杰克·伦敦的思路，通过想象填补这一段空缺的历史。

历史证明，《铁蹄》是一部警世之作，作者对不久将来世界上发生大灾难的悲观预测不幸言中。30 年后纳粹主义在欧洲兴起，《铁蹄》中描述的恐怖统治的政治结构与组织模式，与德国法西斯主义如同一辙；小说中描述的集团性镇压异己、扫荡文化的手段，也在现实生活中令人信服地得到了证实。历史的发展凸显了《铁蹄》的价值，小说重新得到高度评价，被视作政治小说的经典。俄国作家列昂·托尔斯泰对此书“历史性的先见”深深敬佩。评论家菲力浦·福纳甚至说，《铁蹄》“也许是 20 世纪最令人惊奇的预言之作。”①

小说其实有两个主要人物。埃弗哈特当然是事件的中心，代表着革命英雄主义，是个理想人物，也是叙述者艾维丝心目中的偶像。但他更像是一种理想和概念的化身，是通过艾维丝的语言描述存在的。而记载故事的艾维丝则经历了成长的过程，在革命斗争中接受教育，经受锻炼。由于她的出生和教育背景，她起先对穷人的革命怀有戒心，但在与革命者的交往中，在事态发展的过程中，她认识了阶级冲突的现实，渐渐向革命靠拢。从这一角度来看，小说真正的中心应该是艾维丝，而不是埃弗哈特。她的形象更加鲜活，更加真实可信。作家通过她的眼光观察社会，通过她的头脑思考问题。而在革命最关键的时刻，埃弗哈特这个人物神秘消失。这似乎是作家的刻意安排，有意“弱化”这个带着光环的人物，更加突出艾维丝这个内在的叙述核心。小查尔斯·沃森认为，

① Philip Fone, ed., *Jack London: American Rebel* (New York: Citadel, 1947), p. 97.

"艾维丝是杰克·伦敦塑造既温文儒雅、又富有激情的女性角色的又一次尝试。"①

《铁蹄》串联了三个时间段:埃弗哈特领导的革命时期,艾维丝记载的埃弗哈特失踪、革命失败后的"铁蹄"统治,以及700年后手稿重见天日时的理想社会。最后一个时段的年号为"大同419年",英语是BOM,是Brotherhood of Man的所写,意即"人之大同"。这一部分加重了小说的乌托邦色彩。伦敦一定受了19世纪末流行的乌托邦小说传统的影响,尤其是爱德华·贝拉米的《回顾:2000—1887》(*Looking Backward: 2000 –1887*, 1888),这部作品也采用"双视角"的表现方法,让已生活在未来乌托邦社会的代表,站在他们的立场上,审视当时的社会,提出批判。这类小说还包括伊内休斯·唐纳利的《恺撒的军队》(*Caesar's Column*, 1890)、威廉·莫里斯的《乌有乡来讯》(*News from Nowhere*, 1891)、威廉·迪恩·豪威尔斯的《利他国来客》(*A Traveler from Altruria*, 1894)和乔治·威尔斯的《酣睡人醒来时》(*When the Sleeper Wakes*, 1899)。这些小说,不管是期待文明的和平进化,还是指望通过暴力革命,都在未来主义的幻想中建立了理想国,并从未来的视角对现实进行批判。杰克·伦敦的《铁蹄》部分地继承了英美文学中乌托邦小说的传统。

厄尔·雷伯和简·里斯曼认为:"从心理角度来讲,《铁蹄》是最深刻地反映伦敦内心思想的书之一;小说是他个人梦想中革命荣耀的体现。"②这是一则无产阶级革命的故事,但尽显英雄传奇的色彩,也不乏浪漫的抒情笔调。在小说中,革命者"崇高的生活中,空气都闪着火花,那里的苦斗是为全人类造福,那里是低鄙和

---

① Charles N. Watson, Jr., *The Novels of Jack London, a Reappraisal*, p. 114.

② Earle Labor and Jeanne Campbell Reesman, *Jack London, Revised Edition*, p. 65.

自私从来不涉足的地方”(187)。故事中的革命领袖埃弗哈特,是杰克·伦敦“超人”理想的寄托,他代表了与“老狼”拉森相对的另一种“超人”——拉森是个利己主义的强者,而埃弗哈特是个利他主义的英雄。他是个“天生的贵族”,是器宇非凡的“金毛兽”,连体形特征也与伦敦本人十分相近。在描述这个人物时,伦敦用在《雪的女儿》中用过的同样的二位一体的比喻:拳击手的肌肉和哲学家的头脑。埃弗哈特体格强健,“像个拳击手”,而且思维敏捷,口才出众,能把敢于同他进行思想交锋的生意人、教授和律师驳得体无完肤。埃弗哈特的有些政治演讲,几乎就是伦敦从自己的演讲稿上直接摘录下来的片断。

按照琼·伦敦的说法,“杰克·伦敦希望自己能够成为欧内斯特·埃弗哈特这样的革命家。但很不幸,他同时也希望变成其他几种人。”[①]厄尔·雷伯和简·里斯曼也持同样的看法:“埃弗哈特是杰克·伦敦自己的塑像之一。作者如果能够克服金钱和财富产生的吸引力,埃弗哈特是他自己希望成为的那种革命家。”[②]我们也发现,小说人物与作家两人的个人史大致相同:出身低微,家境贫困,童年从事艰苦的体力劳动,后来苦学成才,成为众人拥戴的社会主义领袖。在世界观方面,他和伦敦一样受到斯宾塞和马克思的影响,埃弗哈特许多关于阶级、社会主义的言论,都是伦敦本人的原话。比如埃弗哈特直接面对有产阶级的带挑战性的发言,几乎就是伦敦在东部巡回演讲时的一段话:“看看我们的手,这是强有力的手。我们将从你们那儿夺走你们的政府,你们的宫殿,以及你们所有闲逸的特权,这样,你们将为自己的面包去劳动,就像田里的农民和城里饥饿瘦小的职员一样。看看我们的手,这

① Joan London, *Jack London and His Times*, p. 307.

② Earle Labor and Jeanne Campbell Reesman, *Jack London, Revised Edition*, p. 65.

是强有力的手!”(55)手是杰克·伦敦喜欢用的比喻:粗大有力的手代表劳工的力量,传递的是阶级斗争的信息。尽管《铁蹄》是部幻想小说,但在埃弗哈特身上,读者看到了伦敦自己,或者更精确地说,看到了伦敦想象中希望扮演的解救穷人的英雄。正因如此,他的女儿琼·伦敦说:“杰克·伦敦的作品中,甚至包括那些有意识以自传为基础的作品,很少有像这本书(《铁蹄》)那样带有如此浓烈的个人色彩。”①

四、为弱者请命

在《铁蹄》之前,伦敦仅写过两篇可被称为“社会主义小说”或“无产阶级小说”的作品,一篇是1901年发表的可以忽略不计的短篇小说《阔佬的僚属》(“Minions of Midas”);另一篇《叛教者》(“The Apostate”)写于1906年,紧挨着创作《铁蹄》之前。他主要是在演讲和散文中表达自己的社会主义观点和各种社会改革甚至社会革命的主张的,很多收集在1905年出版的政论文集《阶级的战争》中。在他作家地位尚不十分稳固的时期,拿敏感的政治主题去冒风险,他是心存顾虑的。不过,在《铁蹄》之前的许多主要小说作品中,他不时表达着社会主义或接近社会主义的认识观念,比如《野性的呼唤》和《海狼》中都或多或少有左翼文学的成分。杰克·伦敦寓言式地,或者直接反映被剥削者受到的非人待遇,为社会主义者提供了批判资本主义的武器。但是在《铁蹄》之前,伦敦对社会主义的信念和对社会非正义的愤慨,并没有转换成相应

① 参看 Earle Labor and Jeanne Campbell Reesman, *Jack London, Revised Edition*, p. 130。

比重的艺术成就。《铁蹄》之后,他又写下了一些短篇的“社会主义小说”,但为数有限。

在与《铁蹄》差不多时间创作的《叛教者》是比较成功的一篇。故事的主要人物乔尼,即“叛教者”,是个纺织业血汗工厂的“工作兽”,长期为了低微的工资在劳动条件极其恶劣的厂房里干活,变成了无知识、无意志而且身体衰弱的人。疲劳的一天下来,残余的意识使他突然感觉到自己只不过是机器的组成部分。这种感觉伦敦在自传体小说《约翰·巴雷康》中有所描述。他回忆了自己过去在“深渊”里的生活,用的也是类似的表达:“我是个合适的工作兽。我干活,吃饭,睡觉,而我的意识一直在昏睡。这一切是一场噩梦。我每天干活,包括星期天,我盼望着每月月末一天的休息,决心将那整整一天全躺在床上,睡一天,用来休息。”但是,像他那样的工作狂得到的回报是“愤怒、羞辱、疲惫和绝望”①。乔尼的处境相似,他没有激情,没有愁苦,没有对机器的恨,也没有清醒的认识。但突然间,他决定不再继续当工资奴隶,走出城外,在草地上躺了一个下午,然后跳上一辆货运列车,离家出走,宁可做一个流浪汉也不再进工厂做牛做马。小说的特点是伦敦基本没有进行说教,没有把马克思主义的理论小说化,而只是描述童工的苦难和冲动之下的反叛。这样的写法反而增添了作品社会抗议的力量,更能激起读者对无助的小人物的同情和对非人的资本主义生产的反感。但伦敦也有不少政治小说,故事背后的“理念”走上前台,喧宾夺主。

短篇小说集《强者的力量》(*The Strength of the Strong*, 1914)中收录了几篇关注社会问题的作品,其中的名篇常被称为“社会主义寓言”。作者以故事的形式阐释了马克思主义的基本观点:只要弱者联合起来,就能战胜强者,成为强者,改变命运。故事中

---

① Jack London, *John Barleycorn*, p. 121, p. 119.

的“食鱼人”和“食肉人”两个部落分别居住在两个山谷中。“食鱼人”的村子共60人，遭到邻村10个“食肉人”的袭击。“食鱼人”四处逃散，爬上大树躲避，但被“食肉人”分而治之，一一制服。10个“食肉人”抱团作战，每人有10个人的力量；而60个“食鱼人”每人只靠自己的力量抗争，结果吃了大亏。现实教育了“食鱼人”，他们召开第一次联合会议，组成一个强有力的团体，并且提出宣言：人皆兄弟，团结求生，按劳获取，反对寄生。小说把“全世界无产者联合起来”、“各尽所能，按劳分配”等马克思主义的基本理念融化进了故事中，但说教的色彩削弱了作品的艺术感染力。

在《意外》（“The Unexpected”）和《黄金谷》（“All Gold Canyon”）中，杰克·伦敦着力反映资本主义社会中见财起意、互相残杀的丑恶现象。在《在甲板的天篷下面》（“Under the Deck Awnings”）中，他描写了一个资产阶级小姐的恶劣行径。她用一枚金币作诱饵，诱使一个当地男孩跳下海去，结果活活被鲨鱼咬死。杰克·伦敦表达信仰的政治小说还包括《奇怪的片断》（“A Curious Fragment”）、《梦》（“The Dream”）、《戴伯斯之梦》（“The Dream of Debs”）和《墨西哥人》（“The Mexican”）等。他用故事揭露资本主义的黑暗，讲解革命的道理，汇入了当时在美国知识分子中十分红火的社会主义运动。其中《戴伯斯之梦》的核心内容与《铁蹄》相似，也带有马克思主义的未来展望：统治阶级走向没落，工人阶级夺取了社会的财富和权力。但一般来说，这些“社会主义小说”在艺术性和表现力度上，都比不上他最优秀的北疆小说。优秀的文学作品需要阐释的空间，多以含蓄、深沉、多义为特点。因此，概念含糊但包容广泛的北疆意象，为他的小说带来了神秘主义的象征力量；而观点明确、意图昭然的“社会主义小说”，往往使作家陷于政治说教。社会主义是伦敦最执著的信仰，他一直试图在他的“社会主义小说”中强调和突出正面的价值，但遗憾的是，除了《铁蹄》之外，他基本没能通过艺术想象把主题思想化为成功的文学作品。

除了一批“典型的”“社会主义小说”之外，伦敦在很多其它作品中都或多或少表达和反映了他的某些社会主义的政治和经济观，有时比较显露，有时比较隐蔽。比如在《野性的呼唤》中，布克首先是个受剥削、受压迫者，是社会不公正待遇的受害者。它被卖到北疆是来干苦工的，劳动极其繁重，工作环境又极其艰苦危险。狗队每天拉雪橇在冰雪里行走 40 英里，而所得的只是不够吃饱的一天一磅半鱼干。雪橇队行走速度越来越急，到达目的地后的休息时间越来越短，劳动强度无限制地增加，直到这些狗统统被累倒拖垮。随后，主人们又把疲惫不堪的狗群卖掉，在它们身上榨取最后一点油水。棍棒象征的是统治它们的权力。布克的第一课就是“棍棒教育”：任何反抗得到的只能是无情的镇压。在棍棒的权威之下，布克忍受了各种虐待。伦敦也描写布克的另一方面，它可以拉动千磅重物，一旦忍无可忍，起来报复邪恶时，则可以显示出无比巨大的潜在的反抗力量。在这里，我们可以看到马克思主义对杰克·伦敦的影响：无产阶级遭受残酷的剥削与沉重的压迫，而维护这种经济秩序的则是棍棒——社会的权力机构。正因为如此，美国的社会主义者对《野性的呼唤》就如对《深渊里的人们》一样感兴趣。

在《海狼》中，伦敦的社会主义话语要明显得多。作家让一个年轻的中产阶级知识分子登上捕海豹船，让他在那里被迫干最下层人的苦活，了解以水手为代表的劳动阶级的非人生活。“我能想象得出，自己的模样绝非一幅令人赏心悦目的图景。我，亨弗莱·范·韦顿，蹲在船上厨房恶臭的一角干活，抬起脸看着准备揍我的那家伙的脸，嘴唇提起，像条狗一样发出咆哮声，我的眼中闪烁着恐惧和无助，还有来自恐惧与无助的勇气。我不喜欢这种图景。它太容易让我想起捕鼠笼里的老鼠。”①在这段道白之前，

① Jack London, *The Sea-Wolf*, p. 60.

范·韦顿还说,“我本人也变得像动物一样”(60)。伦敦在叙述者的这段自我描述中用了狗、老鼠等动物比喻来表现底层劳动者非人化的地位。通过亲身体验,从小不愁衣食的范·韦顿获得了新认识:“从此以后我将能够理解工人阶级的生活。我以前做梦都没想到劳动会是如此可怕的事情”(42)。

《海狼》对剥削者的谴责也更加直截了当。范·韦顿把“老狼”拉森船长视为压迫者,控诉他对水手的生活和人性的漠视:“工业组织赋予这样的人控制其他人生活的权力,而这些人的冷酷令人震惊。我虽也经历过世间的风雨,但做梦也没想到工作是以这种方式进行的。生命总是特别神圣的东西,但在这里,它一文不值,是商业算术中的‘零’。然而,我必须指出,水手们是有同情心的,比如在约翰逊事件中,但他们的主人则冷漠得残忍”(45)。范·韦顿站在下层水手的立场上,谴责欺压他们的人。拉森船长像工厂的“工头”,是生产活动的直接指挥者。有趣的是,在小说中拉森又站在捕海豹船——在险风的恶浪中直接从事生产者——的立场上,向城市中不劳而获的阶层发起攻击,这个阶层的成员包括范·韦顿本人:

> “你睡的是软床,穿的是好衣服,吃的是好东西。是谁造出了这样的床?生产了这样的衣服和食品?不是你。你从来没有流着自己的汗做出任何东西。你靠你父亲挣来的一份收入生活。你就像一只军舰鸟,朝那些愚昧的人俯冲下来,抢走他们捕来的鱼。你和那些组成所谓的政府的那批人是一伙的,他们是其他所有人的主子,他们享用着别人得到的自己想吃的食物。你们穿着暖和的衣服。衣服是他们做的,但他们穿着破衣烂衫,簌簌发抖,在替你们管钱的律师或商务代理那里讨一份工作。”(36)

其实拉森身兼着压迫者和被压迫者的双重身份。在“魔鬼号”上，他是权力象征，是个压迫者，依靠强权统治着船上的小世界；在岸上大世界，他是个被“组成所谓的政府的那批人”盘剥的生产者的代表。“魔鬼号”像个血汗工厂，劳动条件极其恶劣，而拉森本人必须在风浪里出生入死，与城里锦衣玉食的寄生阶级反差巨大。在他眼里，不直接从事生产劳动的人，包括像范·韦顿那类搞文学艺术的人，才是社会非正义的根源。所以，他和范·韦顿的批判立足点是不一样的。他们各自把矛头对准了对方，但都为无助的劳动者说话。这两人身上都寄托着杰克·伦敦的渴望：拉森是劳动阶级中崛起的强悍的“超人”，而范·韦顿则是有文化教养和经济保障的中产阶级成员。但这两个人的地位，对于伦敦来说，都代表着感情上的背叛，这种背叛又导致了内心的焦虑。尽管他生活的藤蔓攀上了中产阶级，他的根仍然扎在他出身的那个阶级的土壤中，在感情倾向上倒向劳苦人民一边。这是他信仰社会主义的基础，而拉森船长和范·韦顿都代表着伦敦既向往又仇视的可能性。

五、伦敦的社会理想：一种寄托

自19世纪末开始到20世纪初，社会主义思潮风靡美国。在科学发展的带动下，各派哲学思想百家争鸣，替代了宗教的权威，其中尤其以社会主义思想最为时尚，追随的人最多。社会平等，财富共享，不仅是劳动阶级的口号，也是不少中产阶级成员，尤其是青年知识分子崇尚的理想。19世纪90年代的经济大萧条激起了美国人改革社会的强烈愿望。更多的人希望——至少在理论上——找到一个比现行工业资本主义更优越的社会结构和生存模式。在杰克·伦敦的周围,到处都是信仰社会主义的人。课堂上、集会上、茶余饭后的闲聊中,社会主义是个百谈不厌、人人都有一番见解的话题。当时旧金山激进的社会主义领袖如麦克斯·希温德和斯乔恩·哈米尔顿等都是大名鼎鼎的人物。

伦敦生长于这样一个迅速变迁的时代。他也像当时其他的青年人一样,具有反叛意识,有时甚至十分激进,因此接受社会主义是自然而然的事情。但他的社会主义不具有排他性,他也乐于接受其它各种流行于当时的新思想和新观点。但对于他,社会主义不仅仅是一种时尚。他来自被"铁蹄"践踏的下层阶级,曾经饱尝贫困的痛苦。他对不幸者的同情是真真切切的,成为作家后一直感到,为下层人民请命、为他们的利益呼吁,他责无旁贷。他是美国文学中第一个带着真正的理解描写流浪汉的作家;他也最先同情地、现实主义地描写被逼入犯罪绝境的人。他善于反映社会下层不同人群的生活:在"北疆小说"中写克朗代克的印第安人、在"南海小说"中写波利尼西亚的土著人、在《深渊里的人们》中写伦敦东区贫民窟的居民、在《海狼》中写险风恶浪中的水手。这些下层人的不幸故事都深深触动了读者的心灵。白人对印第安人、殖民者对土著人、权势对贫民窟的穷人、船长对普通船员的欺压和虐待,就像资本主义对工资奴隶一样,令作家愤愤不平。他塑造了各种各样的边缘人:在《中国工》("The Chinago")和《钟阿春》("Chun Ah Chun")中反映流落他乡的中国人,在《麻风病人库劳》("Koolau the Leper")中反映马克萨斯岛上的麻风病人,在《天大亮》(*Burning Daylight*)和《月谷》(*The Valley of the Moon*)中反映新女性,在《铁蹄》中反映进行地下斗争的革命者,在《一块牛排》("A Piece of Stake")中反映被岁月逼入困境的老拳师。这些人物都被挤出社会主流圈子之外,都是受到不公正待遇的"弱势群体"。他为他们伸张正义,给予他们无比的同情。

杰克·伦敦同情弱者,但羡慕强者,希望成为强者。据曾为伦敦工作过的雇工反映,他们都认为他与其他雇主不同,老是面带笑容地与他们谈话,从来不说任何人干得不好或干得太慢,他的确是一个"社会主义雇主",一个工人阶级的朋友。[①]但他更喜欢扮演的是"超人"的角色。他对"劳工解放"的理解常常是居高临下的,由作为强者的人来解放弱者。他甚至接受劳动阶级"四肢发达、头脑简单"这类错误观念,把他们看成"穿着衣服的牛马"。他在《马丁·伊登》中描写到一个无助的工人后,发出了一阵感叹:

> 一小撮主子一直统治着他们,还会永远统治着他们,直到世界末日。对马丁来说,这个一把枯草般的人物就是一个象征。他就是在崎岖的生活圈子里,遵照了生物学规律而死亡的那一大帮可怜巴巴的弱者和无能者的代表。他们不是"适者"。尽管他们有一套巧妙的哲学,像蚂蚁般倾向于相互合作,造物主还是淘汰了他们,来给杰出的人让路。多产的造物主一手创造了大地上的芸芸众生,可是只挑选最优秀的。[②]

马丁头脑中出现的斯宾塞和尼采的观点,在他的"北疆小说"中已经充分表达过,与社会主义哲学、与他在《强者的力量》中宣扬的"食鱼人"联盟的概念是截然相反的。马克思认为,直接从事生产活动的工人阶级,有着无比强大的潜在力量,只要联合起来,就能够砸碎身上的枷锁,推翻压迫者,成为新社会的主人。而按照斯宾塞和尼采的理论,社会主义是"蚂蚁们"的哲学,是弱者的联邦。杰克·伦敦同时拥抱"社会主义"和"超人哲学"这两种形成尖锐对立的、水火不相容的社会观,而且并不为此感到不安。著名评论家阿尔弗雷德·卡辛注意到了伦敦的社会主义立场与对尼

① 参看欧文·斯通,第221页。

② 杰克·伦敦,《马丁·伊登》,吴劳译(上海:译文出版社,1981),第370—1页。

采、斯宾塞的理论信仰之间的冲突，得出的结论是，伦敦对社会主义的兴趣，产生于"一个渴望成为'超人'的人"，是一种典型的"无意识中的拯救意识"。[①]他把"拯救者"的角色留给自己，把社会主义留给人民大众，在艺术想象中期望由"超人"去完成民众的解放大业。在《马丁·伊登》中，贫穷善良的玛丽亚·席尔瓦最后终于跳出了苦海，因为在奋斗中崛起的马丁·伊登给她买下了个奶牛场，圆了她当年的梦想。马丁扮演了救世主的角色，他以超人的毅力和聪明才智取得了成功，成为强者，为穷人带来了福利。

伦敦具有强烈的领袖意识，因为领袖是强者。作家也是强者，而他从心底里认为，资本家也是强者。在《野性的呼唤》中，布克一边学习适应北疆的生存环境，一边一直在谋求雪橇队领头狗和后来的"头狼"的地位。作家马丁·伊登是智力上的强者，也是伦敦本人的化身。《铁蹄》中的革命家埃弗哈特、《天大亮》中的资本家戴莱特，甚至《海狼》中的拉森船长，都是他本人希望担当的社会角色，在他们身上都寄托着他内心不同程度的敬慕。只要是强者的角色，他似乎并不在乎哪个阵营。他用马克思的理论批判"超人"哲学，以对"超人"的向往抵制马克思主义。就这样，伦敦的作品给读者留下了一个巨大的认识悖论，这是一个感情的"源"与意志的"流"之间，是内心的呼唤与生存现实需要之间的不和谐。这是伦敦多重性格的两个方面，也是反映在个体上的认识矛盾的体现。

正因为如此，杰克·伦敦再三声明《海狼》的主题是批判尼采思想的，小说结尾也给象征"超人"的拉森船长安排了可悲的下场，但在小说的很多地方，作者对"超人"的赞慕之意溢于言表，以

① Alfred Kazin, "Progressivism: The Superman and the Muckraker," in Dennis Poupard, ed., *Twentieth-Century Literary Criticism*, Vol. 9 (Detroit: Gates Research Company, 1983), pp. 261 – 2.

至于很多读者以为拉森是伦敦歌颂的伟人形象。无独有偶,他的《马丁·伊登》也同样被读者"误解"。他多次申明,写《马丁·伊登》的宗旨之一是抨击个人主义。但他显然言未达意,因为大多读者和批评家不认同这一点,把小说看做"奋斗——成功——幻灭"三步曲式的作品,与德莱塞的《嘉丽妹妹》(*Sister Carrie*, 1900)和豪威尔斯的《塞拉斯·拉法姆的发迹》(*The Rise of Silas Lapham*, 1885)同属一类。鉴于小说的内容,有人指责他背弃社会主义信仰,为个人主义辩护。这种事与愿违的现象,究其原因,是因为在杰克·伦敦的思想中,弱者和强者、尼采的哲学和马克思的思想、个人主义和社会主义并不永远是对立的,它们可以和平共处。他经常往来于两者之间,他的作品也清楚地反映出矛盾的两方面:他为弱者请命,为强者喝彩。如果强者承担的是有益于弱者的事业,那么,两者就达到了统一与和谐,铺就了通向理想境界的道路。这样的想法的确有点幼稚,但是,不管是马克思的还是尼采或斯宾塞的思想,都从欧洲传到美国不久,尚有待于社会实践的检验与证明,知识分子对这些新观念的各种不同理解、探索,都是十分自然的事情。

理论的兼容性是一种"杰克·伦敦现象"。我们还注意到另一个有趣的现象:杰克·伦敦的个人生活行为与革命者的身份越不符,他的社会主义态度就越坚定。直到1910年,当他买下大片牧场果园,并着手建造宫殿式的住宅,成为拥有大片土地的乡绅时,他仍然站在肥皂箱上,对雇工和农夫们宣讲革命:"就阶级斗争来讲,没有好的资本家,没有坏的工人。所有资本家都是你们的敌人,所有工人都是你们的朋友。"[1]他显然忘记了自己雇主的身份。但他不是雇工们的敌人,他新的阶级地位不是用"阶级斗争"的理论,而是用"超人"理论来阐释的。熟悉杰克·伦敦的人都知

① 参看欧文·斯通,第224—5页。

道，他不是伪善的口头革命家，不是口是心非、阳奉阴违的两面派。他真心拥护社会主义理想，把收入的很多钱捐给了革命事业。他真心希望社会主义最终会取得胜利，像他从前那样的穷人能过上好日子。这种感情十分朴实，也十分强烈，但不足以压倒其它理论对他的影响。他同时认为，信仰社会主义并不等于说在目前血腥的资本主义社会中不能成为生存斗争中的强者，他要在资本家的游戏中打败他们。影响他的各派哲学思想，像不同的颜料投入伦敦头脑中原来比较清纯的水缸，在那里融合成了一种奇特的色调。

社会主义是杰克·伦敦毕生兴趣所在，但如果社会主义无法满足他的想象力时，他就转向它处寻找灵感的源泉。他的思想是多元组合，社会主义也许是主色调，但不是他丰富色彩的全部。他的小说作品是很好的例证：《海狼》里有尼采"超人"的幽灵，《野性的呼唤》、《白牙》、《亚当之前》很多方面涉及了达尔文的进化论，《铁蹄》中的阶级斗争和武装革命表达的显然是马克思主义思想，《马丁·伊登》中有斯宾塞的社会达尔文主义的清楚的痕迹，但是，任何一部小说中，同时又或多或少有其它思想的成分，时而和谐、时而不和谐地交织在一起。他把这些哲学巨人们请进他的小说，让他们分头宣讲，让他们互相辩论，也让他们携手合作。他往往采取实用主义，在不同的地方强调他们思想中与自己的感情倾向或见解一致的部分，或者用两个矛盾的思想体系去支持他思想感情上互相矛盾的两个侧面。直到他生命结束时，杰克·伦敦仍没有完成认识领域的探索。他总是无法为自己定位，在反反复复的徘徊中取得平衡。应该说，他的认识是试探性的，而不是结论性的。

一个比较能说明问题的例子是伦敦的"白人优越论"的种族偏见。这显然是一种与他的社会主义背道而驰的理论。马克思主义从阶级的观点看问题，把社会的人主要划分为依靠剥削剩余价值寄生的资产阶级和出卖劳动力的无产阶级。社会的主要矛盾是阶级的对立,而不是种族肤色的差异。有色人种往往是被压迫者,是社会主义革命的依靠。伦敦清楚地知道这一点,但他仍在不同的场合公开宣称,北欧的白种民族是最优秀的种族,是体力和智力上的强者,将最终淘汰黄种人、黑种人和红种人,成为世界的主宰。他在《马丁·伊登》中写道:"世界属于这些真正崇高的人,属于那些伟大的'金发兽',属于不甘于妥协的人,属于敢于面对困难的人"(364)。"金发兽"是他对发色、肤色较浅的西欧、北欧人的爱称。在理论上,他是支持殖民主义的,而殖民主义的根本是帝国主义压迫弱小民族,这与他的社会主义水火不相容。尼采就是从种族主义的观点出发批判马克思的。杰克·伦敦既然可以同时信仰马克思和尼采,他当然也不会太在乎这种信仰的矛盾之处。不幸的是,当时很多思想家都不同程度地接受"白种优势"的观点,千百万个善良的普通美国人也把种族优劣当作一种事实。

种族理论是当时流行的五花八门的阐释理论之一。杰克·伦敦庆幸自己是"优等民族"的一员,也确实宣传过种族主义,白纸黑字,不容辩解,留下了很多遭到后来的学者严厉批判的言论。他的种族主义思想同时又遭到他本人思想中不同来源的其它成分的批驳。事实上,白人殖民者欺压弱小民族的行径,杰克·伦敦决非视而不见。他对下层人民,不管是什么种族和肤色,都表现出无比的同情,这是人所共知的。这里又是感情上和理论上的一对悖论。比如在《雪的女儿》中,他先通过女主人公芙萝娜之口,宣扬"白人优越论"——他们是优等民族,将战胜印第安人,战胜自然。但在严酷的生存斗争面前,淘金者们在印第安人身上看到了白人所没有的品质:善良朴实,吃苦耐劳,坚毅勇敢。在后期的海岛小说中,他也宣扬"白种优越",但同时用相当多的篇幅揭露白人的殖民掠夺。如在《马普希的房子》("The House of Mapuhi")和《唷!唷!唷!》("Yah! Yah! Yah!")中,他谴责殖民主义恃强凌弱,对当地人进行压迫与屠杀,将他们斥之为"魔鬼",说他们貌似强大而实际上只是"一堆垃圾"。他的种族主义血统论常常流于抽象层面，这种理论在具体细节的描述中，又遭到他本人的批驳。但反过来，在对弱肉强食的野蛮行为的厉声斥责中，他又会流露出对强者的赞赏，宣扬斯宾塞的社会达尔文主义思想。

杰克·伦敦从来未能系统地、逻辑地表过他的思想和观念，也从未令人满意地解决过存在于他身上的许多认识上的矛盾。但是，宣传社会主义使他在普通民众中间，在知识分子中间，甚至在国际上成为广受欢迎的作家。"他喜欢大谈革命，这使他获得了光靠写作难以获得的英雄的地位。"①对他来说，社会主义主要不是一个思想体系，而是一种感情依靠。他投靠社会主义，主要出于对他切实感受过的"深渊"的恐惧和反感。因此，伦敦的社会主义不完全基于对完整一致的政治或哲学思想的理解。社会主义是他的信仰，是他的嗜好，也是他的感情和心理需要。但不管怎么说，他对此注入了巨大的心血，也做出了杰出的贡献。《深渊里的人们》和《铁蹄》都是感心动耳、回肠荡气的杰作，是美国文化史上不朽的文献。不同政治倾向的读者都会被他的文章和小说深深打动。著名的左翼报刊《新群众》在杰克·伦敦逝世10年后载文，称他是"美国第一个也是到此为止唯一的天才的无产阶级作家"。②

① James Lundquist, *Jack London, Adventures, Ideas and Fiction*, p. 51.

② 参看欧文·斯通，第133页。

第七章

《马丁·伊登》

写自己故事的人能从原来处于无名、无声的地位崛起，把自己的故事与其他人和其他人的故事串联起来。期待中传记应有的准确性和真实性——其叙述事件的历史存在——使它比虚构的小说和戏剧具有更大的权威。……自传作家在书写他或她自己的故事时，变成了大多美国人都希望变成的知名人士。用我们先前用过的比喻来说，自传中的英雄由此进入了美国的名人堂。

——罗伯特·塞尔:《自传与美国的创建》

一、成功者的幻灭故事

《马丁·伊登》不是自传，而是自传体长篇小说。当然杰克·伦敦也许很希望别人至少部分地把它当作自传来阅读。小说讲述的是一个青年作家奋斗、成功和幻灭的故事。尤其是前半部，小说主人公马丁·伊登的故事，很像作家自己生平经历的再现：一个社会下层的青年遭遇生存的艰难,爱上一名中产阶级女子,奋斗苦读自学成才,在文学创作上获得成功。马丁的思想情感,很可能也是作家本人的内心感受,因此伦敦在创作上驾轻就熟,写得十分顺手。小说原先以《成功》为书名,以《星尘》为第二选择,后来才使用了小说主人公的姓名。厄尔·雷伯和简·坎贝尔·里斯曼认为,《马丁·伊登》显然是最贴切的选择:"马丁"(Martin)意即"斗士",而"伊登"(Eden)的英文意思是伊甸园,因此"是美国男子原型的一个象征性的缩影"。[①]《马丁·伊登》的确是一则关于一个"美国斗士"寻找"乐园"的故事:他从逆境中奋起,以巨大的意志力量战胜了无数困难,终于推开了他想象中的"伊甸园"之门。但是小说的叙述包括成功和成功之后的个人悲剧两个部分,也就是寻找伊甸园和精神上被赶出伊甸园的故事。杰克·伦敦不幸言中,预言性地将自己日后的故事提前写进了小说。

主人公马丁·伊登是个21岁的穷苦水手,在社会主义聚会上认识了一个中产阶级家庭的青年,在他家中与他姐姐鲁丝相识,一见钟情,坠入情网。他爱她的美貌和文静的品性,更爱她代表的文化和优雅生活。为了赢得出生于体面社会的她,并得到她家人和她那个阶级的认可,马丁决心努力奋斗改变自己的命运。他几乎没有受过正规教育,但选择职业作家为自己的奋斗目标,开始看书读诗,提高文化修养。他在洗衣铺、在锅炉房拼命工作,工作之余到公立图书馆勤奋学习。如积了一点钱,他就辞去工作,每天19小时学习和写作,相信会有成功的一天。在强大的爱情推动力的驱策下,他以巨大的毅力和自制改造自己。但在忘情的奋斗过程中,他与鲁丝渐渐感情不和。正当女友与他决裂使他灰心失意的时候,幸运女神突然对他产生好感。报纸、杂志开始采用他的作品,从此一发而不可收。他终于脱颖而出,卓然成家。

---

① Earle Labor and Jeanne Campbell Reesman, *Jack London, Revised Edition*, p. 80.

各家杂志争先恐后发表他以前屡屡被退还的稿子,同他断绝关系的亲戚、社会上的头面人物都来请他吃饭,当面拍马奉承。更有甚者,一向被马丁视作纯洁化身的鲁丝在家庭的默许和怂恿下前来修好,并主动提出委身于他,但马丁明白她喜欢的只是名利在身的现在的他,因此高傲地拒绝了。他赢得了声誉,却没有赢得爱情。事业上的成功使马丁挤入了他企望的阶级,日子安逸舒适,但他不喜欢那种崇尚物质、伪善古板的生活,感到人间缺少真情,因此精神空虚。他已疏远了自己出生的劳动阶级,但在感情上又与新的阶级地位格格不入,内心矛盾无法妥协。他认识了一个能够真正理解他、可以与他进行心灵交流的诗人,社会党人拉斯·布里森登,深受他的社会主义思想影响。他积极参加社会主义者们的活动,追随他们的信仰,但总觉得格格不入,无法确定自己的归属。同时,对艺术不屑一顾的社会环境,使马丁的文学理想严重受挫。最后,爱情失败,唯一在逆境中赏识他才能的"知音"布里森登自杀,马丁陷入了困境。他看透了社会中的一切伪善,理想破灭,万念俱灰,最后在一次出海旅行中,平静地跳入海中,结束了自己的生命。

《马丁·伊登》的前半部分与作家本人的生平经历比较接近:一个没有社会和经济地位的青年凭着刻苦和毅力成为名作家,实现了梦想。有的批评家对小说主人公取得难以置信的成功的可能性表示怀疑,伦敦在另一部自传体小说《约翰·巴雷康》中愤然反驳道:"在三年时间里,我将一个只有小学教育程度的水手变成了成功的作家。一些批评家说这不可能。然而,我就是马丁·伊登。"[①]我们也许不能完全接受这个声明,因为即使我们忽略《马丁·伊登》中的虚构成分,仍然不能在作家与作品人物之间画上等号。退一步讲,即使作家写的不是小说而是自传,希望忠实地记

① Jack London, *John Barleycorn*, p. 242.

录自己的生平历史,自传人物仍必然具有虚构性,因为在写作的过程中作者不可避免地要对素材进行淘选、综合、编排,而这个过程也是个"创作"和"虚构"的过程。作家既无法隐藏起来——因为作品中的人物不可能离开作者的构思天然生成;也不可能完全是作品人物的原型——因为小说人物是经过加工的,是产品,是想象的产物。小说人物必定与作者有某方面的关联,但又独立于作者的生活之外。小说人物的声音不等于作家本人的声音。

但小说前半部分的很多素材来自作者自己的生平,这也是不争的事实。甚至小说中对马丁·伊登这个人物外表的描写,也会使人想起作家本人的体貌特征。但自传体的小说仍然是小说。而小说后半部分多大程度上是自传性的,就相对不容易界定。小说中,这位大红大紫的作家遭到幻灭的打击,最后看破红尘,自杀遁世。作家还没有经历自己的后半生,这里的"自传性"的特征也许部分地可以在感情上找到。小说是他在自己的"蛇鲨号"去太平洋岛屿的航行途中写下的,完成后先在《大西洋月刊》上连载,然后在1909年由著名的麦克米伦公司出版单行本。也许在创作这部小说时,成功后的幻灭感已经向他袭来,也许环球航行计划本身就是对内心空虚的掩饰,但小说中那种强烈的悲观厌世情绪至少在当时尚未表面化。按照詹姆斯·伦奎斯特的说法,就好像"蛇鲨号""越远离加利福尼亚,他越发现自己的成就空泛而不真实。"①因此《马丁·伊登》的后半部分更是预言式的,反映的是作家已有的朦胧预感,是他担心可能发生的事情。

《马丁·伊登》是一部典型的"成功小说",也是一部"成长小说"。两种小说类型虽然只有一字之差,但定义完全不一样。前者描述通过奋斗取得成功的故事,如霍雷西奥·阿尔杰的《衣衫褴褛的狄克》(1868)等"美国梦"小说,这类故事在杰克·伦敦时

① James Lundquist, *Jack London, Adventures, Ideas and Fiction*, p. 150.

代十分流行,是学校用来激励青年的教材。故事往往是程式化的:一个地位低下、处境不利的青年,通过努力改变命运,出人头地,成为音乐家或企业家或其他受人尊重的人物。这样的小说常常无视美国社会的现实,催人向上,但也给人误导。阿尔杰的"颠覆版"也是"成功小说"的一种:表现上升后的跌落和成功后的幻灭。"成长小说"强调的是认识上的发展,小说主人公开始于一种无辜、无知的状态,在生活过程中出现痛苦的转折,走向"认识"。这种认识发展也可以伴随奋斗和成功后的幻灭的过程。在《马丁·伊登》中这两种故事类型,即"成功"与"成长",是交织在一起的。

小说出版后大受欢迎,原因之一是它涉及了美国文化中最神秘的部分,即被称之为"美国梦"的个人奋斗的故事。它与之前的豪威尔斯的《塞拉斯·拉帕姆的发迹》(1885)、弗兰克·诺里斯的《麦克提格》(1899)和德莱塞的《嘉丽妹妹》(1900)都有亲缘关系。在这些小说中主人公经济地位上的抬升,都与价值观念发生了冲突,奋斗的结果不是取得成功后的喜悦,而是发现自己被金钱拖下了水,幡然醒悟。杰克·伦敦之后还有许多作家的作品都涉及了这一长盛不衰的主题,最著名的是司各特·费茨杰拉德的《了不起的盖茨比》(1925)。虽然角度略有不同,讲述的也是同类故事。小说主人公盖茨比与马丁一样,表达着对"美国梦"含混不清的态度,既被强烈地吸引,又进行着强烈的抗拒。两位作家在批判"美国梦"的同时,又代表了这种价值观。伦敦和费茨杰拉德都是靠写小说成名,摆脱了原来的社会和经济地位,成为众人拥戴的风光人物。在真实生活中,两位作家都充分地享受了"成功"带来的福利,但对"成功"的真正意义持有戒心。其实,对待成功的褒贬两种成分,分别代表了作家分裂的自我的两个部分:一方面追求市场定义的"成功"和社会地位,另一方面是对这种世俗定义的"成功"的抵触与批判。不管是小说还作家本人的生平,都为读者生动地讲述了成功者的幻灭故事。

伦敦在早于《马丁·伊登》的著名文章《我的人生观》("What Life Means to Me")中，已经讲到了成功后幻灭的感觉："作为脑力商人我是成功的，社会为我打开了大门。我大步径直跨入正厅，但我的幻灭也尾随而至。"①接着，他又对自己的追求进行了一番与马丁·伊登类似的忏悔式的自省，"我回到劳动阶级中间。我在他们中间出生，也属于这个阶级。我对社会地位不再感兴趣。"②当然，真实生平中作家的"回归"主要是感情上的，杰克·伦敦不可能重当"工资奴隶"。在后来半自传的《约翰·巴雷康》中，他对自己的创作生涯作回顾和反思时，得出与《马丁·伊登》中同样的悲观结论：他被自己追求的理想欺骗，他的信仰背叛了他。他为了当作家而付出的一切都得不偿失，徒劳无益。他写道："我为之奋斗，为之呕心沥血的事业辜负了我，"他又说，"我鄙视成功。名誉只不过是燃尽的死灰"(261)。他认为自己的信仰被错置，追悔莫及："我走进过这个圈子，我得为此付出代价"(260)。这些结论性的话是他的真实感受，还是摆高姿态作秀——"为赋新诗强说愁"？我们不得而知。但至少个人奋斗与他的社会主义理论之间存在矛盾，使他心有不安。于是，他在小说中对"成功"提出了批判，获得一种认识上的"成长"。《马丁·伊登》和同类的小说可以被称作一种"悖论叙述"，即叙述的是与人的期望冲突的事件及其结局。在小说中，我们可以清楚地看到追求个人价值的现代悖论：个人欲望满足的过程也是幻灭的过程。成功越辉煌，幻灭的打击越大。

杰克·伦敦自己认为《马丁·伊登》是他一生中写得最好的小说。③ 大多批评家对此没有疑义。从某一角度来讲，小说也可

---

① 参看 Earle Labor, *Jack London*, p. 82。

② 同上，p. 82。

③ Earle Labor, Robert C. Leitz III, and I. Milo Shepard, ed. *The Letters of Jack London*, p. 282.

以被看做伦敦作为艺术家的一生的核心文献,反映了作家心灵深处对现实生活的最深切的感受。不可否认,作为小说,《马丁·伊登》不可能是作家生平或情感的如实写照,想象与虚构不仅存在,而且应该说是小说的主要成分。现代传记理论认为,即使是自传作家讲述自己的人生,其结果也不可能是一幅忠实的生平肖像,而不可避免地是一种虚构。[①] 史学家(传记就是个人史)和小说家的制作过程是相似的,都是通过对大量原始素材排除、选择和串联,形成有意义的能自圆其说的文本。历史和小说的作者都是"作""者"——书写创作的人,而在法语中,历史和小说是同一个词。因此,讨论《马丁·伊登》中有多少自传的成分并没有意义,因为伦敦不是在"重述"个人史,而是以自己的理解"创造"了一个经历上类似于自己的文学形象。他的小说不是纪实的、具体的、基于个人史料的,而是原创的、独立的、表达概念的,是对个人经验中那些最根本的东西加以咀嚼消化、重新整合后,以故事的形式讲述的。在精神和心理层面上,小说的"真实性"才得以凸显:伦敦确实在《马丁·伊登》中再现了自己早期的文艺抱负,然后又无情地描述了这种抱负遭遇幻灭而产生的精神失落。

二、艺术品质与生存需要

像马丁·伊登一样,杰克·伦敦曾非常渴望获得文学声誉,渴望文学声誉为他带来物质财富。他意识到在自己的时代艺术被商品化,对此既十分反感,又十分迎合,希望从中得益。于是,对艺术

① 这方面的自传理论主要来自 James Olney, *Metaphors of Self, the Meaning of Autobiography* (New Jersey: Princeton University Press, 1972)一书。

和金钱的关系,他的态度从来是暧昧的。他时常批判文学的商业化倾向,攻击那些迎合大众口味、漠视艺术性的作品,但又为自己能够赢得读者、左右编辑、把作品卖出高价,成为一个成功的文学"生意人"而沾沾自喜。他在许多场合自嘲为"脑力商人",公开声明自己是出于经济动因进行文学创作的:只要给稿费,他甚至可以写梦话。他曾对作家厄普顿·辛克莱说:"我讨厌我写下的东西。我写作是因为我需要钱,而写作是挣钱的简易方法。但如果别有选择,我将永远不会把笔搁在纸面上……"①这类公开言论给后来的批评家提供了足够的弹药,并以此一棍子将他的作品打入"通俗文学"的另册。他的确为钱写过一些可以被称为"滥作"的东西,但往往是出于无奈,因经济压力所迫不得不以自己的作家声誉为代价去换取金钱。其实他不愿意,也不会像他常常申明的那样违背作家的良知和使命感。

而且我们还发现一个有趣的现象,这种为钱写作的表白,都是他获得了稳固的作家地位之后才说的,他的作家地位越不可动摇,这样的话他越说得斩钉截铁。因此也可以说,无意识中他在"配合"媒体,在一个价值观念重建的时期,共同"塑造"着一个典型的、矛盾的当代美国人形象。通过某种途径,比如自己的勤奋好学或聪明才智,或通过大胆冒险改变贫困和个人命运,在当时是非常时髦的主题,是实现"美国梦"的具体例证。挣钱和挣钱的能力,也常常被等同于一个人的生存能力和竞争能力。对于杰克·伦敦这样的职业作家来说,写作确实主要是谋生的手段,这与作品质量不直接形成反比。尤其在早期,如他自己所言,写作是填饱肚子的商业活动。有一段评述十分精彩:"要对杰克·伦敦艺术的完整性做出公正评价,必须首先认识到,他对待写作的态度完全是职业性的——也就是说,他有意选择写作作为谋生手段;他经过了严格

① 参看 Philip S. Foner, *Jack London: An American Rebel*, p. 110。

的(自我)训练以获得这一选定领域的专长;他期待写作的投资能得到回报;他长期约束自己,将时间和精力投入其中;一旦技艺娴熟,地位稳固时,他又充满自信,对这项职业表现出几乎不屑的态度。"①

这样的过程,这样的态度,也活脱脱地表现在《马丁·伊登》中。小说虽然不完全是"自传体"的,但说它是一部"精神传记"则十分恰当。伦敦与马丁共同表示的这种"几乎不屑"的轻蔑,传达的是成功者的得意,是为了强化效果的故意克制,故意轻描淡写,是修辞学上称为"低调陈述"(understatement)的手法。美国学者格兰维尔·希克斯认为,"杰克·伦敦对于钱的态度,与其他攀登中产阶级梯子的人并无二致。"②所不同的是,作为作家的伦敦很了解"市场心理",也很善于"炒作"自己。但他不是个彻头彻尾的金钱至上主义者。他历来对浪漫小说的陈套嗤之以鼻,而不少杂志社喜欢的偏偏是这类按陈套编织的东西。他知道这套公式,凭自己的文才可以轻易写出这类商品小说,但除了迫不得已,他不想同流合污。他常常写他所信仰的东西,比如政治文章和革命小说,而这类文章是最不卖钱的。当然理想的结果是两者兼而有之:作品既能卖出好价钱,又具有艺术的价值。他一直寻找的就是这个结合点,而且颇有收获。

乔纳森·奥尔巴赫认为,1891 年的国际版税法是一个重要因素,因为它首次保证了发表作品的美国作家能从书籍销售中得到一个百分比的版税,③而在此时起步的杰克·伦敦敏锐地注意到了这一变化,发现加入"正在兴起的文学工业"不仅可以成名成

---

① Earle Labor and Jeanne Campbell Reesman, *Jack London, Revised Edition*, p. 50.

② Granville Hicks, *The Great Tradition: An Interpretation of American Literature Since the Civil War, rev. ed.* (New York: Macmillan, 1935), p. 135.

③ Jonathan Auerbach, *Male Call*, p. 27.

家,而且有利可图。当时很多传统观念正在迅速发生着变化:真正的艺术家不一定非得对金钱表示不屑,而真正的艺术也不一定非得是"非卖品"。杰克·伦敦在散文《小说中的恐怖与不幸》("The Terrible and Tragic in Fiction")中,用爱伦·坡的例子来说明,商业成功与文学价值两者并不是势不两立的死敌。[①] 当时美国文学界的泰斗威廉·迪恩·豪威尔斯也认为,要保持创作力长盛不衰,"文学家也应当是商人"(the man of letters as a man of business)。[②] 文化的商品化在美国是个不争的事实。如果杰克·伦敦的父亲留下一大笔遗产,他也许可以写曲高和寡的"纯文学"。但现实是,如果他无视"文学工业"的运作机制,他就无法生存,也不可能有今天我们熟知的杰克·伦敦。关于这方面,厄尔·雷伯和简·里斯曼的评价是:"他承认自己是个商业作家,为了'肚子需要'而写作——但他又是个自重的专业作家。更重要的是,他有时也是个真正的诗人、梦想家和理想主义者。"[③]

乔纳森·奥尔巴赫提到了杰克·伦敦取得作家地位的劣势和优势:"杰克·伦敦比当时任何进入文学职业的美国作家更缺乏文化资本——教育、社会关系以及接近出版中心的途径;但他同时比任何同代人更懂得20世纪杂志与书本生产的成功如何依赖于象征资本——大众营销、自我推销和让人心动的品牌效应。"[④]他非常敏感地意识到了迅速扩展的出版业带来的新机会,摸清了潜在读者的阅读期盼,掌握了一个新类型的作家成功的要素,发现了在市场因素主导下不违背良知而又能够获利的途径,与他常常批判的大众市场资本主义建立起了一种互利的合作关系。他是投身

① Jonathan Auerbach, *Male Call*, p. 189.

② Idem, p. 34.

③ Earle Labor and Jeanne Campbell Reesman, *Jack London, Revised Edition*, p. 54.

④ Jonathan Auerbach, *Male Call*, p. 2.

于新兴出版业的真正职业化作家中的第一批人，对于这批人，写作是工作，是受供求关系主导与牵制的产业。他们需要了解消费者的心理，需要研究制作和营销的过程，需要包装，需要作为商标的作家的形象设计，需要以作品的主题特征和风格特点建立品牌。"杰克·伦敦与大众市场合作，同时/或者又受其制约，凸显了多年来困惑批评家和学者的一系列二元对立：'高雅'文化相对于'大众'文化；内在的真实自我相对于虚构的表象；美学价值相对于商业动机；文学的永恒性相对于应时之作。杰克·伦敦的重要性在于，从职业一开始他就观察到，这些对立的方面在新世纪不再阵线分明，定义的边界开始变得模糊。"①

对于普通的美国读者来说，《马丁·伊登》具有特殊的吸引力，因为小说讲述的正是美国大众最津津乐道的故事，是美国文化中最有煽动力的神话：从一无所有到腰缠万贯。马丁的故事表面上是对这一"美国梦"的批判，但在很多方面又代表了这种梦想本身。伦敦希望把马丁塑造成一个不顾一切追求成功的极端个人主义者。他在小说中让马丁几次三番表白这个意图："这间屋子里，只有我一个个人主义者。"②为了说明马丁是个不折不扣的个人主义者，他在小说中还特意指出："奥克兰的个人主义者一共不满半打，马丁·伊登可就是其中之一"(364)。伦敦让他的主人公一次次地声明自己是不可救药的物质主义者，但同时又一次次地在小说中渲染冲破物质桎梏、获得精神解放时的神秘喜悦，也一次次地通过马丁的深思说明，物质成功不能换来人生快乐。

读者读到的主要是一个青年从社会底层的贫困中奋起，战胜难以置信的困难，靠自学成为作家的故事。不管作家对这个人物

---

① Jonathan Auerbach, *Male Call*, p. 30.

② Jack London, *Martin Eden* (1907，北京：外语教学与研究出版社，1992)，第364页。以下引文只在括号中标出页码。

的设计定位如何,伦敦不知不觉地把马丁写成了令人肃然起敬的英雄。小说中的马丁其实是两个人的合一。他在叙述中反复贬低自己,为自己定性:“说到我自己,我是个个人主义者。我相信‘捷足先登,强者必胜’。这是我从生物学上学到的道理,或者退一步讲,自以为学到的道理。我说过我是个个人主义者,而个人主义正是社会主义世代相传、天长地久的敌人”(288)。这是作家心中预设的一幅不恭的人物肖像,但画到纸面上出现的,则是另一个形象。此人勤奋、有毅力、有志向,也有才智,关心劳动大众的疾苦,慷慨且富有同情心和正义感,同时也是事业上的成功者。他不是碌碌无为、麻木不仁的人,最后的自杀行为也是因为感情上太敏感,发现了“美国梦”的虚幻本质,发现自己与丑恶的社会格格不入。他不断告诉读者他是个低俗的人,读者不断发现他是个高尚的人。矛盾的根源在作家身上。杰克·伦敦有意识地在小说中批判对“美国梦”的追求,无意识中又为这种追求高唱颂歌。毕竟马丁·伊登太像杰克·伦敦本人,作家对待同一问题上的矛盾态度,很难不反映在小说人物身上。

在所有小说人物中,杰克·伦敦最了解的应该是马丁·伊登这样陷于贫困又渴求物质上翻身的人。伦敦把自己和小说人物马丁都看成是被社会边缘化的人。他们希望参与其中的游戏,改变自己的命运,但都担心被命运捉弄,最终沦为受害者。他让马丁“发迹”,又让他经历幻灭,意识到他向往的世界与他试图逃脱的世界一样黑暗,或者从精神上说,更加令人窒息。小说的前一半更多地基于作家的个人经历,后一半则依照当时流行的现实主义文学的批判模式。厄尔·雷伯和简·里斯曼认为,《马丁·伊登》“是一则关于‘跌入黑暗’的圣经故事的现代版:不幸获得智慧,并为之付出代价。马丁原本无辜、快乐,没有自觉意识,自然、优雅——他是失落前的亚当。鲁丝是他的夏娃,引诱他去吃致命的智慧之果，尽管她不是他走向毁灭的直接媒介。”[1]但“失落”的故事显然不如前半段“奋斗成名”的故事来得真切。如果伦敦的这个故事部分地写他自己，那么他对成功曾经满怀期待，而此时已经隐约感到成功的代价是他生命难以承受之重。

如果艺术与金钱是矛盾的，杰克·伦敦无法选择其一。他希望青史留名，在艺术创作中体现自己的价值。为此，他卧薪尝胆，废寝忘食；但他不愿永远做苦行僧，不愿舍弃及时行乐的机会。他写作要兼顾两头，既要为自己的生存打算，也要为作品的生存考虑。矛盾是社会造成的：能卖钱的作品往往没有价值，有价值的作品常常被出版商拒之门外。他不想在今世生存与万古垂名之间进行选择。他既要实实在在地、充分地生活，又想流芳百世。他写的小说既要部分地迎合出版社的要求和读者的口味，卖出高价以对付每日的生活开支；同时他又希望写出洞察人生、富有哲理的传世杰作。他从来没有想出过鱼和熊掌兼得的办法，但他清楚地知道，真正的艺术品不是市场上泛滥的东西。这是一对很难解决的矛盾。他写作既是为了生存的劳作，也出于艺术创作的激情和表达艺术家内心思想的欲望。作家也是生活在社会中的人，无法超尘脱俗，不食人间烟火。应该说，大多数作家都兼有艺术动机和商业动机，所不同的是，杰克·伦敦喜欢大言不惭地宣称自己为现金写作，而且常常言过其实。

在《马丁·伊登》中，杰克·伦敦花费了不少笔墨探讨马丁的艺术动机：艺术品质与生存需要之间的冲突如何解决？在美国这样物欲横流的社会中，艺术理想有没有不受玷污的可能？表现真实的生活能不能同时满足普通读者的阅读期待？这些都是作家本人需要解决的问题。小说中的马丁面对着成为职业作家的两条道路的选择：一是遵照良知的引导，蔑视市场价值，为真正的艺术献

① Earle Labor and Jeanne Campbell Reesman, *Jack London, Revised Edition*, p. 79.

身;一是遵照通行的游戏法则,当个文学工匠,迎合市场需要,靠笔墨创造商业价值。小说将答案引向悲观的结局:马丁无法解决面对的问题,反而越来越意识到经济成功和艺术成功之间难以逾越的巨大鸿沟,意识到自己在别人的喝彩中渐渐失去了自我,渐渐堕落,最终成了一个无助的分裂的人,对艺术彻底幻灭,做出了不再继续写作的决定。小说发展的这一逻辑基点带有强烈的社会批判内涵:美国的资本主义容纳不了真正的艺术和真正的艺术家。

但是,市场和真正的艺术之间的不和谐又应该如何解决呢?小说中马丁试图用"两步走"的策略,即"滥货为先,佳作其后"。市场不要他那种充满原始野性的真实素材,他可以写温情脉脉、虚情假意但能够畅销的东西,借市场的通道,达到"曲线救艺术"的最后目的——先获得资本,立足生存,再创造艺术。他计划挣够生活费用,先与鲁丝结婚,再花足够的时间去学习,最终写他知道自己有能力写好的严肃作品。小说中的马丁是这么计划,也是这么做的。当一家杂志愿意为一篇无甚价值的惊险小说支付 40 美元稿费时,他的第一个想法就是可以不再写这类东西:"他将努力写作,写好作品,倾其所能写出好东西来"(221)。就这样,他将艺术的希望寄托在未来的作品中。"两步走"的对策反映了马丁/伦敦的无奈,也把两个作家的单纯和幼稚表现得栩栩如生。

那么,马丁头脑中真正的艺术应该是怎样的呢?马丁告诉我们,真正的艺术本质上应该是现实主义的,但不是直白的、说教的,更不是枯燥无味的。真正的艺术必须结合可读性与艺术的永恒价值。小说中的马丁要将"对现实基本的爱"与"奇异的、有时甚至是狂野的"想象力结合起来(79)。换言之,马丁希望企及的是美学理想主义和生气勃勃的现实主义的融合,即让"神仙派"(school of god)与"泥巴派"(school of clod)携手共事。这样,他就能"通过人的热望和信仰"来表达"激情的现实主义"(232)。小说中马丁酝酿构思的长篇小说《逾期》将是这种"合二而一"的概念的体现,写成后将是一则“轰轰烈烈”的“历险与浪漫”的故事,但同时又反映“真实世界、真实环境中的真实人物”(317)。小说将“忠实于它的特殊人物和特殊事件,”同时“在赫伯特·斯宾塞(理论)的指引下”,讲述“伟大重要的事情,”表现“海枯石烂、亘古不变的真理”(318)。这种理想艺术的范本不难找到。马丁·伊登与其说在表达理想艺术的概念,不如说在对杰克·伦敦自己的早期作品,如《野性的呼唤》和《海狼》进行赞美。

三、“公众形象”与自我的丧失

杰克·伦敦在生活中、马丁·伊登在小说中,都遇到了这样的问题:由于社会生活和文学市场同样按照“适者生存”的法则运作,他们若要求得生存和发展,就必须改变自己,重新捏塑自己,同时扭曲自己。马丁希望把自己重塑成“高雅社会”的体面成员,修正自己,“完善”自己,以便攀上通往中产阶级的梯子。伦敦的生平告诉我们,真实生活中的他其实没有像马丁那样试图在仪态、举止方面对自己进行改造。他努力使自己获得经济地位,成为中产阶级的一员,但在思想感情和行为模式上则一直保持着审慎的距离,并为自己特立独行、与众不同的生活方式和行为方式而沾沾自喜。马丁的难堪经历——鄙弃、否定过去的自己,“重新做人”,也许是伦敦担心的可能不得不发生在自己身上的事情,而不是实际上发生在他身上的事情。杰克·伦敦也确实刻意进行自我建构,但是为了迎合另一批人——读者。他发现了文学市场的“明星效应”,努力按照被期待的模式塑造一个“公众形象”。作家和小说人物的“自我塑造”或“重塑”的侧重是非常不一样的,但结果却雷同,都因改变自己,失去了真正的自我而导致悲剧。

马丁"重塑"自我的参照对象是他的女友鲁丝。物以类聚，人以群分。要接近鲁丝，他就必须学做鲁丝能接受的人，否定原先的自我，而否定真实的自我必然带来不幸。这是作家预设的、马丁难以逃脱的怪圈。在小说的开始，鲁丝出现为一个天使的形象，几乎不是一个真实的女人，而是个"闪烁的幻觉"，是"坐在他身边百合般白嫩的精神"(20)。她是个偶像，是超验的美和真，是美好但又抽象空泛的企望的化身。"穿过这个摇曳的颤动的景象，就好像穿过童话中的空中楼阁，他望着这个真实的女人，坐在那儿，谈论着文学与艺术"(8—9)。在鲁丝面前，马丁为不懂餐桌上的规矩而自惭形秽，为自己热衷于谈论斗殴之类的话题感到脸红，为自己的阶级感到羞耻。于是，他乐于"成为她手中捏塑的材料，强烈地渴望被她塑造，而她渴望着将他重塑成她心中理想的男人形象"(84)。她开始更正他的发音和语法错误，改变他的言谈举止，按照"体面"社会能接受的标准，导演着萧伯纳之前的《卖花女》的故事。

鲁丝这个被马丁"一想起就感到高尚和纯洁"(33)的形象，在小说中没有维持太久。一阵膜拜的狂热过后，马丁发现鲁丝和她一家代表的生活并不尽善尽美。很多负面的东西渐渐显露：虚伪的体面观，对真实生活的无知，恪守传统的死板等等。他们既缺乏生活的激情，也不明白生活的真正内涵。鲁丝和她的兄弟也喜欢社会主义的概念，津津乐道，但并不了解劳动阶级，追求的是一种抽象的、含混不清的社会正义和道德正义。而相比之下，他熟悉的下层生活则显现了优越性。尽管物质匮缺，但那里的生活更加真实，人们享有更多的精神自由，带有更多的淳朴的本真。反映在认识中的阶级差异，渐渐影响了这两个不同阶级的代表间的个人关系，随之而来的是感情疏离和破裂。马丁为错置的追求而后悔，并对他向往的所谓高雅生活提出批判，认识到鲁丝们只不过"用狭小的程式框定他们狭小、平庸的生活"(263)。他们崇尚的那一套东西脱离现实,压制人性,束缚精神。马丁没能在鲁丝代表的阶级中找到自己的归属,发现自己搁浅了,被边缘化了,成了理想追求的受害者。

《马丁·伊登》是比较典型的现实主义小说,代表了伦敦社会批判的态度:在美国社会中若要取得成功,一个青年就必须改变自己,而改变自己的代价是沉重的。这部小说值得研究之处在于,伦敦第一次把自己的形象作为失败的英雄写进了小说,同时又比其它小说更直接地勾勒出了一个作家的心路历程。在以前的小说中,伦敦总是把自己的影子投射到故事的英雄中。故事的构成与作家的经历之间,作家的形象和故事主人公的形象之间,总是有某种产生于血缘关系的相似。这与伦敦的"营销策略"有关。两个形象常常在读者的头脑中自然汇合,难分彼此:一是媒体对一位冉冉升起的文坛新星的报道炒作——出身贫寒,经历不凡,长相英俊,卓然成家;一是伦敦小说中与媒体对自己描述的形象遥相呼应的英雄人物——先是面对逆境的正面英雄,后是英雄的失落(根据作家的认识曲线起伏),在难以抗拒的自然环境或社会环境中(自然环境又常常是社会环境的比喻),他奋发努力,经受考验,十分勇敢,但也十分敏感,十分无奈。

杰克·伦敦似乎有意将书写者和被书写者之间的界线变得模糊,让读者在阅读时出现虚构人物与真实人物的"印象重叠",在小说人物身上看到作家自己。乔纳森·奥尔巴赫认为,说到底,伦敦在小说中写的是经过设计的自我形象:"十分简单(同时也十分复杂),这就是杰克·伦敦在想象中确定读者群时看到的自己,其他人眼中出现的商标性的自我。他写自己,奉献给读者,杰克·伦敦变成了他书写的角色。"[①]但这个角色不是伦敦,而是伦敦希望读者看到并接受为作家化身的文学形象。如果他要获得读者,就

① Jonathan Auerbach, *Male Call*, p.41.

必须“内化”读者的期待。不论是《海狼》、《铁蹄》还是《马丁·伊登》,在主要人物的建构中,都有与市场“对话”与“商讨”的成分。

在伦敦的时代,温情善感的浪漫主义文学正迅速让位于更接近生活的现实主义和自然主义文学。伦敦从发表第一篇作品时就感受到了这一点。他描写日本海风暴的获奖作品能够被认可,不是因为少年伦敦有遣词造句、叙说描述的超凡能力,而是因为其“真实性”——伦敦在文字中努力让人相信,他是大风暴的见证人,是经历险风恶浪的第一手资料的提供者。这是他第一次获得的成功,此后,他不断地把自己(或类似自己的人物)写进小说,换言之,他的小说中总是晃动着一个似曾相识的人物:见过世面,经历坎坷,对贫困深恶痛绝,不满强者的统治但相信强者的理论,具有浪漫的理想但没有浪漫的结局。当然,写作的过程也是渲染想象的过程和“塑造”的过程。他有意识地把小说创作者“拉”进故事,使小说成为他自己的故事。

越来越普及的新闻出版业和新兴的报刊照相技术,比以往任何时候更紧密地将作者与他们写的故事联系在一起。报纸、杂志在刊出文章或小说的同时,常常附有作者的照片,使读者在文字与视觉形象之间形成一种关联。20 世纪的头二十年又是现实主义和自然主义大行其道的时期,强调文学贴近和反映真实的社会生活。如果作家从自己熟悉的周边生活中选取创作素材,那么读者很容易产生“文即其人”的错觉。也就是说,一直“躲”在作品背后的作家,如果走到前台,也可能产生“明星效应”。出版商们充分意识到了这一点,常常为“包装”作者不惜工本,最终目的当然还是为了推出畅销书,提高利润。杰克·伦敦似乎十分敏锐地察觉到了正在兴起的“文化工业”的一些规律,很清楚一个人的形象和名字可以产生象征的资本,而形象、名字和作品三位一体的成功结合,可能带来巨大的价值。他十分乐意,也十分合作地被“包装”了一番,被“热炒”了一番,成了当时家喻户晓的明星作家。他似乎一直靠努力主宰着自己的命运,读者也把他当作自我造就的英雄加以接受,这是伦敦和马丁共同的故事。但其实,他们都没有多少主动权,时代的大潮将他们推到了浪尖,使他们在不知不觉中成了新兴资本主义出版业的形象代理。

可贵的是,杰克·伦敦在狂热中仍不失清醒,在充分享受成功作家的优厚回报的同时,预言性地看到了事情悲剧的一面。他在《马丁·伊登》的下半部分,表现出了一种强烈的危机意识,也表明了内心对文学市场的价值取向和运作规则的反感。成功之后,马丁认识到,艺术的价值不应该以市场价值为先决条件,艺术家应该有责任表现真实的生活和有深度的思考,开始对自己参与其中的美国新兴的"文学工业"表示不满。渐渐地,他发现了更令人不安的东西——危险的自我分裂。他被分裂成为两个人,一个是公众眼中的,但同时也是虚构的作家马丁,另一个是陷入精神痛苦的真实的人;一个是中产阶级的新成员,另一个是出身贫寒的原本的自己。他不再清楚自己的身份和归属。"被唤醒的自我意识已经把他从自己阶级的土地上连根拔起,但他又没能在中产阶级上层世界的温床上扎下根去。这样,小说为马丁后来自我的分裂和生活信心的丧失埋下了伏笔。"①小说中有这样一段自省式的描述:"他沿着这条无情的逻辑之路一直走到结论:他谁也不是,什么也不是。马丁·伊登,过去的野小子,马丁·伊登,过去的水手,曾经是真实的,是他自己;但马丁·伊登,这个著名作家,并不存在。名作家马丁·伊登是个气泡,从大众的头脑中产生,在他们的头脑中升起,塞进了真实的马丁·伊登——那个野小子和水手——的肉身"(453)。

马丁·伊登最后以自杀结束了故事。小说中悲剧产生的逻辑是这样的:自杀是由于主人公对生活失去信心,生活信心的丧

① Charles N. Watson, Jr., *The Novels of Jack London, a Reappraisal*, p. 144.

失产生于认识上的幻灭,幻灭主要因为马丁发现自己被分裂,不再完整。琼·赫德里克谈到马丁这个小说人物时,也谈到了作者本人:"在《马丁·伊登》中,伦敦试图刻画一个过着双重生活的艺术形象——一方面是活动在社会中的外部生活,另一方面是内心世界的私密生活。伦敦不为人知的内心世界既是他力量的源泉,也是他软弱的根本。他从中汲取作为一个作家所需要的能量,也因此必须咀嚼强加给自己的孤独的痛楚。"①自我分裂在马丁/伦敦身上主要以两种模式出现。一是双重生活,另一是双重性格,两者互相关联。琼·赫德里克谈到的是前者,而杰克·伦敦本人对后者似乎更有认识。他曾在信中写道:"我很早就认识到自己有两种性格特征。这给我造成了不少麻烦……它们(分裂的两方)原本应处于均势,但常常一方失去控制,另一方也会如此。"②

这种"双重"特性,反映在杰克·伦敦的小说中,形成作家的双重视野,常常令读者困惑。他在对包括马丁·伊登、范·韦顿和"老狼"拉森在内的一些主要人物的态度上,总是模棱两可,爱憎相混。他们既是某种理想的化身——如马丁代表的自我造就的"美国梦"理想,范·韦顿代表的理性主义的文明价值观,拉森代表的现实主义和"超人"理念——同时又是对这些理想和观念的批判:卓然成家的马丁对自己的成功感到幻灭,城市绅士范·韦顿依靠原始的活力才得以在荒岛上生存,而"强者"拉森最后成为双目失明的无助的可怜虫。在传统批评中,人物塑造中缺少连贯的性格特征,主题上缺少一致性,是文学创作的大忌。但故事的"一致性"常常是作家"操纵"、"编织"的产物,在后来的文学中,尤其

① Joan D. Hedrick, *Solitary Comrade*, pp. 44 – 5.

② King Hendricks and Irving Shepard, eds., *Letters from Jack London* (New York: Odyssey, 1965), pp. 50 – 51.

是弗洛伊德的理论进入文学创作和批评后,对人物的矛盾的多侧面表现,越来越成为普遍接受的现象。文学可以,也应该是“多声道”的。而另一方面,人物对真理的认识,也不一定非得是清醒的、全面的,优秀的文学作品可以产生于迷蒙困惑与大彻大悟之间。伦敦让不和谐的自我在小说中充分表现,直到最后马丁感到被劈成了两半,而两个膨胀的自我开始互相不能容忍对方。那个媒体创造的形象,那个“大众头脑中升起”的“气泡”甚至威胁着、吞噬他真正的具有良知的自我。但是,两个自我是“联体双胎”,要消灭其中一个,就要消灭整个存在。于是,故事被作者推到了悲剧的悬壁。

四、走向生命的终结

在《马丁·伊登》中,杰克·伦敦塑造了两个理想化的人物——至少曾一度如此,并将许多观念、各种追求注入其中。其一是小说前半部的鲁丝,但她的教养和高雅最终被证明是伪善的,她代表的是一种没有价值的虚假的理想。另一是布里森登,他身上有鲁丝最缺乏的东西:正义感、同情心、想象力、激情和文学天赋。他是个社会主义者、诗人、肺结核病人。除了健康状况之外,他代表了伦敦理想中美好的一切,是一个有思想、有生活目标的人。他把马丁引进了社会主义组织的圈子,带进了艺术的圣殿。他愤世嫉俗,但才华横溢,具有敏锐的洞察力和非凡的想象力,也富有同情心。马丁对他佩服得五体投地。这位天才是革命激情和伟大艺术结合的产物,他创作的轰动整个美国的长诗《蜉蝣》,被马丁认为是“几个世纪以来最伟大的诗篇”。杰克·伦敦用了相当的篇幅让马丁惊叹真正的艺术的伟大:

开始，马丁脸红了一阵，接着读下去是又转成了苍白。他看到的是十全十美的艺术品。形式压倒了内容——如果能称其为“压倒”的话，因为内容的每一细微之处都在完美无比的结构里表现出来，让马丁兴奋不已，头脑发晕；诗作让他热泪盈眶，又让他浑身直打冷战。这是一首六、七百行的长诗，是篇奇妙的、惊人的、无与伦比的杰作。真是难以言表，难以想象，但真真实实地展现在面前：潦潦草草地用黑墨水写在一张张稿纸上。这首诗以最恰当的词语表述人和人的心灵探索，在深邃的空间探索最遥远的星系霓光的证明。它是想象力的疯狂发泄，拿一个垂死者的脑壳当酒杯痛饮，这人低声抽泣，渐渐衰竭的心跳也引发触及神经的狂烈悸动。这首诗以庄严的韵律，随着星际碰击而来的冷澈的混战，星辰的初始，恒星的撞击，以及黑暗的太空中星云的焚烧而抑扬起伏；而透过所有这一切，涓涓如流，隐隐约约，能听到微弱哀婉的人的声音，细若银梭的嗖嗖声，在行星呼啸声和星系崩解的喧闹中，好像牢骚满腹的一声抱怨。

“文学中还从未见过如此的绝品，”很长一阵子后马丁终于开口了。“真是难能可贵——难能可贵！我被它陶醉了。”……

一阵狂热的赞美之后，马丁停顿了一小会儿，接着又说。“我从此不写作了。我是个只会涂鸦的人。你让我看到了真正的艺术大师的杰作。天才！还不仅仅是天才。这是超出天才之上的天才。”(364)

马丁发现了真正的艺术，作为作家他感到自惭形秽。但是布里森登的社会主义信念和艺术才能却无法支撑他继续活下去。在布里森登身上，杰克·伦敦反映了自己对艺术的失望和幻灭。在完成了《蜉蝣》这篇传世之作后，布里森登用手枪自杀了。布里森登为什么要自杀?伦敦未作交代。故事中没有任何直接的原因,只是消息传到马丁耳中——他死了,朝自己的头部开了枪。但马丁理解他的这一举动。布里森登无法容忍这个世界的势利、伪善,他感到幻灭,感到世界上容不得一个真正的艺术家和真正的艺术。杰克·伦敦试图通过小说中后来发生的事和马丁·伊登后来的悟识说明,死亡是他的正确选择。他留下的伟大诗篇被配上了艳俗的封面和浪漫华丽的插图——杂志社糟蹋了一个天才艺术家用生命凝成的诗章。马丁不止一次自言自语地说:幸亏布里森登死了,不必降格以求,也终究没有看到被作践的诗作,仍保留着一份艺术家的清高。最终马丁本人也效法而行。

在上中学时,杰克·伦敦开始了最初的文学尝试,向校刊投过几篇稿子。其中一篇小说《又一个不幸者》讲的就是一个最终因失意自杀的青年音乐家。杰克·伦敦的好几部小说都以自杀或者不抗拒死亡作为结局,如《大房子里的小妇人》(*The Little Lady of the Big House*, 1916)、《生火》和《生命的法则》等。杰克·伦敦曾说:"假如我的小说是可怕的,那么人生就是可怕的。"①他的小说之所以"可怕",是因为他直面人生,反映的是人的严酷的生存斗争;也因为他从不忌讳探讨死亡的主题。《海狼》中拉森船长强调的正是这样的悲观主义论点:"一切只不过由精神的虚妄和烦恼构成,天底下没有赢家,一切归顺于同一个终极事件——傻瓜、天才、纯洁的人、肮脏的人、罪人或圣人概不能豁免。那个事件就是死亡。"②甚至像拉森那样的强者也不得不俯伏在死神的脚下,人的一切努力最终归于徒劳。这是自然主义的认识观:自然法则难以抗拒,死亡降落在每个人的头上,将每个人的努力化为乌有,强者、弱者、自恃者、自卑者谁都难以幸免。这是宇宙的安排。这样

① 参看欧文·斯通,《马背上的水手》,第271页。

② Jack London, *The Sea-Wolf*, p. 49.

的想法给伦敦和所有其他自然主义作家蒙上了一层悲观主义的阴影。就像其它方面一样，杰克·伦敦对人生和死亡的看法同样充满矛盾。他的理性思维引导他得出冷冰冰的结论：死亡将抹杀生存的意义；但认识上的悲观主义并不是他真实生活的指南，他一辈子苦苦挣扎着为实现自己的人生价值而奋斗。

他的小说主要是表达认识的，在其中虚无主义常常占据上风，通向最后归宿的途径经常是自杀。最著名的例子还是代表作《马丁·伊登》，在其中马丁和他的偶像布里森登都以自杀摆脱痛苦，了结一生。马丁·伊登是个青年作家。他不像他的引路人布里森登那样生性孤傲，看破红尘。他抱着幻想，希望与周围社会调和，但最终还是无法跟自己的良心妥协，在名利双收、取得巨大成功之后，决定步布里森登的后尘。如果他向世俗妥协，继续生存，那么无信仰、无自尊的生活不啻精神死亡。享受了短暂的成功的狂喜之后，马丁自叹道："太迟啦，我是个病人——啊，我的病不是我的身体，是我的心灵，我的头脑。我好像丧失了一切价值观念。我觉得什么都无所谓了"(464)。"他清清楚楚地看出他正在死亡的幽谷里等待。他浑身的生命力都在消失、衰微，走向灭绝"(472)。当生活既使人痛苦又叫人讨厌的时候，他看到了史文朋的一首诗：

摆脱对生命太多的依恋，
摆脱恐惧和期待。
我们奉上简短的献辞，
答谢万物的主宰。

没有人可以死而复生，
没有生命永不衰败，
即使最淤滞的河流
照样蜿蜒曲折流入大海。 (479—480)

此时,死亡向他招手,唤他去永远安睡。"还等什么呀?走的时候到啦"(480),马丁对自己说。他知道不可能摆脱烦恼,找到生活的乐趣。爱情、金钱、政治理想、友情、成功——一切对马丁·伊登都毫无意义,毫无价值,因为他已失去了对人类的信仰。他像身处在幽暗的深谷中,而"生活就像刺眼的强光,烧灼一个病弱的人的疲倦的眼睛,令人难以忍受"(477)。小说结尾时,深深陷入绝望和困惑的马丁在南下太平洋的航船上做出了离弃尘世的决定。他从船的舷窗里爬出,跳入大海里。死亡没有任何痛苦。"他觉得仿佛懒洋洋地浮在梦幻般的大海上,沐浴在一片五彩缤纷的光辉中,流光溢彩覆盖他的全身。这是什么?仿佛是座灯塔?可是这座灯塔就在他自己的心灵上——一片闪闪烁烁的耀眼的白光"(482)。在心灵灯塔的指引下,这位来自大海的水手出身的作家,终于回归大海。他是从船的舷窗钻出,投入大海的。很多批评家指出,此举具有很强烈的"投胎再生"的象征。

值得注意的是,《马丁·伊登》在描述主人公投海自杀时,有这样一段文字:"他故意将海水深深地吸进去,就好像服下麻醉剂一样"(481)。结果,死亡过程毫无痛苦,安详而美妙,像进入幻境,只有升华和超脱带来的飘飘欲仙的感觉。如果说《马丁·伊登》是杰克·伦敦最优秀的长篇小说的话,那么,《生火》则被很多人认为是他最优秀的短篇小说。无独有偶,小说中孤独的北极探险者无法生火烤干弄湿的脚而活着走出冰雪世界,决定放弃为生存所做的最后挣扎,以平静的心态迎接死亡:"反正总得冻死,就好好地死吧。进入了这种平静的心境,第一阵昏然欲睡的感觉随之袭来。好办法,他心里想道,安睡着离开人间,就好像服了麻醉剂一样。冻死不像人们想象的那么可怕。很多死法更糟。"①伦敦

① Jack London, *The Call of the Wild, White Fang and Other Stories*, pp. 356 – 7.

在这里又一次暗示麻醉剂能带来无痛苦的平安的生死过度。他似乎无意识地在做间接注释:这是一个理想的选择——“很多死法更糟”！这类的描写,也许加剧了人们对伦敦的死亡之谜的各类推测,其中一种说法认为,他服用了过量吗啡自杀。

还有一点值得注意的是,马丁投海时乘坐的“玛丽波萨号”不是虚构的船名。伦敦重上塔西提搭乘的就是这条船,而小说是此后不久写的。这一条线索把作家与小说人物联系到了一起。伦敦没有做出类似的举动,但马丁悒郁失落的心情,则很大程度上反映了作家本人当时的心境。马丁成名不久就受到幻灭的打击,而杰克·伦敦当了16年作家,是在写下50部作品,挣了近100万美元后才离开世界的。但这只不过是时间上的差别。那么,伦敦是不是像他作品中的人物一样,是用自己的手结束了自己的生命？欧文·斯通在他的传记《马背上的水手》中强烈暗示,杰克·伦敦是自杀身亡,手段是(故意)服用了大剂量的吗啡。近来的伦敦研究对此说提出了越来越多的质疑。斯通采访了四名参加抢救的医生中的一名,此人表示了自杀的可能性,尽管四人共同签名的最后死亡证明上写的是死于尿毒症。伦敦长期服用镇静剂止痛,当晚肯定服用了一定剂量的吗啡,吗啡至少促成了他几乎已经衰竭的身体突然崩溃,而且导致了抢救的困难。伦敦是否有意为之,谁也无法提供权威的答案。

《马丁·伊登》出版后获得很高的赞誉。当一名采访者提及杰克·伦敦对马丁溺水自杀时感觉的描述充满想象力时,杰克·伦敦对采访者的恭维不以为然,说:“根本不是想象。我本人两次几乎被淹死。我两次服用了麻醉剂。对马丁临死前感觉的描述,其实就是我自己感觉的再现,是服用麻醉剂和快被淹死时的感受的结合。”①在《约翰·巴雷康》中,伦敦记录了早期醉酒后溺水自

① 参看 Charles N. Watson, Jr., p.162。

杀的企图。他一直让人们相信,他采取结束自己人生的手段,并不是什么悖背理智和常情的惊天之举。自杀能造成轰动效应,会增添故事的色彩,因此成为很多伦敦传记作家、批评家和读者津津乐道的话题。其实,伦敦是否自杀并不重要。但至少他把马丁送上了这条道路,让他以自杀的行为向读者进行最后的表白。从早期的北疆小说开始,他就在不断建立生活的准则和死亡的准则。他的人物总是死得平静,死得坦然,死得清醒,没有牵肠挂肚、悲悲切切的感觉。他从来不把他的人物赶入走投无路、死于非命的绝境。死亡常常不是被逼无奈的结果,而是理性的选择。如果让伦敦做出选择,他一定希望他的死能成为他传奇的人生故事的一部分,一样具有"可读性",在他肉身消失后可以继续流传。他不会忘记角色的扮演。他的哲学是:活得痛快,死得其所。他曾写下这样的警句:

> 人的正确功能是生活,而不是生存。
> 我将不会浪费时日去延长寿命。
> 我将使用我一生的分分秒秒。①

小查尔斯·沃森指出了杰克·伦敦在《马丁·伊登》中表达的两种并存但又不太和谐的声音,其一是一种喜剧式的对生活的浪漫主义的期待,另一是一种悲剧性质的现代意识:"杰克·伦敦来回穿行于悲剧的仿讽和喜剧令人宽慰的肯定态度之间。在他头脑最黑暗的深处,能找到人类无助的现代意识,此地有时有个声音英雄地呼唤反抗,而带来的结果是毁灭。在'白色沉默'和'白色逻辑'的背景下,诸如老狼拉森、马丁·伊登、迪克·弗瑞斯特等中心人物挣扎着发出呼声,取得成果,但最后发现自己面对着死神

---

① 参看 King Hendricks and Irving Shepard, eds., *Letters from Jack London*, p. vii。

苍白的面孔。然而与这一悲剧讽刺情绪相对的,是一种喜剧式的对社会秩序的期待,一种可以避免或超越混沌原则的信念和希望。"①

① Charles N. Watson, Jr., *The Novels of Jack London, a Reappraisal*, p. 239.

第八章 田园三部曲

人们过分轻易地倾向于以某种追溯的意义来解释代表性这一观念：一部作品一旦完成就会具有代表性，“因为它已经完成了，”而这就是这种完成所隐含的价值；同样，一位当选的候选人，由于它被这样选定而成了代表。但是在作品完成之前、在选举结果确定以前有没有代表呢？无论如何都应该由此来寻找任何代表性的根源和意义，例如作品出现的环境，这些环境并非必然地有助于作品的生动。正是应该在创作作品时提出它的表现问题，因为这个时候是决定性的；它确定了作家想要的或应该表现的东西、他的设想以及实际上他所表现的东西。

——皮埃尔·马什雷《小说的功能》

一、最后的理想：回归本真

从1908年到1910年的短短3年中，杰克·伦敦出版了3部相当有分量的长篇小说:《铁蹄》、《马丁·伊登》和《天大亮》。这3部小说一部是社会主义革命斗争的史诗,一部讲一个作家的成功和幻灭的故事,一部从城市投机到回归田园,看似毫不相关,但它们有一个重要的共同点,那就是3部小说的主人公都代表了杰克·伦敦想象中自己愿意扮演的角色,都进行了较为夸张的渲染,从某种意义上讲都带有自传的色彩。他对美国的社会体制和美国的社会主义运动渐渐感到失望,希望在小说中建构一种更符合他内心期望的合作互助、和谐共存的生活方式。他将这个希望寄托在远离城市的乡村。

我们前面提到过杰克·伦敦作品中浪漫主义倾向的问题。浪漫主义有时候并不是他作品的主调,但色彩浓艳。可贵的事,伦敦的优秀作品最终总是能够降落在现实主义的基地之上。他的后期作品,尤其是后期代表作,即被称之为“田园三部曲”、又被称为“加利福尼亚小说”的《天大亮》(*Burning Daylight*, 1910)、《月谷》(*The Valley of the Moon*, 1913)和《大房子里的小妇人》(*The Little Lady of the Big House*, 1916),演绎了一个从浪漫的天空降落到现实的土地上的故事。1910年以后,杰克·伦敦开始经历成名后的失落。一方面,读者和批评界越来越怀疑他是否已经“江郎才尽”。事实上,发表了《马丁·伊登》之后,杰克·伦敦又出版了9部长篇小说(包括3部身后出版的)、2本中篇小说、2个剧本、12部短篇小说集(包括2部身后出版的)以及几本其他文体的书,从数量上来看是极其丰富的。但除了“田园三部曲”和一些短篇小说之外,大多为批评界所不屑。伦敦完全知道读者和批评界的态度。另一方面,他的健康每况愈下,精神上受到一种幻灭感的打击。《马丁·伊登》应该是他创作顶峰的标志,但高峰过后的跌落如此之快,让人始料未及,就像游乐园的过山车,缓慢吃力地爬到高点,然后俯冲下来。《马丁·伊登》讲述的是一个成功者的幻灭的故事,似乎是一个不祥的预兆。马丁的自杀抹除了他一身奋斗的所有意义。

“伦敦的解决办法是收回那些作为代价被名声索取的东西——爱、田地、劳动，回归到他早期作品常涉及的价值的本源上去。”①他像一只在风雨中搏击飞翔的鸟，付出了努力，企及了高度，见过了世面，但现在疲劳了，希望在一个理想的环境中着陆建巢。他把这样的想法写进了小说中，拣起了“回归田园”这个传统的浪漫主义主题；但同时他身体力行，在小说中和生活中实践向乡村的“伟大转折”，希望从本质的、简朴的、自然的生活形态中找回在个人奋斗、竞争倾轧中失去的东西。这种观念的确有点简单化、理想化，更像是浪漫主义的教条。19 世纪浪漫主义的影响犹在，将杰克·伦敦这样一个 20 世纪初期作家的思维逻辑引向了新兴工业社会的对立面。正在寻找精神出路的杰克·伦敦很容易接受这样的乡村理想，他 1910 年开始在《美国乡村生活》杂志上发表一系列回归田园的文章，宣告他找到了新的生活目标和精神寄托，也宣告新的关注兴趣和文学主题领域的确定。这是大彻大悟后的选择，但不是切实可行的办法，因为这里面包含着太多浪漫主义的成分：“回归”常常可以被解释为对现实的逃避。另一个“追求——幻灭”的过程难以避免。

这样，我们看到了杰克·伦敦小说创作领域的三次大转移：第一个领域是早期小说中的未开发地，强调奋斗自强、搏击命运的探险精神，如《野性的呼唤》、《白牙》、《雪的女儿》、《海狼》和北疆短篇小说；第二个领域是中期的城市环境，主人公与市场法则和社会势力角力，但常常难以招架，如《马丁·伊登》和《铁蹄》；第三个领域是后期作品中的乡村田园，故事中的人物躲进避风湾，在想象中建立自给自足的杰弗逊式的农业社会。杰克·伦敦晚期生活中和作品中“田园的呼唤”与早期小说中表达的“野性的呼唤”形成了

① Jonathan Auerbach, *Male Call*, p. 232.

有趣的比较。在《野性的呼唤》中,米勒法官的庄园位于富饶的加利福尼亚山谷,布克充分享受着乡野田园的安逸和闲适。这是杰克·伦敦理想化的家园,但布克被剥夺了清闲,命定要去面对更加现实的达尔文的世界。在“田园”和“荒原”的二元对立中,伦敦赞美的不是田园世界,而是充满“野性”的、残酷但壮美的北疆,让荒原带上神话的力量。在那里,被安逸生活消磨的意志力、忍耐力和男子汉气度可以得到锤炼,小说中的角色可以走向与自然的和谐共存。但从荒原走了一圈以后,杰克·伦敦又返回到了可以安身立命的但仍属于想象范畴的起点。

回归田园显然不可能是现实的答案。美国已经和正在进入工业社会,在从前的农业自足的经济模式中寻找出路,肯定不可能找到现实的答案。而且,逃避资本市场的代价是要有足够的资本购买农庄。

二、《天大亮》:希望的升起

《天大亮》是杰克·伦敦非正式的田园生活三部曲的第一部。创作这部小说的时候,作家经历了轰轰烈烈的人生,希望安顿下来,开始另一种不同的生活。他刚在加利福尼亚购置地产,兴办自己的“美的牧场”,梦想着在乡村田园建立安稳平静的新生活。尽管此时杰克·伦敦已经经历很多挫折,但新的希望冉冉升起。3部小说中的田园理想,第一部呈现玫瑰色,但后又渐渐演变,到第3部时小说的色调变得阴沉灰暗。三部曲实际上记录反映了一个从希望升起到梦想破灭的过程。一般认为,后两部不如第一部写得出色。

《天大亮》讲述的是一个叫伊拉姆·哈尼什的百万富翁的一

生。他的绰号叫"天大亮"。此人年轻时和杰克·伦敦一样到克朗代克严寒地带冒险,淘金发迹,带着沉甸甸的金沙回到城市,成了生意人。商界的腐败、生活的压力几乎摧毁了他的精神、个性和身体,他没有得到幸福,而每天面临的是烦躁、压抑、孤独和不可名状的失落,感到市场竞争比北疆的气候更加残酷。他酗酒过度,陷入精神崩溃的边缘。此时,年轻、理性的速记员蒂德·梅森在他面前出现,使他产生好感,让他看到了美好和活力,也促成了伊拉姆生活和观念上的急剧变化。蒂德没有马上接受伊拉姆的求婚,说她不能嫁给一个被金钱左右的男人。她说服他到加利福尼亚索诺马山一个叫月谷的地方修养。主人公被月谷田园的恬静和美丽深深吸引,也被初恋的甜美所唤醒,最后宣布放弃三千万美元的家产,戒了酒,投入乡野的怀抱,回归自然。他在一个牧场定居,避开尘俗,尽享安宁,精神压力得以解除,身体复康。同时,伊拉姆在月谷宁静的生活中找到了爱,最后同蒂德喜结良缘。

在小说中,冰天雪地的北疆、城市中的工商界和月谷的山村各占$\frac{1}{3}$。作者把历险的勇气和精神、对资本主义的幻灭、对田园生活的向往组合在一个故事中。从北极到城市到乡村,从探险到经商到农耕,这样的"三级跳"幅度虽大,但《天大亮》基本是个连贯的故事,从写作技艺上来讲,达到了很高的水平。但小说的故事发展主线,带着较明显的说教色彩,再加上后面的部分不可救药的理想主义,令很多批评家摇头。不过这只是作家田园故事系列的第一部,后面还有认识上的继续发展。如果把三部田园小说当作一个整体来看,那么就能发现,早期的浪漫主义色彩最终被现实主义的批判笔触所取代。我们必须注意到,小说中的伊甸园不是个抽象概念,也不是想象的产物,而是一个实实在在的地方。作者把地名标得清清楚楚:这个人间天堂在加利福尼亚州索诺马山的月谷——正是他自己的"美的牧场"的所在地!当时他购进了几个小牧场,连成一片,正在全力构筑自己的田园梦想,一种对前景充满憧憬的浪漫情调洋溢在小说的字里行间。从感情上来说,这部小说是自传体的,在其中作家寄托了他本人的强烈愿望,希望摆脱烦恼,回归自然和平静。

伦敦原先打算重拾北疆小说的主题,写一部关于一名克朗代克淘金大王的历险故事,但萦绕作家心怀的新关注和新欲念,像一只无形的手,牵引着他的思绪,走到了索诺马山谷,最后把《天大亮》写成了一部"成长小说"。小说主人公像杰克·伦敦和马丁·伊登一样,原是没有任何背景的无名青年,经过奋斗,登上了事业的顶峰,但就在此时,他陷入精神失落的困境,同时获得新认识,否定过去的自己,决定开始书写与个人历史完全不同的新的一章。就小说本身而言,《天大亮》具有反思生活的深刻性,与《马丁·伊登》有异曲同工之妙:"两部小说都表现出杰克·伦敦在想象中向在出版界公众目光注视下备受争议的10年告别。"[①]这两部"精神自传"一前一后出版,使他跌落的文学声誉得以恢复。但是,在先发表的《马丁·伊登》中,伦敦决定让马丁在最后选择离弃尘世。这位原来的水手投身大海的归宿,不管是极度失落所迫,还是大彻大悟所致,都显示出无奈的悲壮。但一年之后出版的《天大亮》为一个奋斗起家的成功者的人生故事设计了一个截然不同的乐观的"结尾",杰克·伦敦让伊拉姆象征性地"死亡"后,又在大地母亲的怀抱里获得"再生"。他转向乡村田园寻找自我拯救的出路。

马丁故事的尾声,在平静中带有点"殉道"的惨烈,是伦敦喜爱的想象中的模式:轰轰烈烈地活着,在生活该结束时,或者平静地坦然面对死亡,或者悲壮地死去。这样的悲剧英雄在他的北疆小说中屡屡出现。但伊拉姆的故事更接近伦敦当时的真实选择。他让伊拉姆在克朗代克获得成功后来到旧金山,经历他本人自

---

① Charles N. Watson, Jr., *The Novels Jack London, a Reappraisal*, p. 166.

1905年以来经历过的种种不幸：精神崩溃、酗酒无度、身体垮塌。他还特别指出，伊拉姆和他本人以及马丁·伊登一样，被媒体报刊"撕成了碎片"，[①]因此退出公众视野，隐居乡野，在一个新环境中对自己进行"缝合"重塑，是一个合乎逻辑的选择。马丁的故事是"奋斗——成功——幻灭"三部曲，而伊拉姆的故事增添了幻灭后"救赎"的部分，形成从攀升到高点到跌落，然后再进入下一个领域重新开始的反复过程，即经历了磨难之后的平静与回归。如果我们能在伊拉姆身上看到杰克·伦敦的影子的话，我们就能注意到，在边疆英雄的梦想不再现实、城市名人的梦想破灭之后，作者把隐居乡村当作精神再生的希望所在。

这样，《天大亮》的故事构成了一个循环模式：从自然到城市再到自然；从无辜到堕落再到无辜；从真实到虚假再到真实；从崇高到低贱再到崇高；从欢乐到烦恼再到欢乐。在故事的第一部分中，我们了解到，伊拉姆是克朗代克最早的一批"开拓初民"之一。他年仅18岁时，就翻越契尔库特山，来到北疆历险，5个同行者死了4个，只有他在严酷的生存环境中得以幸存。他是最早涌入丹麦溪淘金发迹的人之一，曾杀死过一头罕见的大熊，曾在极度严寒的冰天雪地中出生入死，他大口喝酒，大笔下赌注。在这个人物身上，"所有早期北疆故事中商标性的场景都集中到了一起。"[②]故事开始已经是12年之后，此时他已是育空地区的大名人，正准备庆祝30岁的生日。克朗代克的环境，淘金人的行为准则，养成了他侠义豪情、慷慨大度、率直真诚的品性。在北疆，同志之间患难与共的友情，而不是你争我斗，才是共存的基础。

杰克·伦敦在小说中对"北疆精神"大加赞美："那里没有无赖，没有充阔的赌徒。赌局也诚实公平……一个人说的话就像他

---

① Jack London, *Burning Daylight* (New York, 1910), p. 181.

② Jonathan Auerbach, *Male Call*, p. 231.

手中的黄金一样有分量”(12)。关于诚信与公平,伦敦继续说:淘金人的“行业精髓”是,“每个人尽自己的努力……只要人人尽力而为,这就是公平交易,就遵守了行业的精神”(11)。有些人比别人更强壮,但强者的力量应该表现在战胜严酷的自然环境方面,而不是用来欺压弱者。小说的这类叙述里包含了伦敦的社会主义思想。“就像森林中的皮袜子、航船上的伊希梅尔、河中的哈克,伊拉姆·哈尼什在(北疆)荒原中发现了精神价值,这种精神价值在他年轻时给了他力量,后又回到他身边,再次成为他的支柱,”“要求他在自己身上找到生存必需的品质。”①对北疆精神的渲染,是为了让这种高尚与城市的道德形成鲜明的比照。

城市的空气是污浊的,伊拉姆只能偶然骑马去乡村“品尝早晨的新鲜空气”(183)。克朗代克的精神在旧金山的商业环境中遭到了戏弄。伊拉姆进入了城市的商界和金融界,从事房地产和金融投资,也做投机生意。游戏必须在一套完全不同的规则之下进行。他一方面仍然要证明在新环境中自己仍然是强者,因此必须不择手段敛财,挤垮别人,成就自己,别无选择;另一方面他又无法完全站到北疆精神的对立面,因此感情上彷徨在无情的自我追求和过去“公平交易”的道德准则之间。解决矛盾采用的是自欺欺人的方式:他不忍心欺诈那些为他工作的弱者,付给他们较高的工资,照顾老矿工,在慷慨的冲动之下也做一些救济施舍、行善积德的事情,行为有点像“劫富济贫”的绿林好汉。“在心中他无法忘记过去的日子,而他的头脑指挥着他依照最新、最实用的方法玩他的经济游戏”(110)。

伊拉姆变成了一个分裂的人。像以前的小说一样,杰克·伦

① Charles N. Watson, Jr., *The Novels of Jack London, a Reappraisal*, p. 176. 引文中提到的皮袜子、伊希梅尔和哈克分别是库帕的《皮袜子故事集》、麦尔维尔的《白鲸》和马克·吐温的《哈克贝利·芬历险记》中的主要人物。

敦又让马克思和斯宾塞在人物的内心打架,小说的有些方面表现思想压倒了人物塑造,使人常常感到伊拉姆这个人物难以令人信服。后来,他被精明的生意人戏弄,遭到重创,开始以其人之道还治其人之身,用城市的尔虞我诈取代北疆的互相信任和兄弟之情。他渐渐被商业道德改造重塑,随着钱财和权力的增长,也渐渐叛离北疆的做人准则。他毕竟是个富有的矿主,必须忠于自己新加盟的阶级。他加入了矿主协会,与其他矿主联手压制矿工的抗议。由于在一桩大生意中上当受挫,伊拉姆一心想报复,变得愤世嫉俗,朝着人生和道德的死胡同直奔而去。

此时出现了让伊拉姆悬崖勒马的转折,他遇见了可以为他指引人生方向的人。蒂德·梅森是一个善良朴实的女人,以柔克刚,征服了他狂野的心,并为他指出了回头是岸的另一条道路。在此,杰克·伦敦把城市和乡村分设成对立的两方:北疆和索诺马山谷都接近自然,带有原始性,代表了无辜和本真;而代表商界文明的旧金山,则是个致人堕落的地方。后者可以腐蚀前者,前者可以修复后者。这样的两端设定之后,伦敦便给他自己和类似于自己的成功者们提出了解决方案:离开尔虞我诈的城市社会,从文明回归到自然,回归到无辜的质朴,这样才能从虚假回归本真,才能抛开行为的低贱和精神的烦恼,在乡村找到崇高和欢乐。于是,伊拉姆这个"大男孩",玩厌了商业游戏,"砸了三千万美元的玩具"(333),告别动荡颠簸的生活,回归到与世无争的普通家庭生活的传统中。他在第 22 章中对蒂德说:

> 我知道我的追求,我会努力得到它。我要的是你和广阔的空间。我不想继续走在人行道的铺路石上,不想继续跟电话打交道。我要在上帝创造的最美的乡间买一座牧场住宅,在那座牧场宅院的周边做各种杂事——挤牛奶、劈柴、刷马、犁地,还有其他事情;我要你与我同住在牧场的宅院里。　(303)

自从蒂德出现以后,伊拉姆的故事变成了两个人的故事,充满动作的历险和竞争故事演变成了充满柔情与恋旧色彩的情感小说。来到索诺马山谷之后,伊拉姆变成了一个乡绅,开始了"菜园子里的农业历险"(350)。更有甚者,这双曾经淘金挖矿的手拿起了小提琴,捧起了吉卜林和威廉·汉莱的诗歌。很多批评家难以接受这样的转变,认为作家将人物塑造让位于事先安排好的故事步骤。弗兰克林·沃克说:"伊拉姆·哈尼什在加利福尼亚的历险显得既怪异又煽情;杰克·伦敦没让这个人物留在道森令人遗憾。"①这样的批评有其道理。在《海狼》中,范·韦顿和"老狼"拉森的故事,由于莫德的到来而改变了发展方向,也遭到评论界的异议。我们说过,伦敦的小说在很大程度上是表达概念的。他常常在情节设定与概念表达两个选择之间摇摆,但在一些主要作品中往往让概念主导故事的方向。这使伦敦的小说特别适合进行政治解读和文化解读,但同时又缺少了构成经典杰作的一些本质的东西。

闯荡了一生之后,包括在北疆与环境的殊死搏斗和城市中生意场上的残酷竞争和失落,杰克·伦敦在小说的结尾中特别强调,伊拉姆这个"出生于田野"、"了解土地简单的自然法则"的人,他的最终选择"只不过又回到了家园"(340)。这里的生活对他来说一点也不陌生,他感到亲切而自然。"回归"的主题得到了渲染。小说的最后,伊拉姆和蒂德又玩起了儿时的游戏,并计划骑马回到童年的家乡。人生兜了一个大圈子之后,小说的主要人物又象征性地回到了起始的地方。但这样的回归不是徒劳的往复,因为归来的"游子"在经验和认识上已经达到了一个飞跃,从一个不甘寂寞的青年演变成了一个甘愿抛弃世俗利益,自愿追求简朴、宁静、和谐的生活的成熟的男子。这里,我们又可以从"精神传记"的角

① Franklin Walker, *Jack London and the Klondike*, p. 229.

度来解读杰克·伦敦本人当时的处境和他的感情倾向。从写《天大亮》开始,伦敦在心理上登上了回归之路。

三、《月谷》:希望的继续

《月谷》是杰克·伦敦关于田园生活的第二部长篇小说,前一部小说《天大亮》里那种时常被标榜为"不可救药的理想主义"的色彩,被比较现实的态度所取代,但故事最终还是带着乐观的期待结束。小说出版时,伦敦已经并正在经历着生活和创作中的一系列打击,但小说创作于这些挫折降临之前。他正在筹建自己的豪宅,夏弥安的精神忧郁症和他自己的脚踝伤都已康复,《天大亮》出版后外界的评价不错,而且他们正期待着第一个孩子的诞生。生活重新激起希望,乐观情绪使杰克·伦敦重新拾起早期作品的主题:从社会主义者的立场出发描述民众的苦难和劳资斗争。这方面的故事体现在《月谷》的前两部分。同时,他也继续《天大亮》中已经表现的回归田园的主题,在第三部分中让两位在城市资本主义社会中没有出头之日的主人公来到索诺马山区。

故事的女主人公萨珂荀是一个洗衣妇,男主人公比利·罗伯茨原来是个拳击手,现在当了裁缝,他们在世界中无法找到实现自我价值的途径,对城市生活感到不满,决定另起炉灶,改变自己的生活,最后来到索诺马山区的月谷落户。但小说的主体并不是田园故事,而是负面的城市生活中的故事,既有描写生存苦斗的劳工生活的艰辛,也有男女主人公之间的爱情历程。两人的生活和爱情都需要找到"合适的土壤",才能"生根开花"。[1] 于是,城市中

[1] Jack London, *The Valley of the Moon*, p.291.

的故事最终引向返璞归真的主题。回归田园是当时的时髦主题,但伦敦自己在索诺马安家的行为足以证明,他相信乡村是精神康复的去处,并不是刻意在文学创作上追赶时尚。

小说分为3个部分,前两部分的叙述中心是女主人公萨珂荀,男主人公比利·罗伯茨是轴心周边的人物。和《天大亮》不同,这次杰克·伦敦以城市中的普通工人为描述对象,第一部分尤其凸显了他们的困境,连回归田园的梦想也只能是梦想,因为他们与伊拉姆·哈尼什不同,他们是工资奴隶,根本就没有购置土地的资本。通过萨珂荀和比利,杰克·伦敦为读者提供了城市工人的生活细节。人们"就像狗争夺骨头一样"寻找就业机会(180),而资本家则无情盘剥他们的廉价劳动。伦敦特地详细描述了萨珂荀工作的洗衣房的可怕的工作环境,潮湿、闷热,充满蒸汽和机器的轰鸣,而女工们承担着繁重的劳动,重压下突然歇斯底里发作。这个社会底层的地狱,读者似曾相识,因为在《马丁·伊登》中也有关于洗衣房的工作景象。伦敦本人1897年在洗衣房工作的经历,令他刻骨铭心,难以忘怀。萨珂荀下班回家后,住进她哥嫂简陋、狭小、脏乱的小屋,忍受着嫂嫂的唠叨、责骂和同样是歇斯底里的尖叫,使人想起德莱塞的《嘉莉妹妹》中嘉莉来到芝加哥后住进她姐姐家的情景。城市社会的贫困,将这些无助的女人们在精神上彻底压垮了。她们的生活中没有一丝阳光,没有一点希望。对城市贫民的这类自然主义的描述,为乡村的另一种生活树立了对立面,为"回归"的必要性提供了理由。

大批城市贫民在困苦中挣扎时,资本家正在旧金山湾倾倒过剩的食物,以维持物价。矛盾渐渐激化。小说的第二部分有不少劳工斗争的场面,组成萨珂荀和比利两人恋爱关系和婚姻生活的背景。一方面是被逼无奈的罢工工人,另一方是工贼和警察,两方的对立演化成了暴力冲突,愤怒的罢工者们将工贼打死,同时也受到当局的严惩。萨珂荀目睹了暴力冲突的血腥与残酷——她家栅栏边就横倒着好几具工贼的尸体。这一场噩梦构成了她城市生活经历的恐怖记忆。杰克·伦敦用自然主义的手法描写劳资冲突的细节,使人想起厄普顿·辛克莱的《章鱼》中的场面。经济冲突导致了社会悲剧,有的人死于暴力,有的家庭关系破裂。萨珂荀和比利的婚姻也因此出现了危机。比利自然站到了罢工工人的一边,投入了所有的兴趣和关注,脾气变坏,不再温柔,更倾向于暴力,也更依靠酗酒来维持亢奋的敌对状态。最后比利被关进监狱,而他们的婴孩死在萨珂荀的腹中。远离城市的诱惑力、腐蚀力和暴力,寻找新的生活契机已是势在必行。萨珂荀梦想的是一种自然有序、没有冲突的和谐共存,而不是以劳资冲突为代表的扭曲的城市生活。萨珂荀望着远离城市、在自然怀抱中的奥克兰入海口,发出了内心的感叹:

> 这里不是人口聚集的地方,没有约束也没有人与人之间的争斗。潮起潮退,太阳升起后又落山,每天下午西风有规律地吹来,轻快地穿过金门,使海水变暗,扬起小小的浪花,推着帆船行走。一切都井然有序,一切都自由自在。(252)

在远离城市尘嚣和争斗的地方或许可以找到"井然有序"、"自由自在"的生活。这样的想法作为小说中对城市工业文明的批判,无可非议,但作为解决问题的实际出路,则显得太过浪漫和简单化。当时,杰克·伦敦仍然强烈反对资本主义,信仰社会主义,但对于社会主义革命的胜利,他并不抱太大的希望。他所能看到的,并已付诸实践的,是建立个人的农村"根据地",离弃城市文明,找到自己的一份和谐。

回归田园的动力来自两方面。一方面是萨珂荀的哥哥、嫂嫂代表的城市贫民的绝望困境和罢工代表的无结果的抗争,令萨珂荀和比利感到恐惧和失望;另一方面,有一种来自开拓先民的带神秘主义色彩的牵引,敦促他们探索和开发新的“边疆”。小说中出现在回忆中的一个高大的英雄形象是萨珂荀的母亲:她是一个勇敢的诗人,也是一个随着大篷车闯荡西部的女强人。她感情丰富,敢作敢为,代表了开拓者的勇气和精神。她在萨珂荀还是小女孩时不幸去世,但成了女儿的偶像,母亲“对于她就像上帝对于别人那样”崇高(47)。城市生活的排斥,昔日荣耀的呼唤,共同指向了一个逆境中寻求幸福的去处。

虽然《月谷》是杰克·伦敦三部回归田园的小说之一,其实第三部分,即主人公到达乡村以后的故事,写得并不令人信服。但是伦敦的故事流程图已经绘就,农村应该是提供出路和答案的地方。于是,对上帝、革命和城市失去信念后,两个人开始了乡间“历险”,边找工作,边寻找适合自己生活的场所,相信与自然相处的乡村生活具有恢复元气、重振精神的治疗作用。最后,他们发现了索诺马山区的月谷,几乎马上认定那是“我们的归宿地”(485),决定到那里落脚。他们贷款买下一个小农场,学习科学的耕作和饲养方法,包括中国人精耕细作的技术,通过自己的努力取得成功,过上了自给自足的生活,在乡村生活中得到满足。小说描写了不少创业的艰辛、受挫的痛苦,此时伦敦的基调是:虽然乡村本身并不是世外桃源,但勤奋、毅力和科学可以创造幸福。他仍然相信农业理想最终能够成功。作者依然对索诺马山谷的景色做了抒情的描写,但他在这部小说中想说明的是,此地虽已不再是自由之地,但仍存在着以人的意志实现自我价值的可能,城市生活中的各种缺陷在这里可以得到弥补。总之,乡村梦想仍然是城市瘟疫的治疗方案。

在《天大亮》和《月谷》中,我们发现,男人(伊拉姆和比利)一头扎入生存竞争,难以自拔;而最终女人(蒂德和萨珂荀)为他们指明了出路。女性代表了敏锐的观察力和清醒的判断力,成了男人行为的一种修正性的参照。大地本身是象征性的母亲的角色,回归之路由女性引导十分合适。男性代表了奋斗,也代表了奋斗过程中失去的真正的生活,与城市社会产生联想;而女性则代表包容和宁静的理智,与乡村生活产生呼应,因此可以以柔克刚,象征着归宿之地和再生之源。这两部由女性人物主导走向的回归田园的小说,代表了伦敦头脑中狂热的农业乌托邦理想。但是,像萨珂荀和比利这样的城市贫民,必然受制于他们无法控制的各种力量,包括自然力和市场经济力量。于是,美好的田园生活的希望很快在下一部小说中变成了幻灭。

四、《大房子里的小妇人》:希望的破灭

《大房子里的小妇人》是杰克·伦敦关于田园生活的第三部小说,在这里,前两部作品中的乐观态度已经荡然无存。这部小说在很大程度上反映了作家当时自己追求田园理想破灭的处境和心态。小说是1913年开始创作的,而伦敦在后来屡次称这一年为"不幸的一年"。花巨资建造的"狼宅"在搬进居住前被大火烧毁;久久等待的孩子因夏弥安流产而希望成空;伦敦怀疑夏弥安不忠导致两人感情危机;不少新写的小说遭到出版社的拒绝或批评界的不屑。一连串的事情刺痛了伦敦的心。回归田园的简单方法并没有为复杂的生活提供令人满意的答案。他购置田产,修建大宅,准备在风景如画的月谷安居乐业。他最害怕的是没有子嗣的生活。夏弥安终于怀孕,但谁知,希望的升起正在为希望的破灭设下铺垫。接连的打击致使伦敦产生怀疑,他的田园梦想是否已经开始瓦解,他是否最终能在乡村找到安宁和满足。小说虽然主要是背景设在乡村的"三角恋爱"故事,但一种幻灭感弥漫着整部作

品。杰克·伦敦曾对他的妻子说,1913 年他的命运"永远地改变了"。①这句话并不特别指火灾或流产,而表达了一种预感,一种对自己生命的终期即将到来的意识:他作为一个作家,作为一个有轰动效应的公众人物的一生,将从这里出现转折,开始不可逆转地滑坡。

《大房子里的小妇人》可以算他最后一部严肃小说,也是最后一部还被提起讨论的长篇作品。他做了最后的努力,将一种真切的失望之情,表达在故事之中。小说构思于伦敦自己的"大房子"尚在建造之时,火灾发生在创作过程中。小说中的"大房子"也一直安然无恙,问题出在房子的主人狄克·福雷斯特和他的妻子波拉,还有他们的朋友伊万·格拉姆。福雷斯特夫妇在月谷拥有一个由一大片令人羡慕的良田构成的农场。他们还有前两部小说主人公所没有的得天独厚的优势——狄克素有农业专家之称,采用科学方法耕作,因此在土地上获得成功,实现美好的理想,应该轻而易举。但小说的主题恰恰相反,他们感到乡村的生活极其枯燥乏味,毫无生气。他们的生活是一种精神死亡。当他们的朋友伊万来到农庄后,狄克和波拉的婚姻出现了裂痕,伊万爱上了波拉,也得到了波拉的爱,但最终友情破裂,波拉自杀,狄克则得出结论:一切努力都归于枉然。小说中有许多三人之间情感纠缠的故事,给人印象是伦敦还在用已被滥用的"三角恋爱"的传统模式。关键当然不在于故事的模式,而是作家如何通过故事表达洞见。杰克·伦敦写的是现代人的故事,他的意图是通过描写人与人之间的关系,表现现代人的追求、困惑与挫折。但在这部小说的字里行间,其实可以读出伦敦田园理想破灭的沮丧和悲切。三部田园小说里都有作家本人的影子;三部小说的主人公,分别暗示了杰克·

① 参看 Charles N. Watson, Jr., *The Novels of Jack London, a Reappraisal*, p. 211。

伦敦追求田园理想过程中的三个阶段:希望与期待、实践与困难、失落与幻灭。

书名虽突出了"小妇人",但波拉只是两个男人感情争夺的对象。小说的主要故事是男主人公狄克的。此人与伦敦先前塑造的所有人物都非常不同。他既是一个有理想、有个性的人,同时又是一个概念的化身。他是个绝对的理性主义者,相信事物是按照逻辑、按照规则发展的,只要把握得当,是可以安排和控制的。他相信合理的操作加上意志的力量,可以建立农业乌托邦,也可以维持和谐的婚姻。我们注意到,在杰克·伦敦的真实生活中,正是这两件事情使他感到了失控的危险。他的理想庄园王国正在走向瓦解,有人认为伊万·格拉姆是伦敦以他怀疑的夏弥安的情人为原形塑造的。①

小说的前 8 章是狄克的故事,描写他有规律的生活。一切似乎都在他的计划和掌控下有序地进行:农庄的生产组织严密,工人各司其职,而狄克是"这个体系的轴心"。像杰克·伦敦一样,他全身心投入的农业计划,"实际上也是一种满足自己的游戏"。②他不但科学种田,也以科学的理性思维看待波拉和伊万的恋情:传闻只是"假说",是否成立还有待证明,而他们间关系的发展需要内因和外因条件的成熟。直到他发现他俩热吻,才感到被当头泼了一桶凉水。他是个有实干精神的浪漫主义者,本质上单纯无辜,只懂得效率、规则,却不知道其背后难测的变化,因此他的效率和秩序未能解决复杂的人与人之间的问题。

小说中伦敦把伊万描写成狄克的"陪衬"(100),用今天比较流行的说法是"另一个自我"。著名伦敦研究学者厄尔·雷伯以

---

① Charles N. Watson, Jr., *The Novels of Jack London, a Reappraisal*, p. 218.

② Jack London, *The Little Lady of the Big House* (New York: Macmillan, 1916), p. 35.

及其他批评家都注意到了这一点，把这两个人物与作家本人联系起来，认为小说中的两个男人代表了伦敦性格特征的两个侧面，①"狄克·福雷斯特是科学耕作的成功典范，但却是人生的失败者。他的另一个自我，艺术家伊万·格拉姆却正好拥有对方缺少的品质。"②狄克是个科学家、实干家，相信理智，相信实效；伊万是个艺术家、诗人，相信激情，相信企及幸福的各种可能性。伦敦几乎被庄园拖垮，渴望成为懂行的高效经管者，而狄克正以有效的管理从事着农庄建设。伦敦正搭建自己的安乐窝，潜意识中为自己从文坛"隐退"做准备，而伊万不为将来操心，不为物质所动，仍然诗情澎湃，而且不懈地追求浪漫的爱。担心自己才思枯竭、创作灵感萎靡的杰克·伦敦，羡慕伊万代表的艺术激情与自由自在的精神。而作为经营者，面对自己每况愈下的农庄和身体，他又羡慕狄克的效率、才干和充沛的体力。"从心理上来看，这两个人物是同一个自我的两侧，每一面代表了另一面潜在但未被开发的特性。"③

每一个作家都在写自己的故事，但杰克·伦敦不仅在认识的层面，而且也在故事的层面写自己的故事。我们也许不应该在作家经历的真实事件与故事描述之间的比对中寻找意义，但可以在参照中加深理解。正因如此，我们可以把狄克和伊万对波拉感情的"争夺战"，看做分裂的两个自我之间的冲突。现实、务实的一方（狄克）和浪漫、理想的一方（伊万）在人到中年之后确定人生方向的问题上，进行了象征性的交锋。小说背景的中心象征是"大

① 比如 Edwin B. Erbentraut, "The Symbolic Triad in London's *The Little Lady of the Big House*," *Jack London Newsletter*, 3(1970), pp. 82 – 89; Earle Labor, "From 'All Gold Canyon' to *The Acorn Planter*," *Western American Literature*, 11(1976), pp. 83 – 101。

② Earle Labor and Jeanne Campbell Reesman, *Jack London, Revised Edition*, p. 104.

③ Charles N. Watson, Jr., *The Novels of Jack London, a Reappraisal*, p. 218.

房子”。大房子是乡村的生活基地，是农庄的“司令部”，统管着一小片领地，代表着已经和正在建立的庄园理想和未来的生活。狄克正在实施的方案正是杰克·伦敦计划要做的事情：把土地分成20英亩一股，从事精耕细作，每股可支持一个家庭的生活，人与土地、人与人和谐相处。作者和他的小说人物都有创建农业乌托邦的理想，都希望自己是统治这一小块领地的领主。他们不仅希望自己能有安定的生活，也希望让周围的人共享太平。但这个小小的理想王国正在悄悄地分崩离析。福雷斯特夫妇原本以为他们已经找到了安稳的生活，不再会有波折。但他们的生活中有不尽如人意的方面，比如结婚10余年，他们仍然没有爱情的结晶（我们不得不又想起伦敦与夏弥安没有孩子的婚姻）；狄克以一种忘我的执著投入梦想中私人王国的建构，与妻子之间的感情疏远了。波拉与伊万调情，作为对付狄克冷漠态度的手段，最后假戏真做，婚外情构成了对狄克理想乡村蓝图的建构的挑战，他的梦想被无声息地蚕食。理智建立起来的基础被感情触发的危机冲垮。

理性与秩序最终还是让位于人性的弱点，人生的许多计划和愿望常常毁于生活中不可预测的成分。在欲望和非理性面前，狄克理性的生活构架倒塌了。原来农业理想的“大房子”竟是如此弱不禁风。随着狄克的幻灭，故事应该结束了。马丁·伊登以自杀谢幕，表达了绝望，也表达了平静的勇气。但在《大房子里的小妇人》中，以自杀结束“三角之争”的不是狄克，而是波拉。这一结果出人意料，多数评论家认为也违背了小说故事发展的内在逻辑。小说一直是以狄克为主线的，从他的雄心与成就开始，让他经历挫折，最后遭遇幻灭，因此读者期盼的是狄克人生起落的故事。

> 伦敦已经有了一个情节结构和一个成为真正的悲剧潜在要质的人物。但他未能达到这样的效果，主要因为，正如许多读者指出的，小说的结尾出现了问题。一般的批评看法是，波

拉不合时宜的死亡,让小说突然降格,成了平庸的情感戏。当然正是这样的结尾削弱了作品的力量。结尾不理想的原因还应再往前推一步。自杀应发生在狄克身上,而不是波拉身上。①

也许伦敦认为,波拉是道德上应该受到惩罚的人。他一直为小说这样的结尾辩护,认为波拉的自杀"是唯一干净体面的退路"。② 但如果把责任归咎于波拉的不忠,说是她搅乱了原本可以企及的和谐,那么,一部比较深刻的社会小说也就流于肤浅了。不可否认,《大房子里的小妇人》结构比较散乱,结尾不尽合理,存在着比较明显的缺陷。但小说也有优秀作品的特征。作家现实主义地反映了人到中年生活、婚姻、事业面临的诸多问题,表达了壮志难酬、人生难以驾驭、悲剧难以避免的失落。

小查尔斯·沃森对这3部小说做了归总,认为伦敦"后期的主要小说(包括《天大亮》、《月谷》和《大房子里的小妇人》)都表明他相信,同一个女人相爱、建立家庭,是得到赎救的唯一指望。他希望有个儿子,他发展自己的庄园,他对建造'狼宅'注入极大的热情,这些都说明他具有越来越强烈的愿望,希望扎下根,在此时此地安顿下来,而不是等待几世纪之后人皆兄弟的大同世界。但是这3部后期小说也包含了他越来越成熟的认识:在精神困境中要想维持亲密的人际关系异常困难。正因如此,《海狼》、《铁蹄》中的英雄冲突渐渐淡去,取而代之的是一个现实主义者对人心内部悄无声息地演绎着的故事、对家庭场景和平庸世界的深透

① Charles N. Watson, Jr., *The Novels of Jack London, a Reappraisal*, p. 231–2.
② Jack London to Joan London, 7 March, 1916, in King Hendricks and Irving Shepard eds., *Letters from Jack London* (New York: Odyssey, 1965), p. 467.

表现。”[①]沃森肯定了三部曲最后一部小说的价值：“尽管有这样那样的不足，伦敦的这部作品实际上比先前的小说，包括他最优秀的小说，更加清醒、更加成熟。若在早先的作品中，伦敦也许会对狄克的那一套感同身受，而这部小说的所有方面都指向狄克的最终认识：一切终究归于枉然。”[②]

五、奇想小说和回归初始

《美国梦想者：夏弥安和杰克·伦敦》的作者克莱丽丝·斯塔兹谈到：“被物质击败后，杰克·伦敦抛弃了他的唯物论，开始向精神领域探险。对他来说，这种求索主要不是宗教性质的，而是出于心理需要。”[③]杰克·伦敦在后期写了一些“狂想”小说，包括中篇小说《红瘟疫》(*The Scarlet Plague*, 1915)和长篇小说《星游人》(*The Star Rover*, 1915)。另一部早几年出版的长篇小说《亚当之前》(*Before Adam*, 1907)也属于同类。这类作品与他的政治幻想小说《铁蹄》不同。后者更像乔治·奥威尔的《一九八四年》，从当时的立场出发，把小说故事推向想象中可能演变的未来世界，进行政治讽喻和社会批判。但伦敦的这3部小说都更带有科幻色彩，都回到了某种不可能返回的过去的状态。但作家没有借用“时空飞行器”或“时间隧道”之类的离奇工具或途径，而借助的是人心中的恐惧感催生的幻觉和奇想。在这一方面，有的批评家将杰克·伦敦与更早期的埃德加·爱伦·坡做了比较：“伦敦的奇想

① Charles N. Watson, Jr., *The Novels of Jack London, a Reappraisal*, p. 239.

② Idem, p. 234.

③ Clarice Stasz, *American Dreamers*, p. 284.

故事也许不是他最优秀的作品,但它们不但具有很强的可读性,而且也具有阐释的价值。就如爱伦·坡的情况一样,这些作品展示了作者自己也许没有意识到的方面。它们往往不是对现实的逃避,而是通往无意识的头脑中的更加幽深的原始现实的象征路径。"[①]的确如此。今日的美国批评界对伦敦的这些"狂想之作"不再撇之一边,而开始从心理分析的角度认真加以研究,试图发现作品中潜在的人心黑暗的深处的秘密。

从他的成名作《野性的呼唤》开始,杰克·伦敦就一直对存在于人心深处的返祖的冲动和原始的力量甚感兴趣。伦敦的后期"狂想"小说有返回过去的,也有到达未来的,但到达未来最终还是回归原始。这些故事像一场场梦境,回到人类未开化的、最初的、最单纯的状态,人凭着直觉和求生本能行事。在这方面,伦敦的后期作品与他的早期北疆小说形成了某种呼应。但伦敦的后期"狂想"小说几乎都以恐怖为基调,构建在暴力、死亡的框架上,笼罩在大灾难的阴影之中,充满混乱、痛苦和黑暗的象征。杰克·伦敦自己曾说:"世界文学宝库中伟大的作品几乎全都是从悲剧、可怕的成分中汲取力量、创造其价值的。"[②]在《野性的呼唤》、《白牙》、《海狼》和《铁蹄》等作品中,他都加入了"悲剧、可怕的成分",但最后都让读者看到了希望之光。在"狂想"小说中,"悲剧、可怕的成分"不是来自文明、来自社会,而是来自人心黑暗的深处,因此更加难以抗拒、不可战胜。

《亚当之前》是一部梦境小说,也是一部神秘主义的心理小说。作者借助叙述者孩提时的梦中记忆,让他回到石器时代的人类早期生活。小说是这样开始的:"一幕又一幕,一幕又一幕的图

① Earle Labor and Jeanne Campbell Reesman, *Jack London, Revised Edition*, p. 67.

② King Hendricks and Irving Shepard, eds., *Jack London Reports*, p. 334.

景！在我明白之前我常常感到诧异，聚集在我梦中的那么多图景来自何方；因为在醒着的真实生活中我从未见过类似的场面。它们折磨着我的童年，把我的一系列睡梦变成了噩梦，后来又让我相信自己与众不同，不是正常人，而是个受诅咒的生灵。”[①]这种“原始幻想”在当时的文学界可以说是一种时尚，是叛弃文明，走向其对立面的愿望的表达。但杰克·伦敦对这种模式进行了一定程度的改造，不仅“探索人物的孤独感和不安全感”，而且也“追踪从早期各自为政的无政府状态，到最初合作社会形态的进化过程。”[②]

反复的梦境将《亚当之前》的叙述者带回他的前世，生活在更新世中期人类遥远的祖先中间，他自己是个叫“大牙”的人。更接近猿类的“树人”和被称为“火人”的原始人类陷于争斗之中，而他还受到穷凶极恶的返祖人“红眼”的威胁。“大牙”反抗“红眼”的权威，被“红眼”这个“父亲”角色赶出安全的洞穴，四出逃亡。与他一起出逃的还有曾冒着生命危险把他从“火人”的箭雨中救出的铁哥儿“垂耳”。两个人开始了进入广阔的未知世界的长途旅行。他们没有约束，尽享自由，在历险中不断发现，不断认识。他们的生活中有快乐，但也充满危险和不幸，最后，纯粹由于运气，他们发现了富饶的土地，找到了自己的部族。“大牙”与部落女子“快腿”婚配，成了很多孩子的父亲。但对“红眼”的恐惧感仍然萦绕在今天的叙述者的头脑中，令他不安。查尔斯·克洛认为，“这是一则关于‘家’的故事。失去家园和寻找家园几乎构成了《亚当之前》的所有情节。”[③]

这是一个想象力异常丰富的故事。厄尔·雷伯和简·里斯曼

① Jack London, *Before Adam* (New York: Macmillan, 1907), p. 1.

② Charles N. Watson, Jr., *The Novels of Jack London, a Reappraisal*, p. xi.

③ Charles Crow, “Ishi and Jack London's Primitives,” Leonard Cassuto and Jeanne Campbell Reesman, eds., *Rereading Jack London*, p. 49.

认为,"'大牙'的故事是'成长仪式'原型的再现。……我们普遍都有这样的冲动,希望回归到事情的本原,回归到种族童年时代的无辜和纯朴中去。"[1]这种永久回归的神话代表了一种渴望。工业时代和科技时代的到来,颠覆了旧有秩序,包括生产和生活方式、社会等级和人际关系,一切都变得复杂,变得混乱,变得难以预测。是祸是福,人们不得而知。动荡与变迁总会伴随一种不安带来的恐惧,于是,回归简朴和纯真成了一种普遍的心理需要。再者,达尔文的进化论使知识分子和普通人对人类自身起源产生了浓厚的兴趣:我们是如何从远古时代通过生物和社会进化变成今天的我们的,过去的社会形态和生活模式是怎样的,演变发展的得与失又是什么。作家本人对这些问题是极感兴趣的。他的丰富想象力将我们带回到早期人类社会,去了解史前人们的欢乐与悲伤,并为今日社会树立起可供对比的参照。

小说有些地方略显粗糙,但可读性很强。神话和梦境提供了宽阔的阐释空间,引向故事背后深层的想象力。在这部小说中,伦敦其实面对两个互相冲突的选择。如果他站在达尔文优胜劣汰的生存斗争理论一边,就应该支持"火人",因为他们代表先进的文明,是强者。如果他站在社会主义理论一边,就应该同情"树人",因为他们是被压迫的弱者。伦敦选择了后者,这个选择也许暗示了对西方白人文明的批判:他们的"进步"是以其他弱小民族(如美国印第安人)的灾难为代价的。而这种先进的文明,在另一部小说中将遭到一种疾病的毁灭性的打击,人类的残余将被送回穴居时代。

《红瘟病》是一部不该被忽视的小说,而且与《亚当之前》有相似之处。《红瘟病》讲述的是文明被一场瘟疫摧毁的故事,未来世

① Earle Labor and Jeanne Campbell Reesman, *Jack London, Revised Edition*, p. 69.

界被"推回"到原始的荒原状态。从时间上看,小说主人公不是回到原始社会,而是进入了未来社会,但这个未来社会是人类进化周而复始的结果。故事开始,美国出现一种叫"红瘟病"的疫情,横扫世界,消灭了大多数人口。这种病在10到15分钟内就能置人于死命。第一个症状是出现红疹,接着出现痉挛,然后迅速死亡,人死后尸体"会眼看着在你面前分解"①。加利福尼亚大学的英语教授詹姆斯·史密斯和他的同事们躲进了"化学楼",不与外界接触,但仍难以幸免。"红瘟病"渗透了这座象征着现代科学的巨大建筑,杀死了几乎所有文明的精英,只有史密斯逃过了这一劫难,目睹文明在红色恐怖中分崩离析。

经大灾难扫荡之后,地球变成了荒蛮之地。史密斯在废墟中寻找在瘟疫摧残下幸存的同胞。整整3年,他饱受孤独感的折磨,最后终于在某一大湖边发现了人类生活的踪迹,共两个人,一个是叫做"车夫"的男人,另一个是原大富豪的漂亮妻子菲丝塔·范·沃顿,被"车夫"逮住征服后,成了他的妻子。作者对"车夫"的外表进行了具体描述:他体形硕大,浑身黑色长毛,眉毛斜横,目光凶狠,很像《亚当之前》中的"红眼",有足够的自然赋予的蛮力在灾难中生存下来,显然代表了人类的一种"返祖现象"。

故事的开始很像科幻类的"灾难小说",背景设在某种突发的天灾人祸之下,人类的命运在劫难逃,然后出现扭转乾坤的英雄,或偶然发现某种生机,得以幸存。但是《红瘟病》的丰富象征意义,使它超越了通俗的灾难小说。"新伊甸园"中的3个人物各有各自的代表意义,史密斯代表了知识阶层,菲丝塔是富有阶级的代表人物,而粗狂的"车夫"象征被文明压在底层的劳动阶级。"车夫"说,"现在我们都平等了,不过我是这一潭水沼中最大的蛤蟆"(159)。两个文明人一个被贬黜,一个被征服,人类又回到了远古

① Jack London, *The Scarlet Plague* (New York: Macmillan, 1915), p. 75.

时代。社会等级重新“洗牌”之后进行了轮换,被压迫的下层阶级翻了身。“车夫”对新获得的社会地位沾沾自喜:“我们必须从头开始,生孩子,给地球添人口”(158)。

在这部小说中,伦敦戏剧性地表现了对城市文明的失望,对20世纪的西方文明进行了尖锐的批评。小说的背景设在2013年。瘟疫大爆发时,美国已经发展成为一个由富豪统治的集权国家,广大人民群众成为富豪阶级的附庸。阶级矛盾日益激化,一方是强壮但贫困的体力劳动者,另一方是坐享其成、身体娇弱的上层阶级。人类的行为导致恶果,结果得到惩罚。雷伯和里斯曼指出:“美国的知识精英在他们自己的社会里播下了大毁灭的种子。”①在人生大轮回的想象中,作家让灾难变成涤荡不平世界的力量,让人类文明退回原始,从头再来。在故事的结尾中,可怜的老教授年事已高,摇摇欲坠,成了垂死文明的最后见证人,而大自然仍然具有滋生万物的力量,在野马奔腾、山狮呼叫、海豚跳跃的自然图景的反衬中,出现了一个披着兽皮的男孩,象征着新的轮回的开始。雷伯和里斯曼谈到:“伴随着社会改革信念的渐渐丧失,他(杰克·伦敦)似乎越来越倾向于从取之不尽的自然的生命力中寻找慰藉。”②

《星游人》是另一个穿越时空的故事。主要人物埃德·莫莱尔与铁路垄断公司的“章鱼”进行斗争,③但触犯了法条,被判终身监禁。几年中他在监狱遭受酷刑,其中最令人难以忍受的是长时间用帆布的“约束衣”将身体捆起,直到精神崩溃。在屡次受“约束衣”酷刑的过程中,莫莱尔学会了一种自我催眠,让意识离开躯

---

① Earle Labor and Jeanne Campbell Reesman, *Jack London, Revised Edition*, p. 71.

② Idem, p. 72.

③ 这里杰克·伦敦显然借用了 Frank Norris 在长篇小说《章鱼》(*Octopus*, 1901)中赐给铁路垄断公司的“雅号”。

体,在时空中自由往来,重新经历自己几个前身的生活,包括骑士时代的情爱和对印第安人的屠杀等过去的场景。后来莫莱尔被特赦释放,出狱后投身监狱惩罚体制的改革,还遇到了同样热心关注社会问题的作家杰克·伦敦,两人有颇多的共同语言。杰克·伦敦年轻时因"流浪罪"被投入监狱,虽然时间不长,但他亲眼目睹了狱监的凶残,亲身体验了失去自由、被别人随意处置的痛苦。其中的经历让他一生对美国的监狱和惩罚制度耿耿于怀。狱中的刑罚虽然本身也是故事的一部分,但在小说中同时又服务于其它部分,成为一种框架式的结构,为各个奇异的故事搭建串联的网络。

《星游人》是一部与众不同的小说,但与其它两部"狂想"小说《亚当之前》和《红瘟病》相比,有明显的结构上的缺陷。很多批评家将它忽略,认为它没有什么艺术价值。[①] 但伦敦的女儿则认为,这部作品中聚集了她父亲多年积累的优秀素材。[②] 两种看法其实并不互相冲突,因为优秀的素材也有一个如何组合的问题,即小说的结构问题。提出批评的人正是对小说的结构大失所望:几条不同的叙述线索各行其道,缺乏有机的整合。"催眠术"为发生在19世纪的、史前的和当今的故事提供了合理的串联,但作为长篇作品,还需要有一个主题上的呼应才能成为整体。也许伦敦太想把积累的精彩片断奉献给读者,对美国的监狱体制忍不住也有太多的话要说。监狱是一个腐朽政治和社会体制的象征,而小说中"自我催眠"后的状态,则代表了精神和想象力的解放。《星游人》给读者的感觉是:每篇小故事都相当精彩,但全书合在一起,则是一盘散沙。

---

① 比如 Charles N. Watson, Jr. 认为《星游人》是许多艺术质量参差不齐的不连贯的短篇故事串成的大杂烩。参看 Charles N. Watson, Jr., *The Novels of Jack London, a Reappraisal*, p. xii。

② 参看 Earle Labor and Jeanne Campbell Reesman, *Jack London, Revised Edition*, p. 73。

这些田园小说和奇想小说基本都涉及"回归"的主题——回归纯朴与自然，都寄托了摆脱城市文明、投奔乡野和原始的愿望。这些是伦敦在17年的职业作家的生涯中写下的最后的作品。他从社会底层崛起，为社会正义，为文学事业，也为出人头地，为金钱、名誉苦苦奋斗一生。他写下了50本书，虽然质量良莠不齐，但都卖出了不菲的价钱。他得到了他梦想得到的一切，但最终又发现什么也没有得到，一切归于枉然。他攀上了文明社会的上层，但最后的愿望是摆脱和叛弃，寄梦想于脱离现实的回归自然和原始。杰克·伦敦累了。他在事业追求和人生斗争中几乎耗干了自己。他内心中有强烈的回归简朴和单纯的渴望。他的小说渐渐远离现实的主题，求助了想象，更多地成为某种向往的表达。

第九章

杰克·伦敦现象：时代的悖论

> 作者信手拈来的语言与架构，已经充满着某种感觉中的意识形态模式，某种阐释现实的现成方法；他能修饰或者重造语言的程度，并不仅仅依他的个人才华而定。
>
> ——特里·伊格尔顿《马克思主义与文学批评》

一、时代变迁与观念糅合

作为作家，杰克·伦敦也许算不上博大精深，但他是美国文学中最多姿多彩的；他也许算不上最伟大的美国作家，但却是最具有阐释价值的美国作家。他是一个文化现象，是社会、个人、现实、想象、理性、欲望错综复杂的混合体。他的思想有时候是混乱的，但从来不贫乏，不会缺少见解。他生活的时代是一个新旧交替、各种新思想、新哲学、新认识层出不穷、争艳斗奇的时代。旧的传统，旧的观念，旧的生活模式仍然让人眷恋，让人依依难舍；新的可能性又让人兴奋，诱人蠢蠢欲动。社会转型期相对混乱的思想文化环境作用于杰克·伦敦，造就了一个典型的、矛盾的美国人，而他又比任何其他美国作家更大胆地将当时的流行概念付诸生活实践，将生活当作思想的实验，又将自己的生平作为基础，加入多元杂糅的社会观和人生观进行想象表达。他的小说之所以为民众喜爱，是因为他用自己的艺术能力，生动地再现了人们的渴望与焦虑；他的作品之所以有价值，是因为它们有效地代表了新旧世纪之交的大众价值观；他之所以常常为批评界所诟病，是因为他的表述中有太多自相矛盾的思想。我们可以从杰克·伦敦身上中"读解"出大量时代编码于其中的信息。

杰克·伦敦是一个有缺点的、矛盾的、特殊的作家，他的表述不是清晰明确、连贯一致的，而是"多声道"的，常常也是不和谐的。他有意识地将自己的生活经历戏剧化，但无意识中却成了主流意识形态的代言人。社会上各种驱动力作用于他的身上，使他产生叙述自己的故事的冲动，而在这些故事中，各种时代的特征，国民的信仰与期望，日常的困惑和焦虑，都得到了放大反映。厄尔·雷伯和里斯曼强调了作家的成长和美国的成长的许多共同特征：

> 1890 年的人口普查标志着边疆的圈定，而杰克·伦敦仅在此前 14 年出生，在被称为"美国历史分水岭"的年代长大成人，去世后不到一年美国参加了第一次世界大战。他代表了他所在国家文化发展的关键转折。虽然美国的童年被留在了身后的葛底斯堡和阿波迈托克斯，①美国的成年却被延误了，它仍处在青春发育期，表现出紧张、不稳定、过激和矛盾性。这些既是国家特征，也是其公民的个人特征：过分乐观，

① 葛底斯堡是美国宾夕法尼亚州南部城镇，南北战争中葛底斯堡战役的战场，林肯曾在这里发表著名的"葛底斯堡演说"。阿波迈托克斯是弗吉尼亚州中部的一个小镇，南北战争中南方联军在此向北方军投降，结束了南北战争。

胸无城府,缺乏自觉意识,精力旺盛,性格外向。杰克·伦敦曾是这种经历的孩子。然而他成了20世纪的男人:复杂,极度敏感,残破不全,忧心忡忡——有时甚至自我摧毁,对人心内的黑暗有深刻的认识。①

不是人口普查本身,而是普查数据清楚地说明美国社会正在或者已经转型。在1880至1890年间,芝加哥人口翻了3倍,纽约从不到200万人口增长到350万以上。这个国家不再以村落和庄园为基本单元,而正在快速成为一个城市国家。在1830年,每15个美国人中只有1个居住在城市,到了1900年每3个中就有1个,到了1910年,城市人口接近半数,到了1920年超过半数。②从农业社会向城市社会的转变只是剧烈变化的社会中互相纠缠的许多变化之中显而易见的一个。伴随着城市的扩大,是工业时代的到来,是生产手段、分配方式和人际关系的改变以及生活模式和社会形态的变化,里奥纳德·卡苏托和里斯曼称伦敦的时代为"美国文化史上发生最剧烈的变迁的时期之一。"③由于刚刚进入工业高潮期,也由于美国没有深厚的文化根底和森严的等级制度,是一个仍处于建立、形成过程的全新的国家,这个剧烈变迁的时期为个人提供了较大的发展空间。通过勤奋劳动或者投机,改变个人生活的可能性,在这里要大于在传统悠久、等级严密的欧洲。个人能力与现实的可能性之间的矛盾,成了杰克·伦敦那一代人的主要关注点。

在大的方面,这一时期也是意识形态出现重大变化的时期。对世界、对政治体系、对人本身的认识观念更新,人们已经有了足

① Earle Labor and Jeanne Campbell Reesman, *Jack London, Revised Edition*, p. 2.

② 参看 David Minter, *A Cultural History of the American Novel*, pp. 13 – 14。

③ Leonard Cassuto and Jeanne Campbell Reesman, eds. *Rereading Jack London*, p. 1.

够的心理准备,不再一味采取排斥的态度。正在迈入现代社会的美国,是百家争鸣、各派哲学思想交锋的时候。当时各种各样的新理论和新哲学迅速改变着人们的认识,扩大着人们的理智视野。尼采的、达尔文的、马克思的、斯宾塞的、海克尔的、基德的、弗洛伊德和荣格的各种学说随着大众杂志和普及读物涌进了千家万户。上述这些大家几乎都影响了伦敦,但他对每位思想家的把握是笼统的、概念性的。杰克·伦敦同当时大多数美国人一样,主要是通过普及性的介绍,而不是专门的研究来了解这些流行思潮的。而他本人"每一方面的历险,都受到了从阅读中获得的思想的驱策,这种驱动力推涌着他不断探寻一种个人生活哲学,以便能使未经提炼的经历得到意义,能激励他提着一根大棒去追寻自己的梦想,然后一个个将它们砸碎。"①

杰克·伦敦没有接受过正统教育,没有家族的文化传统,他的心态是包容的、开放的,头脑的空间可以对各种理论与观念兼收并蓄,"可以将各不相同的哲学观无所顾忌地组合进自己的人生观。"②这也可以看成是他的优点。他是诚实的,他的信仰产生于他的知识和信息范围,他允许不同理论在他的认识中共处,没有先入为主的偏见,不断吸收,不断丰富自己。他的思想和观念既是时尚的、多元的、复杂的,也是矛盾的,甚至是混乱的。但是,正如查尔斯·沃尔卡特指出的,"他(伦敦)从来没有放弃斗争,而且他所面对的观念斗争比他所面对的生活挑战更加重要。"③他一直在掂量、思考,但从不为了一致性而刻意否定某一种观点。历史的文化大环境从多个侧面影响了杰克·伦敦,造就了他认识上的多重性。

---

① James Lundquist, *Jack London: Adventures, Ideas, and Fiction*, p. 2.

② Earle Labor and Jeanne Campbell Reesman, *Jack London, Revised Edition*, p. 3.

③ Charles Child Walcutt, *American Literary Naturalism, A Divided Stream* (Minneapolis: University of Minnesota Press, 1956), p. 88.

时代的影响主要来自两个方面，一方面是理论上的，来自欧洲哲学家的思想，这是他的认识论的框架；另一方面是与个人生活理念息息相关的，来自民众的渴望。

伦敦的女儿说：杰克·伦敦“也许比任何同代的作家都更加深刻地、自觉地受到了时代的影响。”[①]我们注意到其中的两个修饰词：“深刻地”和“自觉地”。作为个人，时代的影响深深渗入了他不凡的一生的每一个被渲染的举动；作为作家，他的每一篇文章、故事又都留下了时代的深深刻痕。时代的影响波及每一个人，但大多数是被动的、无意识的。杰克·伦敦则不同，他自觉主动地投入新时代的熔炉里，期待着被溶化后的重塑。

二、大众杂志与美国精神

作为作家，杰克·伦敦赶上了好时光。他发表作品的时候正逢美国大众杂志的黄金时代。据统计，在美国，19 世纪 90 年代涌现出了 5 100 种杂志，[②]可谓铺天盖地。照相、刻板和其他新技术使得快速批量印刷成为可能，纸张价格大幅度下降又降低了出版的成本，使得大众刊物走进了千家万户，而短篇小说又是读者的宠儿。这样，短篇小说这一文体与杂志这一媒体联手合作，互相依靠，为出版商和作者双方都带来了利益。伦敦发表作品的《大西洋月刊》、《世纪》、《世界主义者》、《星期六晚邮报》等都是发行量巨大的刊物，而且利润丰厚。“在(19)世纪末，一个有文学志向的青年不一定非得来自有私人藏书室的家庭，不一定非得受过高等

① Joan London, *Jack London and His Times*, p. 379.

② 参看 Clarice Stasz, *American Dreamers*, p. 77。

教育,才能感受到汹涌的文学热情。在19世纪90年代,周刊和月刊的发行量创造纪录,各种文学派系的长篇连载和短篇小说泛滥于美国。甚至报纸和报纸的周日增刊也加入其中,把小说和文学评论带进最不感兴趣的读者的生活。短篇小说变成了一桩大买卖。"①

当时,另一种大众文化的消费形式,即电影,尚未作为竞争对手出现。因此杂志小说占有了大众文化消费市场很大的份额。到了90年代后期,短篇小说作为商品已经稳稳地建立了它的地位,具有众多"生产者"的小说已经是一项被认可的"产业"。低价杂志和周日增刊促进了流通量。到了1900年,短篇小说的溪流变成了洪水,并有了掌管这一产业的辛迪加。② 毋庸讳言,杰克·伦敦是个具有明显的市场动机的作家,也精明地很快学会了如何在文化市场化的过程中巧妙运作。成为著名作家之后,杰克·伦敦根据自己打进文学殿堂的经验,写信给一个有志于文学的青年作者,告诉他说,"一个作家的成功"取决于他"对当今商业化生产的文学的研究和了解。"③他坦白承认自己的文学创作有商业动机,这一点也一直饱受非议,甚至有人假借他的成名小说《野性的呼唤》的标题,写文章进行讽刺,题为《美元的呼唤》("The Call of the Dollar")。④

与此同时,文学的读者对象发生了变化,不再是受过良好教育的知识分子,而是更大范围的普通受众。一方面,杂志为百姓突然打开了世界之窗,好奇心驱使许多人在刺激、紧张、新鲜的历险小说和猎奇小说中得到满足。麦克林托克谈到,只需浏览一下主要

---

① James I. McClintock, *White Logic*, p. 2.

② Fred Lewis Pattee, *The Development of the American Short Story*, p. 337.

③ 参看 James I. McClintock, *White Logic*, p. 20。

④ James Wood, "The Call of the Dollar", *The Guardian Weekly* (Aug. 10, 1997), p. 28.

的大众杂志的目录，就不可避免地会看到许多场景设在边疆或异国的历险故事，并对这类小说所占的比重和读者的倾向有所了解。强硬的、猎奇的、历险的题材"统治着当时流通量最大的杂志"。麦克林托克列举的刊物，几乎包括杰克·伦敦早期发表作品的所有杂志。[①] 杰克·伦敦文学生涯的前3年，即1898至1902年，他边读杂志小说，边模仿学习，边从事创作实践，写下了一些最初的短篇小说。杰克·伦敦早年家境贫困，为了生活四处奔波闯荡，但"文化资本"的匮乏，却在这个特殊时期转变成了象征的财富。他十分了解19世纪末20世纪初美国普通读者的阅读口味，学习和模仿"杂志小说"最流行的模式，研究何种主题能够进入市场，何种技巧和风格能适合他们的目的。他的女儿这样描述她父亲早年在文学创作方面的努力："他像一个新入学的医科学生，……将当时的杂志小说一篇篇地进行解剖，将它们肢解开来，寻找经络、胫腱，力图重塑关节的运动。"[②]

当时英国作家史蒂文森是美国杂志小说的宠儿。在他1894年去世以后，他的故事以及模仿他的风格写的故事，依然风行了20余年。但最名噪一时的是吉卜林。自1887年发表了《山地故事集》(*Plain Tales from the Hills*)之后，他的小说风靡美国，作品出现在几乎每一本主要美国杂志上。吉卜林在包括杰克·伦敦在内的美国读者心目中，享有极高的地位。杰克·伦敦在克朗代克阅读了吉卜林的《大洋大海》(*Seven Seas*)，从北疆回来时已经是个吉卜林的崇拜者。他承认，在职业早期，"我的作品中吉卜林无处不在，我甚至引述了他的作品。如果没有吉卜林，我不可能有近似于现在的成就。"[③]杰克·伦敦的确在吉卜林那里汲取了很多创

---

① James I. McClintock, *White Logic*, pp. 4 – 5.

② Joan London, *Jack London and His Times*, p. 169.

③ 转引自 Paul J. Horowitz, Introduction, p. 10。

作元素,如具有阳刚之气的硬派人物、异国风情、神秘现象、惊心动魄的历险等。保罗·霍洛维茨认为,“就杰克·伦敦小说中纯粹的神秘和想象力量而言,他比其他的师傅有过之而无不及。”①他获得了“美国的吉卜林”的美誉。他加入了这个行业,以杂志短篇小说起家,经过短暂的学徒阶段后进入正道,然后又很快成为引领潮流的人,为杂志小说的风靡推波助澜。他的小说中有不少新奇诡异、怪诞恐怖的成分,充满历险动作和异国情调,迎合读者的期盼。但如果伦敦的小说中主要只有这些成分,那么他也就不可能在美国主流文学中留下自己的位置。

从根本上讲,大众的口味和阅读倾向不是凭空产生的,而往往受到社会思潮、文化环境的影响,受到主流意识形态无形之手的牵引和主导。20 世纪开始的 10 年又被称为“发奋的年代”(the Strenuous Age)。罗斯福在 1889 年出版的著作《征服西部》(*The Winning of the West*)中写道:西部荒原的艰苦生活条件,在穿着、习惯、生活方式上都改变了来到新大陆的人,使他们重新焕发出活力。② 对于整个民族来说,边疆的关闭意味着殖民拓居时期的结束和建立新生活的开始。到了罗斯福时代(1901—1909),19 世纪 90 年代的大萧条已经成为记忆,人们对新世纪普遍乐观,但乐观的期待也伴随着轻信和幼稚。人们相信各种各样的可能性。新兴的自然和社会科学理论削弱了上帝的权威,突显了自然的力量和人的主观因素。冲突斗争的焦点也随之转移,不再是人的罪孽与圣经的戒条的不和谐问题,而是人的能力(适应力、改造力)与命运的关系。人们渴望成功的实例,哪怕是小说故事也能带来心理的满足,来证明奋斗的价值,证明勇气、毅力和精神力量可以战胜环境、改变命运,相信努力和付出可以换来成功。

---

① 转引自 Paul J. Horowitz, Introduction, p. 10。

② Theodore Roosevelt, *The Winning of the West* (New York: H. Holt, 1926), p. 102.

两种类型的故事受到了当时的读者的特别青睐，一是白手起家、奋斗成功的故事——从一无所有到腰缠万贯，这类故事中寄托着万众迷恋的美国梦；另一是强悍的硬汉子英雄的故事——不畏环境的险恶，无视传统和权威，具有超强的适应性和忍耐力。前一类故事是19世纪90年代的宠儿，《马丁·伊登》基本也属于此类。而杰克·伦敦开始写作时，后一类故事更受拥戴。在这些故事中金钱并不重要，正义、能力的证明和意志的胜利高于一切。这就是所谓的美国边疆精神。伦敦的北疆小说是这类故事的典型代表。在边疆生活模式不复存在的时候，人们对称为"美国精神"的东西，仍然十分留恋。浪漫化地赞美西部牛仔英雄的各种版本，是屡读不厌的故事，是一种精神需要的食粮。大众刊物的主要读者生活在拥挤的城市环境中，按时钟的指令上下班，做重复的工作，成为工资奴隶。这些人受困于相对狭小的空间，感到压抑。广阔无垠的土地已经拓展到了边界，新大陆不断提供无限可能性的机会眼看就要结束。现实中已经失去的东西，出于怀旧式的依恋情感，在文本中延续着它们的生命，受到歌颂和赞美，得到诗化，变得抽象，成为象征。

杰克·伦敦在创作小说时，将这些对他产生影响的理论、通俗小说要求的可读性，以及民众潜意识中的期待与渴望，都巧妙地结合起来，捏塑进了故事之中。正是这些因素使他的小说取得了了不起的成就。也许是无意识的，但他比任何其他美国作家都敏锐地抓住了许多鲜活的时代特征。

三、主流意识形态与角色建构

杰克·伦敦在谈到年轻时的追求时曾说："我没有世界观

(outlook),只有'向上观'(uplook)。"①其实,作者声称的"没有"是不可能的,因为"向上观"就是他的世界观的一部分,也是那个时代的主导意识形态中重要的组成部分。而更真实的情况则如詹姆斯·伦奎斯特所说:"虽然伦敦书读得不少,但从青年时代开始他一直是各种(思想)'体系'的信奉者,这些'体系'为他整个一生提供了稳固的理智框架。"②小查尔斯·沃森对伦敦的看法大同小异:"他异常开放,接受各种新思想,但同样,他没有能力把自己从当时的时尚思潮中摆脱,因为他几乎没有一个真正的知识分子的长远眼光。只是到生命的最后几年他才开始充分意识到人的动机的复杂性。"③

尽管我们强调杰克·伦敦的特殊性,强调其生平与作品之间难以忽略的联系,但我们不是新"索隐派",通过寻找作品人物中作者本人的身影,以及生活在他周围的真实人物的代表,来理解作品内涵。今天的文学批评已经很少再有纯粹的"索引派"了。很多人认为《亚当·贝德》在很多方面是乔治·爱略特以她父亲为原型创作的。爱略特指出,她小说中个人的肖像绝不是依样画葫芦的产物:"《亚当·贝德》故事的整个过程——那些风景和房屋的描写,那些人物,那些对话,每桩事物——都是由天南地北的生活体验连缀而成的。"④这"天南地北的生活体验"实际上是流行于社会的普遍价值判断和政治无意识。更宽泛的社会生活在无形之中对作家的创作起着支配和制约的作用,渗入到作品的故事建构、景物描写、人物对话和其他各个方面之中。

一方面,作者希望表达自己的心声,按照自己的设计演绎故

① Jack London, "What Life Means to Me", *Cosmopolitan*, March 1906.

② James Lundquist, *Jack London: Adventures, Ideas, and Fiction*, p. 34.

③ Charles N. Watson, Jr., *The Novels of Jack London, a Reappraisal*, pp. 241 – 2.

④ 乔·爱略特等著,《小说的艺术》,张玲等译(北京:社会科学文献出版社,1999),第20页。

事；另一方面，他的创作又不可避免地受到主流意识形态的制约，在同社会强势话语的“商讨”过程中——杰克·伦敦也许并没意识到这个过程的存在——小说文本得以形成。而且，这位看似充满个性和思想的作家，基本上一直处于缴械投降的地位，因为社会话语权力一直处于压倒的优势，限定了他的个人话语。他标新立异地发出呼吁，其实却常常在为社会话语代言。他赞美边疆精神，倡导个人奋斗，号召社会革命，呼吁回归田园，正是在无意识中呼应主流话语；他的文本表述中的各种矛盾，也正是更宽泛的社会话语本身的不和谐所产生的悖论。因此，伦敦在小说中表述的不是与主流意识形态的“对立”而是“合作”的特点。

还有一个文学范式的问题。杰克·伦敦继承了历险与边疆英雄的传奇模式（如库柏的《皮袜子故事集》等），继承了航海与成长小说的模式（如麦尔维尔的《白鲸》等），也继承了奋斗—成功—幻灭三步式小说的模式（如豪威尔斯的《塞拉斯·拉法姆的发迹》和德莱塞的《嘉莉妹妹》等）。这样的小说的结构模式本身也具有文化内涵。杰克·伦敦在继承这样的小说范式时，也继承了某种业已建立的社会的声音。比如，在描写基德这样的边疆传奇英雄时，他强调已经远去的拓荒精神；在讲述范·韦顿的经历中，他展开关于自然力、原始性和文明、理性的对话；在马丁·伊登的故事中，他表现个人奋斗的意义和现代人的失落。故事模式在很大程度上限定了故事的内容，传统范式的声音依然清晰可闻。

英国文学理论家特里·伊格尔顿非常强调文学的历史性：“一切艺术都烙有历史时代的印记。”①从社会、历史、文化发展的角度平行地看待文学，一直是文学研究的主脉络。作家的思想和作品产生的过程，不可避免地会受到大的社会文化环境的影响。文化思潮也必定在社会大气候中形成、产生，然后反过来对社会的

① Terry Eagleton, *Marxism and Literary Criticism* (Bristol: Methnen, 1985), p. 3.

发展起推波助澜的作用。社会借助文学语言表达文化,文化通过文学语言重建现实。作家在对现实的主题提出自己的看法时,总是自觉不自觉地依附于某种文化传统、道德观念、哲学理论或社会形态,而这些方面,又在他对主题的审度和对现实的批判中得到反映。在分析吉卜林和康拉德两位英国作家时,爱德华·萨义德指出,对一种文化的批判,即使来自其最没有偏见的成员,也不可能凌驾于这一文化之上,而必然携带着它的基本理念。① T.S. 艾略特曾说:"没有任何诗人和艺术家能单独构成意义。他的重要性、他的艺术价值体现在他与过去的诗人和艺术家的关系中。"②也就是说,不管作家的个人经历如何与众不同,不管他的思想如何富有个性,它不可避免地仍然是他生活于其中的社会文化的大环境塑成的,他的文学表达也必然直接或间接地与这个文化大环境相关。而从另一个角度来讲,不管他对主导意识形态持批判或是拥护态度,他实际上不可避免地是这种意识形态的共谋。

我们反复提到了塑造与被塑造的问题。"在某些特定历史阶段,不同个人成了不同类型的作家,来实现自我,而他们反过来又被特定的体系所生成。作家们造就了他们自己,而又在某些复杂多面的文化框架中被塑造。"③当代的文化理论和政治理论越来越雄辩地显示,人永远处于各种主导话语的掌控之中,在历史的、社会的、文化的、心理的和语言的结构中十分无助。他逐渐获得对自我、对世界的认识,但永久地受控于这些话语结构,很难获得自主的空间。意识形态、权力因素、人文环境等社会结构塑造了像杰克·伦敦这样的作家,而作家又按照业已给定的某种模式塑造人

① Edward W. Said, *Culture and Imperialism* (New York: Knopf, 1993), pp. 25 - 26.

② 参看 Richard D. Altick, *The Art of Literary Research* (New York: W. W. Norton and Company, 1975), p. 6。

③ Jonathan Auerbach, *Male Call*, p. 11.

物形象，设计故事发展，表达情感倾向。因此，文本永远携带着被建构的深深的刻痕。我们在考察作品与作家的关系时，必须看到作家实施创作这个个人行为的背后，总是有意识形态和文化力量对他、对他的文本产生的作用。

宏观的社会现实并不将它的影响直接施加于个人，它的影响力是通过话语，或意识形态传导的。我们生活在各种话语的海洋里，不断将多种话语进行"内化"，成为我们意识的一部分。作家杰克·伦敦与主流话语的通力"合作"表现在他提交的文本与社会的文化期待的基本相容性。他不谋求反映一个真实人物的真实生活，而力图组建一个合乎发展规律的个人历史。即使伦敦的一些非小说文本，也合谋进行着作家的身份建构。对史实的选择、偏离、夸大、篡改和虚构，把真实小说化，让小说呼应真实，这是很多史学家、传记作家和作家的共同做法。不同的是，杰克·伦敦似乎更善于让读者感受到自己，乐此不疲，而且精于此道。在初上文坛、出版商向他索取个人信息时，形象建造工程就开始了。伦敦提供了如下背景资料：

> 我父亲出生于宾夕法尼亚州，曾是个士兵、侦察员、丛林人、陷阱捕兽的猎人、四海为家的游荡者。我母亲出生于俄亥俄州，两人分别来到西部，在旧金山相识结婚。我只是在婴孩时期在城市住过不长时间。我的生活，从4岁到9岁是在加利福尼亚的农场度过的。大概5岁时学会了读书写字……我什么书都读，主要因为当时读物稀缺，能得到什么都值得庆幸。①

在这段看似简单的生平资料中，杰克·伦敦花了不少心思：他

① 参看 Franklin Walker, *Jack London and the Klondike*, p. 11。

强调了一部分事实,省略了一部分事实,夸大了一部分事实,同时还虚构了一部分事实。选择有清楚的目的,都是为了"建构"一个他意识中有可能即将登上舞台的文学新星的形象。如果他写"自己的"故事,那么,这个形象就必须:第一,符合、至少接近某种小说范式;第二,必须符合、至少靠近大众的期待。我们注意到,他没有提占星算卦的生父,没有提再婚的家庭,没有提养父种土豆、当门卫等主要职业;但老伦敦曾短期当过兵的事实被凸现,被贫困逼迫不断更换居所的现实被美化为四海为家的一种生活方式。养父也许曾用铁夹子套过野兔之类,但被夸大为丛林猎人。他强调与想象中的西部生活特征的姻缘,在荒原丛林中与困难艰险相伴的生活,以及这种生活磨砺出来的强悍的男子汉气质,强调一种已经不复存在但被理想化的边疆传统和美国精神。另一方面,他又间接地暗示个人的文学天赋和创作潜力。虽然出生寒微,但他不缺乏挑战逆境的美国开拓者精神。他通过迎合、肯定某种或某些话语,来得到支撑,获得自我实现,而这样的动机化为创作驱动力时,产出的文学话语往往又重复和加强了原有的话语。

我们不能说杰克·伦敦信口雌黄。他明白他的受众将习惯地无视作者与小说英雄的界限,将两者混为一谈。他巧妙地利用了读者的这个弱点,把自己确实也是丰富坎坷的生平经历小说化,把自己塑造成一个大众文化英雄。除了传记化的小说,他又发表了不少小说化的传记,两种文体互相配合,"加固"自己的偶像地位,使自己成为公众关注的中心。乔纳森·奥尔巴赫指出:"伦敦充分利用现有资产,把自己写进了小说——或者应该说,投射了他想象中的读者期待的那个'自我'意象。他的信仰、他的激情都严格地依附在这一个熟悉的公众形象之上。"[①]他同时认为:"杰克·伦敦的重要性主要不是在于表现抽象的概念,或文体上的精确性,而

① Jonathan Auerbach, *Male Call*, p.232.

在于将自己当作作品中无时不在的充满活力的主题，交给读者，高明地使读者对此产生兴趣。从这一方面来说，杰克·伦敦的生平史料是至关重要的，但只是在当作作家描述吸引力的主要来源时，而不应该将其当作对其作品的阐释或写作动机来对待。从职业生涯的一开始，杰克·伦敦就意识到了将生平联系到作品的重要性。”①包装自己也是杰克·伦敦创作的组成部分。他的文学文本是个人独特体验和应对现实的策略的结合体，但我们可以通过解构看到其中折射的现实。

这样，杰克·伦敦有时就像个站在前台的演员，按“社会大文本”设计的动作和台词展示着一个虚构的人物形象。伦敦的传记作者克莱丽丝·斯塔兹也确实把她的传记对象称作“伟大的演员”：“夏弥安和伦敦是演技精湛的演员，知道如何取悦观众。杰克·伦敦可以给人写信说他讨厌打猎，但几天后写信给另一人，告诉他狩猎是他写作之余三大最爱的消遣之一，并不会为此感到不安。夏弥安可以对记者说她全然不在意伦敦抽烟，但在日记中对可咒的香烟大发牢骚。他们给世界举起一面镜子，迷住他人，把私密的自我在背后藏起。”②把伦敦夫妇说成“演员”，斯塔斯并没有贬低他们的意思；指出他们言语行为中的不一致，也无意证明他们缺少可信度。像大多数人一样，他们也戴着一副社会的“面具”，展示给公众的形象和留给自己的真实自我是不一样的。从这个意义上讲，每个人无一例外都是“演员”，不同的只是伦敦担当了大众幻想剧的主角，走到舞台聚光灯下。他吸引了观众的目光，在睽睽众目之下，言语举动受到更多的审视和评判。

但杰克·伦敦时常不得不同时演几个不同的角色，因此无法适应各种各样的公众形象。在一本又一本书中表现自己的同时，

① Jonathan Auerbach, *Male Call*, pp. 3 – 4.

② Clarice Stasz, *American Dreamer*, pp. xii – xiii.

他又越来越意识到不协调的存在,担心真实的自我有可能被幻象淹没。他在《马丁·伊登》中,对一个类似于自己的作家的角色开始表示警觉,怀疑自己的生活是不是走错了方向,自己是否变成了报纸、杂志虚构出来的人物。“他(马丁)沿着那条无情的逻辑之路追寻,发现自己无足轻重,什么也不是,”伦敦写道。“马丁·伊登,那个青年无赖,马丁·伊登,那个水手,曾经是真实的。但是,马丁·伊登!那位著名作家,并不存在。名作家马丁·伊登是大众头脑中泛起的气泡。”(453)

四、自我分裂与自卑情结

麦克林托克提到了对伦敦作品进行心理层面解读的可能性:“伦敦小说形形色色的特性,是作者对哲学问题做出的心理回答的产物。”①我们的确可以换一个角度,来加深对这位作家的认识。像其他作家一样,伦敦在进行话语建构、塑造自我时,受到了来自现实的和来自个人需要的两方面力量的牵扯。个人需要占据上风时,想象通过话语表达意愿,构筑新的自我;现实的介入,又在文学话语中添加了批判的声音。杰克·伦敦的作品结合了理想主义和对严酷世界的现实主义的观察,结合了一种情感倾向和冷静的客观态度。他让马丁·伊登从社会底层奋起,获得经济上和艺术上的巨大成功,让想象的自我得到充分满足;然后,又让他跌入幻灭和空虚的深谷,让现实话语把浪漫的渴望击得粉碎。这是伦敦生活中和作品中常见的主题。两种声音是共存的,但又是对立的,来自于两个分裂的自我,此消彼长,此起彼伏。伦敦曾说:

① James I. McClintock, *White Logic*, p. x.

> 我很早发现自己有两种本性。这给我带来了不小的麻烦，直到我想出了一种生活哲学，在肉体和精神之间达成妥协。两方中的任何一方太占上风就会导致反常。由于我对正常状态迷恋之极，最终取得了两种本性的平衡。……我对纯粹的野蛮人和纯粹的圣人都不屑一顾。①

这段话里面有两个值得注意的有趣的方面。其一是伦敦用了两组对立：肉体和精神、野蛮人和圣人两个比喻。很显然他所谓的“两种本性”，一方是指内心比较现实的“我”，是个追求肉体感觉的野蛮人；另一方是文本中和想象中塑造的“我”，是个崇尚精神的圣人。这显然是分裂的自我。其二是他最终能够达到平衡的结论。作家意识到了两组对立的存在，而这种分裂人格是造成“麻烦”的根源。但是我们对“取得平衡”之说不敢轻信。倒是他的小说反复地将他本人性格中的冲突戏剧化了：对立的两方——一个鲁莽的冒险家和一个带书生气的敏感青年；一个追求金钱的“脑力商人”和一个追求艺术理想的作家；一个大言不惭的个人主义者和一个富有正义感的社会主义者——在每一方面都遭遇了分裂的自我的另一半的挑战，在经历的过程中互相角力。各种感情倾向也以一组组对立的意象出现在杰克·伦敦的作品中：城市—乡村，工业化—田园，文明—荒野，男性代表的强悍—女性代表的教养，有产阶级—劳动阶级，物质—精神，成功—幻灭，主观愿望—客观现实，浪漫主义—现实主义。

平衡完整的自我是一种很难企及的境界，杰克·伦敦声言的“达到”，主要是一种幻觉。由于人的需要、欲望与现实提供的可能性之间永远存在着鸿沟，永远有无数无法解决的矛盾，欲望永远无法完全满足，因此人的自我本质上是缺损的、失衡的，需要借助

① King Hendricks and Irving Shepard, eds., *Letters from Jack London*, pp. 50 – 1.

意识形态加以调整修补。现实中伦敦的真实自我是残缺的，他通过文学文本建构了一个虚构的自我，创造平衡，使之更符合心理期待。这样，在杰克·伦敦的作品中就出现了两个不同的作家本人的影子，即所谓的"野蛮人"和"圣人"。自我的一方拥护当时占主导地位的意识形态，为物质利益不择手段，当妓女、写滥货也在所不惜；另一方则想象着事物原本可能达到的美好、合理的状态，经历着强烈的道德危机，而焦虑又使他对现实不满，于是扯起了批判的大旗。就这样，一个不顾一切的实利主义者，和一个呵斥实利主义行为的道德家，出现在同一个人的身上。对于杰克·伦敦来说，他的文学话语既是调和欲望和现实之间的矛盾的产物，也是分裂的自我的见证。

从个人生平历史的角度来看，杰克·伦敦出生低微，是私生子，生父生母做的是他不屑的招魂占星之类骗人的勾当。他没有受过良好的教育和家庭教养，年轻时干的是苦力活，结交的是水手、游民之类。前面所引用的一段生平简述充分说明，他对出生和家族史颇有顾忌，但后来取得成功后则以此为荣，用跨越社会阶层的幅度突出个人的优势。这样的表现非常符合现代心理学的解释。现代心理学认为，一个人如幼年时因某种原因遭受心理创伤，遭受歧视或鄙视，会导致自卑感，来自挫折的经验进而堆聚成自卑情结。这样的情结是一种顽固的心理结症，一般会伴随人的一辈子，即使境况大有改变也不会被轻易地抹除掉。而有趣的是，因为平衡所需，此人在无意识中又会产生一种自大情结，或称自恋情结。也就是说，自卑情结的后果不一定是自暴自弃，而很可能生成强烈的要出人头地的欲望，不顾一切地希望摆脱"弱者"地位，成为"强者"。很多艺术家都是在它的反作用力下，通过艺术创作取得精神平衡的。

杰克·伦敦的努力，使他的才能得到了发展，现实世界肯定了这方面的价值。这样，他的自大情结因得到了回报而强化，成为放释自卑心理的通道。他编写越来越多的英雄传奇，表现和赞颂“超人”、“强者”、“硬汉子”，同时又让故事中的英雄在某些明显的特征方面靠近作家本人，通过构筑想象中具有某一方面的优越特性的自我，来平衡现实中其他方面的分量不足。像其他具有自大情结的人一样，杰克·伦敦极力突出个人能力，强调通过个人才华、个人奋斗、个人英雄主义达到超越和升华。这类表述的典型轮廓是：与英雄交战的一方异常强大，如自然力（《野性的呼唤》）、统治集团（《铁蹄》）、不济的命运（《马丁·伊登》）或凶恶的对手（《海狼》），这样，英雄品质——超强的体力、超绝的意志、超凡的智慧、超常的胆魄——就能在与强敌的较量中得以凸显。他在同伴中永远鹤立鸡群，自大心理者不能容忍同伴对他的优势提出挑战。

一方面，杰克·伦敦热衷于塑造可以掌控自己命运的英雄，勇敢无畏，坚韧强悍，能在逆境中证明自己的优秀品质，摆脱自卑心理的困扰；另一方面，他接受斯宾塞的社会达尔文主义，将当时的美国看成是弱肉强食的“丛林”，流露出真实生活中弱者的心态。尽管他找到了成功的路径，但在这个进行着无情生存斗争的地方，他仍然是个受社会力控制和支配的无助的人。正是由于文学中这方面的表现，他一般被归类为自然主义作家。自然主义作家是环境决定论者，本质上是悲观的。因此，此类人在对优秀品质进行夸大式的展示中，既满足了心理需要，又扭曲了真正的自我。他们的潜意识中会认识到“优越自我”的虚幻性，因此需要不断确认、反复表现来加固这一构筑起来的不稳定的自我。一旦这个构架崩塌，他们失去了应对现实的策略，受到的打击是难以承受的。

于是，我们在杰克·伦敦那里看到了自卑—自大情结导致的悲剧。天才作家马丁·伊登认识到自己的“虚构性”自杀了，诗人革命家布里森登自杀了，他们倒向了虚无主义，否定存在的意义，从自大情结走向另一个极端。真实生活中的杰克·伦敦酗酒抽烟,麻醉自己,至少也是一种慢性自杀。这种陷于沉沦、虚无的表现,与他“马背上的水手”的超人形象形成了一组对比。此时他们也会引入社会批判的话语,比如,将心理平衡建构的倒塌归咎为社会环境的制约:是资本主义剥夺了成功的意义和生存的价值。杰克·伦敦常常倒向相反的两个极端的表述,这是他复杂的内心世界的反映,是心理压抑的外化表现。透过这个窗口,我们可以研究作家个人感情与小说创作的关系和影响。

五、矛盾的归总:现象与结症

杰克·伦敦本人的故事和他写下的故事,成了美国大众传奇的一部分。很多人都想揭穿“伦敦神话”,但他不是个赝品。杰克·伦敦是矛盾的,是被放大的,但矛盾的往往更加真实,被放大才更能凸显局部细节。杰克·伦敦简直就是矛盾的代名词。他的几乎每一方面的认识都包含了正负两个方面:这里欢呼的,那里反思;这里赞颂的,那里痛斥;这里褒扬的,那里贬低。正是他身上的矛盾性而不是一致性,使他成为他那个充满渴望的、各种思潮交错的、认识混乱的时代的代表。沃尔特·莱德沃特注意到了杰克·伦敦建立起来的一组组对立,指出:“他的社会主义总是穿插着个人主义的成分,这种状况可以用来解释他和他的作品如何能够同时包含种族主义、对鹤立于大众之上的超人的歌颂、对野蛮力量的迷恋和对人皆兄弟的理想的热衷。”①保罗·霍洛维茨看到了存

① Walter Rideout, *The Radical Novel in the United States, 1900 –1954: Some Interrelations of Literature and Society* (New York: Hill and Wang, 1966), pp. 41 –2.

在于伦敦生活中、文学中的矛盾表达的价值：

> 杰克·伦敦是个复杂的人，其性格由许多明显的矛盾组成。他宣布自己是社会主义者，但他显然是个忠实的个人主义者。他相信社会主义的政治和经济学，批判资本主义的邪恶，但与此同时，在这一制度中向上攀爬以争取个人成功。他的确成功了，比以往任何作家挣钱更多。他看上去是个体格强健的运动员，但实际上疾病缠身，而且他不断地让自己卷入危及健康的极端的状况。他对自己能力超凡的故事不加否认，帮助创造了一个杰克·伦敦神话，但他最神圣的原则之一是真诚。他是个爱人类的人，希望平等和正义降临到每个人的头上，但他也顽固地强调盎格鲁—撒克逊种族优越论。杰克·伦敦的这个综合形象预示着矛盾重重的20世纪的特征：政治和社会革命以及世界文化的大震荡。当全世界还在消化着维多利亚时代的软食（那些对起居室的礼节规范大惊小怪的多愁善感的小说）时，杰克·伦敦推出了带着各种缺陷的充满强烈情绪和痛苦但处于自然状态的生活的故事。杰克·伦敦是照进强求一致的文学世界的一盏明灯。①

这种多重话语、多种矛盾并置的文本，给“强求一致”的传统文学带来了冲击，也给文学的历史和文化研究提供了巨大的阐释空间。他的思想是多元组合的，他的小说作品便是佐证：《海狼》里有尼采的“超人”哲学的幽灵，《亚当之前》的很多方面涉及了达尔文的进化论，而《铁蹄》中的阶级斗争和武装革命，表达的显然是马克思主义思想。他把这些巨人请进小说，让他们分头工作，也让他们携手合作。他往往采取实用主义，只用他们见解中与自己

① Paul J. Horowitz, Introduction, p. 8.

的感情倾向相符的部分，或者用两个互相冲撞的思想体系，如超人和马克思主义，去支持他思想感情上互相矛盾的两个侧面。批评家们很早就注意到了伦敦作品主题上的混乱和缺乏一致性。厄尔·雷伯称伦敦为“矛盾的聚合物”。[①] 但是批评家戈登·米尔斯认为，讨论杰克·伦敦到底是社会主义者还是个人主义者其实并没有意义，因为一个批评家最重要的职能不是去发现主题的特殊来源，而是去发现组成他观念的原则。[②] 也就是说，关键是我们应如何来解释这种明显不和谐的存在？这些矛盾处在彼时彼地又说明了什么问题？

我们将杰克·伦敦陷于其中的多种矛盾进行归类，发现他主要受到“六大情结”的困扰，即边疆情结、荒原情结、市场情结、精英情结、草根情结和种族情结。虽然其中有些是互相抵触的，但每一个都萦绕于心，挥之不去。

1. 边疆情结

开发边疆与美利坚民族个性的最初形成密切相关。我们已经谈到过，伦敦的时代是边疆关闭的时期。拓居已经结束，西部已经开发，广阔无垠的土地最终被圈定。边疆时代的结束又意味着城市化的开始，对大多数自由不羁的美国人来说，可能产生一种被困一方的感觉。殖民拓居成为历史的过去，艰苦、粗粝、单调的创业生活，渐渐演变成了浪漫的记忆；为物质匮缺迫不得已而采取的将就措施，成了一种值得怀恋的生活方式；因生存需要建立的互相约束，成了广受颂扬的一套价值体系。美国人的这种向往过去的心

① Earle Labor, "Jack London's Pacific World," in Jacqueline Tavernier-Courbin, ed., *Critical Essays on Jack London* (Boston: G. K. Hall, 1983), p. 214.

② 参看 James I. McClintock, *White Logic*, p. 75。

理倾向，可以被称为"边疆情结"。在一个历史时期永远成为历史的时候，人们很容易产生恋旧情怀。杰克·伦敦那一代人开始留恋拓居先民面对艰险，同逆境斗争的生活作风、行为准则和道德规范，并认为那是应该发扬光大的典型的美国精神。当时普遍存在的担忧是，由于开发时期的结束，也由于大量新移民的涌入(1881至1921年的历史上的第二次移民潮)，这个国家新形成的民族精神正在被消磨，因此要提倡过去开拓者的作风，强调边疆人的品质，来振兴日渐式微的民族精神。吃苦耐劳的品性，实用实效的作风，视死如归的勇气，患难与共的同志之情等，都是可以传承的边疆人的美德。杰克·伦敦本人对这种开拓者精神崇拜之至，坚信只要肯吃苦并持之以恒，就能够企及自己的目标。他为此奋斗，成了作家，写下了许多新边疆故事，在那里，人的精神得到放释，传统美德得到发扬。他赞美北疆淘金人的精神，把这种精神作为堕落的城市生活的对照。

2. 荒原情结

荒原情结与文明规范相对应，也可以广义地包括田园情结，因为田园也代表一种远离城市文明的自然状态。当时美国自然的农业社会正被公司化的社会取代，人们普遍怀有转型期的不安和由于不安而产生的对更加稳定的传统生产和生活模式的心理需要。荒原情结是对工业文明的反叛，对被现代性所剥夺的东西的迷恋，如亲近自然、不受管束、自给自足等。有这种心理情结的人，也许正享受或追求着中产阶级的文化、优雅、舒适和规范，但内心向往的是与之相反的更带原始性的品质：粗朴、狂放、简单、自由。杰克·伦敦明显是这样的人，他在作品中总是倾向于歌颂后者，但在生活中渴望前者。他前期的北疆小说和后期的田园小说说明，他一直对荒原/田园痴迷不减。伦奎斯特甚至认为当时在美国有一种“荒原崇拜”,[①]亦即一种对城市文明的普遍逆反心理。伦敦受流行思潮的影响,怀旧式地在感情上倒向了记忆中传统价值的一边。他创造了文学中的克朗代克荒原,使它成为一种象征话语。真实的克朗代克不是个浪漫的地方,而是个被浪漫化的地方,更多地产生于向往和寄托。伦敦后期作品中的月谷,可以被看做是“驯化”后的荒原,保留着直接与大自然接触的机会,能够净化心灵,恢复人的淳朴的本真。是同样的荒原情结,使杰克·伦敦在生活中和小说中都选择田园乡野作为最后的归属。

3. 市场情结

杰克·伦敦不是个单纯的、脱离了功利的人,他也没有超然于当时流行于美国的财富梦想之上,而是敢于大胆将梦求付诸行动。由于印刷出版业的兴起,文学正在成为一种“工业”。他对文学市场极其敏感,非常关注,“像个掮客一样细察他的市场”。[②] 所谓的职业作家,就是以写作为营生手段,这其实无可指责。作为艺术家,伦敦必须顾及两头,而这两头在他看来是冲突的:他不能放弃艺术原则,希望思想创新,文体创新;但他又不能不顾市场,不顾文字的市场价值,首要考虑的是出版。乔纳森·奥尔巴赫对此别有见解,认为:“如果置于晚期资本主义的后现代文化之下来看,那么,从生平视角看来动机混乱,从形式主义视角看来风格不一(的作品),都是为了得到最多的读者所进行的市场试验。”[③]追求市场成功是符合美国通行的价值观念的,杰克·伦敦没有偏离美国传统。“事实上,自从弗兰克林展示了清教主义的劳动道德可以带

① James Lundquist, *Jack London: Adventures, Ideas, and Fiction*, p. 44.
② Idem, p. 41.
③ Jonathan Auerbach, *Male Call*, p. 236.

来快乐和福利之后，这种文化动力造就了美国英雄；是同样的驱动力，推动了杰克·伦敦的成功。获得独特的美国定义的成功，是伦敦职业的关键因素。由于他义无反顾地追求美国梦，他写下的许多文字强有力地说明了我们的时代。”①他接受了社会达尔文主义，尽管批判不断，内心也是认可资本主义的自由竞争经济体系的。市场竞争也是生存竞争，是强者的游戏，按照优胜劣汰的规则，符合伦敦的认识主线。像克朗代克一样，文学市场也是个强者生存的角斗场，他在这里做的，同他小说中在北疆的险恶环境中进行生存斗争的淘金人一样，都是证明自己，证明斯宾塞哲学理论的一部分。“杰克·伦敦对声誉和标准如何建立，似乎比对声誉和标准如何维持兴趣更大。作家最初让手稿变成铅字至关重要：（平民）杰克·伦敦如何通过写作变成了（作家）杰克·伦敦。”②

4. 草根情结

杰克·伦敦通过写作变成了作家，但毕竟他的根基在贫民阶层，社会底层的那个深坑曾经是他生活的地方，也是早年塑造他的个性、形成他的思想、培养他的感情的地方。那里仍然居住着他熟悉了解的、仍在遭受压迫、陷于无助的阶级同胞。他们同他有着共同的经历、感受、企望，也有很多共同的语言。不管他攀到哪个高度，他都是从这里起步的。这里是他的感情根基，社会和经济地位的变化也许会动摇这个根基，但不可能将它连根拔起。他了解一些马克思主义的基本理论，但他对社会主义的热情，主要来自劳动阶级对社会的统治者和资产阶级的不满，来自他出生的那个阶级

① Earle Labor and Jeanne Campbell Reesman, *Jack London, Revised Edition*, p. xiv.

② Jonathan Auerbach, *Male Call*, p. 20.

造就的反叛意识。詹姆斯·伦奎斯特谈到伦敦的认识基础时指出："虽然杰克·伦敦研究了马克思主义的经济学，也读了不少相关书籍，他的社会主义从来没有变成一系列固定的原则。很可能事实上他没有读过太多马克思的著作，因为直到1906年，欧内斯特·恩特曼的首部英译全集才出版。但是，读不读马克思的著作也许区别不会太大，因为对于杰克·伦敦来说，社会主义主要不是一个思想体系，而是过去可怕的记忆促成的一种信仰：担心成为工资奴隶，重返社会深坑。我们应该这么看：伦敦对社会主义的信仰和对资本主义的憎恨，产生于他个性的驱动，而不是来自某些完全一致的政治哲学。"①他也相信进化论，但弱肉强食的逻辑与他对下层人民的同情尖锐冲突，但他很快找到了合作的基础，寄希望于劳动阶级通过革命从整体上崛起，让社会主义与斯宾塞的社会达尔文主义并轨同行。这两个很难相容的理论演绎成了小说中互相冲突的主题，一方面反映了他那个时代的认识矛盾，另一方面也说明他站在"强者"和"弱者"两个立场看问题产生的双重视角。他有时，比如在《雪的女儿》中，甚至赞美白人的商业掠夺，因为这是强者的行为；但他更愿意看到被欺凌、遭受不公正待遇的弱者起来反抗，证明自己是强者，就如《野性的呼唤》中的巴克。不管是尼采的"超人"哲学，还是斯宾塞的社会达尔文主义，还是马克思的理论，无意识中他都用一种几乎成为本能的阶级意识进行了过滤。

5. 精英情结

精英情结表现为一种与草根情结相反的情结倾向。他强烈意识到，我们生存于其中的世界，不是个理想的地方，而是充满痛苦和非正义。民众改变现状的斗争，要有能力出众的强者的领导。

① James Lundquist, *Jack London: Adventures, Ideas, and Fiction*, p. 139.

"我可以把自己想象为就像尼采的一头金毛兽，呼啸着席卷无尽的人生，以纯粹的优越和力量，不知足地一路进发，一路征服。"①"金毛兽"(blond beast)是伦敦经常使用的"超人"比喻，由两部分组成："金毛"专指金发的白种人，泛指白人；"兽"则使人联想到强悍、力量、适应力等方面。两者相加，代表了"优越和力量"。另一个类似的比喻是"马背上的水手"，伦敦原本打算以此为书名，写一部个人自传，可见对这一比喻钟爱之深，后因英年早逝，未能如愿，由欧文·斯通接过书名，为他写了一部"超人式"的传记。在这个比喻中，"超人"的限定有所转移，变成了崛起的劳动阶级(水手)，骑上"马背"的人。这是具有自恋倾向的杰克·伦敦在想象中希望扮演的角色。马克思号召全世界无产者联合起来，杰克·伦敦十分赞同；但他又引入了尼采的理论，让"超人"去领导"弱者的联盟"。《野性的呼唤》强烈地暗示了在逆境中一个"超人"角色的造就过程，虽然这个过程充满暴力和残忍，但作家的笔调总体上是抒情式的，表现了历经磨难后的升华。但到了《海狼》，伦敦对"超人"的态度变得模棱两可，赞美中夹杂着声讨。作家的草根情结不允许一个超人凌驾于民众之上，两种情结发生了冲撞，以至于很多读者"误读"了作家的创作意图。到了《马丁·伊登》，一个毅力超强、才智过人的青年，从社会底层崛起后，没有成为呼风唤雨的"超人"，反而被虚无主义所困惑，幻灭后投海自尽，"超人"的角色建构似乎脆弱不堪。而在以北疆为题裁的短篇小说中，作家常常强调人之间的互助和合作，而不是个人的超凡能力，才是逆境中生存的保证。这些作品中对"超人"态度上的不一致，说明作家对"超人"角色的渴望，和对这一角色的虚构性的认识。

---

① 参看 Francis Shor, "Power, Gender, and Ideological Discourse in *The Iron Heel*," Leonard Cassuto and Jeanne Campbell Reesman, eds., *Rereading Jack London*, p. 86。

6. 种族情结

种族情结与"超人"情结也有关联,前面我们提到了"金毛兽"比喻中的指涉。种族情结又与草根情结产生矛盾的关联,因为白色种族中有压迫者和被压迫者,有色种族中也有,民族与阶级的关系不是平行的或对立的,而是互相交叉的。在伦敦生长的环境中,在19—20世纪之交的旧金山,种族话语盛行,尤其歧视、鄙视、敌视亚裔和华人。加利福尼亚和西海岸其他州议会,正忙着讨论、审定针对中国人和日本人的歧视性的法案。① 白种优越论是普遍的、主流的,甚至是官方的意识形态话语的一部分。伦敦的种族情结可能受两方面的影响。一方面,当时正处于殖民扩张、帝国主义列强瓜分世界的时期。帝国主义殖民理论的主要基点是:欧美白人政治代表了人类优秀的、先进的、文明的方面,必须由他们来充当教化者、统治者、管理经营者,才有可能使劣等的、落后的、野蛮的民族摆脱苦难。杰克·伦敦也是个时有种族谬论的人,曾经表示可以通过选择繁衍的做法,找到人类未来的出路。②但他的种族观也是矛盾的。在北疆小说中,我们经常可以看到遵循自然法则、行为勇敢、独立、智慧的印第安人,这些人往往比见"金"眼开的白人入侵者来得崇高,但他们的有些行为则野蛮得令人瞠目。读者很难确定这些故事中作家到底站在哪一方说话。他的南海小说涉及不少白人殖民者或探险者在异域与太平洋岛民的接触,作品虽然对殖民地人民抱有同情心(主要出于草根情结的反叛话语),但常常流露出帝国主义的话语:是白人殖民者的到来,开启了文明之门,结束了愚昧。但在另外一些故事中,他对殖民主义的谴责异常强烈,把太平洋岛屿比作被毒化、被侵染、不复存在的伊甸园。白

① 参看 James Lundquist, *Jack London: Adventures, Ideas, and Fiction*, p. 117。
② Idem, p. 97.

种优越论是当时盛行的观点。厄尔·雷伯对伦敦的种族主义表示遗憾，但强调指出，当时如本杰明·基德的种族主义理论，在白人中得到了很广泛的呼应。“不幸的历史事实是……杰克·伦敦那个时代的许多主要‘科学的’思想家，也拥抱了各种不同表述的白种优越论。”[①]杰克·伦敦不可能不受到主流意识形态的影响。另一方面，种族情结也是自卑—自大情结组合的特殊表达。根据伦敦的生平记载，他一事无成的母亲是个喋喋不休的种族优越论者，不断告诉儿子他们是优秀民族的一分子。这是产生于没有社会和经济地位的自卑心理的一种安慰剂式的补偿：即使什么都不如别人，至少我们的血统是高贵的。但是，伦敦对下层人民、对不幸者的同情，不管是什么种族，又是真心实意的。在有些小说中，如在《钟阿春》（“Chun Ah Chun”）中，他描写塑造了高尚完美的华人英雄形象。安德鲁·富勒在谈到《雪的女儿》时说，“即使在这部杰克·伦敦最带种族主义色彩的小说中，也能听到反种族主义的声音。”[②]他在不少作品中对被当时的观念认作“劣等民族”的成员进行正面描述，赞美他们体力上的强健、精神上的高尚。这类歌颂一直伴随着他的种族主义观念。

总的来说，杰克·伦敦并不是一个被阶级或种族偏见俘虏、被事物的一个侧面挡住视线的作家。他有趋附流行思潮的倾向，但应该说他的思想并不深刻。他从来没有系统地阐释过自己的观点，也从来没有令人满意地找到过认识中各种矛盾的调和办法，但凡是他信仰的，他都坚持了一生。有经验的古董鉴定师知道，有瑕疵的、工艺上有缺陷的往往是有价值的真货，而十全十美的才是赝品。“杰克·伦敦的摇摆不定和暧昧态度，反映了时代的特点。

① Earle Labor, “Jack London's Pacific World,” p. 214.

② Andrew Furer, “‘Zone-Conquerors’ and ‘White Devils’”, in Leonard Cassuto and Jeanne Campbell Reesman, eds., *Rereading Jack London*, p. 161.

在进步主义时代，美国人正面对着要解决同样的观念与现实之间的不一贯。"[1]他表达的声音具有独特个性，对人物的行为动机具有深刻的洞察力。如伦敦的传记作家克拉丽丝·斯塔兹所言，正因为他是矛盾的，不完美的，他才赢得了那么多读者的共鸣，因为我们也是矛盾的、不完美的："杰克·伦敦对读者的吸引力部分地来自于他的不完美、他的自我嘲讽、他写作过程中的笔误、他与酒精的较量。他的小说人物表现出的矛盾，读者常常感觉到也存在于他们自己的身上。有时候这些人物不是行为理智的人，为他们的不理智付出死亡的代价，但更多的时候他们发现了存在于内心的勇气和道德之源。杰克·伦敦的小说永远不会枯燥乏味。"[2]

---

① Clarice Stasz, "Social Darwinism, Gender and Humor," Leonard Cassuto and Jeanne Campbell Reesman, eds., *Rereading Jack London*, p. 139.

② Clarice Stasz, *American Dreamers*, p. 324.

第十章

杰克·伦敦研究：历史与现状

"我们的"荷马不是中世纪的那个荷马，"我们的"莎士比亚也不是他同代人的那个莎士比亚。确切地说，这是不同的历史时期为了自己的目的已经构成一个"不同的"荷马和莎士比亚，并且在文本里找到了要重视或诋毁的因素——虽然这些因素不一定相同。换言之，一切文学作品都被阅读它们的社会"重新写过"，只不过没有意识到而已；没有一种作品的阅读不是一种"重写"。

——特里·伊格尔顿《现象学，阐释学，接受理论》

一、杰克·伦敦研究在美国

杰克·伦敦在19世纪最后几年写下了几篇短篇小说，大多为最早期的见习之作。他的主要文学创作基本上都发生在进入20世纪后的头十几年。在20世纪，伦敦本人的作家声誉和他的作品都历经坎坷,遭遇了起伏不定的命运。他在世时曾一度是美国文坛红极一时的宠儿,1916 年去世后,虽然他的作品继续畅销,但受欢迎的程度骤然下降,十余年后几乎被批评界和学界扬弃。又一代人之后,他又重新获得新的评价,迎来了新生。不同评价的分歧点主要在于对伦敦的总体认识的问题:他是个写历险、动物、异国风情,提供愉悦的通俗作家,还是揭示人性、反思社会生活的严肃作家?他的作品为了赢得商业利益牺牲了艺术性,还是他的作品本身具有流传后世的艺术价值?他写下了众多的作品,拥有无数读者,创造了轰动效应,这些都无可否认,但是在美国主流文学中,是不是应该有他的地位?这个问题在今天几乎仍没有确切的、被普遍认同的答案。

1936 年,也就是伦敦去世 20 年之后,批评家亚瑟·霍布森·奎恩(Arthur Hobson Quinn)的定论似乎代表了当时批评界的声音,他说:"几乎可以断言,这种时尚(杰克·伦敦热)正在消退,因为这类暴力文学的本质决定它不可能持久。"①伦敦的作品确实常常描写粗粝的生活现实和残酷的生存斗争。他揭去了先前美国文学中温文儒雅的面纱,还生活以本来的面目,但这与迎合读者渴望暴力和刺激口味的定论相去甚远。奎恩教授"暴力文学"(literature of violence)的定义之宽泛,结论之武断,令人震惊。但在 30 年代,批评界欣然接受了这一定论,从而方便地将杰克·伦敦边缘化,排斥在主流之外。

真正的原因显然不是杰克·伦敦的作品是否涉及暴力,而是当时新批评的兴起。新批评从范德比尔特大学很快风靡全国,直到 20 世纪中叶成为美国文学批评的"正宗"。新批评家注重文本细读,偏爱亨利·詹姆斯和 T. S. 爱略特这类情感敏锐、文笔细腻、

① Arthur Hobson Quinn, *American Fiction: A Historical and Critical Survey* (New York: D. Appoleton-Century, 1936), p. 542.

内容复杂晦涩、具有心理深度的作家,对包括伦敦、弗兰克·诺里斯等在内的文风粗犷、偏好动作、社会批判相对比较直白的作家向来不屑,认为这类作品缺乏深度。当然,如果新批评家们难以从伦敦的作品中"读出"新意,很可能问题在新批评本身。但不管怎样,杰克·伦敦的名字悄悄地从大学文学读本中消失了,在文学史中也被一笔带过。厄尔·雷伯认为,"他激进的社会主义思想,也许,他后期对文化相对主义——甚至对女权思想的表现——也是导致他在传统批评家眼中地位不高的原因。"①他的意思是,换句话说,杰克·伦敦超前的认识是当时的批评家难以接受他的部分原因。

30 年代出版了几本伦敦传记,其中比较有影响的是欧文·斯通(Irving Stone)的《马背上的水手》(*Sailor on Horseback*, 1938)和伦敦的女儿琼·伦敦(Joan London)的《杰克·伦敦与他的时代》(*Jack London and His Time*, 1939)。40、50 年代仍然是新批评盛行的时期,研究伦敦的书籍和文章不多,值得一提的是菲利普·弗纳(Philip Foner)的《杰克·伦敦:美国的叛逆者》(*Jack London: An American Rebel*, 1947)。

厄尔·雷伯认为,"60 年代可以被看做是杰克·伦敦研究的分水岭,""而复兴——或曰振兴——出现在上一代人中间(即 20 世纪的 70、80 年代),那时杰克·伦敦研究才真正达到了成熟。"②自 60 年代开始——此时新批评不再时髦,越来越多的学者和批评家开始关注这位多产的前辈作家,杰克·伦敦枯木逢春,文学地位不断得到认可和巩固,新的阐释和观点打开了一扇扇认识的窗户,

---

① Earle Labor and Jeanne Campbell Reesman, *Jack London, Revised Edition*, p. 130.

② Earle Labor, Afterword, Leonard Cassuto and Jeanne Campbell Reesman, eds., *Rereading Jack London*, p. 219; p. 222.

引向更多的研究新领域。金·亨德里克斯(King Hendricks)在犹他州立大学出版了两本专论小册子:《创作者与批评者:杰克·伦敦与费洛·巴克之争》(*Creator and Critic: A Controversy between Jack London and Philo M. Buck*, 1961)和《短篇小说艺术大师杰克·伦敦》(*Jack London: Master Craftsman of the Short Story*, 1966)。亨德里克斯还与欧文·谢巴德(Irving Shebard)一起编辑了《杰克·伦敦书信集》(*Letters from Jack London*, 1965),为后来的研究提供了丰富且可靠的第一手资料。理查德·奥康纳(Richard O'Connor)的传记《杰克·伦敦传略》(*Jack London: A Biography*, 1964),尽管现在看来有的部分与事实有出入,对作家生平的解读也有可商榷之处,但受到了批评界的广泛呼应,在引发对伦敦的关注、使这位几乎已被忘却的作家重新复活的过程中起到了重要的作用。1966 年又有两本重要的研究著作问世,其一是著名学者弗兰克林·沃克(Franklin Walker)的《杰克·伦敦和克朗代克》(*Jack London and the Klondike*);另一本是汉斯利·伍德布里奇(Hensley C. Woodbridge)等编撰的《杰克·伦敦作品目录》(*Jack London: A Bibliography*)。后者被有些学者认为在杰克·伦敦研究中"具有划时代的意义"。① 伍德布里奇教授还于 1967 年创办了《杰克·伦敦通讯》(*The Jack London Newsletter*),为全世界伦敦研究者搭建了一个学术交流的平台。60 年代是美国历史上的多事之秋,女权运动、民权运动、反正统文化运动、反战运动此起彼伏。主流政治意识和主流文化形态都受到了挑战,批评界适时推出了一些长期被传统的主流文学话语边缘化的作家与作品,杰克·伦敦是一个例子,30 年代的"无产阶级文学"的复活是另一个。

---

① Earle Labor and Jeanne Campbell Reesman, *Jack London, Revised Edition*, p. 131.

可以说，杰克·伦敦是在60年代被“重新发现”的，但是他在美国本土之外则从来没有消失过。他在国外似乎比国内更受欢迎。根据联合国教科文组织的调查，杰克·伦敦是所有美国作家中翻译最多的一个。在欧洲，尤其在前苏联，情况更是如此。他是俄国读者最多的外国作家。据《美国文学的苏联译本》的记载，就印刷量而言，杰克·伦敦在所有美国作家中高居榜首，是位居第二的马克·吐温的3.5倍。① 他对资本主义提出批判的政治立场是他在这个社会主义大国获得认可的原因之一，但不是原因的全部。杰克·伦敦对人的精神力量、对逆境中求生的勇气、对奋斗向上的毅力的颂扬，他的小说本身的叙述力度、故事的可读性等，都是作品受到广泛欢迎的因素。

在中国，杰克·伦敦也绝不是陌生的名字。他的不少长篇和短篇小说很早就被译成中文，在国内受到读者的广泛欢迎（这方面我们在本章第四节详述）。在欧洲，乔治·奥威尔亲自主编了伦敦的小说集，称这位美国作家具有“激发同情和义愤”的天赋。在南美，阿根廷大诗人博尔赫斯也主编了伦敦的小说集，希望引起对这位作家的关注，并调强伦敦与海明威之间的传承关系。弗洛德·谢勒1972年的统计证实，伦敦的小说到60年代末已有57种文字的译本，在美国作家中位居第一，而雷伯和里斯曼1994年的统计增加至80多种文字。② “尽管我们的批评界对杰克·伦敦文学地位的认可十分滞后，他在国外早已被认为是个主要作家，在有些人的眼中，甚至是‘美国最有震撼力的作家’。”③

---

① 参看 Franklin Walker, *Jack London and the Klondike*, p. 261。

② Floyd Shearer, “Intelligence Report”, *Parade: The Sunday Newspaper Magazine*. Jan. 30, 1972, p. 15; Earle Labor and Jeanne Campbell Reesman, *Jack London, Revised Edition*, p. x.

③ Earle Labor and Jeanne Campbell Reesman, *Jack London, Revised Edition*, p. 133.

20世纪的70年代迎来了伦敦诞生100周年,也迎来了伦敦研究全面复苏的时机。为了纪念伦敦百年诞辰,1976年美国的3家主要学术刊物:《现代小说研究》(*Modern Fiction Studies*)、《西部美国文学》(*Western American Literature*)和《太平洋史学家》(*The Pacific Historian*)都出版了杰克·伦敦专辑,这是规格相当高的待遇。甚至连设在巴黎的学刊《欧洲》(*Europe*)也出版了纪念专刊。这些专辑收录了很多高水平的论文,标志着伦敦研究跨上了一个新的台阶。同年,以推动伦敦研究为宗旨的杰克·伦敦基金会成立,由拉斯·金曼(Russ Kingman)任主席,此后该会发起了各种相关学术活动,出版通讯。金曼本人又在伦敦逝世地格兰爱伦建立了杰克·伦敦研究中心,其后他本人又推出了《杰克·伦敦图文生平》(*Pictorial Life of Jack London*, 1977)一书。此书被认为是至当时为止伦敦传记中最好的,作者对各类事实进行了梳理,既注重客观性,又充满理解和同情心,描述并评价了作家非凡的一生。

在此之前,从70年代初开始,一些重要的研究论著不断出现。由戴尔·沃克(Dale Walker)和詹姆斯·希森(James Sisson)编撰的《杰克·伦敦小说年谱》(*The Fiction of Jack London: A Chronological Bibliography*, 1972),为伦敦研究提供了又一本基本参考资料。1973年戴尔·沃克出版了《杰克·伦敦的异域世界》(*The Alien Worlds of Jack London*),这是一本专门讨论杰克·伦敦的幻想小说的论集,篇幅不大。同年,伍德布里奇的《杰克·伦敦作品目录》经增补和修订之后再版。1974年,美国最著名的伦敦研究学者厄尔·雷伯(Earle Labor)出版了《杰克·伦敦》(*Jack London*),这是Twayne美国作家系列中的一部,也是第一部实实在在的杰克·伦敦研究著作,标志着杰克·伦敦正式进入美国主要主流作家的行列,从此他的作品被看做美国文化遗产的一部分,严肃的学术研究成果接踵而来。1975年,詹姆斯·麦克林托克(James

McClintock)的《白色逻辑:杰克·伦敦的短篇小说》(*White Logic: Jack London's Short Stories*)出版,进一步奠定了伦敦在批评界的地位。《杰克·伦敦批评指南》(*Jack London: A Reference Guide*, 1977)是又一本研究参考书,其作者琼·谢尔曼(Joan Sherman)在1978 和1979 连续两年在现代语言学会(MLA)组织了杰克·伦敦专题研讨。有3 本伦敦传记在1978 年出版:罗伯特·巴尔特洛普(Robert Barltrop)的《作为人、作家和反叛者的杰克·伦敦》(*Jack London: The Man, the Writer, the Rebel*);安德鲁·辛克莱(Andrew Sinclair)的《杰克:杰克·伦敦传记》(*Jack: A Biography of Jack London*)和欧文·斯通根据早期传记《马背上的水手》进行修订和扩大的新版《杰克·伦敦》(*Jack London*)。雷·威尔逊·奥恩比(Ray Wilson Ownbey)的《杰克·伦敦批评文集》(*Jack London: Essays in Criticism*, 1978)收集了近10 年来在各种学刊上发表的研究论文,对这一伦敦研究史上的重要转折阶段的成果进行展示。

两本相当有特色的专门文集为70 年代末添上了一抹绚丽的霞光:戴尔·沃克(Dale Walker)的《无师自通:杰克·伦敦关于作家与创作的作品集》(*No Mentor but Myself: A Collection of Articles, Essays, Reviews, and Letters, by Jack London, on Writing and Writers*, 1979)和理查德·埃图兰(Richard Etulain)的《游荡的杰克·伦敦:流浪日记和其他游民作品》(*Jack London on the Road: The Tramp Diary and Other Hobo Writings*, 1979)。像这样把目光聚焦于杰克·伦敦众多作品中的某个专题领域进行文献收集和研究的著作,80 年代还有两本:其一是霍华德·莱切曼(Howard Lachtman)主编的《血性游戏:杰克·伦敦优秀体育作品选》(*Sporting Blood: Selections from Jack London's Great Sports Writing*, 1981);另一是戈尔曼·比彻姆(Gorman Beauchamp)为斯塔蒙特读者指南系列写的《杰克·伦敦》(*Jack London*, 1984),

尽管书名涵盖宽泛,但作者讨论的是伦敦的科幻和奇想小说一个方面。这4本书异曲同工,其编者们分别挖掘整理和讨论了杰克·伦敦留下的关于文学创作、流浪、体育和科幻等几方面主题的大量作品,其中很多属于非小说类。这些作品也许都不在杰克·伦敦重大主题领域之内,但为全面了解作家本人和作家的观点提供了参考。

如果说60年代是复苏,70年代是转折,那么,杰克·伦敦研究的高潮出现在80、90年代。1982年是杰克·伦敦的文学地位得到"官方"定性的一年。那一年,唐纳德·派泽(Donald Pizer)为美国书库(Library of America)编辑出版了两卷本的杰克·伦敦作品集,其中收集了5部长篇小说、3部非小说作品、25篇短篇小说和4篇社会主义文章,为伦敦一生的主要作品提供了精确可靠的文本。同年,由派泽和厄尔·哈伯特(Earl Harbert)编辑的《美国文学传记词典:现实主义和自然主义作家》(*Dictionary of Literary Biography: American Realists and Naturalists*, 1982)第12卷,给予了伦敦与马克·吐温、亨利·詹姆斯和豪威尔斯同等重要的位置。另有一部重要研究著作也在同年出版:琼·赫德里克(Joan D. Hedrick)的《孤独的同志:杰克·伦敦和他的作品》(*Solitary Comrade: Jack London and His Work*, 1982)试图从文化心理层面研究杰克·伦敦的专著。接下来的两年中,两位女学者出版了她们的著作,其一是杰奎琳·泰弗尼尔—可宾(Jacqueline Tavernier-Courbin)的《杰克·伦敦评论集》(*Critical Essays on Jack London*, 1983);另一部是卡洛琳·约翰斯顿(Carolyn Johnston)的关于伦敦的社会主义思想的研究《杰克·伦敦——美国的激进分子?》(*Jack London — An American Radical?* 1984)。另一位女学者克拉丽丝·斯塔兹推出了一部厚重的带学术研究色彩的传记《夏弥安与杰克·伦敦:美国的梦想家》(*American Dreamers: Charmian and Jack London*, 1988),集中勾画杰克·伦敦和他的第二任妻子夏弥安一生中如何上演了一出典型的美国神话剧。小查尔斯·沃森(Charles N. Watson, Jr.)的《杰克·伦敦小说新评》(*The Novels of Jack London, a Reappraisal*, 1983)是一部非常值得关注的研究著作。美国邮政署1986年为伦敦的110周年诞辰发布纪念邮票,它属于"伟大的美国作家系列"之一。同样值得重视的是詹姆斯·伦奎斯特(James Lundquist)的专论《杰克·伦敦:历险、概念与小说》(*Jack London: Adventures, Ideas and Fiction*, 1987)。

纵观整个80年代,我们发现,单以某些学者出版了某些论著来说明杰克·伦敦在美国文学界的地位已不能全面地说明问题。各大出版社不断推出新版的经过仔细审校的伦敦的几乎所有重要作品的可靠文本;现代语言学会(Modern Language Association)、大学英语学会(College English Association)、美国文学学会(American Literature Association)和大众文化学会(Popular Culture Association)等几大与文学相关的研究组织多次举行各类伦敦作品研讨会,或设立伦敦专题分会,汇集各路专家学者,交流研究成果,推进杰克·伦敦研究的发展;尤其重要的是,各家主要文学学刊对杰克·伦敦越来越感兴趣,其中不断出现有见解、高品质的学术论文,把伦敦研究逐渐引入更细化、更深入的层次;一些名牌大学的出版社也相继推出研究论著,如斯坦福大学出版社的三卷本《杰克·伦敦书信》(*The Letters of Jack London*, 1988)。这套书信集由厄尔·雷伯、罗伯特·雷兹三世(Robert C. Leitz III)和米洛·谢伯特(I. Milo Shepard)主编,对伦敦一生无数的书信进行了广泛征集、精心选编、考证整理,为伦敦研究提供了丰富的原始资料。

在一些重要的文学史论著中,杰克·伦敦的地位也越来越显著,比如在宾夕法尼亚大学出版社出版的由伯特·本德(Bert Bender)编写的《美国海洋小说传统:从〈白鲸〉至今》(*The Tradi-*

tion of American Sea Fiction from "Moby-Dick" to the Present, 1988)中,杰克·伦敦占了其中重要的一章。其它将他作为重要组成部分的著作还包括:琼·霍华德(June Howard)的《美国文学自然主义的形式与历史》(*Form and History in American Literary Naturalism*, 1985);埃里克·洪伯格(Eric Homberger)的《美国作家与激进政治,1900—1939:含混的承诺》(*American Writers and Radical Politics, 1900 –1939: Equivocal Commitments*, 1986);约瑟夫·布纳(Joseph A. Boone)的《传统对传统:小说的爱情与形式》(*Tradition Counter Tradition: Love and Form of Fiction*, 1987);李·克拉克·米歇尔(Lee Clark Mitchell)的《宿命小说:美国文学自然主义》(*Determined Fiction: American Literary Naturalism*, 1989);马克·塞尔泽(Mark Seltzer)的《身体与机器》(*Bodies and Machines*, 1992)和弗瑞斯特·罗宾逊(Forrest G. Robinson)的《左右逢源:西方通俗经典中的自我颠覆》(*Having It Both Ways: Self-Subversion in Western Popular Classics*, 1993)。

杰克·伦敦基金会主席拉斯·金曼在1989年推出《杰克·伦敦基金会通讯》,次年,杰克·伦敦学会(Jack London Society)成立,由得克萨斯大学的里斯曼教授牵头。这是一个国际学术组织,出版学会通讯《呼唤》(*The Call*),并于1992年夏在杰克·伦敦庄园所在地索诺马召开首届国际研讨会,两年后又召开了第二届年会。学会也在美国文学学会的年会上组织专题讨论。伦敦作为美国文学史上的主要作家的地位,此时已经不可动摇。很多基于严肃考证的参考书和大出版社的权威文本在90年代大量出现,说明学者和出版商两方面都对今后伦敦研究的蓬勃发展充满信心。拉斯·金曼经过大量细致的研究工作后出版了《杰克·伦敦核定年谱》(*Jack London: A Definitive Chronology*, 1992),在研究史料方面提供了最具有权威性的详细参考。麦克米伦公司出版了新编的杰克·伦敦短篇小说集,收录了50篇优秀作品;牛津大学出版社的世界经典系列中包括了好几部伦敦的长篇小说；斯坦福大学出版社继成功推出了伦敦书信全集之后，又出版了一共三卷的伦敦短篇小说全集，其中还包括数篇“消失”了八九十年又被重新发现的作品。一些绝版多年的作品，如与安娜·斯通斯基合作的《肯普登——威斯通信集》，由道格拉斯·罗比拉德（Douglas Robillard）重新编辑后再版。

研究著作继续不断涌现，包括马克·扎曼（Mark Zaman）的《只有站位：杰克·伦敦作为公众演说家的有争议的职业》（*Standing Room Only: Jack London's Controversial Career As a Public Speaker*, 1992）、托尼·威廉姆斯（Tony Williams）的《杰克·伦敦与影坛》（*Jack London: The Movies*, 1992）、富兰克林·沃克（Franklin Walker）的《杰克·伦敦与克朗代克：一个美国作家的诞生》（*Jack London and the Klondike: The Genesis of an American Writer*, 1994）、苏珊·纽恩伯格主编的《杰克·伦敦：批评界的反响》（*The Critical Response to Jack London*, 1995）、乔纳森·奥尔巴赫（Jonathan Auerbach）的《雄性的呼唤：造就杰克·伦敦》（*Male Call: Becoming Jack London*, 1996）、里昂纳德·卡苏托（Leanard Cassuto）和珍妮·坎贝尔·里斯曼主编的《重读杰克·伦敦》（*Rereading Jack London*, 1996）、克里斯托弗·盖尔的《杰克·伦敦长篇小说中的合流与抗拒：从自然主义到自然》（*Complicity and Resistance in Jack London's Novels: from Naturalism to Nature*, 1997）。研究论著和文集的出版间距越来越短。近几年出版的著作包括：萨拉·郝德森（Sara S. Hodson）和珍妮·坎贝尔·里斯曼合编的《杰克·伦敦：作家的一百年》（*Jack London: One Hundred Years a Writer*, 2002）。各学刊层出不穷的论文显示出新的批评走向，论文作者们运用女权主义、叙事学、心理分析、新历史主义等各种批评理论，努力挖掘杰克·伦敦作品中的丰富内涵。

二、美国主要杰克·伦敦研究著作一览

各阶段、各类型的杰克·伦敦研究著作数量众多。在这里我们分别概括地介绍几本代表各个时期各种观点和侧重点的主要著作,提供一个简略的研究背景。由于生平研究在杰克·伦敦研究中的特殊地位,这其中包括几本重要的传记作品。

夏弥安·伦敦(Charmian London)的两卷本《杰克·伦敦书话》(*The Book of Jack London*, 1921)是一部冗长的传记,一般为批评界所不屑。之所以值得一提,一是因为它是第一部关于杰克·伦敦的书,二是因为作者夏弥安毕竟是杰克·伦敦的妻子,多年生活在一起,书中提供了很多其他人无法知道的关于杰克·伦敦生活和创作的史料细节。但大多其他传记作家认为,她的传记充斥着许多想象的成分,史料缺乏可靠性。小查尔斯·沃森在《杰克·伦敦小说新评》中认为:夏弥安的传记"唠唠叨叨,多愁善感,有些方面很不诚实,借着为丈夫树碑立传使别人对她自己留下印象——而结果适得其反,留下的只是反感。"[①]由于这部传记所提供的伦敦的生平资料缺乏可靠性,其参考价值大打折扣,读者和研究人员需要做出自己的考证和判断。

欧文·斯通(Irving Stone)的《马背上的水手》(*Sailor on Horseback*, 1938)早在1948年就被译成中文,为很多中国读者所熟知。[②] 斯通的这本传记很大程度上在伦敦去世后维持了对他的

① Charles N. Watson Jr., *The Novels of Jack London, a Reappraisal*, p. 238.

② Irving Stone 的最早中文译本:董秋斯译,《马背上的水手》(北京:海燕书店出版,1948)。

小说的兴趣，影响了，或者应该说误导了很多后来的传记作家和评论家。书名来自杰克·伦敦的日记，他在日记中说希望写一部自传，以"马背上的水手"为书名。斯通接过这个书名，将伦敦的生平变成了一个浪漫的故事，其中虚构成分不少，被乔纳森·奥尔巴赫称为"传记体小说"。[①] 顾名思义，"水手"是处于社会底层的劳动者，但骑上了"马背"，成为"超人"。这里斯通讲述了一个自我造就的美式英雄的故事，按照"奋斗——成功——幻灭"三部曲发展。这本传记的优点是第一次将作家的作品与他的创作系统地结合在一起讨论，强调了流行的社会意识，即对美国梦的不懈追求，造就了这位美国的"灰姑娘"，又导致了他的悲剧。但斯通常常不加分辨，把伦敦自己说的和写的很多夸张的、言过其实的东西当作事实，过分突出作家生平的"戏剧性"，事实上按照杰克·伦敦曾经希望的那样塑造了这位传奇英雄。经他的筛选组合、加工渲染，这本传记具有很强的可读性，为世界各国读者所喜爱，因此影响——对于学术研究来说应该是负面影响——很大。

富兰克林·沃克(Franklin Walker)的《杰克·伦敦与克朗代克：一个美国作家的诞生》(*Jack London and the Klondike: The Genesis of an American Writer*, 1966)是第一部篇幅可观的伦敦研究著作，集中讨论伦敦一生中最重要的北疆经历和其后创作的北疆小说。作者对克朗代克的淘金狂潮进行了生动的历史性的描述，对伦敦在克朗代克的生活进行了详尽的考证，对伦敦北疆小说的创作主题与手法进行了讨论。作者阅读整理了大量伦敦的相关手稿书信，走访了与伦敦有过交往的人员，查阅了相关的政府文件，细读了伦敦所有以克朗代克为背景的小说，并亲自到克朗代克踏探、体验，将历史文件、个人经历和对小说的解读有机地结合起来，第一次为后来的研究提供了准确、翔实、权威的基础性资料。

---

① Jonathan Auerbach, *Male Call*, p. 25.

本书以提供史料为主,但对杰克·伦敦小说的主题和风格的讨论并不系统,也不深入。

厄尔·雷伯(Earle Labor)的《杰克·伦敦》(*Jack London*, 1974)是伦敦研究史上最重要的著作,他1994年出版了与简·坎贝尔·里斯曼合作的同名修订本,做了较大的增补。雷伯是杰克·伦敦研究方面的著名学者。这本书将作者的生平传记和作品评论结合起来,对伦敦评价很高,主要驳斥两方面的观点:一,伦敦的作品受了文学市场的主导,因此缺乏深度;二,伦敦的最后10年作品质量每况愈下。雷伯强调杰克·伦敦与19世纪末美国文化之间的密切关联,认为伦敦典型地代表了一种美国神话,因此可以作为美国的大众文化英雄来理解。他的生平、他表达中的矛盾,都应该通过其内置的文化编码进行解读。他认为伦敦分裂的人格和含混的信仰主要来自两种互相冲突的文化,其一是来自边疆的文化遗产,另一是来自刚刚到来的现代社会。雷伯尤其对一些一般被批评家忽略的作品进行了细致的分析,指出伦敦的有些作品也许不能逻辑地、论证式地进行解读,但具有心理和象征的深度,受动于"集体无意识"。他强调自然环境对人的制约,也强调互助求存的精神,反映出多重的声音和主题,因此他的作品常常不是自然主义的,而是反自然主义的。雷伯认为在表达"美国梦"这个复杂的主题方面,伦敦远胜于其他美国作家,因此应该在美国主流文学中拥有牢固的地位。伦敦著作等身,常被研究的只占一小部分,还有很大的细读和研究的余地。雷伯的这部著作对后来的伦敦研究起了导向作用。

詹姆斯·麦克林托克(James McClintock)的《白色逻辑:杰克·伦敦的短篇小说》(*White Logic: Jack London's Short Stories*, 1976)是集中研究杰克·伦敦的短篇小说的最好的著作。作者一方面对新批评派对伦敦的轻视做出了回应与反击,另一方面指出,伦敦最典型的主题、最精湛的创作技艺都体现在他的短篇中,而早期的“北疆小说”(收集在《狼的儿子》、《他父辈的上帝》、《霜的孩子》、《人的信仰》、《珍爱生命》和《失去的面容》6 本集子中)代表了作家的最高成就,其中优秀作品如《生命的法则》、《生火》和《珍爱生命》所体现的水平是他的优秀长篇小说所未能达到的。时间上属于中、晚期的“社会主义小说”和“南海故事”则呈现一个逐渐下滑的走向,直到 1906—1911 形成低谷,小说中的“社会主义只剩下一些无关痛痒的社会评论,而种族理论退化成了种族主义。”①《斯莫克·贝鲁》(*Smoke Bellew*)和《太阳的儿子》(*A Son of the Sun*)完全是平庸之作的集成。他继续写短篇,只是因为短篇小说能卖钱。该书的最后一章为“新生”,认为伦敦搁笔 5 年后,在生命的最后一年枯木逢春。对荣格心理学的兴趣使他又写出了一批(数量不大的)优秀作品,获得“新生”。

琼·赫德里克(Joan D. Hedrick)的《孤独的同志:杰克·伦敦与他的作品》(*Solitary Comrade: Jack London and His Work*, 1982)也是一部具有代表意义的研究著作,从文化和政治层面讨论伦敦的“心灵世界”与小说中表达的思想的关系,追踪了伦敦从投入社会主义运动到渐渐与之疏离的过程,而后又对中产阶级的生活和文化感到失落。赫德里克尤其强调伦敦的劳动阶级出身和对中产阶级的企望之间的矛盾,其实也就是他心理深处的“草根情结”和“精英情结”之间的冲突,以及这种矛盾冲突所造成的观察事物的立足点、感情倾向和他本人的身份认同问题。因为伦敦所处的当时的社会是由阶级组成的等级秩序森严的社会,阶级地位的转换可能会造成意识分裂。作者认为这一“结症”是理解伦敦充满矛盾的认识观和他的生活和创作的关键所在。

小查尔斯·沃森(Charles N. Watson, Jr.)的《杰克·伦敦小说新评》(*The Novels of Jack London, a Reappraisal*, 1983)的主要

---

① James McClintock, *White Logic*, p. 145.

观点是,杰克·伦敦的小说故事中的各种冲突其实都是作家分裂的自我戏剧化的表现。原始与文明、强者与弱者、个人奋斗与环境决定论、美学价值与市场价值等等他生活中对立冲突的双方,一直是他想象力的主要来源。在他的小说中,分裂的每个部分都遇到了它的对立面,在故事发展的过程中得到改变或遭受毁灭。比如,让文明人面对原始或野蛮,让代表野性的人或动物面对文明带来的道德和美学的影响。而作家的感情倾向往往摇摆于两者之间,而不是明确地倒向任何一方。因此,他的小说中永远有一种双重视野,而这种双视角又是典型的美国式的,如费茨杰拉德和海明威的作品。沃森对杰克·伦敦的长篇小说,包括一些批评界涉及不多的作品,一一进行了评价,重新进行解读和阐释,提出了一些与众不同的新见解。

杰奎琳·塔文尼亚—可宾(Jacqueline Tavernier-Courbin)的《杰克·伦敦评论集》(*Critical Essays on Jack London*, 1983)是杰克·伦敦研究走向成熟的一个重要标志。论文集中的文章强调伦敦在美国小说史上的重要性,主要对贬低伦敦作品价值的三种流行看法提出反驳意见。第一,虽然伦敦多次声称自己写小说"为了卖钱",但这多与伦敦的个性有关,作为第一代职业作家其实无可厚非,没有理由怀疑他不是一位严肃的作家,更不能说明他的小说缺乏艺术价值。伦敦的小说,尤其是北疆小说,具有独特的艺术力量。第二,虽然伦敦确实在小说中试图阐释当时流行的一些思想理论,如进化论、社会主义等,但他的作品并未流于说教;而相反,在很多方面生动地将一些哲学思想进行了戏剧化的表现。第三,伦敦作品存在的创作技巧上的缺陷常常被夸大。他的作品不是完美的,但他在追求真实客观地反映生活的同时,融入了哲学和科学的理论,并常常能将故事升华,达到神话—诗歌般的一种原型模式。

詹姆斯·伦奎斯特(James Lundquist)的《杰克·伦敦:历险、概念与小说》(*Jack London: Adventures, Ideas and Fiction*, 1987)

强调，杰克·伦敦是个极富冒险精神的人，这种冒险的动力既来自作家的个性特点，也受到了社会意识形态的驱策。他在北疆、南海和文坛上的历险，其实与流行于当时美国的各种思潮与观念有着千丝万缕的关系。他从冒险中寻找小说的素材，又在小说中表达对他产生影响的各种矛盾的观念，如社会主义、社会达尔文主义、超人哲学等。伦奎斯特用通俗的语言，将历史与文本，将伦敦的生平和对作品的批评研究结合起来，尤其对伦敦的历险故事进行了细致的分析研究。他指出，伦敦的理解不是十分深刻，但他真诚地信仰社会主义和其它他推崇的思想，每一篇写实或离奇的故事背后，都寄托着他对自己的生活、对人的生存环境的感悟和对社会学理论的理解。

乔纳森·奥尔巴赫（Jonathan Auerbach）的《雄性的呼唤：造就杰克·伦敦》（*Male Call: Becoming Jack London*, 1996）是一部比较有分量的杰克·伦敦研究著作。作者把伦敦置入当时正在兴起的“文学工业”的框架之中，讨论市场因素对伦敦小说创作的影响，亦即作家如何在被当时的文化环境塑造的同时，塑造了自己——杰克·伦敦如何通过写作变成了杰克·伦敦。他认为大众文学市场的法则是杰克·伦敦各类话语背后的主导话语。作者仔细研究了当时的主要文学刊物，指出伦敦巧妙运作自己的生平信息，将自己的名字变成有影响力的品牌。除了一般公认的自传色彩较浓的作品如《马丁·伊登》、《在路上》（*The Road*）和《约翰·巴雷康》等之外，奥尔巴赫认为在一些“纯小说”如《野性的呼唤》、《海浪》、《铁蹄》、《天大亮》中，甚至在非小说作品《深渊里的人们》中，作家也在塑造一个个不同的想象中的自我。他通过写作把自己变成了一个与当时歌颂“自我造就”的商业文化气息十分融合的民间英雄。“作家战胜了逆境——包括文化上的匮乏和经济上的贫困——书写了自己的个人寓言，被反复叙述，这种大众偶像帮助维持了杰克·伦敦的成功，而此人很早就发现，他本人可以成为写作的最好主题。"①

里昂纳德·卡苏托和珍妮·坎贝尔·里斯曼主编的《重读杰克·伦敦》(*Rereading Jack London*, 1996)是比较新的杰克·伦敦研究论文集,集子中的文章用不同的批评理论,从阶级、性别、种族等不同视角,再议伦敦的创作,是一册很有价值的参考资料。

克里斯托弗·盖尔(Christopher Gair)的《杰克·伦敦长篇小说中的合流与抗拒:从自然主义到自然》(*Complicity and Resistance in Jack London's Novels: from Naturalism to Nature*, 1997)从新历史主义的视角,把伦敦的长篇小说当作美国特殊历史时期的特殊表述话语。他分析了伦敦的自然主义小说、城市小说、田园小说,认为每一类小说都在演示某一类话语:达尔文主义的理论、社会主义的理想和返朴归真的期望,作为对资本主义的权力话语的反抗,但同时又受到流行思潮、消费主义、大众文化取向的限定。主流与反主流两种声音的不和谐,在伦敦的文本中无处不在。这种多元性和兼容性,使他的小说成为"文化史学家的矿床"。盖尔认为,伦敦的文本可以成为理想的个案,用来说明新历史学家反复强调的普遍真理,即,社会的权力结构具有强大的渗透力,足以消解任何滋生于其内部的颠覆力量。

上述几部传记和研究著作是80余年杰克·伦敦研究史中比较引人注目的一部分。关于杰克·伦敦的书还很多,包括传记、批评研究和史料考证等。笔者2003年在杜克、北卡罗莱纳等几所大学的藏书书目中,共找到70余种,其中不包括杰克·伦敦本人的作品(参看附录二)。出版物在数量上呈加速度递增,研究质量上越来越摆脱就事论事,越来越具有理论的深度。詹姆斯·麦克林托克说,"虽然杰克·伦敦生平和创作的任何一方面都还需要更

① Jonathan Auerbach, *Male Call*, p. 1.

详细的历史、文本和批评性的研究，但近期的出版成果说明，对伦敦复杂的生平和令人困惑的不平衡的艺术表达，最终将会有一个恰如其分的描述。”①

三、杰克·伦敦研究的历史弧线

杰克·伦敦在自己的时代红极一时，但他去世之后轰轰烈烈的场面开始迅速降温，冷却到令人心寒。很多人开始预感，这位写历险故事和其他迎合大众口味故事的作家，从此将退出文学舞台，今后的文选和文学史中将不会找到他的名字。但是 90 多年过去了，翻开今天的美国出版发行书目（*Books in Print*），我们发现杰克·伦敦的作品仍有 80 个版本列在其中。他仍然拥有众多的读者，曾经影响曾祖父辈的那些作品早已成为经典，仍在影响着今天的一代。他没有凋谢，没有流逝，没有被忘却，仍然继续吸引着批评家和学者的目光，他的生平和作品被不断进行新的认识和阐释，他的行为和文字为 19—20 世纪之交的美国社会和文化研究，提供了活生生的范例。杰克·伦敦成了一组代码，一种现象，一个象征，可供我们在今天细细解读。

我们先来回答为什么伦敦在文学界和批评界会有如此大起大落的问题。

这首先与他的写作的风格和内容特点有关。杰克·伦敦十余年短暂的创作生涯，正处于现实主义文学运动余音绕梁、自然主义方兴未艾的时候。伦敦从来都自称是现实主义作家，他可能像当时的很多其他作家一样，还没有自然主义文学这一概念。但不少

① James McClintock, *Male Call*, p. ix.

后来的批评家称他为自然主义作家。这其中其实并无矛盾,因为自然主义应该被理解为是现实主义的一个走向。值得一提的是,美国的现实主义更多的是一场理论上、认识上的文学运动。在豪威尔斯的强力推动下,文学界在观念上认可了现实主义应该成为文学的方向,但真正有代表性的、典型的现实主义力作屈指可数。豪威尔斯本人写了50部现实主义小说,但除了《塞拉斯·拉帕姆的发迹》有些影响之外,其他作品出版后几乎没有再被提及。马克·吐温和亨利·詹姆斯都不是严格意义上的现实主义作家,前者太多浪漫主义的遗风,而后者的作品中已经有了现代主义的韵味。在伦敦之前,美国读者的口味没有经历过太多现实主义作品的锻炼。尽管伦敦本人对浪漫主义作品一再表示不屑,但他的作品具有很强的浪漫倾向,是粗粝、强悍的现实主义(或自然主义)与浪漫主义的结合。他在读者吃惯的口味中加入了辛辣的调味品,使他们疯狂地爱上了他的烹调。

自然主义文学风光一时,但在伦敦去世的时候也基本退潮了。这一短命的文学运动没有马上引出太多的总结和反思。新旧世纪之交的现实主义和自然主义文学好像被漫不经心地忽视了,美国的批评界一方面仍为更早的后期浪漫主义(即超验主义)这一伟大的文学运动激动,另一方面又被正在欧洲兴起、很快传到美国的文学现代主义所吸引。杰克·伦敦在美国文学中的处境其实并不特别,同代同类的作家,如厄普顿·辛克莱、西奥多·德莱塞、弗兰克·诺里斯等,在批评界都遭遇过长短不等的几十年的冷遇。

其次,杰克·伦敦在批评界的境遇又与社会和历史发展有关。伦敦开始发表作品的时候,美国的经济刚从19世纪90年代的萧条中复苏,新世纪似乎标志着一个崭新的开端。汽车、成衣和一些家用电器进入家庭生活,一种"现代感"撩拨着迈入新世纪的每一个人。由于伦敦的创作时期正好是报刊和出版业爆炸式发展的时期,人们的文化视野突然被打开,不再满足于传统的故事基调和叙事模式,而处于一种亢奋的期待。正是此时,杰克·伦敦被推上了前沿。他那种粗犷的、新奇的、异域的故事,以及故事中间接阐释的达尔文的进化理论、尼采的超人哲学、马克思的阶级观点,以及其中夹杂的自我造就辉煌、文明与原始的对垒等等,令当时的读者大饱口福。

但是在伦敦去世后的第二年,即1917年,美国正式参加第一次世界大战。人们的注意力完全被这一场人类历史上规模最大的战争所吸引。海明威、费茨杰拉德、福克纳、多斯·帕索斯等年青一代的作家直接或间接地投入战争,两年后战争结束后,先后自我流放巴黎,形成了被称之为"迷惘的一代"的作家群,他们的声音——由表达战争的幻灭到表达对美国文化传统的幻灭——在20年代的美国文坛盖过了任何其他的声音。他们,以及从欧洲带回新的文学理念和技巧的爱略特和庞德,在美国文坛翻江倒海,一起掀起了现代主义的文学大潮,马上取代了刚刚抬头不久的现实主义和自然主义,成为文学界的主导话题,把杰克·伦敦这样的作家彻底淹没了。

随着1929年纽约股市暴跌引发的长达10年的历史上最大的经济大萧条,呼吁革命的激进主义文学在被称为"红色十年"的30年代成为主流。杰克·伦敦虽然一生理论上信仰社会主义,他这方面的文学作品数量不多,分量也不足。他文学表述中常常自相矛盾的、模棱两可的政治态度,并不合30年代的左翼作家和批评家的口味。他们非但没有把他抬出,作为文学前辈进行膜拜,反而以一种冷漠的忽略对他表示了不屑。比前一次更加血腥的第二次世界大战在30年代末打响,导致了整个40年代美国文学的相对萧条,直到战后,或者应该说50年代初,美国文学界才好像回过神来。这几十年中,尽管伦敦的作品继续不断地在重印出版,但要重新回到批评界关注的中心圈子内,杰克·伦敦也确实没有太多的机会。

倒不是杰克·伦敦一去世，批评界马上冷落了他。伦敦的沉浮起落也与批评界关注重心的变化有关。“伦敦与新旧世纪之交的读者，吸纳的是以忠实于现实为本原的文学传统。伦敦充分利用和改造了这样的传统，尤其强调在描摹现实的制作过程中作家的中心地位。这一过程产生出杰克·伦敦和公众之间的一种反馈链。”①这种“反馈链”正巧在伦敦逝世后，即 20 世纪 20 年代开始之前，失去了作用。令人困惑又令人振奋的文学现代主义在 20 年代到来之前就在欧洲形成，由于第一次世界大战，欧美之间文化人的交流突然变得频繁，现代主义的风潮很快刮到了美国。文学走入心理，走入潜意识，走向杰克·伦敦那种略带说教的行为小说的反面，同时走进几乎所有批评家的视线，并停留在那里尽情地演出。与文学现代主义关系密切的新批评随后在 30 年代出现，成为文学批评的“正统”，直到 60 年代，几乎统治着美国的文学批评。新批评强调文本（语言、结构、意象等），分析现代主义作品得心应手。新批评反对对作品进行生平历史的阐释，而杰克·伦敦的作品如果与作家本人完全割裂，就会失去很多阐释的价值。正因如此，直到今天，大多数伦敦研究都是与作者的生平历史息息相关的。60 年代，伦敦研究的复苏与新批评的退场同时发生，这其实并不完全是时间上的巧合。

四、杰克·伦敦在中国的译介

杰克·伦敦从来不是令中国读者感到陌生的名字。他的作品从 1919 年开始就被翻译介绍进来，到 1949 年中华人民共和国成

① Jonathan Auerbach, *Male Call*, p. 4.

立之前，主要长篇小说如《野性的呼唤》、《白牙》、《马丁·伊登》、《铁蹄》和很多短篇小说都已经有了中译本。新中国成立后的17年中，即“文革”之前的1949—1966年间，美国文学译作单行本总共只有136种，其中杰克·伦敦的作品占了21种，汉译数量仅次于马克·吐温，位居第二。美国作家中，被我国当时官方圈定的“进步作家”为数不多，马克·吐温和杰克·伦敦位列其中，其它还包括德莱塞以及现在一般不被视为主流作家的马尔兹（Albert Maltz）和法斯特（Howard Fast）等少数几人。改革开放以来，对杰克·伦敦的作品的翻译、介绍达到了高潮，几乎所有杰克·伦敦的长、短篇小说，不管是主要的还是次要的，都能找到汉译本。教育部新近制订的中学《语文新课标必读》书目单中，《杰克·伦敦短篇小说精选》被指定为“必读”书目——享有此待遇的美国作家共两人，另一人是马克·吐温。

下面是杰克·伦敦作品在中国译介一览，综合了5方面的资料：1）北京图书馆编的《民国时期总书目·外国文学（1911—1949）》；2）中国版本图书馆编的《外国文学著作目录和提要，1949—1979》；3）中国国家图书馆馆藏书目；4）李淑言的文章《杰克·伦敦在中国》；以及5）李怀波的博士论文，《杰克·伦敦在中国的形象研究》。[①]下面所列的出版物不包括注释本、简写本、导读本、编译本、改写、缩写本、连环画本和作为读物的英文本，也不包括只有一两篇短篇小说的小册子和与其他作家混编的外国文学读物。凡是同一译者的译文，只计算第一个译本，不包括后来不同年代不同出版社的各类修订本、再版本、合编本。即便如此，对杰

① 北京图书馆编，《民国时期总书目·外国文学（1911—1949）》（北京：书目文献出版社，1987）；中国版本图书馆编，《外国文学著作目录和提要，1949—1979》（南京：江苏人民出版社，1986）；李怀波，《杰克·伦敦在中国的形象研究》（南京大学博士论文，2006年6月）；Li Shuyan, “Jack London in China,” *Jack London Newsletter* 19 (January-April, 1986)。

克·伦敦作品的翻译在中国仍然多得惊人,尤其是《野性的呼唤》、《马丁·伊登》和各类短篇小说集。下面是杰克·伦敦中译作品一览(至2006年),难免仍有疏漏,其中:

《野性的呼唤》(*The Call of the Wild*:)共34个译本:

易家钺译:《野犬呼声》(《少年中国》连载,1919.7—1920.1)
谷风、欧阳山译:《野性底呼声》(上海:商务印书馆,1935)
刘大杰、张梦麟译:《野性的呼唤》(上海:中华书局,1935)
张葆庠译:《野性的呼声》(上海:启明书局,1937)
蒋天佐译:《荒野的呼唤》(上海:骆驼书店,1948)
余慕陶译:《野性的呼声》(上海:大东书局,1948)
刘大杰译:《野性的呼唤》(国际文化出版社,1953)
戴红霞译:《荒野的呼唤》(长沙:湖南文艺出版社,1989)
吕艺红、简定宇译:《野性的呼唤》(武汉:长江文艺出版社,1995)
孙毅兵译:《荒野的呼唤、白牙》(北京:中国青年出版社,1995)
牟百冶译:《荒野的呼唤》(南宁:接力出版社,1996)
吴格言译:《旷野的呼唤》(花山文艺出版社,1996)
陆伟民译:《野性的呼唤》(太原:北岳文艺出版社,1996)
刘建益、闻礼华译:《野性的呼唤》(广州:新世纪出版社,1998)
冯泽辉译:《野性的呼唤》(成都:四川人民出版社,1999)
程亚平译:《荒野的呼唤》(北京:台海出版社,2000)
于世华译:《野性的呼唤》(北京,外文出版社,2000)
丁　讯译:《野性的呼唤》(海口:海南出版社,2000)
万其动译:《野性的呼唤》(延吉:延边人民出版社,2001)
郭占起译:《野性的呼唤》(长春:吉林摄影出版社,2001)
冯利强译:《野性的呼唤》(呼和浩特:内蒙古人民出版社,2001)
曾超英译:《野性的呼唤》(呼和浩特:远方出版社,2001)

石雅芳译：《野性的呼唤》（杭州：浙江少年儿童出版社，2001）
关 娜、邹洪德译：《野性的呼唤、白牙》（北京：九州出版社，2001）
孙法理译：《野性的呼唤》（南京：译林出版社，2002）
王 洁译：《野性的呼唤》（北京：中国文史出版社，2002）
曲 莉译：《野性的呼唤》（英汉对照）（天津：天津科技翻译出版公司，2003）
刘荣跃译：《野性的呼唤》（杰克·伦敦中短篇小说选）（上海：上海译文出版社，2003）
胡春兰、赵苏苏译：《荒野的呼唤》（北京：人民文学出版社，2004）
林之鹤译：《野性的呼唤》（合肥：安徽文艺出版社，2004）
李 鹏译：《野性的呼唤》（北京：中国致公出版社，2005）
罗家琼、袁融译：《野性的呼唤》（重庆：重庆出版社，2005）
李永毅译：《野性的呼唤》（北京：中国少儿出版社，2005）
刘荣跃译：《野性的呼唤》（上海：上海译文出版社，2006）
雨 宁、石雅芳译：《热爱生命/野性的呼唤》（北京：中国书籍出版社，2006）

《海狼》（*The Sea-Wolf*）共有个7译本：

裘柱常译：《海狼》（新文艺出版社，1953）
刘建佺译：《海狼》（北京：大众文艺出版社，1999）
孙法理译：《海狼》（南京：译林出版社，2002）
李永毅译：《海浪》（北京：中国少年儿童出版社，2005）
李 鹏译：《海狼》（北京：中国致公出版社，2005）
冯 刚译：《海狼》（英汉对照）（北京：中国书籍出版社，2005）
李 晨译：《海狼》（武汉：长江文艺出版社，2006）

《白牙》(*White Fang*)共有 6 个译本(不包括与《野性的呼唤》合订的两个译本):

苏　桥译:《白牙》(上海:国际文化服务社,1947)
蒋天佐译:《雪虎》(上海:骆驼书店,1948)
杨玉娘译:《白牙》(台北:林郁文艺事业公司,1994)
杜　鹃译:《白牙》(呼和浩特:远方出版社,2001)
邹洪德译:《白牙》(北京:九州出版社,2001)
刘国彬译:《野性难驯》(北京:中国文联出版社,2001)

《马丁·伊登》(*Martin Eden*)共 18 个译本:

周　行译:《马丁·伊登》(桂林:文学编译社,1943)
吴　劳译:《马丁·伊登》(平明出版社,1955)
蔡为铿译:《马丁·伊登》(台北:国家出版社,1992)
殷惟本译:《马丁·伊登》(北京:人民文学出版社,1996)
斯　民译:《马丁·伊登》(桂林:漓江出版社,1997)
孙法理译:《马丁·伊甸》(南京:译林出版社,1998)
张经浩译:《马丁·伊登》(广州:花城出版社,1999)
张雪梅等译:《马丁·伊登》(北京:大众文艺出版社,1999)
贾文浩、贾文渊译:《马丁·伊登》(北京:北京燕山出版社,2000)
刘振雄译:《马丁·伊登》(呼和浩特:远方出版社,2001)
张　谋译:《马丁·伊登》(呼和浩特:远方出版社;内蒙古大学出版社,2001)
夏　斌译:《马丁·伊登》(呼和浩特:内蒙古大学出版社,2001)
黄雪松译:《马丁·伊登》(通辽:内蒙古少儿出版社;海拉尔:内蒙古文化出版社,2001)
王芳芳译:《马丁·伊甸》(哈尔滨:哈尔滨出版社,2001)

宋　菲译：《马丁·伊登》(呼和浩特：内蒙古人民出版社,2001)
肖曼琼译：《马丁·伊登》(海口：南方出版社,2002)
王成云译：《马丁·伊登》(北京：中国戏剧出版社,2002)
方华文译：《马丁·伊登》(西安：陕西人民出版社,2002)

其他长篇小说 12 个译本：

王抗夫译：《铁踵》(*Iron Heel*)(上海：泰东图书局,1929)
吴　劳、鹿金译：《铁蹄》(*Iron Heel*)(平明出版社,1953)
屠国元等译：《铁蹄》(*Iron Heel*)(北京：燕山出版社,2003)
裘柱常译：《毒日头》(*Burning Daylight*)(新文艺出版社,1954)
李德荣、秦一琼译：《大日头》(*Burning Daylight*)(南昌：百花洲文艺出版社,1998)
诸葛霖、余牧译：《深谷猛兽》(*The Abysmal Brute*)(上海：上海文艺联合出版社,1954)
李永彩、张清民译：《暗杀局》(*The Assassination Bureau, Ltd.*)(济南：山东文艺出版社,1988)
韩　松、孟康译：《格里菲船长历险记》(*Adventure*)(北京：海洋出版社,1984)
晓钟译：《星游人》(*The Star Rover*)(南昌：百花洲文艺出版社,1997)
齐永法、龚晓明译：《月亮谷》(*The Valley of the Moon*)(南昌：百花洲文艺出版社,1997)
谢为群译：《豪宅幽情》(*The Little Lady of the Big House*)(南昌：百花洲文艺出版社,1997)
吴定柏译：《世界公敌》(*The Enemy of All the World* 等 2 部科幻小说)(上海：上海科学技术出版社,2001)

中、短篇小说集共23个译本：

张梦麟译：《老拳师》（杰克·伦敦短篇小说集）（上海：中华书局，1935）

许天虹译：《杰克·伦敦短篇小说集》（上海：文化生活出版社，1937）

陈复庵译：《北方的奥德赛》（杰克·伦敦短篇小说集）（上杂出版社，1953）

万紫、雨宁译：《热爱生命》（杰克·伦敦短篇小说集）（人民文学出版社，1960）

吴玉音译：《杰克·伦敦短篇小说选》（香港：今日世界出版社，1979）

初　逢、兰一译：《杰克·伦敦短篇小说集》（北京：新华出版社，1982）

雨　宁选编：《杰克·伦敦小说精粹》（石家庄：河北教育出版社，1993）

蒋坚松译：《杰克·伦敦短篇小说选》（长沙：湖南文艺出版社，1994）

陆伟民译：《杰克·伦敦中短篇小说精选》（南昌：百花洲文艺出版社，1996）

胡春兰译：《热爱生命》（杰克·伦敦短篇小说集）（北京：解放军文艺出版社，1997）

涂海燕等译：《异教徒》（短篇小说选集）（南昌：百花洲文艺出版社，1997）

张继选等译：《杰克·伦敦作品集》（包括《海狼》、《马丁·伊登》和短篇小说）（西宁：青海人民出版社，1997）

职玉清等译：《一块牛排：杰克·伦敦中短篇小说精选》（北京：华文出版社，1998）

姬旭升译:《热爱生命》(杰克·伦敦短篇小说集)(北京:北京燕山出版社,1999)
董重恂译:《热爱生命》(杰克·伦敦短篇小说集)(北京:外文出版社,2000)
雷鸣译注:《杰克·伦敦作品选》(天津:天津人民出版社,2001)
张传宝译:《杰克·伦敦经典小说》(延吉:延边人民出版社,2001)
无译者名《杰克·伦敦文集》(上海:上海译文出版社,2003)
李卫红译:《热爱生命》(杰克·伦敦短篇小说集)(奎屯:伊犁人民出版社,2003)
万　紫等译:《杰克·伦敦小说选》(北京:人民文学出版社,2003)
王　蓝译:《褐狼》(杰克·伦敦短篇小说选集)(合肥:安徽科学技术出版社,2004)
万　紫译:《热爱生命》(杰克·伦敦短篇小说经典)(上海:上海社会科学院出版社,2004)
田　艳 编译:《杰克·伦敦短篇小说精选》(大连:大连理工大学出版社,2005)

《杰克·伦敦文集》(胡家峦主编)1套12卷:

《杰克·伦敦文集》. 第一卷,长篇小说《海狼》(石家庄:河北教育出版社,2000,下同)
《杰克·伦敦文集》. 第二卷,长篇小说《铁蹄》
《杰克·伦敦文集》. 第三卷,长篇小说《马丁·伊登》
《杰克·伦敦文集》. 第四卷,长篇小说《毒日头》
《杰克·伦敦文集》. 第五卷,长篇小说《月亮谷》
《杰克·伦敦文集》. 第六卷,长篇小说《魂游》

《杰克·伦敦文集》. 第七卷，中篇小说《荒野的呼唤(等)》
《杰克·伦敦文集》. 第八卷，中篇小说《在亚当之前(等)》
《杰克·伦敦文集》. 第九卷，中篇小说《深谷猛兽(等)》
《杰克·伦敦文集》. 第十卷，短篇小说《寂静的雪野(等)》
《杰克·伦敦文集》. 第十一卷，短篇小说《但勃斯之梦(等)》
《杰克·伦敦文集》. 第十二卷，《特写政论随笔杂文集》

戏剧作品 1 个译本:

土方人译:《种橡实者》(*The Acorn Planter*)(上海:商务印书馆,1934)

非小说类 4 个译本:

邱韵铎译:《革命论集》(*Revolution and Other Essays*)(上海:光华书局,1930)
许天虹译:《强者的力量》(*The Strength of the Strong*)(福建:立达书店,1945)
邱韵铎译:《深渊下的人们》(*The People of the Abyss*)(上海:光明书局,1932)
齐　鸣译:《深渊》(*The People of the Abyss*)(上海:光明书局,1948)

关于杰克·伦敦的著作汉译本 5 个:

欧文·斯通著,董秋斯译:《马背上的水手》(*Sailor on Horse-back*)(1948)
费杜诺夫著,海戈译:《杰克·伦敦》(*Jack London*)(上海:新文

艺出版社,1956)

考尔德·马歇尔著,刘榜离,乔法州译:《孤狼》(*Lone Wolf*, 1961)(上海:上海译文出版社,1991)

褚律元译:《马背上的水手》(北京:北京十月文艺出版社,1999)

克拉丽丝·斯塔兹著,温力秦译:《杰克·伦敦与夏敏恩》(*American Dreamers: Charmian and Jack London*)(台北:高谈文化事业有限公司,2004)

杰克·伦敦生平和研究著作和博士论文 7 部:

漆以凯著:《杰克·伦敦与他的小说》(北京:北京出版社,1981)

李淑言、吴冰选编:《杰克·伦敦研究》(外国文学研究资料丛书)(桂林:漓江出版社,1988)

虞建华著:《杰克·伦敦传》(台北:业强出版公司,1996)

祝东平编著:《杰克·伦敦的青少年时代》(太原:山西人民出版社,1999)

郭英剑:《论布勒特·哈特、马克·吐温和杰克·伦敦的作品中的中国人形象》(南京大学博士论文,1999 年)

李怀波:《杰克·伦敦在中国的形象研究》(南京大学博士论文,2005 年)

刘荡荡:《制造英雄:杰克·伦敦自传研究》(上海外国语大学博士论文,2006 年)

上面列出的伦敦作品中译本和关于伦敦的译作和著作的书单,也许仍难免有遗漏,但足以令人印象深刻。同时,以上的书目说明了很多问题。

首先,我们也许知道杰克·伦敦是我国译介最多的 4 名美国作家之一,其他 3 人为马克·吐温、德莱塞和海明威。但他作品的翻译量如此之大,不同的译本如此之多,仍可能是很多人始料未及的。像《野性的呼唤》居然有令人咋舌的30多个译本,也许是中译外国小说中绝无仅有的了。而且,同一个作家有14部长篇小说、1部剧作、3本非小说、20来本不同的短篇小说选集、1本随笔杂文集被译成中文,这在文学翻译史上可能也鲜有前例。应该说这其中有市场的因素——有商业风刮起的翻译泡沫。伦敦的小说已不受版权法保护,从经济角度和操作手续上来说,出版商一般都比较乐意选择没有版权保护的经典作品。在近十余年我国文学经典重译的热潮中,对伦敦译作的出版水涨船高。但是不受版权保护的文学经典多得是,伦敦的小说被一再翻译出版,至少说明这位美国作家在中国具有很好的读者市场,中国读者喜欢他,认可他,也希望了解他。其次,译文良莠不齐。我国近年经典翻译中存在乱译和"抄译"现象,前者指译者或者水平低,或者赶进度,译文在内容和风格上都与原作相差很大;而后者指参考现存的2—3个译文文本,写出新文本,不需要懂外语。

其次,按书目的出版年份划出的曲线,与本节前面描述的杰克·伦敦在中国遭遇的历史完全吻合。伦敦的作品20世纪初期就被引进中国,激起了一些小小的浪花。从50年代开始,他虽然被定性为"进步作家",但仍只有极其有限的作品能够出版流通。到了70年代被彻底禁绝。"文革"结束后十来年,伦敦的作品又开始被翻译出版,80代末开始回暖,90代快速升温,而进入新世纪的头几年中,出版界对伦敦的兴趣达到了白热化。2000至2005年间,《野性的呼唤》出现了18个译本,其中2001年一年中,我国就出现了6个不同的《野性的呼唤》和6个不同的《马丁·伊登》的译本。这种现象只能用"爆炸",甚至用带贬义的"泛滥"等词语来形容。这样的"高热"是否属于正常,是否会延续,还有待于考查,但是在大量涌进中国读者视野的外国作家中,杰克·伦敦的显赫地位是不容置疑的。

第三，与大量的翻译文本（包括伦敦生平和研究方面的译本）相比，我国伦敦研究方面的成就少得可怜，形成巨大的反差。在《外国文学评论》等我国权威的外国文学核心刊物中，从80年代至今的20余年中，相关论文共计只有10篇左右。长期文化封闭后突然开放，使很多学者和批评家的眼光不得不粗略地扫过前面的几十年，落在更接近今天社会的现代主义和后现代主义文学上面。尽管他的作品在中国市场上铺天盖地，同任何一位比较著名的现代或后现代派作家相比，这位文学前辈在我国外国文学研究界明显受到了冷落。根据中国国家图书馆的书目，伦敦的研究著作总共只有2部，而且都是在80年代出版的；伦敦的传记也只有2部，其中一部是在中国台湾出版的。可以说，这位重要的美国作家在我国的研究，还远远没有得到应有的重视。但可喜的是，已经有年轻的学者选择杰克·伦敦作为他们博士论文的研究对象，说明年轻一代的美国文学研究者开始注意到了译介与研究一头热一头冷的状况，并有志于改变这种现象。

五、意识形态与杰克·伦敦的中国历程

上述译介书目已经无可争议地说明了杰克·伦敦在中国外国文学接受史上的重要地位。不仅如此，李怀波的博士论文研究强调了他的代表性和典型性：杰克·伦敦这位美国作家在中国的命运，“能够从一个侧面反映外国文学在中国被接受的历史进程。外国文学引入中国对中国的文学乃至文化观念的发展曾产生过巨大影响。伦敦在中国被接受的情况，反映出中国接受者在不同的历史时期在伦敦作品译介过程中所具有的迥异的文化心态以及中

国社会价值观的历史演变。”[1]杰克·伦敦差不多从“五·四”运动时期开始被介绍到中国，至今已有近90年的历史，历经了坎坷的命运，其中好几十年由意识形态那只无形大手操纵着。当然那不是杰克·伦敦的特殊待遇，其他外国作家基本享受的是同一标准。伦敦还算是幸运的。列宁喜欢读他的作品，这已经够了。革命导师首肯了他的部分作品，帮着推开了挤进中国的异常窄小的文化之门。中国的近代史可以为杰克·伦敦在中国的遭遇做出明确的解答。

最早进入中国的作品——从1919年的第一个长篇连载译本到30年代——是长篇小说《野性的呼唤》、《铁蹄》和两个以北疆小说为主的短篇小说集。值得注意的是，还有两本非小说也被翻译出版：长篇纪实报道《深渊里的人们》和社会主义文集《革命论集》。这些作品与“五·四”作家立志改造中国的责任感息息相关。他们带着忧国忧民的心态，引进西方新思想，以教育民众，革新社会。比如达尔文的进化论和社会主义思想，都是“他山之石”，可以成为冲击传统、打破封闭的有力武器。伦敦带浓烈自然主义色彩的小说，如《野性的呼唤》和早期北疆短篇，对达尔文的“物竞天择，适者生存”做了艺术化的诠释。译介者试图告诉中国读者，人类世界也和生物界一样，也遵从“弱肉强食”的“丛林法则”，中国人只有奋发图强，改变贫穷落后的面貌，才有可能避免成为帝国主义列强的“肉食”。

《铁蹄》讲述社会主义革命者的故事，《深渊里的人们》描述了穷人的苦难，《革命论集》中的文章直接呼吁社会革命，这些作品都被看做“革命文学”请进了等待着某种文化或政治革命的中国知识界。1929年纽约股市暴跌引发了整个30年代全球性的大萧条，在西方，左翼文学在这场历史上最大的经济危机中走上前台，

---

① 李怀波，《杰克·伦敦在中国的形象研究》，第i页。

成为主导,30年代也被称为"红色的十年"。西方的文学思潮必然影响到中国文学,中国作家左翼联盟在1930年成立,并不是巧合。伦敦的上述作品,正是顺应了当时的文化思潮,在这个时期被翻译引进的。中国国内战乱纷纷,民不聊生,文化知识界期待的是彻底的社会变革。伦敦的一些带有颠覆性政治内涵的作品,不管是小说还是非小说,都是30年代中国文化界希望借助的力量。尤其是抗日战争爆发以后,像《铁蹄》那样预言法西斯恐怖统治、赞颂民众武装反抗的政治小说,无疑具有很强的当下性。而《野性的呼唤》在30年代又三度被翻译出版,这一事实也很能映照当时中国知识分子的心态。小说中的布克反抗压迫,在逆境中崛起,争做强者,这种精神很能激励救亡图存的斗志。

中国特殊时期的历史语境,或者说中国的现实需要,很大程度上左右了对杰克·伦敦作品译介的选择。他的小说主要是被当作文化武器引进的,政治功利主义的色彩明显压倒了美学动机。大多评论者也是译者本身。他们在伦敦译作的前言中,几乎无一例外地将伦敦作品的内容进行有选择的阐释,进行定位、引导,说明其在中国的"适用性"。"译介这些作品的初衷并不是为了进行介绍和研究,而是为了服务于当时中国的社会革命以及文化启蒙。当时的译者,大多是新文化运动、新文学运动的积极倡导者,他们翻译介绍外国文学的目的,是希望引入新思想、新文学,借以打破中国文化思想停滞不前的局面,并作为中国新文化的楷模。"①

抗日战争结束后,中国开始了解放战争。在40年代后几年中,又有几本伦敦的小说和非小说被翻译和重译出版,包括《野性的呼唤》和《白牙》各两个译本。当时的意识形态导向比较混乱,因此译者选择的是相对远离政治的作品。这样的作品在50年代的头几年仍继续被译介,比如《野性的呼唤》又有了新译本,《海

---

① 李怀波,《杰克·伦敦在中国的形象研究》,第12页。

狼》也被翻译出版。新中国成立不久,没有明显意识形态倾向的作品仍然可以继续出版,但在不同方面批判资本主义的作品,如《铁蹄》和《马丁·伊登》则更受欢迎。世界分成了资本主义和社会主义两大阵营,在意识形态上尖锐对立。对美国文学作品的翻译,自然无法超越当时国家对一切外国文学的态度,尤其是对敌对的资本主义大国的态度。杰克·伦敦是少数"幸存者"之一。他出身贫苦,十分同情下层阶级的人民,也常常抨击资本主义的方方面面,因此被认为是"进步作家"。从50年代中期开始,文艺从属于政治、为政治服务的方针开始严格实施,政治因素在此后很长一段时间内主导、同时制约着我国文艺领域的发展。

这样的状况整整持续了四分之一个世纪,直到"文化大革命"结束、改革开放开始。在此期间,经过严格挑选和审查的极少数短篇小说,如马克·吐温揭露资本主义假民主的《竞选州长》、杰克·伦敦表现普通人不幸命运的《一块牛排》等,代表着"外国文学"进入了学校的课本。由于全国使用同样的课本,而且在文化领域被部分认可的作家不多——得到完全认可的外国作家几乎是不存在的,杰克·伦敦的名字因此一直没有被中国人民所遗忘。这些年间,在中国文学艺术门槛前,准入标准基本只有一条:揭露、批判资本主义的现实主义文学。杰克·伦敦自称现实主义作家,他作品中的现实主义成分也确实比较大。他互相矛盾的各种观点中,有批判资本主义的内容,而且言词激烈。"工具论",即文学是政治的工具,是当时被接受的理论。既然是工具,当然只是在需要的场合拿出需要的物件来使用。因此一般的做法是青睐外国文学中的左翼文学和黑人文学,同时对他们的作品进行严格的选择和审查。

1949年以后的中国,主流意识形态享有不可动摇的、压倒一切的决定地位,支配着文化系统的各个方面。虽然提"百花齐放,百家争鸣"的口号,但"异议"会导致严重后果。早先的"西学中用"理念被挤入只为当时一元意识形态服务的狭窄巷道，即使是严格选定的"进步作家"的作品，其译作也须用序跋、注释、评语等辅助手段进行"导航"，利用意识形态话语对其作用加以圈定，强调其揭露和批判资本主义，或歌颂劳动人民和社会革命的一面，因此取得的常常是断章取义的效果，忽视了作家的多面性，将作家与占主导地位的意识形态之间的复杂关系简单化了。比如杰克·伦敦的小说涉及了社会生活和政治思潮的方方面面，我国当时的译作仅限于他的"社会主义小说"以及其他批判资本主义、揭示劳动人民疾苦的少量作品。他那些试图阐释社会达尔文主义理论的、表达对美国梦追求的、赞颂自我的小说，则同样在禁止之列。

在当时的"新文学"观念中，在工人、农民中间可以发现和培养自己的无产阶级作家队伍。杰克·伦敦工人出身，作品风格大刀阔斧，一扫小资产阶级的情调，是"新文学"合适的楷模。而且，前苏联对伦敦采取的是比较认可的态度，在新中国成立后文艺以苏联为样板的气氛中，这种影响不可低估。正是由于这些原因，在大多数外国作家在中国遭到"封杀"的年代，杰克·伦敦凭借他的个别短篇小说，维持着在中国的声誉。当时的主流权力话语不再容忍相似性，而要求相同性。外国作家由完全不同的历史背景和政治文化语境孕育而成，其实他们不可能表达与当时的意识形态完全一致的观点，于是，连"进步作家们"，包括德莱塞、马克·吐温和杰克·伦敦等美国作家，除了零星作品，也突然在中国的出版界几乎找不到了踪迹，更不用说其他作家的作品了。但是，伦敦的遭遇也许从一个侧面说明了一个问题：他的作品能够被选择用来服务于不同的社会需要和意识形态，正是因为他的作品具有多样性，具有矛盾的多方面，具有很大的选择空间和阐释空间，是多声道的。

随着长达 10 年的"文革"的结束和 1979 年中国共产党第十一届三中全会的召开，我国进入了一个经济振兴、文艺繁荣的新的历史时期。我国文学界以更加平和、开放的心态对待外国作家与作品,开始对他们和他们的作品进行全面和客观的评价,既重视作家的历史背景和政治文化态度,也强调作品的独立性和多元性。批评界借助新的文学理论,分析、评价大量引进的新作家,也不断矫正原先对外国作家绝对化的解读。但不知何故,曾经"得宠"的杰克·伦敦在翻译界继续走红的同时,在评论界却被冷淡了。这种现状更需要我们重视这位在美国和在中国都曾被称为"文化现象"的作家。作为一种反拨,我们尤其要研究他与主流意识形态之间千丝万缕的关联,以及他与主流话语互相依存的关系。

国外的伦敦研究已经开展得相对比较深入,而且,研究越是深入,人们越是发现"杰克·伦敦现象"的典型性,发现他作品极其丰富的内涵和极其广阔的阐释空间。他通过印刷文字出人头地,在创作小说的同时也塑造了自己,致使创作主体、文本、表现对象、读者之间的关系变得极其复杂,在已有的众多讨论的基础上,还有很大的继续讨论的余地。即使在表现英雄主义的时候,他的小说也总是有一种幻灭意识和灾难意识,这与当今小说家的认识遥相呼应。他对当时的美国资本主义提出了严厉的批判,他攻击的许多社会和经济上的不平等现象,至今仍然困扰着美国社会。他学习达尔文、马克思、尼采、斯宾塞的思想,总是希望找到一种能够科学地为现实做出解答的理论,同样的探索今天的文学界仍在继续进行。他一直代表着弱势群体的声音,反对强权的压迫,对殖民主义提出了抗议,要求关注第三世界的现状和权益,敏锐地注意到了资本主义开发的环境代价等,这些可供我们今天从后殖民主义和环境保护主义的视角进行研究。他表达了对待性别的激进的思想范式,我们又可以结合性别研究进一步了解他的作品。尤其在他的后期作品中,他采用了一种对话式的多声道的叙事形式,而且先于20年代的现代主义作家在小说中运用弗洛伊德和荣格的理论,所有这些,都还有待于批评界的继续探讨。

结束语

他(杰克·伦敦)热烈拥抱生活,同时充满激情而又坦诚地揭示自我。从托克维尔到明斯特尔伯格,①我们有过许许多多雄心勃勃的研究,但是没有人能像这位天才的美国人那样如此深透地触及美国生活的内核。

——纽约《独立报》评语

对作家杰克·伦敦的评价,一直有两种截然不同的看法。一部分学者和批评家认为,伦敦的作品无法细读,把他归入历史上曾经造成轰动效应的通俗作家。另一部分人持相反观点,认为伦敦的作品具有连他自己也没有意识到的深度。近20、30年伦敦批评和研究在美国轰轰烈烈,后者的声音压倒了前一部分人的看法。学界和批评界不仅从生平的、社会历史的角度,也从心理、文化的、新历史主义的视角,更加深入地讨论他作品的价值。

他写作的时候,美国的自然主义文学刚刚兴起。尽管用"自然主义"的标签来定义杰克·伦敦无疑会大大限制对这位作家的多样性的认识,但他确实更靠近"原始派",在对传统的认识观发

① 托克维尔(Alexis Tocqueville, 1805 - 1859)是使法国政治学家、历史学家,著有《美国的民主》、《旧制度与大革命》等;明斯特尔伯格(Hugo Munsterberg, 1863 - 1916)是美国心理学家、哲学家,著有《心理学与工业效率》等。

起冲击的同时,也对以霍桑、亨利·詹姆斯和伊迪丝·华顿等为代表的美国文学的"风雅派"进行了颠覆。也可以说他属于"贫民派",与上述"精英派"形成一种风格上的对立。他的出生、经历和教育很大程度上塑成了他的阅读喜好和他的个性与文风。他对上述作家的作品没有兴趣,不喜欢他们的精细、精密和精致,不喜欢他们将社会规范、道德操守和个人情感纠缠在一起的复杂的叙述模式,但他能生动地再现实际的或想象的经历领域,其中最优秀的作品具有诗的力量。他更多地受到康拉德、吉卜林、斯蒂文斯和本国的爱伦·坡、麦尔维尔的影响,更崇尚动作,更注重极端环境中的人性碰撞,更追随内心的浪漫呼唤,表现的也是生命中更带本质的东西。他树立起了自己的风格,与同代的西奥多·德莱塞、斯蒂芬·克莱恩和弗兰克·诺里斯汇合成了一派,又影响了后来的几代作家,包括海明威、斯坦贝克、凯鲁亚克和诺曼·梅勒。

著名学者厄尔·雷伯在修订本《杰克·伦敦》(*Jack London, Revised Edition*)的序言中,强调了伦敦研究的价值和前景:"杰克·伦敦创作激情的主要来源,并不是一个努力试图驾驭环境压力的自我。这种源泉要比美国文化更深,如果要给以名称我必须求助于卡尔·荣格,他称之为'集体无意识'和'原始幻象'。我在分析杰克·伦敦的多篇著作时提到,他不仅是个投入的专业作家,而且写得比他自以为的要好。有讽刺意味的是,虽然他自认为理性至上——他是一个有科学思维的人,一个'唯物一元论'者,他最耐读的作品其实来自他逻辑认识之外的心理深处。《野性的呼唤》是个极好的例证,但只是许多这类实例中的一个。如果我们不潜入心理深处探赜索隐,就无法完全了解杰克·伦敦的艺术价值。"①可以这么说,他的作品既是他释放自我的通道,也是美国民

① Earle Labor, Preface, in Earle Labor and Jeanne Campbell Reesman, *Jack London, Revised Edition*, p. xiv.

众心态——企望和焦虑——的反映,又是当时主流意识形态的投射。

他是一个兼收并蓄的学生,从马克思、达尔文、斯宾塞、尼采、弗洛伊德和荣格等很多人身上汲取营养;在认识观方面,他抱着十分开放的心态,甚至能够包容矛盾的各种思想,让它们在自己的头脑中共存。他的作品不是产生于某种单纯的动机,既出于卖文为生的实际需要,也出于艺术创作的冲动;既混杂着为自我造就的美国梦唱出的颂歌,也表现出幻灭的失落;他赞美呼风唤雨的英雄,也带着宿命论的倾向哀叹个人能力微不足道;他高谈超道德的适者生存论,又为社会底层的弱者疾呼请命。这种认识上的多元性,是杰克·伦敦饥渴的理智口味的反映,也是那个充满矛盾的时代的一个样本。

传记作家克拉丽丝·斯塔兹说,“从一个角度来讲,(美国的)19 世纪是在伦敦去世那年,即 1916 年结束的。几个月以后美国将参与欧洲的第一次世界大战,在 1917 年 11 月陆军彩虹纵队到达法国,完全卷入战争。”①而这一次世界大战标志着 20 世纪的真正转向,杰克·伦敦所代表的转型期就此结束。生活的各个方面都出现了根本的改变,传统被扬弃,城市价值观成为主导意识形态,伦敦倡导的回归荒原、回归田园的浪漫理想遭到了 20 年代新一代作家的嘲笑。费茨杰拉德和海明威等年青一代作家接管了美国文坛,在作品中表达了完全不同的关注。伦敦的时代过去了,但他在美国文坛上留下了许多他写的故事和别人写他的故事。这些作品是美国文学艺术的重要组成部分,也是我们“阅读”这位不同凡响的个人以及这个不同凡响的时代的宝贵史料。

---

① Clarice Stasz, *American Dreamers*, p. 322.

附录一

杰克·伦敦生平和创作年谱

1876年 1月12日出生于美国加利福尼亚州旧金山市第三街615号，是芙萝拉·威尔曼的私生子。芙萝拉生于俄亥俄州，离家出走到加州，以教钢琴和替人招魂等谋生，后与一个叫威廉·钱尼的占星家同居，怀孕后被钱尼离弃。孩子出生后取名约翰·钱尼。

9月7日，芙萝拉与约翰·伦敦结婚，孩子随继父姓，也叫约翰·伦敦，到15岁时改名为杰克·伦敦。

1877年 全家迁至奥克兰的工人区，住在纳拉马街920号。

1879年 得白喉，几乎被流行病夺去性命。

1881年 入圣麦托小学读书。

1883年 全家迁居奥克兰市郊圣麦托，以分期付款方式购得一个种土豆的小农场，务农为生。

1885年 进奥克兰公立科尔小学读书，同时开始卖报和做零工补贴家庭。开始常常光顾老市政厅旁的公共图书馆。

1889年 从科尔小学毕业，也以卖报和打杂帮助维持家庭生计。

1890年 进奥克兰罐头厂当童工。

1891年 读完初级中学。

借钱买下一条旧单桅小船，在旧金山湾当“蚝贼”——即夜间在养殖场非法挖蚝。

1892年 放弃犯罪营生，加入加利福尼亚渔警队，成为其非正式成员。

1893年 1月与捕海豹船“索菲亚·萨瑟兰号”签约当水手，在船上工作7个月，赴日本海和白令海峡猎海豹。回来后到黄麻厂和铁路工厂当小工。

11月旧金山《晨号》报举办“最佳描述文章”有奖竞赛，以《日本海上的飓风》(“Story of a Typhoon off the Coast of Japan”)一文参赛并获得头奖,文章在报上刊登,还附有伦敦的照片。从此萌发当作家的念头。

美国陷入财政恐慌和经济萧条,包括许多银行在内的8 000多个商业组织相继破产,伦敦一家和大多数美国人一样开始在艰难时世中苦撑苦度。

1894年 4月参加失业工人的“工人军”去华盛顿向政府请愿。请愿失败后开始在美国和加拿大流浪,在尼亚加拉被作为“无业游民”拘捕,判入狱30天,同犯人一起做苦工。流浪为时8个月。这段经历后被写入《流浪》(*The Road*)一书。

1895年 1月份进入奥克兰公立中学一边读书一边工作,并在学生文学杂志《羊皮盾》上发表短篇小说和关于社会主义的文章。

开始参加奥克兰市知识分子组织的“亨利·克雷辩论会”,接触社会主义理论,并结识了女友梅布尔·阿普加思,过从甚密。

约翰·伦敦经营小农场失败,杰克·伦敦挑起家庭生活的重担。

1896年 嫌学习进度太慢,春季从奥克兰高中退学,进阿拉梅达补习学校,又经勤奋苦读,秋季考入加利福尼亚大学伯克莱分校。

4月正式加入奥克兰社会主义劳动党地方支部。

8月,克朗代克发现富金矿的消息传来。

1897年 2月,在加利福尼亚大学伯克莱分校就读一学期后因经济困难中途辍学。

因在市府公园讲演、宣传社会主义被逮捕,8天后审判,被判无罪。

7月与年迈的姐夫同行,去加拿大境内的克朗代克淘金。

继父约翰·伦敦去世。

1898年 6月,近一年的北疆冒险一无所获,得坏血病回家。重新尝试以写作谋生,开始写以北疆为背景的故事。

10月,奥克兰中央邮局招考候补职员,被录取;等待就职过程中,希望卖文为生,写了大量短篇小说和杂文,均被退稿。

12月,正式发表第一篇短篇小说《致赶路人》(“To the Man on Trail”),由《大陆月刊》刊出。其后又相继发表几篇有关北疆历险的短篇小说,开始在文学上崭露头角。

1899年 公务员考试后经过长时间等待,邮局任职通知到达,被拒绝,决定成为职业作家。

结识斯坦福大学女生、社会主义者安娜·斯通斯基,关系密切。

1900 年 年初在《大西洋月刊》上发表中篇小说《北疆历程》("An Odyssey of the North")。这是伦敦第一篇篇幅较长、而且在著名杂志上发表的作品。

4 月与贝西·麦顿结婚,在家中举行了简单的婚礼,然后两人骑自行车去圣克鲁茨度蜜月。

根据在北方的经历写成的第一部短篇小说集《狼之子》(*The Son of the Wolf*)出版,在全国赢得声誉。

小说与文章开始在东部文化中心的著名杂志《麦克卢尔》、《哈珀氏周刊》上发表。

加入旧金山的"易卜生研究会"。

经常参加群众性的演讲会,做有关社会主义的演讲。

1901 年 1 月女儿琼出生。

美国社会主义工党正式成立。

被奥克兰社会主义工党提名为该党竞选奥克兰市长的候选人,仅获得 246 张选票。

有实力的麦克米伦出版公司出版第二部短篇小说集《他祖先的上帝》(*The God of His Fathers*),并开始大量出版伦敦的作品。

1902 年 前两部短篇小说集《狼之子》和《他祖先的上帝》在英国版出版。这是杰克·伦敦最初的海外版著作。

出版了 3 本书:青少年读物《"光辉号"航行记》(*The Cruise of the Dazzler*),第一部长篇小说《雪的女儿》(*A Daughter of the Snows*)和短篇小说集《霜的孩子》(*Children of the Frost*)。

7 月,应美国新闻社之邀去南非报道布尔战争,正逢战争结束,转而去英国伦敦实地考察贫民窟和贫民收容所,为时 6 周,为《深渊里的人们》(*The People of the Abyss*)收集资料。

第二个女儿贝基出生。

1903 年 建立声誉的一年。长篇小说《野性的呼唤》(*The Call of the Wild*)出版并获得巨大成功;另外,与安娜·斯通斯基合作的探讨人生与爱情的《肯普登—威斯通信集》(*The Kempton-Wace Letters*)和根据伦敦的调查写成的特写集《深渊里的人们》相继出版。

夏弥安·基特里奇走进伦敦的生活,伦敦提出与妻子贝西分居。

越山旅行时马车失事受伤。

生父威廉·钱尼去世。

1904年 1月,接受《观察家》报的邀请,以特派记者的名义赴亚洲报道俄日战争,去日本、朝鲜和中国东北,在仁川被日军以间谍罪拘留,7月回到旧金山。

贝西提出离婚。

出版长篇小说《海狼》(*The Sea-Wolf*)和短篇小说集《人类的信仰》(*The Faith of Men*)。

1905年 积极参加社会主义劳动党的活动;革命论文集《阶级的战争》(*War of the Classes*)出版。

中篇小说《竞赛》(*The Game*)和游记小说体青少年读物《渔巡艇的故事》(*Tales of the Fish Patrol*)出版。

以社会主义劳动党候选人身份竞选奥克兰市市长,获得近1000张选票。

被选为"大学生社会主义者联合会"会长。

购买加利福尼亚索诺马县格兰爱伦镇旁的一片牧场。从此离开奥克兰,在此居住。

11月与贝西正式离婚,接到判决书第二天后便与夏弥安·基特里奇匆匆结婚。

1906年 1月去包括耶鲁大学在内的东部地区巡回演讲。

出版长篇小说《白牙》(*White Fang*)、短篇小说集《月亮脸和其它故事》(*Moon-Face and Other Stories*)和剧本《女人的揶揄》(*Scorn of Women*)。

开始建造游艇"蛇鲨号",计划周游世界。

4月,旧金山发生大地震。

1907年 出版长篇小说《亚当之前》(*Before Adam*)、关于流丐生活的传记《流浪》和短篇小说集《热爱生命》(*Love of Life and Other Stories*)。也发表了包括《生火》("To Build a Fire")等在内的不少短篇小说名作。

4月,游艇"蛇鲨号"离开旧金山码头,开始航游夏威夷、马克萨斯、塔希提等太平洋群岛,旅途中创作自传体长篇小说《马丁·伊登》(*Martin Eden*)。

航行途中搭船回旧金山解决经济问题,然后继续航海至南太平洋的萨摩亚和斐济等地。

1908年 出版长篇政治幻想小说《铁蹄》(*The Iron Heel*)。

因皮肤感染、疟疾等,在澳大利亚住院治疗。放弃环球旅行,搭船返回旧金山。

1909 年 中途去南美洲,7 月回到奥克兰。

代表作《马丁·伊登》出版。

1910 年 出版长篇小说《天大亮》(*Burning Daylight*)、短篇小说集《丢脸》(*Lost Face*)、论文集《革命》(*Revolution and Other Essays*)和剧本《窃贼》(*Theft, A Play in Four Acts*)。

开始建造取名为"狼宅"的豪华别墅。

6 月,女儿乔伊出生,38 小时后夭折。

1911 年 出版航海游记《"蛇鲨号"航行记》(*The Cruise of the Snark*)、长篇小说《历险记》(*Adventure*)和两部短篇小说集:《南海故事集》(*South Sea Tales*)及《上帝笑了及其它故事》(*When God Laughs and Other Stories*)。

与夏弥安驾四马大车出游,穿越北加利福尼亚至俄勒冈州。

1912 年 与夏弥安搭船去好望角。

出版 3 部短篇小说集《斯莫克·贝鲁》(*Smoke Bellew*)、《太阳的儿子》(*A Son of the Sun*)和《荣誉之屋和其他夏威夷故事》(*The House of Pride and Other Tales of Hawaii*)等 5 部短篇小说集。

出于对出版商麦克米伦公司的不满,转向世纪出版公司,但最后又回到麦克米伦。

1913 年 出版短篇小说集《夜生者》(*The Night-Born*)、长篇小说《月谷》(*The Valley of the Moon*)、中篇小说《穷凶极恶》(*The Abysmal Brute*)及长篇自传体回忆录《约翰·巴雷康》(*John Barleycorn*)。

耗资 8 万,历时 3 年的"狼宅"在即将完工时被大火烧毁,可能是纵火所致。

1914 年 出版短篇小说集《强者的力量》(*The Strength of the Strong*)和长篇小说《"埃尔西诺号"叛变》(*The Mutiny of the Elsinore*)。

受《科利尔氏》杂志聘请赴墨西哥报道美国对墨西哥进行的武装干涉。后因病返回。

1915 年 出版中篇小说《红瘟病》(*The Scarlet Plague*)和长篇小说《星游人》(*The Star Rover*)。

因健康原因去夏威夷疗养,7 月份返回,12 月又去夏威夷。

1916 年 3 月写信声明从社会主义工党退党。

6月返回格兰爱伦。出版长篇小说《大房子中的小妇人》(*The Little Lady of the Big House*)、短篇小说集《塔斯阿尼亚的海龟》(*The Turtles of Tasman*)和剧作《种橡树的人:加利福尼亚森林剧》(*The Acorn Planter: A California Forest Play*)。

11月22日死于居室内,医生鉴定为吗啡加剧的肾衰竭死亡,死因众说不一,终年40岁。

1917年 一些已写好尚未出版的作品继续在身后出版,包括:长篇小说《岛上的杰里》(*Jerry of the Island*)和《迈克尔,杰里之兄》(*Michael, Brother of Jerry*);文集《人的漂移》(*The Human Drift*)。

1918年 出版短篇小说集《红色物》(*The Red One*)。

1919年 出版短篇小说集《马卡罗阿席上》(*On the Makaloa Mat*)。

1920年 出版长篇小说《三人心》(*Hearts of Three*)

1922年 出版短篇小说集《荷兰式勇气和其他故事》(*Dutch Courage and Other Stories*)

1963年 未完成的长篇小说《暗杀局》(*The Assassination Bureau, Ltd.*)由罗伯特·洛弗尔续写完成出版。

附录二

英文杰克·伦敦传记和研究著作

（按出版年排序）

无名氏，*Jack London*, *Who He Is and What He Has Done — Jack London*, *His Life and Literary Work*. New York：The Macmillan，1905.

Livingston，Leon Ray. *From Coast to Coast with Jack London*. Grand Rapids：Black Letter Press，1917.

London， Charmian. *The Book of Jack London*，2 vols. New York：Century，1921.

Payne，Edward Biron. *The Soul of Jack London*. London：Rider，1926.

Bamford，Georgia L. *Mystery of Jack London*. Folcroft，PA.：Folcroft Library Editions，1931.

Gaer，Joseph，ed. *Jack London: Bibliography and Biographical Data*. New York：Burt Franklin，1934.

Stone，Irving. *Sailor on Horseback: The Biography of Jack London*. Cambridge，Mass.：Houghton，Mifflin，1938.

London，Joan. *Jack London and His Times*. New York：Doubleday，1939.

Noel，Joseph，ed. *Footloose in Arcadia: a Personal Record of Jack London, George Sterling, Ambrose Bierce*. New York：Carrick and Evans，1940.

Foner， Philip. *Jack London: An American Rebel*. New York：Citadel Press，1947.

Walcutt，Charles Child. *American Literary Naturalism: A Divided Stream*. Minneapolis：Minnesota University Press，1956.

Hendricks，King. *Creator and Critic: A Controversy between Jack London and Philo M. Buck*. Logan：Utah State University Press，1960.

Calder-Marshall，Arthur. *Lone Wolf: the Story of Jack London*. New York：

Duell, Slaon & Pearce, 1961.

Franchere, Ruth. *Jack London, the Pursuit of a Dream.* New York: Thomas Y. Crowell Company, 1962.

O'Connor, Richard. *Jack London: A Biography.* Boston: Little Brown, 1964.

Feied, Frederick. *No Pie in the Sky: the Hobo As American Cultural Hero in the Works of Jack London, John Dos Passos and Jack Kerouac.* New York: Citadel Press, 1964.

Hendricks, King, and Irving Shepard, eds. *Letters from Jack London.* New York: Odyssey, 1965.

Hendricks, King. *Jack London: Master Craftsman of the Short Story.* Logan: Utah State University Press, 1966.

Walcutt, Charles Child, ed. *Seven Novelists in the American Naturalist Tradition.* Minneapolis: Minnesota University Press, 1966.

Walcutt, Charles Child. *Jack London.* Minneapolis: University of Minnesota Press, 1966.

Woodbridge, Hensley C. *Jack London: A Bibliography.* Georgetown, Cal.: Talisman Press, 1966.

Garst, Shannon, and Hamilton Greene. *Jack London, Magnet for Adventure.* New York: J. Messner, 1966.

Jack London Newsletter (Guartery, 1967 – 1988). Carbondale, Ill.: H. C. Woodbridge.

Hendricks, King, and Irving Shepard, eds. *Jack London Reports.* New York: Doubleday, 1970.

Day, Arthur Grove. *Jack London in the South Seas.* New York: Four Winds Press, 1971.

Walker, Dale, and James Sisson. *The Fiction of Jack London: A Chronological Bibliography.* El Paso: Texas Western Press, 1972.

Walker, Dale. *The Alien Worlds of Jack London.* Grand Rapids, Mich.: Wolf House Books, 1973.

Walker, Dale. *Jack London, Sherlock Holmes and Sir Conan Doyle.* New York: Private Press, 1974.

Labor, Earle. *Jack London.* New York: Twayne Publishers, 1974.

McClintock, James. *White Logic: Jack London's Short Stories*. Cedar Springs, Mich.: Wolf House Books, 1976.

Sherman, Joan. *Jack London: A Reference Guide*. Boston: G. K. Hall, 1977.

Sinclair, Andrew. *Jack: A Biography of Jack London*. New York: Harper & Row, 1977.

Ownbey, Ray Wilson. *Jack London: Essays in Criticism*. Utah: Peregrine, Smith & Layton, 1978.

Barltrop, Robert. *Jack London: the Man, the Writer, the Rebel*. New York: Urizen Books, 1978.

Kingman, Russ. *Pictorial Life of Jack London*. New York: Crown, 1979.

Etulain, Richard W. *Jack London on the Road: The Tramp Diary and Other Hobo Writings*. Logan: Utah State University Press, 1979.

Thompson, Fred. *To the Yukon with Jack London: the Klondike Diary of Fred Thompson*. Los Angeles: Zamorano Club, 1980.

Perry, John. *Jack London, an American Myth*. Chicago: Nelson-Hall, 1981.

Lachtman, Howard. *Sporting Blood: Selections from Jack London's Great Sports Writing*. San Pafael, CA.: Presidio Press, 1981.

Walker, Dale L. *Jack London and Conan Doyle: a Literary Kinship*. Bloomington, Ind.: Gaslight Publications, 1981.

Hedrick, Joan D. *Solitary Comrade: Jack London and His Work*. Chapel Hill: The University of North Carolina, 1982.

Pizer, Donald, and Earl Harbert, eds. *Dictionary of Literary Biography: American Realists and Naturalists,* Vol. 12. Detroit: Gale Research Company, 1982.

Tavernier-Courbin, Jacqueline. *Critical Essays on Jack London*. Boston: G. K. Hall, 1983.

Watson, Charles N. Jr. *The Novels of Jack London, a Reappraisal*. Madison: University of Wisconsin Press, 1983.

Woodward, Robert Hanson. *Jack London and the Amateur Press*. Cedar Springs, Mich.: Wolf House Books, 1983.

Johnston, Carolyn. *Jack London — An American Radical?* Westport, Conn.: Greenwood Press, 1984.

Beauchamp, Gorman. *Jack London*. Mercer Island, Wash.: Starmont House, 1984.

Lundquist, James. *Jack London: Adventures, Ideas and Fiction*. New York: Ungar, 1987.

Stasz, Clarice. *American Dreamers: Charmian and Jack London*. New York: St. Martin's Press, 1988.

Bender, Bert. *The Tradition of American Sea Fiction from "Moby-Dick" to the Present*. Philadelphia: University of Philadelphia Press, 1988.

Labor, Earle, Robert C. Leitz III and I. Milo Shepard, eds. *The Letters of Jack London*, 3 vols. Stanford: Stanford University Press, 1988.

London, Joan. *Jack London and His Daughters*. Berkeley, CA.: Heyday Books, 1990.

Kingman, Russ. *Jack London: A Definitive Chronology*. Middletown, CA.: David Rejl, 1992.

Bains, Rae. *Jack London: A Life of Adventure*. New York: Troll Associates, 1992.

Williams, Tony. *Jack London: The Movies, a Historical Survey*. Los Angeles: David Reyl, 1992.

Schroeder, Alan. *Jack London*. New York: Chelsea House Publishers, 1992.

Zamen, Mark E. *Standing Room Only: Jack London's Controversial Career as a Public Speaker*. Glen Ellen, CA.: David Rejl, 1993.

Doctorow, E. L., ed. *Jack London, Hemingway and the Constitution: Selected Essays, 1977 –1992*. New York: Random House, 1993.

Labor, Earle, and Jeanne Campbell Reesman. *Jack London, Revised Edition*. New York: Twayne Publishers, 1994.

Walker, Franklin. *Jack London and the Klondike: The Genesis of an American Writer*. San Marino: The Huntington Library Press, 1994.

Jack London Journal(1994 –). Chicago: Skysail.

Nuernberg, Susan M., ed. *The Critical Response to Jack London*. Westport, Conn.: Greenwood Press, 1995.

Auerbach, Jonathan. *Male Call: Becoming Jack London*. Durham: Duke University Press, 1996.

Cassuto, Leonard, and Jeanne Campbell Reesman, eds. *Rereading Jack London*. Stanford: Stanford University Press, 1996.

McClintock, James. *Jack London's Strong Truth*. Michigan State University Press, 1997.

Gair, Christopher. *Complicity and Resistance in Jack London's Novels: from Naturalism to Nature*. Lewiston, NY: The Edwin Mellen Press, 1997.

Kershaw, Alex. *Jack London, a Life*. London: Harper Collins, 1997.

Koster, Katie de, ed. *Readings on The Call of the Wild*. San Diego: Greenhaven Press, 1999.

Lisandrelli, Elaine Slivinski. *Jack London: a Writer's Adventurous Life*. Berkeley Heights, NJ.: Enslow Publishers, 1999.

Reesman, Jean Campbell. *Jack London: a Study of the Short Fiction*. New York: Twayne, 1999.

Stasz, Clarice. *Jack London's Women*. University of Massachusetts Press, 2001.

Blood, Harold, ed. *Jack London (Essays)*. Broomal, PA., Chelsea House, 2001.

Dyer, Daniel. *Jack London: a Biography*. New York: Scholastic Press, 1997.

Hodson, Sara, and Jeanne Campbell Reesman, eds. *Jack London: One Hundred Years a Writer*. San Marino, CA: The Huntington Library Press, 2002.

Shuman, R. Baird. *Great American Writers: Twentieth Century — Vol. 7 — Jack London*. New York: Marshall Cavendish Corp, 2002.

Rossetti, Gina M. *Imagining the Primitive in Naturalist and Modernist Literature*. Columbia: University of Missouri Press, 2006.

Farrier, David. *Unsettled Narratives: the Pacific Writings of Stevenson, Ellis, Melville and London*. New York: Routledge Press, 2007.

Wichlan, Daniel J., ed. *Jack London: the Unpublished and Uncollected Articles and Essays*. Ahthorhouse: 2007.

引述文献

Alger, Horatio. *Ragged Dick*. 1868; Bergenfield, NJ.: Signet Classics, 2005.

Altick, Richard D. *The Art of Literary Research*. New York: W. W. Norton and Company, 1975.

Auerbach, Jonathan. *Male Call: Becoming Jack London*. Durham: Duke University Press, 1996.

Baldick, Chris,《牛津文学术语词典》(*Oxford Concise Dictionary of Literary Terms*). 上海:上海外语教育出版社,2000.

Barltrop, Robert. *Jack London: The Man, the Writer, the Rebel*. New York: Urizen Books, 1978.

Beauchamp, Gorman. *Jack London*. Mercer Island, Wash.: Starmont House, 1984.

Bellamy, Edward. *Looking Backward: From 2000 to 1887*. New York: Penguin, 1888.

Bender, Bert. *The Tradition of American Sea Fiction from "Moby-Dick" to the Present*. Philadelphia: University of Philadelphia Press, 1988.

Boone, Joseph A. *Tradition Counter Tradition: Love and Form of Fiction*. Chicago: University of Chicago Press, 1987.

Cassuto, Leonard and Jeanne Campbell Reesman, eds. *Rereading Jack London*. Stanford: Stanford University Press, 1996.

Chase, Richard. *The American Novel and Its Tradition*. Garden City, NY: Doubleday, 1957.

Conrad, Joseph. *The Rover*. New York: Doubleday, 1923.

Dreiser, Theodore. *Sister Carrie*. 1900, New York: Library of America, 1987.

Eagleton, Terry. *Marxism and Literary Criticism*. Bristol: Methnen, 1985.

Elliot, Emory, gen. ed. *Columbia Literary History of the United States*, 朱通伯等译,《哥伦比亚美国文学史》. 成都:四川辞书出版社,1994.

Erbentraut, Edwin B. "The Symbolic Triad in London's *The Little Lady of the Big House*," *Jack London Newsletter*, 3(1970).

Etulain, Richard W. *Jack London on the Road: The Tramp Diary and Other Hobo Writings*. Logan: Utah State University Press, 1979.

Fitzgerald, Scott. *The Great Gatsby*. New York: C. Scribner's Sons, 1925.

Foner, Philip. *Jack London: An American Rebel*. New York: Citadel Press, 1947.

Gair, Christopher. *Complicity and Resistance in Jack London's Novels: from Naturalism to Nature*. Lewiston, NY: The Edwin Mellen Press, 1997.

Gannett, Lewis. Introduction to *The Sea-Wolf*. New York: Bantam Books, 1960.

Graff, Gerald. *Beyond the Culture Wars*. New York: Norton, 1992.

Gutman, Hank, ed. *How Others Read Us: International Perspective on American Literature*. Anhorst: University of Massachusetts Press, 1991.

Hedrick, Joan D. *Solitary Comrade: Jack London and His Work*. Chapel Hill: The University of North Carolina, 1982.

Hemingway, Ernest. *The Old Man and the Sea*. London: Jonathan Cape, 1952.

Hendricks, King, ed. *Creator and Critic: A Controversy between Jack London and Philo M. Buck*. Logan, Utah: Utah State University Press, 1961.

Hendricks, King and Irving Shepard, eds. *Jack London Reports*. New York: Doubleday, 1970.

Hendricks, King. *Jack London: Master Craftsman of the Short Story*. Logan, Utah: Utah State University Press, 1966.

Hendricks, King and Irving Shepard. *Letters from Jack London*. New York: Odyssey, 1965.

Hicks, Granville. *The Great Tradition: An Interpretation of American Literature Since the Civil War*, rev. ed. New York: Macmillan, 1935.

Hodson, Sara S. and Jeanne Campbell Reesman, eds. *Jack London: One Hun-*

dred Years a Writer. San Marino, CA: The Huntington Library Press, 2002.

Homberger, Eric. *American Writers and Radical Politics, 1900 –1939: Equivocal Commitments*. New York: St. Martin's Press, 1986.

Horowitz, Paul J. Introduction, Horowitz ed. *Jack London: Three Novels and Forty Short Stories*. New York: Gramercy Books, 1993.

Howard, June. *Form and History in American Literary Naturalism*. Chapel Hill: University of North Carolina Press, 1985.

Howells, W. D. *The Rise of Silas Lapham*. Boston and New York: Houghton, Mifflin and Company, 1884.

Howells, W. D. *Traveler from Altruria*. 1894, New Jersey: Rutgers UP, 1962.

Johnston, Carolyn. *Jack London — An American Radical?*. Westport, Conn.: Greenwood Press, 1984.

Jung, C. G. *Modern Man in Search of a Soul*, trans. W. S. Dell and Cary F. Baynes. New York: Harvest Book, 1933.

Kazin, Alfred. *On Native Grounds: An Interpretation of Modern American Prose Literature*. New York: Reynal & Hitchcock, 1942.

Kazin, Alfred. "Progressivism: The Superman and the Muckraker," in Dennis Poupard, ed. *Twentieth-Century Literary Criticism*, Vol. 9. Detroit: Gates Research Company, 1983.

Kingman, Russ. *Pictorial Life of Jack London*. New York: Crown, 1977.

Kingman, Russ. *Jack London: A Definitive Chronology*. Middletown, CA.: David Rejl, 1992.

Kipling, Rudyard. *Plain Tales from the Hills*. 1888, New York: Charles Scribner's Sons, 1899.

Kipling, Rudyard. *Seven Seas*. 1896, Leeds: Milford House, 1973.

Labor, Earle. "Jack London's Symbolic Wilderness: Four Versions," *Nineteenth Century Fiction* 17. Summer, 1962: 149 –161.

Labor, Earle. *Jack London*. New York: Twayne Publishers, 1974.

Labor, Earle. "From 'All Gold Canyon' to *The Acorn Planter*," *Western American Literature*, 11(1976).

Labor, Earle. Introduction to *The Call of the Wild, White Fang and Other Sto-*

ries. 北京:外语教学与研究出版社,1994).

Labor, Earle and Jeanne Campbell Reesman. *Jack London, Revised Edition*. New York: Twayne Publishers, 1994.

Labor, Earle, Robert C. Leitz III and I. Milo Shepard eds. *The Letters of Jack London*, 3 vols. Stanford: Stanford University Press, 1988.

Lachtman, Howard. *Sporting Blood: Selections from Jack London's Great Sports Writing*. San Rafael, CA.: Presidio Press, 1981.

Li, Shuyan. "Jack London in China," *Jack London Newsletter 19*. Jan-April, 1986.

London, Charmian. *The Book of Jack London*, 2 vols. New York: Century, 1921.

London, Jack. *The Son of the Wolf*. Boston: Houghton Mifflin, 1900.

London, Jack. *The God of His Fathers*. New York: Century, 1901.

London, Jack. *Children of the Frost*. New York: Century, 1902.

London, Jack. *The Sea-Wolf*. 1904, New York: Bantam Books, 1960.

London, Jack. "What Life Means to Me". *Cosmopolitan*, March 1906.

London, Jack. *The Road*. New York: Macmillan, 1907.

London, Jack. *Before Adam*. New York: Macmillan, 1907.

London, Jack. *Martin Eden*. 1909, 北京:外语教学与研究出版社,1992.

London, Jack. *Burning Daylight*. New York, 1910.

London, Jack. *Adventure*. New York: Macmillan, 1911.

London, Jack. *The Cruise of the Snark*. New York: Macmillan, 1911.

London, Jack. *The House of Pride*. New York: Macmillan, 1912.

London, Jack. *The Valley of the Moon*. New York: Macmillan, 1913.

London, Jack. *John Barleycorn*. New York: Century, 1913.

London, Jack. *The Scarlet Plague*. New York: Macmillan, 1915.

London, Jack. *The Little Lady of the Big House*. New York: Macmillan, 1916.

London, Jack. *The Call of the Wild, White Fang and Other Stories*. 北京:外语教学与研究出版社,1994.

London, Joan. *Jack London and His Times*. New York: Doubleday, 1939.

London, Joan. *Jack London and His Daughters*. Berkeley, CA.: Heyday Books, 1990.

Lundquist, James. *Jack London: Adventures, Ideas and Fiction*. New York: The Continuum Publishing Company, 1990.

McClintock, James. *White Logic: Jack London's Short Stories*. Cedar Springs, Mich.: Wolf House Books, 1976.

McClintock, James. *Jack London's Strong Truth*. Michigan State University Press, 1997.

Minter, David. *A Cultural History of the American Novel: Henry James to William Faulkner*. New York: Cambridge University Press, 1996.

Mitchell, Lee Clark. *Determined Fiction: American Literary Naturalism*. New York: Columbia University Press, 1989.

Morris, William. *News from Nowhere*. London: Reeves and Turner, 1891.

Norris, Frank. *McTeague*. 1899; Bergenfield, NJ.: Signet, 1964.

Nuernberg, Susan M. ed. *The Critical Response to Jack London*. Westport, CT: Greenwood Press, 1995.

O'Connor, Richard. *Jack London: A Biography*. Boston: Little Brown, 1964.

Olney, James. *Metaphors of Self, the Meaning of Autobiography*. New Jersey: Princeton University Press, 1972.

Ownbey, Ray Wilson. *Jack London: Essays in Criticism*. Utah: Peregrine, Smith & Layton, 1978.

Pattee, Fred Lewis. *The Development of the American Short Story*. 1923; New York: Biblio and Tannen, 1966.

Pizer, Donald and Earl Harbert, eds. *Dictionary of Literary Biography: American Realists and Naturalists*, Vol. 12. Detroit: Gale Research Company, 1982.

Quinn, Arthur Hobson. *American Fiction: A Historical and Critical Survey*. New York: D. Appoleton-Century, 1936.

Rideout, Walter. *The Radical Novel in the United States, 1900 – 1954: Some Interrelations of Literature and Society*. New York: Hill and Wang, 1966.

Riis, Jacob. *How the Other Half Lives*. New York: Scribner's, 1890.

Riis, Jacob. *The Battle with the Slum*. New York: Macmillan, 1902.

Robinson, Forrest G. *Having It Both Ways: Self-Subversion in Western Popular Classics*. Albuquerque: University of New Mexico Press, 1993.

Roosevelt, Theodore. *The Winning of the West*. 1889 – 1896, New York: H. Holt, 1926.

Said, Edward W. *Culture and Imperialism*. New York: Knopf, 1993.

Schroeder, Alan. *Jack London*. New York: Chelsea House Publishers, 1992.

Seltzer, Mark. *Bodies and Machines*. New York: Routledge, 1992.

Sherman, Joan. *Jack London: A Reference Guide*. Boston: G. K. Hall, 1977.

Shivers, Alfred. "Jack London: Not a Suicide," Jacqueline Tavernier-Courbin, ed. *Critical Essays on Jack London*. Boston: G. K. Hall, 1983.

Sinclair, Andrew. *Jack: A Biography of Jack London*. New York: Harper & Row, 1977.

Sinclair, Upton. *The Jungle*. New York: Doubleday, 1906.

Stasz, Clarice. *American Dreamers: Charmian and Jack London*. New York: St. Martin's Press, 1988.

Stearns, Harold. "The Intellectual Life," Harold Stearns, ed. *Civilization in the United States*. New York: 1922.

Stone, Irving. *Sailor on Horseback: The Biography of Jack London*. Cambridge, Mass.: Houghton, Mifflin, 1938.

Strong, Josiah. "Perils — The City," Thomas Inge ed. *A Nineteenth-Century American Reader*. Washington: United States Information Agency, 1989.

Tavernier-Courbin, Jacqueline, ed. *Critical Essays on Jack London*. Boston: G. K. Hall, 1983.

Turner, Jackson. "The Significance of the Frontier in American History", Thomas Inge ed. *A Nineteenth-Century American Reader*. Washington: United States Information Agency, 1989.

Walcutt, Charles Child. *American Literary Naturalism: A Divided Stream*. Minneapolis: Minnesota University Press, 1956.

Walcutt, Charles Child, ed. *Seven Novelists in the American Naturalist Tradition*. Minneapolis: Minnesota University Press, 1966.

Walker, Dale and James Sisson. *The Fiction of Jack London: A Chronological Bibliography*. El Paso: Texas Western Press, 1972.

Walker, Dale, ed. *No Mentor but Myself: Jack London, on Writing and Writers*. Palo Alto: Stanford University Press, 1979.

Walker, Dale. *The Alien Worlds of Jack London.* Grand Rapids, Mich.: Wolf House Books, 1973.

Walker, Franklin. *Jack London and the Klondike: The Genesis of an American Writer*. San Marino: The Huntington Library Press, 1994.

Watson, Charles N. Jr. *The Novels of Jack London, a Reappraisal*. Madison: University of Wisconsin Press, 1983.

Williams, Tony. *Jack London: The Movies, a Historical Survey.* Middletown, CA: Rejl, 1992.

Wood, James. "The Call of the Dollar". *The Guardian Weekly*. Aug. 10, 1997.

Woodbridge, Hensley C. *Jack London: A Bibliography*. Georgetown, Cal.: Talisman Press, 1966.

Wychoff, Walter. *The Workers: The West*. New York: Scribner's, 1898.

艾略特,乔治著,《小说的艺术》,张玲等译(北京:社会科学文献出版社,1999)

北京图书馆编,《民国时期总书目·外国文学(1911—1949)》(北京:书目文献出版社,1987)

福斯特,E. M.,《小说面面观》,朱乃长译(北京:中国对外翻译出版公司,2002)

李怀波,《杰克·伦敦在中国的形象研究》(南京大学博士论文,2005 年 6 月)

刘荡荡,《制造英雄:杰克·伦敦自传研究》(上海外国语大学博士论文,2005 年 12 月)

斯通,欧文,《马背上的水手》,董秋斯译(北京:海燕书店出版,1948)

虞建华,《20 部美国小说名著评析》(上海:上海外语教育出版社,1989)

虞建华,《杰克·伦敦传》(台北:业强出版公司,1996)

中国版本图书馆编,《外国文学著作目录和提要,1949—1979》(南京:江苏人民出版社,1986)